新时代金融支持农村发展问题研究丛书

国家社科基金重大项目（项目编号：15ZDC027）、国家社科基金重点项目（项目编号：18AJL002）

普惠金融发展视角下精准扶贫、精准脱贫的理论与政策研究

陈银娥　著

中国财经出版传媒集团

经济科学出版社

Economic Science Press

图书在版编目（CIP）数据

普惠金融发展视角下精准扶贫、精准脱贫的理论与政策
研究/陈银娥著 . —北京：经济科学出版社，2020. 12
（新时代金融支持农村发展问题研究丛书）
ISBN 978 - 7 - 5218 - 1887 - 1

Ⅰ. ①普…　Ⅱ. ①陈…　Ⅲ. ①金融支持 - 扶贫 -
研究 - 中国　Ⅳ. ①F124. 7

中国版本图书馆 CIP 数据核字（2020）第 176456 号

责任编辑：吴　　敏
责任校对：郑淑艳
责任印制：王世伟

普惠金融发展视角下精准扶贫、精准脱贫的理论与政策研究
陈银娥　著
经济科学出版社出版、发行　新华书店经销
社址：北京市海淀区阜成路甲 28 号　邮编：100142
总编部电话：010 - 88191217　发行部电话：010 - 88191522
网址：www. esp. com. cn
电子邮箱：esp@ esp. com. cn
天猫网店：经济科学出版社旗舰店
网址：http://jjkxcbs. tmall. com
北京季蜂印刷有限公司印装
710 × 1000　16 开　21. 5 印张　360000 字
2020 年 12 月第 1 版　2020 年 12 月第 1 次印刷
ISBN 978 - 7 - 5218 - 1887 - 1　定价：96. 00 元

目　　录

第一章 导 论

第一节 研究背景与意义

一、研究背景

消除贫困是世界各国尤其是发展中国家经济社会发展的主要任务，也是各国共同发展目标。根据 2000 年颁布的《联合国千年宣言》所确定的千年发展目标，全球减贫目标基本实现，从 2000 年到 2015 年的 15 年间，全球贫困人口减少了 10 多亿，但仍有大量人口生活在极端贫困以下。2018 年的数据显示，尼日利亚极度贫困人口最多，有 8600 万人①。中国在落实联合国千年发展目标过程中取得了巨大成就，为全球减贫事业作出了巨大贡献。但包括中国在内的世界各国的减贫任务依然十分艰巨。

当前，我国正处于全面建成小康社会的决胜时期，也是实现"两个一百年"奋斗目标的第一个关键时期，农村贫困人口脱贫事关全面深化改革、经济社会持续健康发展及社会主义现代化建设大局，更是全面建成小康社会最艰巨的任务，而精准扶贫是全面建成小康社会的重要抓手（鹿心社，2015）。"精准扶贫"概念由习近平总书记于 2013 年 11 月在湖南湘西考察时首次提出，后又多次强调，并指出要确保贫困人口到 2020 年如期脱贫，"贵在精准，重在精准，成败之举在于精准"。随后，中央先后出台了一系列相关文件，尤其是 2015 年 10 月中共中央在"十三五"规划建议中对精准扶贫工作的思路、总体布局及工作机制等提出了整体思路及安排，推动了精准扶贫的实践。精准扶贫

---

① 资料来源：https：//en. wikipedia. org/wiki/Extreme_poverty。

是一个新的概念，也是一种全新的理论，还是扶贫工作的一种新思路和新方式。近几年来，中国的脱贫攻坚工作取得显著成效，农村贫困发生率明显下降，农村贫困地区居民收入显著提高，物质、文化等基础设施条件明显改善。改革开放40多年来，我国先后有7亿多贫困人口摆脱贫困。按照每人每年2300元（2010年不变价）的农村贫困标准计算，截至2019年底，我国农村贫困人口从1978年的2.5亿人减少到551万人，累计减少2.4449亿人；贫困发生率从1978年的31%下降到0.6%，累计下降30.4个百分点；同时，贫困地区农村居民人均可支配收入增长到11567元，扣除价格因素，比上年实际增长8.0%[①]。但目前仍有550多万农村贫困人口需要脱贫，这些贫困人口主要是由孤寡老人、残疾人、长期患病者等组成的弱势群体及一些思想观念落后、受教育程度低的群体，尤其是因病、因残致贫者比例居高不下，脱贫任务艰巨；深度贫困地区主要是"三区三州"（西藏、四省藏区、南疆四地州和四川凉山州、云南怒江州、甘肃临夏州），这些地区的贫困人口相对较多、贫困程度相对较深、贫困发生率也相对较高。一般来说，这些地区经济发展相对滞后，基础设施（如道路交通等）相对不完善，公共服务严重不足，贫困农户致贫原因多样且复杂，脱贫难度相当大[②]。

当前，中国经济进入新时代，如何结合"创新、协调、绿色、开放、共享"五大发展理念，积极探索实现"精准扶贫、精准脱贫"的新路径，确保到2020年农村贫困人口衣食无忧且能享受义务教育、基本医疗及住房保障；贫困地区农民人均可支配收入、基本公共服务等主要指标高于或接近于全国平均水平（习近平，2017），成为党和国家区域发展的重大战略决策。

在实施精准扶贫战略的过程中，长期困扰扶贫工作的难题（如扶贫对象不精准、扶贫资源短缺等问题）虽然得到改善，但贫困的多维性使精准扶贫任重道远。所谓多维贫困是指应从经济、权利等多个角度来衡量贫困，因而对贫困的关注应包括经济贫困、权利贫困、社会排斥等多个维度。多维贫困的理论基础是阿马蒂亚·森的"可行能力"理论和权力理论。能力是一个人能够实现

[①] 参见《中华人民共和国2019年国民经济和社会发展统计公报》，http://www.stats.gov.cn/tjsj/zxfb/202002/t20200228_1728913.html。

[②] 参见《中共中央　国务院关于打赢脱贫攻坚战三年行动的指导意见》，http://www.cpad.gov.cn/art/2018/8/20/art_624_88161.html。

的各种功能的组合，可行能力是指人们能够做自己想做的事、过上自己想过的生活，包括免受饥饿、疾病的功能，满足基本营养需求、接受基本教育及参与社区社会活动的功能等。根据该理论，如果个人或家庭缺少其中的一项或几项，就意味着处于贫困状态（阿马蒂亚·森，2002）。

中国自改革开放以来，一直高度关注扶贫工作，先后采用了以工代赈、救济式扶贫、财政扶贫、开发式扶贫、产业扶贫、金融扶贫、精准扶贫等诸多方式。其中，金融扶贫主要以开发式扶贫为基础，将资金投入效率与资金风险防控相结合，注重扶贫的可持续性，即特别强调扶贫对象自我发展能力的培养，因而被认为是缓解多维贫困，实现精准扶贫、精准脱贫的一种重要手段。尤其是，普惠金融强调金融机构在可持续发展的前提下，以可承担的成本提高贫困群体金融服务和产品的可获得性，被认为兼顾了金融机构的经济目标与可持续目标，因而可以将金融赋权、普惠金融与减贫有效结合起来（陈建伟、陈银娥，2017）。中央政府高度重视普惠金融的发展。党的十八届三中全会明确提出要发展普惠金融，2015 年《政府工作报告》再次强调要促进普惠金融的发展，并于 2015 年 12 月颁布了《推进普惠金融发展规划（2016—2020 年）》，建立有利于普惠金融发展的体制机制，大力推进普惠金融发展①。以孟加拉国模式的小额信贷引入为标志，我国现代普惠金融始于 20 世纪 70 年代末、改革开放前的农村信用社，但真正意义的普惠金融则是 20 世纪 90 年代才开始。经过几十年的发展，我国普惠金融机构数量增加，金融网点渗透率和金融覆盖面不断扩大，普惠金融发展水平不断提升。但是，我国普惠金融发展中仍然存在一系列问题，主要是金融普及不均衡，金融服务的成本偏高，金融知识的普及程度不高，金融使用效率低下等，并且不同区域间、各省份间普惠金融发展水平也存在较大的差异（周兆涵，2010），普惠金融征信制度、信用环境等体系缺陷尤为明显（杜晓山，2015）。目前，仍有大量的穷人与低收入人口未能获得基本的金融服务，小微企业与中小企业融资难题长期得不到有效解决，存在明显的金融排斥现象。这些问题的存在严重制约了金融扶贫的效率。从世界各国反贫困实践来看，各国普惠金融逐渐与其他反贫困干预政策相互合作，在各

---

① 参见《推进普惠金融发展规划（2016—2020 年）》，http：//www.gov.cn/zhengce/content/2016 - 01/15/content_10602.htm。

国反贫困实践中共同发挥作用。普惠金融反贫困未来的发展方向是与其他反贫困干预政策及社会项目相互合作，共同满足不同贫困群体的不同需求，实现精准脱贫。因此，在我国反贫困实践中，必须大力发展普惠金融，积极探索普惠金融实现"精准扶贫、精准脱贫"的新模式和新路径。

基于此，对精准扶贫的阐释及其理论体系和政策体系的构建，中国普惠金融发展与反贫困实践的现实研判与案例剖析，金融赋权、普惠金融发展与反贫困的阶段性特征与逻辑演进，中国普惠金融发展与精准扶贫、精准脱贫的效率评价、国际经验借鉴等一系列理论和现实问题，必将成为未来相当长一段时间内中国区域经济社会发展研究的重要内容。因而，基于普惠金融视角，对我国精准扶贫、精准脱贫的理论与政策进行系统深入研究具有十分重要的理论意义和现实意义。

二、研究意义

中华人民共和国成立以来，在扶贫工作实践中，根据不同时期、不同地区贫困的不同特点，有针对性地采取了不同的扶贫政策，扶贫战略经历了从救济式扶贫到开发式扶贫，再到精准扶贫、精准脱贫的转变。尤其是，近几年来我国已逐步建立完善政策扶贫、专项扶贫、行业扶贫、社会扶贫、援助扶贫、产业扶贫等扶贫模式，通过项目、产业、安居、搬迁、就业、技能、援助以及驻村扶持等手段，以图从根本上解决贫困人口的脱贫问题。《中共中央关于制定国民经济和社会发展第十三个五年规划的建议》将扶贫开发工作置于非常突出的重要地位，精准扶贫是中国扶贫工作进入新阶段后的新举措，对中国扶贫工作的成败起着决定性作用。精准扶贫是指"扶贫对象精准、项目安排精准、资金使用精准、措施到户精准、因村派人精准、脱贫成效精准"（六个"精准"）（习近平，2017），其目标是"精准脱贫"和"不落一人"。为了实现这一目标，扶贫工作要大力实施扶贫"五大工程"，着力抓好精准扶贫"五个一批"。而要做好这"五大工程"、实现"五个一批"，离不开资金支持。普惠金融理念与精准扶贫理念高度契合，因而将普惠金融发展作为精准扶贫、精准脱贫的重要手段，已经得到人们的广泛认同。当前新一轮科技革命尤其是互联网金融等快速发展，为当前扶贫攻坚工作提供了新的工具，也带来了巨大挑战，新时代的扶贫工作任务更加艰巨。因此，对普惠金融及其对精准扶贫、精准脱贫的作用和效率等一系列问题进行思考和论证具有十分重要的理论意义和现实意义。

第一，基于普惠金融视角，厘清精准扶贫、精准脱贫的渊源及其理论依据、主要内容等，有助于以新的理念和新的思路深入研究中国的贫困问题，促进精准扶贫理论的创新发展。

自"精准扶贫"概念于 2013 年 11 月由习近平总书记首次提出后，中央先后出台了《关于创新机制扎实推进农村扶贫开发工作的意见》《建立精准扶贫工作机制实施方案》《扶贫开发建档立卡工作方案》等相关文件，进一步明确了精准扶贫工作的思路、总体布局及工作机制，使精准扶贫在扶贫工作中得到实践。精准扶贫成为中国贫困治理的指导思想，"精准扶贫、精准脱贫"成为扶贫基本方略。理论界围绕什么是精准扶贫、精准脱贫，为什么要精准扶贫、精准脱贫，如何实现精准扶贫、精准脱贫等相关问题进行了研究，但由于精准扶贫不仅是一个新的概念，更是一种全新的理论，还是扶贫工作的一种新的思路和方式，因而关于精准扶贫的研究尚未形成系统理论，仍有许多问题值得深入系统研究。

精准扶贫、精准脱贫作为扶贫的基本方略，其目标是守住民生"底线"，让所有的人共享发展。精准扶贫的主要内容包括"六个精准"，精准化理念是其核心要义，分类分批理念是其基础工具，精准脱贫是其战略重点。因此，必须将精准扶贫上升到贫困治理原则性高度，反映到构建与之相适应的扶贫体制机制和政策体系中。本书立足于"共同富裕"这一根本原则，紧紧围绕"全面建成小康社会"这一宏伟目标的实现，基于普惠金融视角系统研究精准扶贫的内涵、主要内容及基本要求等相关问题，总结精准扶贫工作的成功经验，探讨不同地区精准扶贫的工作重点和主要模式，为精准扶贫的发展奠定理论基础，为发展中国家扶贫工作提供可借鉴模式，这将有助于促进精准扶贫理论的创新发展。

第二，基于普惠金融视角，深入研究精准扶贫、精准脱贫的路径选择及作用机制，有助于金融扶贫对象和金融扶贫主体的精准定位，明确"扶持谁""谁来扶""如何扶"等问题，对全面建成小康社会具有重要的战略意义。

党的十八届三中全会通过的《中共中央关于全面深化改革若干重大问题的决定》中正式提出了"发展普惠金融"，党的十八届五中全会通过的《中共中央关于制定国民经济和社会发展第十三个五年规划的建议》更是明确提出发展普惠金融，加强对中小微企业、农村，特别是贫困地区的金融服务，并将发展普惠金融作为"创新、协调、绿色、开放、共享"五大发展理念中"坚持共享发展"理念的具体体现。《推进普惠金融发展规划（2016—2020 年）》进一步强调了发展普惠金融的目的、具体措施及"路线图"和"时间表"。普惠金融发展及其体系的构建、普惠金融精准扶贫的方式等问题成为理论热点及反贫困实践中的重大问题。

普惠金融强调对社会所有人群，包括贫困人口，提供金融服务，尤其关注贫困群体及弱势群体，认为金融赋权是每个人应该享有的基本权利之一，不能获得金融服务是贫困人口陷入贫困的原因之一。从精准扶贫、精准脱贫的具体要求，即扶贫开发与经济社会发展相互促进、精准帮扶与集中连片特困地区开发紧密结合等来看，金融扶贫的基本出发点毫无疑问就是为了促进精准扶贫、精准脱贫。由于不同贫困地区、不同贫困人群存在个体差异，金融扶贫绝不能"大水漫灌"，不能让扶贫资金"天女散花"，而必须要瞄准目标、突出重点，贯彻精准扶贫分类分批的理念，切实解决"扶持谁"的问题。在实施扶贫"五大工程"、抓好精准扶贫"五个一批"的过程中，普惠金融秉承包容性理念，兼顾扶贫社会目标与自身可持续性目标，必须精准定位金融扶贫对象，制定差异化的扶持政策及退出机制，做到精准识别、精准帮扶、精准管理和精准考核；与此同时，发挥正规金融与民间金融、传统金融和新金融、银行与非银行的各自优势，有效增加普惠金融的供给；发展互联网金融，推广非现金支付、手机支付等新型支付方式，创新金融服务提供发展方式，规范发展民间融资，拓宽融资渠道，解决好"谁来扶"的问题。本书基于普惠金融视角，对精准扶贫、精准脱贫的路径选择及作用机制问题进行深入系统研究，一方面，强调了普惠金融的包容性特征及其在反贫困方面的独特优势和作用，有助于扶贫实际工作者及政策制定者更多地考虑贫困人群的实际需要，使微型金融产品与服务的设计更加符合实际，解决"扶持谁"和"谁来扶"的问题；另一方面，对普惠金融发展与精准扶贫、精准脱贫之间的动态关系进行深入研究，也给中国未来的金融改革及扶贫工作指明了新的方向，既有助于我国金融机构的完善与发展，健全和完善中国普惠金融体系，也对于补齐发展扶贫开发这一关键"短板"，到 2020 年完成脱贫任务、消除农村贫困具有积极的指导意义，对全面建成小康社会具有重要的战略意义。

第三，基于"创新、协调、绿色、开放、共享"五大发展理念，全面建成小康社会奋斗目标，发展普惠金融体系，构建完整的精准扶贫政策体系，对于实现精准扶贫、精准脱贫基本方略具有重要的现实意义。

精准扶贫、精准脱贫政策体系是一系列政策的组合，涉及金融支持、社会救助、产业发展、社会保障、文化教育等多个领域的经济政策与公共政策，需要健全与扶贫开发、发展改革，以及教育、社保、民政等部门的合作与协调联动。扶贫工作的"六个精准"有利于集中各种资源，优化配置扶贫资金及资源，提高扶贫效率；"五个一批"、分类脱贫则是有效解决贫困问题的重要举措和行动纲领。而要实现"五个一批"工程，必须牢固树立"创新、协调、绿色、开放、共享"的发展理念，加强各级政府和部门在信息共享、政策制定、创新发展等方面的协调与通力合作，同时兼顾政策的统一性和灵活性；同时建立扶贫长效机制，保证资金、人员、项目、政策等的可持续性。本书围绕全面建成小康社会这一宏伟目标的实现，对中国普惠金融发展反贫困的现有政策及其绩效进行分析评价，从金融赋权角度探讨普惠金融发展对精准扶贫、精准脱贫的作用及机制，充分发挥普惠金融在精准扶贫、精准脱贫中的引领作用，探索实现精准扶贫、精准脱贫基本方略的新路径，构建基于普惠金融视角下的精准扶贫、精准脱贫政策体系和长效机制，对于中国实现精准脱贫、全面建成小康社会具有重要的现实意义。

尤其是，通过"一带一路"倡议，推动更大范围、更高水平、更深层次的国际区域合作，进而将精准扶贫、精准脱贫映射到全球贫困治理并融入构建公平公正、包容有序的国际经济秩序，这对于加快全球减贫进程，支持和帮助发展中国家，特别是最不发达国家尽早消除贫困，具有重要的战略意义和借鉴意义。

第二节　国内外研究现状

一、国外理论研究动态

金融发展对贫困的影响及其作用一直受到广泛关注。不同学者从不同角度对此进行了大量研究，取得了丰富的成果。将金融作为重要的扶贫手段已经成为共识，对金融赋权视角下微型金融反贫困问题，尤其是女性贫困问题等进行了系统研究（陈银娥等，2016），同时，对普惠金融发展与反贫困问题进行了初步研究。

（一）关于贫困及反贫困问题的研究不断深入和拓展，将金融作为重要的扶贫手段已经成为共识

贫困问题一直是当代世界各国面临的共同挑战之一。不同学者从不同角度界定了"贫困"的含义，并对贫困的类型及其测量、贫困的原因、特点及解决办法等诸多问题进行了研究。关于反贫困的思路及措施也随着形势的需要不断变化，形成了诸多反贫困理论，具体包括促进资本形成的反贫困理论、综合反贫困理论、基于社会排斥的贫困理论、金融赋权视角下的反贫困理论等。随着对贫困群体致贫原因研究的不断深入，一些学者发现贫困不仅仅是经济问题，更应从社会、政治、历史、文化等非经济角度来看待贫困问题。法国学者勒内·勒努瓦（Rene Lenoir）于1974年首次提出"社会排斥"，20世纪80年代开始逐渐被一些学者用来分析社会经济和技术转型过程中出现的一些新的贫困现象，如失业、家庭收入不稳定等。社会排斥论者普遍认为，社会排斥直接导致穷人参与社会生活能力的失败，而穷人参与社会生活能力的失败又进一步加剧了不平等，导致更大的贫困。阿马蒂亚·森以社会排斥和能力剥夺理论为基础，综合经济领域和政治哲学领域的研究成果，创造性地将"权力理论"与"社会排挤理论"结合在一起，认为在人的生存、医疗卫生保健、职业培训及教育等领域必须充分发挥市场机制的基础性作用，同时还需要政府、社会等承担应有的责任，更需要作为发展主体的个人本身在全面的社会交往及社会经济变革中发挥主动作用（德雷兹等，2006）。

上述这些贫困理论的研究重心主要是经济增长及收入分配，主要将经济增长作为减少贫困的重要手段，很少涉及金融扶贫问题。在各国反贫困实践中，也主要将促进经济增长、提高收入水平、利用财政资金或外援等作为减少贫困的主要手段。随着反贫困理论研究及其反贫困实践的不断深入，尤其是微型金融在各国的成功实践，将金融作为扶贫的重要手段已经成为学术界、政界及社会各界的共识。一些学者开始从金融发展及金融赋权视角探讨反贫困问题，开始关注金融发展尤其是普惠金融发展对贫困减少的作用及影响，形成了不同的观点和主张。例如，分析了金融发展对贫困减缓的影响（陈银娥、张德伟，2018；陈银娥、金润楚，2018），金融排斥的危害，微型金融反贫困的作用机制及影响，微型金融的覆盖力及其可持续性等诸多问题。相关代表性观点主要有以下几个方面。

1. 金融发展可以从多个方面对贫困减缓产生影响

不同学者从不同角度对金融发展与贫困减缓的相互关系进行了诸多研究，虽有所争议，但大多数研究表明金融发展既能直接对贫困减缓产生作用，也能通过经济增长等间接途径促进贫困减缓。一些学者认为，金融发展可以有效减少信息不对称等带来的市场失灵、降低小额贷款的固定成本，通过降低金融活动的进入门槛，使更多的穷人参与正规金融活动；金融发展能为更多的贫困人口提供信贷服务，提高其生产性资本与生产效率，实现贫困人口生计的可持续（Jalilian and Kirkpatrick，2002；Ghura et al.，2009）。一些学者探讨了金融发展对贫困减缓的间接影响，认为保险、特殊借款、储蓄等金融中介服务能降低人们陷入贫困的风险、帮助应对经济冲击以及增强抵御任何不利风险的能力，因而金融发展有助于防止贫困的发生（Claessens and Feijen，2008）；金融中介（Bencivenga and Smith，1991；Fisman and Love，2003）、资本市场（Rousseau and Wacthe，2001）和整体金融市场的发展（Bittencourt，2012）有助于促进资本积累、提供流动性和提高生产率，增强穷人的抵押能力，促进经济增长，促使财富通过从富人向穷人的再分配等途径从社会的各个方面慢慢地向穷人渗透，最终改善穷人的经济状况，减缓贫困（Matsuyama，2001；Lloyd-Ellis and Bernhardt，2000；Ravallion and Datt，2002）。但金融发展通过促进经济增长间接减缓贫困的作用在不同国家表现出较大差异，一些具有相似经济发展水平的国家，其人类发展水平却有很大不同（UNDP，2013）。一些国家金融发展所带来的收入分配差距过大（Rehman et al.，2008；Sehrawat et al.，2016）以及金融波动（Bacarreza et al.，2009）等阻碍了贫困减缓。一般认为，导致这种差异的原因与经济增长的特征及收入分配方式有关（Shabbaz and Islam，2011）。制度质量影响着金融发展与收入不平等之间的联系，更高质量的金融发展带来更平等的收入分配（Law et al.，2014）。金融发展与收入不平等之间呈"倒 U 型"关系，即地区贫富差距会随着金融发展先升后降。这种"倒 U 型"关系与一国银行、股票市场的发展及收入水平有关，这在中低收入国家更明显（Nasreddine and Mensi，2016）。关于印度（Inoue and Hamori，2013；Sehrawat and Giri，2016）、肯尼亚（Odhiambo，2010）、孟加拉国（Uddin et al.，2014）、埃及（Abosedra et al.，2016）等国家和地区的研究表明，金融发展与贫困减缓之间存在正向关系，但具有非线性特征。跨国家面板数据的实证分析表明，金融发展通过促进经济增长、提供金融服务、发展微型金融等途径减缓贫困或避免贫困的产生（Bakhtiari，2006；Miled and Rejeb，2018）。

2. 金融排斥会形成贫困放大效应，加重贫困

金融排斥是与金融赋权相对立的一个概念①（Leyshon，1993），其研究始于20世纪90年代的英美等国。学者们从广义到狭义等多个层面对金融排斥进行了界定（Leyshon and Thrift，1995；De Koker，2006；Dymski and Li，2003；Rogaly et al.，1999；Beck，2007），但至今尚未形成统一的定义。一般认为，金融排斥是指人们无法获得银行账户、信用卡和保单等主流金融服务，因而无法在所属社会过正常的社会生活（Panigyrakis et al.，2002）。金融排斥的对象主要有失业者、单亲家庭、少数民族、老年人和残疾人等，具体表现为客户接近金融资源排斥、地理排斥、条件排斥、价格排斥、市场营销排斥和自我排斥（Kempson and Whyley，1999）。一些学者分析了金融排斥的危害，认为金融排斥使贫困群体不能获得或者难以获得金融资源，一般会伴随着信贷配给，进而导致金融资源价格扭曲，金融资源错配或者畸形配置，降低金融资源使用效率，导致金融资源浪费；尤其是容易使金融机构陷入片面逐利的局面（Keeton，1979；Swain et al.，2007）。同时，金融排斥和信贷配给的作用使不能正常获得金融资源的贫困弱势群体与社会上其他群体之间的差异（如收入差距）扩大，经济增长放缓，进而形成贫困扩大效应，加剧社会矛盾。因此，减少金融排斥，强调金融赋权和金融公平，增加贫困家庭金融服务的可得性，提高金融普惠水平，是反贫困的重要举措。

3. 微型金融发展有利于贫困缓解

微型金融主要通过四种途径缓解贫困：一是促进投资；二是使穷人能以更

---

① 金融赋权强调任何个人，包括弱势群体，都有获得金融服务的权利，其本质是在承认和保护贫困弱势群体信贷权的前提下，构建适合弱势群体的内生金融生成机制，以缓解弱势群体的流动性约束，提高其可行能力。

有效率的方式从事经济活动，有利于其生存；三是通过预防不测、平滑家庭消费，以及减少收入波动和家庭经济风险，提升其经济安全水平；四是通过为那些从未有过金融服务机会的穷人提供基本的金融服务及教育、交流、信息和社会培训等（Matsui and Tsuboi，2015），可提升其家庭成员的自尊心、社会地位和增加自我激励，提高生活质量。因此，微型金融实际上是通过鼓励和培养非正规部门的发展以及"金融渗透"（financial penetration）来减少贫困，可以说它不同于自上而下的传统发展模式，是一种新的经济发展模式（Gulli，1998；Bakhtiari，2006；Swain et al.，2010；Inoue and Hamori，2011；陈银娥、师文明，2011）。

　　一些学者具体研究了微型金融对收入贫困、能力贫困和权利贫困减少的影响。微型金融减少贫困的直接效应主要表现为，参与微型金融项目的家庭获得信贷后可以大规模购买生产资料，从而降低生产成本，从事新的生产活动并在新的市场出售产品，使其获取收入的能力提高。微型金融对减少能力贫困的影响主要是通过提供卫生知识，尤其是艾滋病普及教育及营养学和卫生学的培训等直接参与，同时通过收入的提高使项目参与者能获取更多的营养和更多的医疗保健而带来的间接效应，这种累积效应可以对贫困减少产生更加深入和持久的影响（Chowdhury，Mahmood and Abed，1991；Dunn，2002；Wright，2000；Simanowitz and Walter，2002）。微型金融对权利贫困的影响主要表现在微型金融可以提升妇女的社会地位，为妇女提供必要的经济机会以使她们掌握自己的命运，在促进两性平等并赋予妇女权利方面扮演着重要角色；而致力于赋予女性权利的贫困减少计划不仅会改善妇女的生活状况，也会对整个家庭和社区产生积极影响，如子女的入学率会显著提高，更有能力支付医疗支出和供养家庭等（Grasmuck and Espinal，2000；Swain and Wallentin，2017；陈银娥、师文明，2011）。

　　4. 微型金融通过金融赋权对女性反贫困产生积极作用[①]

　　国外理论界关于女性贫困及其减贫问题的大量研究始于 20 世纪 90 年代中期，尤其是女性主义经济学国际学会于 1995 年创办了《女性主义经济学》杂志后，关于女性贫困问题的研究大量增加。其中，性别视角下微型金融反贫困

———————————

① 参见陈银娥、王丹、曾小龙（2015）；陈银娥、苏志庆、何雅菲（2015）。

问题研究独树一帜。诸多学者从女性赋权效应、信贷渠道和保险渠道等多个层面探讨了微型金融对女性反贫困的作用机理、扶贫效应等，进一步推动并扩展了性别视角下微型金融反贫困问题的研究。

一些学者专门探讨了女性赋权及其反贫困效应，认为赋权、减贫和发展相互影响、相互依存，应主要从内生和外生层面致力于增强女性控制资源的能力，通过公共资源的授予、转移或配给，增强弱势女性的支配能力、决策权力及社会参与的主动性等，使女性有能力、有信心依靠自己的力量摆脱贫困陷阱（Karuppannan and Raya，2010，2014；Weber and Ahmad，2014）。因此，应加强女性对土地等资源的控制，加强女性的教育权，减少女性作为独立经济主体所受到的权力限制（Bird，2018）。微型金融机构之所以比较倾向于女性，主要是基于规避风险，同时兼顾绩效的考虑（Brau and Woller，2004；Ramanaiah and Mangala，2011；Bert et al.，2011）。一些研究发现，董事会及首席执行官的性别差异会对公司财务绩效和贫困客户产生不同的影响，由女性任首席执行官的公司的财务业绩会有所改善（Mersland and Strom，2009）。当然，微型金融也可能导致信贷危机（Phillips and Bhatia-Panthaki，2007）。

一些学者从风险防御，即"安全网"的角度探讨了小额保险对贫困女性减贫的作用及机制。有研究发现，获得储蓄和保险有助于建立最贫困人口的恢复能力（Scott and Smith，2014）。从短期来看，小额保险以低保费、广覆盖、灵活多样的销售形式，最大限度地为贫困女性群体提供最基本的社会保护和风险分散机制，抵御收入不稳定和健康风险可能带来的损失；从长期来看，小额保险是以加强家庭风险预警机制为基础，提供改善收入分配的一种新途径。例如，小额健康保险降低了贫困女性的医疗成本和不确定性（Bauchet，2010）。小额信贷有利于改善女性健康和营养，提高家庭消费水平，使儿童的出生率和死亡率明显降低，对男女儿童的健康和女童的受教育水平产生积极效应（DeLoach and Lamanna，2011），同时改善金融中介，为女性提供她们所需要的各种金融和银行服务（Bird，2018），从而有利于缓解女性贫困。

也有研究发现，微型金融对女性增权具有双重效应，即微型金融能够帮助女性建立起社会参与途径，提升女性社会参与能力和家庭经济贡献；但是如果她们试图挑战传统的性别规范，家庭暴力也会不断激化（Kato and Kratzer，2013）。同时，由于小额信贷项目缺乏性别设计，向女性提供微型金融项目会影响家庭权利关系，其帮助女性反贫困的效果不明显。因而，通过赋权提高女性地位需要一些其他干预措施，如应改变传统的性别歧视观念，解决父权意识形态问题，同时创造一种环境使人们有机会重新思考女性的作用和贡献的重要性，建立起信贷参与者和家庭成员间的相互信任，实现女性经济自由（Karim and Law，2013）。

（二）对普惠金融发展与反贫困问题进行初步研究

普惠金融体系（Inclusive Financial System）概念于 2005 年国际小额信贷年由联合国正式提出。联合国呼吁各发展中国家应通过政策、立法及规章制度的支持，建立"普惠经济部门（Inclusive Economic Sector）"，"将所有人，无论国籍、城乡、地区，都纳入经济增长轨道，公平分享经济增长成果"。普惠金融旨在让所有人都能享受到金融服务的便利和实惠。世界银行扶贫协商小组（Consultative Group to Assist the Poor，CGAP）积极推进建设包括穷人在内的普惠性金融体系，致力于消除世界范围内的贫困，从 2006 年开始致力于建立普惠金融体系，并从微观、中观和宏观层面深入解析建立普惠金融体系的重要性、措施和难度（Helmsp，2006）。此后，学术界围绕普惠金融发展反贫困及其相关问题进行了研究，主要涉及普惠金融的内涵、普惠金融的度量、普惠金融反贫困的影响等诸多方面。

1. 普惠金融的含义

什么是普惠金融，至今并没有一个统一的定义。理论界主要从普惠金融的供给方和需求方两个维度来理解。从供给方的角度来看，普惠金融是指为保证所有经济主体有效获得正规金融服务的过程，包括信贷及其他诸如储蓄、支付、保险和汇款等系列金融服务（Sarma and Pais，2008）；而且，普惠金融还将非银行用户也纳入正规金融系统中，使之有机会享受到诸多正规金融服务（Hannig and Jansen，2010）；狭义的普惠金融是指从正规金融机构获得贷款的过程，以及成年人如何储蓄、借贷、支付和管理风险，全球大约50%的成年人在正规金融机构拥有账户，但目前普惠金融被赋予了更多的内涵（Demirgüç-Kunt and Klapper，2016）。从需求角度来看，普惠金融的目的是为社会各阶层和群体提供金融产品和服务，主要关注的目标是贫困人群、中低收入者和中小微企业，以及金融产品和服务的成本、便利性等。普惠金融是使社会所有经济主体尤其是贫困群体能够公平、安全且低成本地获得正规金融产品和服务的过程（Mohan，2006）；是以合理的成本获得一定质量的金融服务（Claessens，2006）；是确保低收入者、贫困人群等弱势群体能够以恰当的或者可以承受的低成本享受及时合理金融服务的过程（Khan，2011）。因而，普惠金融是指，在一个国家或地区，所有处于工作年龄阶段的经济主体都有权公平、方便、安全地获得价格合理的优质金融服务。从金融赋权的角度来看，普惠金融将被金融体系排斥在外的人群纳入主流金融体系，并为其提供多元化的金融服务。一般认为，普惠金融是在小额信贷、微型金融基础上发展起来的并得到了进一步的延伸，主要通过政府、金融机构和客户等的共同参与，为社会所有阶层，尤其是被传统或正规金融体系排斥的低收入者、中小微企业等弱势群体，提供便利且低成本的金融产品与服务，达到商业可持续发展的金融格局（Barr，2007；El-Zoghbi et al.，2013，2017；Chang，2017）。

2. 普惠金融发展水平的度量

普惠金融发展水平指标体系最早使用于国际货币基金组织对世界各国进行的金融可获得性调查（FAS），该指标体系包含金融可获得性和使用情况两个维度及其下八个指标。由于普惠金融是一个较新的概念，而且其内涵是多维的，即包括服务的便利性、成本、范围及质量等诸多方面，理论界及一些国际金融机构或组织对其指标体系进行了多方面探索。目前，一些国际金融组织已成功发布普惠金融指数的核心指标，主要有：国际货币基金组织（IMF）、世界银行（World Bank）、经济合作与发展组织（OECD）、全球普惠金融合作伙伴组织（GPFI）、金融包容联盟（AFI）等。国际货币基金组织主要从供给端，按金融服务可获得性和使用情况设计了一套指标体系，其中，用金融机构分支机构数和 ATM 数量反映金融服务可获得性，用经济主体（如个人、家庭和小微企业等）的储蓄、贷款、保险和手机支付等账户数量及其余额反映金融服务使用情况（陈银娥等，2015）。世界银行主要从银行账户使用情况、存款、借款、支付和保险五个维度监测和评估各国普惠金融实践情况，构建了 100 多个指标。2012 年，世界银行完善的全球金融普惠指数包含七个维度，48 个核心指标。全球普惠金融合作伙伴组织主要从享有正规银行金融服务的成年人与企业、在正规金融机构有信贷业务的成年人和企业，以及服务网点等五个维度发布了包含需求和供给端的普惠金融核心指标。由金融包容联盟指导的金融包容数据工作小组（FIDWG），在对其成员国普惠金融发展状况进行评估时，主要采用正规金融服务的可获得性、金融服务的使用情况等两个方面的核心指标。虽然各金融机构对于如何构建普惠金融指数体系存在一定差异，但已总结出衡量普惠金融发展水平的四个重要核心指标，具体包括金融服务的渗透性（Penetration）、可获得性（Access）、使用性（Usage）和服务质量（Quality）等。各国衡量普惠金融发展水平的指标体系均包含这四大核心指标，其差异体现在围绕这四个核心指标所进行的具体指标设置。

除此以外，学者们还从其他方面对普惠金融指数体系的构建进行了研究。一些学者借鉴联合国人类发展指数（HDI）的构建方法，选取银行可利用性、渗透性、使用性三个核心指标，构建了金融包容性指数（Index of Financial Inclusion，IFI）（Sarma，2008；Chakravarty，2010）；从覆盖面、使用性、便利程度及成本四个维度，建立普惠金融指数，以此比较发达国家和发展中国家金融服务可获得性的差异，注重普惠金融发展的相对性（Arora，2014；Gupte et al.，2012），如阿罗拉（Arora，2010）基于对普惠金融使用成本及便利程度的考虑，引入相对性指标衡量了发达国家和发展中国家普惠金融的水平。一些学者侧重关注正式账户、储蓄行为和借款来源保险等业务的办理情况，从服务范围（地理和人口渗透率）、使用状况（存贷）和服务质量（披露要求、争端解决、使用成本）三个维度，使用加权方法来构建普惠金融发展指数（Amidžić，Massara and Mialou，2014）。一些学者从供给方维度度量普惠金融（Demirgüç-Kunt and Klapper，2016），将便利程度、吸纳率、使用效率和满意度水平作为衡量普惠金融供给的四个维度（Rahman，2012），主要采用金融机构网点或设备的地理覆盖程度和人口覆盖程度、ATM 数量等来衡量金融服务的便利程度和渗透率等。从需求维度来看，主要采用人均存贷款数量或账户与GDP 的比率、保险数额或比例、电子银行等指标，来衡量金融服务的使用率（Klein and Mayer，2011）；同时，通过适当和负担得起的技术及正确的商业模式，使正规金融部门的普惠金融业务在经济上可行（Chopra and Sherry，2014）。也有学者在前述指标基础上加入了外部因素等指标，如区域经济发展水平（Rojas-Suarez and Amado，2014）、科技发展水平（Diniz，2011）；国家或地区政策、法律制度等（Guerin，2011；Kundu，2014；Chakravarty and Pal，2013）。另有学者专门针对印度普惠金融体系的发展情况，从需求、供应和基础设施等维度建立了综合性的普惠金融指数，这一综合指数考虑了一些起负向作用的阻力因素（drag factors）（Ambarkhane, Singh and Venkataramani, 2016）。

自 2004 年国际货币基金组织最早使用普惠金融发展指数以来，经世界银行等的不断完善，形成了普惠金融领域最权威、使用最广泛的评价指标全球金融普惠指数（GFCI）。在考虑发达国家与发展中国家普惠金融发展差异等基础上，普惠金融指数、G20 普惠金融基础性指标①、相对性指标等不断提出，普惠金融发展水平衡量体系也日趋完善与科学，指标维度不断拓展（Sarma and Pais, 2011；Ambarkhane et al., 2016；Goel and Sharma, 2017），具体评价指标也不断细化②（Beck et al., 2007；Jukan et al., 2017），逐步形成了一套比较核心的指标体系，并运用于各国的实践。

3. 普惠金融发展对贫困缓解的影响

由于普惠金融是从小额信贷和微型金融的基础上延伸和发展出来的，因而早期主要是从小额信贷和微型金融的角度对其反贫困的影响进行了较多研究，并取得了较多的研究成果。

一些学者认为，普惠金融与精准扶贫的协调发展存在一致性与差异性。从普惠金融发展的理论渊源来看，早期反贫困理论、金融发展理论、农村金融理论、小额信贷与微型金融等均从理论、机制上关注穷人减贫；从普惠金融发展的特征来看，普惠金融的创新性、可覆盖性、可持续性等诸多特性符合精准扶贫的内生扶贫目标；从普惠金融在各国的历史实践来看，普惠金融早期在农村农业领域通过微型金融中小组联保及动态激励的发展形式，有效提升贫困人口资金可获得性，帮助贫困户制订长期消费和投资计划，参与生产性经济活动和应付不利冲击（Sarker et al., 2015；Corrado and Corrado, 2017）。经证明，普惠金融发展对贫困农户经济扶持独立有效（Matsui and Tsuboi, 2015），这说明普惠金融是缓解贫困人口融资约束、增加贫困人口家庭收入，实现扶贫、脱贫的重要途径。

一些学者分析了金融服务的可获得性与贫困减少之间的关系，发现二者之间呈现显著的正向相关关系，即金融服务的可获得性有助于减少贫困。一些学

---

① 2012 年，G20 领导人洛斯卡沃斯峰会通过了基于数字金融服务的 G20 普惠金融基础性指标。

② 具体评价指标基于国情不断细化，如贝克（Beck）、尤坎（Jukan）等学者都对评价指标进行了具体细分。

者（Burgess and Pande，2005）对发展中国家（如印度）农村金融发展减少贫
困的影响进行了实证分析，结果表明，印度农村金融机构的扩张增加了农村地
区的储蓄和贷款，有助于农村弱势群体（如中小微企业）的投资生产，增加
农村地区就业和非农部门的收入；而且有利于那些能增加贫困人群收入的部门
的经济增长。因而，印度农村金融机构数量的增加显著提高了农村居民的收入
水平，降低了印度贫困发生率，且每 10 万人增加 1 个金融服务网点，贫困率
将下降 4.1%。其他一些学者的研究也得到了类似的结论，如阿希德（Ajide，
2015）关于 1996—2013 年尼日利亚普惠金融发展减少贫困的研究、朴和梅尔
卡多（Park and Mercado，2015）基于 37 个亚洲发展中国家的面板数据的研究
等均发现，无论长期和短期，普惠金融发展都能显著降低农村贫困和收入不平
等程度；布朗（Brown，2015）关于 ProCredit 银行 2006—2010 年在欧洲东南
部分支机构扩张网络的研究发现，银行开设分支机构有助于促进贫困家庭增加
收入，减缓贫困，低收入家庭、老年人口家庭及依靠转移支付为生的家庭减贫
效果更为明显。

　　一些学者基于微观数据，采用不同方法（如 Probit 模型、Logit 模型等）
对普惠金融发展减少贫困的影响进行了实证研究。例如，奥彼塞萨和阿肯拉德
（Obisesan and Akinlade，2013）对尼日利亚农村普惠金融发展减缓贫困的影响
进行了实证分析。他们以西南部 300 户农村家庭为样本，将有信贷约束农户
（占比 69%）设为实验组，无信贷约束的农户设为参照组，并进行比较分析，
结果发现增加农村信贷配给使两个组别的贫困发生率分别下降 71% 和 45%。
这说明，改善农村地区信贷配给有助于贫困减少。

　　还一些学者从金融稳定的角度分析了普惠金融发展减缓贫困的影响。代表
性观点有：认为将低收入群体纳入金融体系有助于增加存贷款准备金的稳定性
（Hannig and Jansen，2010）；发展普惠金融将会使客户、政府和金融机构均获
益，其中客户将通过获得存贷款账户、安全的支付系统等基本金融服务而获
益，从而提高其生活质量（Van Rooij et al.，2012）；普惠金融的发展主要通
过促进金融服务产品数量、质量和有效性的提高，促进经济增长经济总产出水
平的提供，间接减少贫困（Babajide et al.，2015）。孔杜（Kundu，2014）以
印度为案例进行分析，认为普惠金融政策将提高工资支付系统的透明度，以保
证资金的有效使用，最终使工资舞弊的风险最小化，直接为贫困人群产生实际

效益；普惠金融政策的实施同时还能提高贫困人群尤其是女性的金融知识水平，促使贫困家庭逐渐开始将部分收入存入金融机构。

也有学者认为，发展普惠金融对于金融稳定性将产生负面影响，其影响结果表现为：将贫困人群纳入信贷体系有可能降低贷款标准，吸收小额贷款客户会增加银行的声誉风险，如果小额信贷机构组织或者程序不规范，有可能增加银行业务的系统风险等（Khan，2011）；针对南亚区域合作联盟国家调研发现，南亚区域合作联盟国家小额信贷的实际执行标准远低于法律要求（Kumar and Mohanty，2011）；对于印度的调查显示，印度小额信贷利率非常高，间接加重了客户的额外负担，产生了一些诸如自杀等不良后果。

总的来看，普惠金融强调金融赋权，即让所有人都能方便地获得金融信贷，"共享"金融资源，特别注重为不同信贷需求者提供合适的金融产品和金融服务，将"无银行服务"的人群及受到信贷约束的人群等纳入正规金融服务范围，既注重对贫困群体"造血"，又强调银行自身的"可持续"。因而，普惠金融被认为有助于贫困群体的精准识别和精准帮扶，增强贫困家庭增收、脱贫、致富的自我发展能力，具有其他扶贫方式所不具备的独特的不可替代作用，是反贫困的一种重要的金融制度创新（陈银娥等，2016）。

4. 普惠金融发展的影响因素

不同学者从多个角度（如需求、供给及宏观社会环境等），采用不同方法对普惠金融发展的影响因素进行了研究，代表性的观点涉及家庭和个人微观因素的分析及环境制度宏观因素分析等方面。

一般认为，家庭及个人因素主要包括家庭规模、家庭财富、家庭收入，以及个人年龄、性别、婚姻、教育水平尤其是金融素养水平等；微观因素包括宗教信仰、移民及其英语能力和法律地位等（Jossart-Marcelli et al.，2010）、对银行的信任程度等（Demirgüç-Kunt and Klapper，2016）。萨尔玛（Sarma，2011）的研究发现，个人或家庭的收入水平及其受教育程度对普惠金融发展具有正向影响。丰加奇乔娃和韦尔（Fungáčová and Weill，2015）关于中国普惠金融发展的研究表明，更高的收入、更好的教育、男性身份和年龄越大，正式账户和正式信贷的使用就越多。德米尔居奇 – 孔特和克拉佩尔（Demirgüç-Kunt and Klapper，2016）指出，收入、个人特征、受教育水平、年龄、性别以及心理因素、宗教因素等都会影响金融服务的使用率。

　　一些学者探讨了金融素养对普惠金融发展的影响。大多数学者认为，金融素养对普惠金融发展具有显著正影响，可以提高居民对主流金融产品的理解并减少非银行账户的不规范服务（Braunstein and Welch，2002），能提高借款者的信用从而有助于其获得和使用金融服务（Kefel，2010；Wachira，2012），尤其是金融知识的普及不仅可以促进穷人及女性获得金融服务（Refera et al.，2016；Levi-D'Ancona，2014；Singh and Kumar，2017），而且有助于普惠金融发展（Kama and Adigun，2013）。也有学者发现，家庭财务决策对家庭福利、经济增长和金融稳定都很重要，但由于对财务决策决定因素的理解有限，金融素养只是影响普惠金融发展的因素之一，而且不一定是正的影响（Cole et al.，2014）。

　　从普惠金融发展的供给层面来看，其影响因素主要包括金融机构的属性、规模和结构、金融基础设施、金融产品的供给价格等。一些学者结合金融服务阐述了信息通信基础设施对金融发展的影响。例如，贝克（Beck，2007）关于各国银行服务方面的研究发现，家庭和企业使用银行服务的微观统计数据与企业融资障碍相联系，而金融基础设施的发展有助于缓解企业融资障碍，促进金融业务的拓展。萨尔玛等人（Sarma et al.，2011）的研究表明，基础设施的发展水平与普惠金融发展密切相关，收入、不平等、识字率、城市化以及通信基础设施非常重要。阿克等人（Aker et al.，2010）发现，移动电话将个人与个人、信息、市场和服务连接起来，手机及其相关通信成本的降低可以提高农业和劳动力市场的效率，增进生产者和消费者的福利。蒙耶盖拉和松本（Munyegera and Matsumoto，2015）关于乌干达通信基础设施与普惠金融发展的研究表明，乌干达使用移动货币服务因降低了交易成本、增加了便利性，从而增加了储蓄、借贷和接收汇款的可能性，有助于普惠金融的发展。安德里亚纳伊娃和克波德尔（Andrianaivo and Kpodar，2012）以1988—2007年非洲国家为样本，研究了信息通信技术（ICT）特别是移动电话对经济增长的影响，发现ICT（包括移动电话）的发展，对非洲国家的经济增长作出了巨大的贡献，而且移动电话的发展巩固了普惠金融对经济增长的影响，尤其是在移动金融服务占据主导地位的国家。肯德尔等人（Kendall et al.，2010）、拉普凯尼（Lapukeni，2015）的研究表明，通信基础设施发展对金融服务有重要影响，为通过移动金融服务提高普惠金融提供了机会，如减轻金融交易的管理成本，提高金融服务的可接触性，为金融活动提供便利的渠道等。查托帕迪亚（Chattopadhyay，2011）关于印度普惠金融发展状况的研究发现，金融服务的供给和需求均是影响普惠金融发展的因素。他们呼吁社会各界，包括银行、受益人和监管机构，一起努力共同促进普惠金融发展。

普惠金融发展的宏观环境因素主要有制度、监管、收入差距、法律等。例如，欧西利和保尔森（Osili and Paulson，2008）关于美国移民的金融行为的研究发现，一个国家的体制环境决定了人们的信念，进而影响金融服务的使用；财富、教育和其他因素也会影响移民的金融市场参与；克莱因和科林（Klein and Colin，2011）的研究表明，移动银行的发展为银行监管带来了相当大的不确定性，银行监管也会对普惠金融发展造成影响，因而提出了一个考虑手机银行监管设计的框架；利斯等人（Lis et al.，2014）的研究发现，在哥伦比亚这样金融深度比较低的国家，发展普惠金融需要建立准入渠道，降低代理商的交易成本，因而需要政府进行监管以确保金融机构能够提供新型的、更便利的金融产品和金融服务。另外，区域经济水平、城乡收入差距、城市化、就业水平、市场化程度以及政府政策等因素也会影响普惠金融的发展。

二、国内理论研究动态

自 2005 年联合国在宣传国际小额信贷年时首次提出"普惠金融"概念后，普惠金融引起世界各国学术界和实务界的广泛研究和实践。中国于 2006 年正式引入"普惠金融"概念，将小额信贷、微型金融作为发展普惠金融的重要组成部分。此后，普惠金融与金融包容、包容性增长、减贫等相关概念联系起来，在中国扶贫实践中不断普及和推广运用，中国政府先后出台了一系列支持"三农"问题和中小微企业发展的财税金融政策（周小川，2013）。尤其是，习近平总书记于 2013 年首次提出"精准扶贫"概念并实施精准扶贫战略以来，理论界开始普遍关注精准扶贫、精准脱贫的路径及模式，以及普惠金融发展对精准扶贫、精准脱贫的作用等诸多问题并进行了研究。

（一）精准扶贫、精准脱贫的路径及模式研究

中央先后出台的一系列相关文件，以及"十三五"规划对精准扶贫工作的思路、总体布局及工作机制等提出了整体思路及安排，推动了精准扶贫的实践。精准扶贫引起了包括学界在内的社会各界的广泛关注，其内涵也在不断深

化，有关精准扶贫、精准脱贫问题的研究如雨后春笋层出不穷，提出了精准扶贫、精准脱贫的基本思路和政策主张。

1. 精准扶贫的概念及目标

精准扶贫这一概念是在中国扶贫实践发展过程中总结出来的经验。自1986年中国开始实施开发式扶贫战略以来，扶贫瞄准机制一直在调整（唐丽霞等，2015），如1986年实施的是以贫困县为扶贫瞄准目标载体（洪名勇，2009），2001年提出"扶贫要到村到户"（汪三贵等，2007）。我国农村贫困已经主要变为区域性贫困，农村政策在农村贫困地区的覆盖率及农民满意度均不高，扶贫资源难以准确到户（左停等，2009）。2005年，开始对贫困农户进行建档立卡，实行农户瞄准机制。2013年，习近平总书记提出"精准扶贫"概念并在2015年中央扶贫开发工作会议上强调要通过"精准扶贫"来实现"精准脱贫"。中国由此建立起从贫困县到贫困村，再到贫困户的三级扶贫瞄准机制（唐丽霞等，2015），经历了从区域扶贫开发到精准扶贫的政策演变（汪三贵等，2018）。

在对中国扶贫实践的探索过程中，学者们针对中国扶贫过程中存在的问题，提出要提高扶贫资金和扶贫政策的"精准度"，探讨了精准扶贫的概念、参与主体与目标。精准扶贫是指"扶贫对象精准、项目安排精准、资金使用精准、措施到户精准、因村派人精准、脱贫成效精准"（六个"精准"），其目标是"精准脱贫"。要做到这六个"精准"，首先必须规范程序，为贫困人口建档立卡并进行动态管理，既防止"贫困遗漏"，也要防止"假贫困"。然后，根据不同贫困人群的需要对症下药，找准贫困人口致贫的原因，"因户施策、因人施策"（习近平，2017），使农村扶贫抓住真正的关键点及根本（习近平，2016）。

一些学者认为，由于精准扶贫是一项复杂的工程，需要社会各界共同参与，尤其是政府、企业、社会团体（各类协会和非政府组织）、贫困人口等利益相关主体的积极参与。其中，非政府组织在中国贫困治理中不仅进行物质扶贫，而且进行知识扶贫和能力扶贫，同时从完善制度等角度缓解贫困的代际传递（赵晓芳，2010），有其难以替代的作用（刘源，2016），应积极引导民营企业家参与扶贫开发事业，发挥其扶贫主力军的作用（黄承伟、周晶，2015）。政府在扶贫过程起主导作用，应主导产业扶贫，引导、支持企业扶贫，鼓励贫困农户积极脱贫，实现扶贫客体的内生增长（张春敏，2017）。贫困人口既是精准扶贫的对象，也是精准扶贫的重要参与主体，但贫困人口参与扶贫存在诸多障碍和问题，如瞄准问题等（刘迟生、邓小丽，2012；赵玉、刘娟，2013）；贫困农户脱贫摘帽后如何实现生计可持续及代际生计可持续是使贫困人口永久性脱贫、防止返贫的关键，因而增强贫困人口内生动力是实现生计可持续的关键（陈银娥，2017）。因此，应鼓励支持社会组织、民间团体、民营企业、个人参与扶贫开发，多方参与，促进社会帮扶与精准扶贫有效结合。

脱贫攻坚的具体目标是，到2020年，我国农村贫困人口能够过上衣食无忧的生活，且能享受义务教育、基本医疗及住房保障，即"两不愁、三保障"；贫困地区农民人均可支配收入、基本公共服务等主要指标高于或接近于全国平均水平。要实现这一目标，必须全民参与，明确责任与分工，明确目标任务并对任务完成情况进行考核，形成中央、地方政府齐抓共管的局面（习近平，2017）。

2. 对习近平总书记关于扶贫工作的重要论述的研究

当前，精准扶贫已经成为中国贫困治理的指导思想，"精准扶贫、精准脱贫"已经成为我国扶贫工作的基本方略。理论界围绕精准扶贫，从不同层面进行了较多研究，这些研究多是对精准扶贫的提出背景、原因、内涵及其意义等进行探讨，也有些研究分析了精准扶贫在实践中面临的问题及有待进一步完善的方面，取得了系列成果。

一些学者研究了精准扶贫的内涵，认为精准扶贫主要围绕"扶持谁、谁来扶、怎么扶"等提出相应的解决方案，形成了精准识别、精准帮扶、精准管理和精准考核四位一体的扶贫体系（张赛群，2017）；精准扶贫主要内容包括"四个坚持""五个一批""六个精准"等方面（苟颖萍、白冰，2017），其核心内容是精准扶贫、精准脱贫、以"绣花功夫"抓扶贫，在实践中进行了大量创新，因而精准扶贫也是一个行动理论（檀学文、李静，2017）。

一些学者从不同角度揭示了扶贫理论时代价值。在扶贫攻坚的关键阶段，习近平在继承前人共同富裕思想基础上，对扶贫开发进行了系统阐释，实现了马克思主义扶贫理论的发展和创新。习近平总书记关于扶贫工作的重要论述适应了新时期扶贫开发工作的需要，为扶贫工作的进一步推进指明了方向，为打赢脱贫攻坚战和全面建成小康社会提供了行动指南，标志着中国扶贫方式的重要转变，开创了马克思主义共同富裕思想的新境界，既是治国理政方略的重要组成部分，也是实现中国梦的关键，更是全面建成小康社会的重要法宝，提升了社会主义共同富裕思想的内涵（李辉山、曹富雄，2017；苟颖萍、张娟，2019）。而且，精准扶贫与社会保障的目标有效契合，精准扶贫的不断完善必然促进社会政策的不断完善（张瑞敏，2017；季素娇，2017）。精准扶贫开辟了一条增进人民福祉、促进社会公平正义的通道，丰富了社会主义关于共同富裕的思想认识，成为中国式反贫困道路的最新思想成果（张瑞敏，2017）。全力实施脱贫攻坚，贯彻精准扶贫、精准脱贫基本方略，是全面建成小康社会、实现共同富裕的政策保证，为全球反贫困事业贡献了中国智慧，从而有利于促进全球反贫困事业的深入发展。

3. 精准扶贫的机制与路径

精准扶贫机制决定精准扶贫发展的成果最终能否真正惠及贫困人口，决定着精准扶贫发展的方向。一些学者认为，中国精准扶贫工作机制存在贫困对象识别不精准、干部驻村帮扶机制不健全、产业扶贫内生动力不足、扶贫资源配置不均衡、贫困人口脱贫内生动力不足等问题（王国勇等，2015），完善现有扶贫济困机制（谢丽云等，2014）和创新帮扶机制（徐国均等，2014；董微微，2018）尤为重要。而在经济新常态背景下的精准扶贫工作需要凝聚力量，形成共识，发挥中国的"大国优势"和社会主义制度优势，实现政府、社会、市场的协同合作，形成全社会共同参与的社会扶贫体系（习近平，2015）。其工作重点在于建立健全精准扶贫机制，主要是完善扶贫资源整合机制（刘解龙，2015）；充分挖掘社会组织作用，实现精准扶贫资源供需对接（黄快生，2019）；完善精准识别工作机制（莫小峰，2015；朱万春，2018；郑品芳等，2018）；创新发展基于大数据思维的精准扶贫机制（郑瑞强等，2015；徐孝勇等，2019）；贯彻以人民为中心的发展理念，构建以人民为主体的贫困人口自主脱贫内生机制和共享成果保障机制（张立伟等，2019）；建立健全精准扶贫多元主体参与的法律激励机制（王怀勇等，2019）；等等。

精准扶贫机制的顺利运行有赖于好的扶贫方式和路径。在精准扶贫实践中，各地创造性地尝试了多种扶贫方式，如"互联网＋"扶贫（胡娟，2015；王文彬等，2016；王军等，2016；徐晓东，2019）、产业扶贫（袁程炜，2015）、旅游扶贫（邓小海等，2015；陈萍，2019；颜安，2019）、金融扶贫

（鄢红兵，2015；李丽，2019；蔡军，2019）、就业扶贫和智力扶贫（刘合光，2017；张蓓，2017）、劳务输出脱贫、实施异地搬迁脱贫、探索资产收益脱贫等多种精准扶贫方式。其中，金融扶贫已经成为当前中国最为重要的扶贫方式之一，普惠金融是实现精准扶贫、精准脱贫的一种重要手段（陈建伟等，2017）。

4. 集中连片特困区的金融精准扶贫

当前，集中连片特困区扶贫工作进入了攻坚克难的关键阶段，是新阶段扶贫攻坚的主战场（陆汉文，2014）。理论界主要研究了集中连片特困区致贫的原因、金融精准扶贫手段的运用及其案例等。

我国连片特困区主要集中在高寒山区、水库库区、深山区、石山区、荒漠化区以及西部少数民族地区、边境地区等区域。与一般贫困地区相比，集中连片特困区具有贫困面积大、贫困人口多、贫困程度深、返贫频率高、基础设施薄弱、公共服务均等化程度低、生态环境恶劣、人地矛盾突出、整体经济发展水平落后、自我发展能力弱等特征。一些学者分析了集中连片特困区的致贫原因，主要有以下几个方面：一是生计资本匮乏致贫，主要表现为自然资本贫瘠，物质资本、金融资本均相当短缺，人力资本、社会资本相对薄弱；二是基础设施与公共服务供给短板，通常表现为交通、水利、电力、教育、文化、医疗卫生等供给不足；三是产业基础薄弱，产业结构不合理，缺乏支柱产业支撑；四是生态脆弱与环境恶劣叠加，脆弱的生态环境通常与区域贫困形成一种很难打破的恶性循环（苏维词，2012；沈茂英，2015）。

一些学者对集中连片特困区精准扶贫模式及案例进行了研究。有学者发现，一些连片特困区（如安徽太湖县、河北省易县等）在探索扶贫的道路上找到了适合当地的金融支持模式，并且能够合理、有效地利用金融手段满足资金需求，促进当地产业和经济的发展（吴琼，2008；杨伟坤等，2013；张贵友等，2018）。关于大别山连片特困区金融扶贫创新模式的研究发现，河南固始县采用"政府+公司+合作社+银行+农户"的产业开发模式，河南新县采用"技能培训+出国劳务+回乡创业"模式，河南光山县采用"一村一品"的模式，实现了可持续性的扶贫（付李涛，2014）。位于武陵山片区的湖南省石门县因地制宜推出金融产业扶贫模式，有效促进了贫困农户实现脱贫致富（钟昌彪，2016）。大别山区、武陵山区、秦巴山区集中连片特困地区分别形成了旅游精准扶贫、金融精准扶贫、易地搬迁精准扶贫三种模式，取得了较好的扶贫效果（张玉强、李祥，2017）。也有一些学者发现，集中连片特困区金融扶贫未达到预期效果，如基于连片特困区 375 个贫困县金融扶贫的调研发现，连片特困区县域内金融机构资金使用效率低下，金融扶贫效果不明显（徐荟竹等，2012）；六盘山集中连片特困地区国定贫困县金融生态环境脆弱，限制了金融扶贫的实际效果（刘生福、韩雍，2018）；秦巴山连片特困区仍存在金融扶贫产品创新不足、金融扶贫合力不强等诸多问题（单林波等，2018）。我国集中连片特困地区精准扶贫应根据各地区之间的差异精准施策，进一步改善信贷供给和需求，并力求使二者相匹配（单德朋、王英，2017）。

（二）普惠金融助推精准扶贫、精准脱贫的理论与政策研究

具体包括：测量普惠金融发展的指标体系，普惠金融反贫困的绩效及经验，发展普惠金融的路径设计等。

1. 普惠金融的含义及其度量

国内学者结合中国金融发展反贫困的实际需要，对普惠金融的含义及其度量进行了研究。一些学者认为，普惠性金融体系将小额信贷、微型金融作为国家主流金融体系的有机组成部分，提供高质量的金融服务，同时不断降低金融服务成本，将一些偏远贫困地区的贫困群体纳入金融服务范围（杜晓山，2006；焦瑾璞，2009，2010；白澄宇，2010）；从金融发展的角度看，构建普惠金融体系是对现有金融体系的反思和完善，是对小额信贷以及微型金融的延伸和发展，体现了全民平等享受现代金融服务的公平理念（焦瑾璞等，2009）；微型金融属于普惠金融体系的子集，并且是普惠金融体系的重点领域。普惠金融中的"普"意味着普及，强调扩展金融服务的供给范围，满足社会全体成员的有效金融服务需求；普惠金融中的"惠"意味着合理，强调金融产品和服务的高质量供给，使金融服务需求方享受到金融服务带来的实质福利。总之，新时期普惠金融的发展思路是要构建"全覆盖、低成本、可持续"普惠金融体系（焦瑾璞等，2016）。国务院出台的《推进普惠金融发展规划（2016—2020 年）》对普惠金融的内涵进行了界定，即基于机会平等和可持续性原则，以较低的、可负担的成本为有金融服务需求的社会各阶层，尤其是农民、小微企业、低收入者和残疾人、老年人及其他特殊群体，提供适当、有效的金融服务[①]。

国内理论界在构建中国普惠金融指标体系时，沿用国外将普惠金融指标分为可获得性、使用情况以及服务质量等维度的主流方法，但在具体使用过程中因考虑到数据获得性及中国的实际而忽略服务质量指数维度，主要运用综合指数法、主成分分析法（田霖，2012；王婧等，2013；王修华等，2014）、层次分析法（焦瑾璞等，2015）、因子分析法（刘磊、王作功，2019）等多种方法，分别从宏观与微观、供给与需求等层面构建了一套普惠金融指标体系。例如，一些学者采用世界银行《营商环境报告》（Doing Business）关于衡量信贷便利性程度的三个关键指标，即法律权益保护指数、信用信息深度指数、征信服务覆盖程度，作为服务质量的替代指标（伍旭川、肖翔，2014），从渗透性、使用效用性、可负担性三个基本维度来建立农村普惠金融指数（王修华等，2014）；在此基础上，有学者还增加了支付环境条件等维度的指标，对地区普惠金融发展水平进行实证研究（刘磊、王作功，2019）。同时，沿用联合国计算人类发展指数（HDI）所使用的线性功效函数法，对普惠金融指数进行无量纲化处理（王婧等，2013；王修华等，2014）。从普惠金融发展的供求层面来看，一些学者采用金融机构网点或设备的地理覆盖度和人口覆盖程度（王修华等，2014）及金融机构从业人员数（王婧等，2013；陈银娥等，2015）来衡量金融服务的渗透性和便利程度；采用人均存贷款账户或存贷款数量与GDP的比率（王婧等，2013；陈三毛、钱晓萍，2014；陈银娥等，2015）及保险数额或比例（田霖，2012）来衡量金融服务的使用率；采用金融机构融资规模占金融机构贷款余额比例来衡量用户受价格的影响程度（陈银娥等，2015）。也有学者分析了目前所使用的普惠金融指标体系存在的问题，并提出了进一步完善的相关建议（李昌桉，2019）。

2. 普惠金融发展反贫困的绩效及经验研究

中国普惠金融的发展最初从借鉴格莱珉银行（GB）模式开始，因而大多具有 GB 模式的特点，但在金融扶贫的实践中逐渐形成了多元化的普惠金融反贫困方式，其反贫困的绩效也存在一定的差异。国内学者从理论上分析了普惠金融发展反贫困绩效，代表性的观点包括：

---

① 参见《国务院关于印发推进普惠金融发展规划（2016—2020 年）的通知》（国发〔2015〕74 号）。

第一，分析了不同组织形式的普惠金融方式对贫困减缓的影响。认为非政府公益性小额信贷组织和农村资金互助社等普惠金融方式虽有利于增加农民收入，但因其自身发展面临的阻碍，其引领者的地位正在逐渐弱化（王春蕊等，2010；王刚贞，2012；王刚贞等，2016）；农行、农发行、农信社、邮政储蓄银行和商业银行等正规金融机构进行的小额信贷业务或试点，对贫困农民收入增加及农村经济发展有着明显的促进作用（朱乾宇、董学军，2007；褚保金等，2008；周兆函，2010）；城市商业银行、担保公司、村镇银行和农村金融机构扶贫贴息的小额信贷业务等，在中小企业融资、农民增收、促进普惠金融机构间的竞争、促进宏观经济方面具有积极作用，是符合特定目标的新型反贫困手段，其发展将丰富中国普惠金融方式，有利于普惠金融机构的相互竞争、相互补充，实现反贫困的共同目标（钱震宁，2009；赵丙奇、杨丽娜，2013）。

第二，对普惠金融减缓贫困的贡献进行了规范与实证研究。一些学者采用Cobb-Douglas生产函数作为分析框架进行参数估计（李善民，2014），采用指数平滑法（王宁等，2014），基于家庭空间结构视角（卢盼盼、张长全，2017），对农村借贷前后若干期财富总额积累额比较的数理计算（董玉峰，2018）等，研究了普惠金融对贫困家庭收入的影响，结果表明：普惠金融扶贫力度与农民收入增加呈正相关（李善民，2014），能帮助贫困户实现财富快速积累，摆脱"贫困陷阱"（王宁等，2014）。此外，一些学者利用社会收入集中度曲线分析发现，包容性增长在带动经济总量与经济质量同步发展的同时，会带来资源、财富以及风险的再分配，并据此构建了符合包容性增长原则的普惠金融减贫模式，提出发挥金融的资源配置功能尤为重要（周孟亮，2018）。

第三，探讨了普惠金融助推精准脱贫绩效的多种影响因素。一些学者的研究发现，贫困户的金融素养（谢平等，2018）、偿债能力、预期收入以及金融机构防控风险能力与业务创新能力等影响普惠金融助推精准脱贫的绩效（胡文涛，2015）。此外，城镇化、基础设施建设、政府财政支出、互联网的推广等也是影响各地区普惠金融发展的重要因素（王刚贞、郑伟国，2019）。

第四，测量了农村金融扶贫效率。一些学者采用随机前沿分析法、数据包络分析法（张永刚等，2015）、因子分析法（庞金波等，2018）、面板模型等，以金融深化指标（黄英君，2017）、农村存贷比、储蓄投资转化效率（黎翠梅等，2012；丁志国等，2012）、金融资本及服务转化率评价指标（万原青，2017；陈银娥等，2018）进行分析发现，农村金融资源配置效率低下（丁志国等，2012；周孟亮等，2014），金融扶贫效率有待提高。而且，农村金融发展的减贫效应呈现一定的空间溢出特征（张兵等，2015）和门槛特征，当某个特定条件处于门槛值之内时，金融发展对贫困减缓效应较弱，而跨过门槛后则表现出显著的促进作用（师荣蓉等，2013；傅鹏等，2016；何雄浪等，2017）。

3. 发展普惠金融的路径对策研究

针对普惠金融自身的特点及我国普惠金融发展现状，学者们探讨了普惠金融发展的路径。例如，有学者提出了"平台＋产品"的普惠金融发展路径（邢乐成，2018），认为应基于农村及中小企业等特定对象进行路径设计（王兆旭，2015），使农民共享经济和金融发展的成果。同时，就如何助推精准扶贫提出了相关对策建议，代表性观点有：一是应采取多种措施构建农村普惠金融体系（曹凤岐，2010），完善普惠金融组织体系和市场体系（陈建伟等，2017），如政府应引导普惠金融健康全面发展，加大对普惠金融的发展与扶持力度（汪晓文等，2018），构建政府主导的金融生态体系及普惠金融发展机制（粟勤、孟娜娜，2018）；完善相关制度保障，加大农村金融创新（王兆旭，2015；蒲丽娟，2018），如创新普惠金融贷款模式、创新金融服务提供方式等（粟勤、孟娜娜，2018；陈建伟等，2017）；支持农村新型合作金融组织的发展，促进农村普惠金融深化（张郁，2015）；实施不同的瞄准机制，避免出现"瞄准性偏误"，以提高金融资源配置效率和扶贫的精准性（朱一鸣、王伟，2017）。二是针对目前中国普惠金融发展整体水平较低且各地区发展不平衡的状况（沈丽等，2019），应关注普惠金融发展区域差异及协调，努力缩小区域发展差异，促进普惠金融区域协调发展（陈银娥等，2015）。三是大力发展互联网金融，打造多方合作与相互支持、共同合作的数字普惠金融生态圈（宋晓玲，2017）；加强农村数字金融的基础设施建设，提高农户金融素养，发挥金融科技的作用（粟勤、孟娜娜，2018；王瑶佩、郭峰，2019）。四是构建普惠金融精准扶贫风险防范机制，选择合适的中国普惠金融精准扶贫发展模式（陈建伟、陈银娥，2017）。

三、简要评述

自联合国于 2005 年提出普惠金融这一概念以来，各国开展了普惠金融反贫困的实践，并取得了较好的效果。从现有研究成果来看，理论界比较全面、系统地论述了微型金融减少贫困的作用机制及其影响。学界普遍认为，微型金融是实现普惠金融目标及精准脱贫的一个重要工具（陈建伟、陈银娥，2017）。同时，关于普惠金融及其反贫困问题的研究不断深入。

第一，普惠金融的内涵不断深化，其测量指标体系也在不断扩展。例如，普惠金融目标对象从贫困者及社会弱势群体扩展到全体社会成员，金融服务的类型从基本的存款、汇款、转账等延伸到保险养老等领域，金融服务从覆盖面、可接触性等问题扩展到金融产品的使用效用，并且突出了金融服务价格这一关键因素。同时，普惠金融衡量指标也从单一性的指标逐渐发展为多维的综合性指标，如供给视角的普惠金融维度和测算指标涉及地区、家庭、个人等方面，并且已经将金融服务的渗透性、可获得性、使用性、服务质量等四个维度的指标作为衡量普惠金融发展水平的核心指标体系。

第二，关于普惠金融影响因素的研究从供给层面的因素逐渐深入到需求层面的个体特质尤其是心理特征因素等方面。一般认为，手机银行、国际汇兑业务、银行政策和产品设计等因素对普惠金融发展会产生积极影响，而金融机构产品设计不合理、经营失败、基础设施建设不健全、技术支持不足、网点分布不均衡等则会产生负面影响；金融知识、个人特征和行为偏好、使用成本和企业性质等普惠金融需求因素也会对普惠金融发展产生积极影响；而成本、抵押物、信用以及使用其他金融服务带来的不可预计后果将对其产生负面影响。此外，政府政策、经济和信息技术等因素也会影响普惠金融的发展。

第三，关于普惠金融发展反贫困问题的研究视角已由静态转化为动态，由结构转化为空间机制，整体研究较为成熟，为理论界后续研究提供了启示。例如，对普惠金融减缓贫困的规范进行分析以及对欠发达国家和地区实施普惠金融反贫困的经验研究等。普惠金融强调机会均等及金融机构自身的可持续性，同时以较低的、可承担的成本为贫困群体提供便利的金融产品和服务，被认为兼顾了金融机构的经济目标与可持续目标，因而可以将金融赋权、普惠金融与减贫有效结合起来。

从世界各国普惠金融反贫困的实践来看，各国普惠金融实践呈现出与其他反贫困干预政策相互合作、共同作用的趋势，因而其未来的发展方向是与其他社会项目相互合作，共同满足贫困家庭的不同需求（陈银娥等，2011），实现精准脱贫。

由于普惠金融的内涵和外延、普惠金融服务类型和范围都在进一步扩大，对普惠金融水平的衡量更加多维，需要从多个维度来进行研究。而当前理论界因分析视角、实证方法以及具体案例等差异，关于普惠金融指标体系的研究有待进一步完善；关于精准扶贫、精准脱贫尚有许多问题需要进行深入研究；关于普惠金融扶贫效率的研究仍不足；互联网金融、通信基础设施建设等对普惠金融发展影响等方面的研究刚刚起步；关于共享金融、移动支付与精准扶贫、精准脱贫关系的研究仍有许多方面需要探索并进行深入研究。

第一，现有普惠金融指标体系不够全面，仍有待完善。构建一个全面系统的普惠金融体系是增强金融赋权、减少金融排斥、实现精准脱贫的重点。由于微观数据不够全面，目前关于普惠金融指数的测算大多在国家或区域层面，宏微观指标的结合存在难度。而且，在测算地区普惠金融指数（如普惠金融的渗透性、可获得性及使用性）时，学者大多采用宏观指标，如单位金融网点密度、存贷款余额及其与 GDP 比值等。这样可能产生评价标准不统一，指标权重的确定缺乏科学依据导致评价结果不能完全反映客观现实，进行区域比较时难以将空间和时间两个维度结合起来进行动态分析。因此，在如何构建一整套符合我国普惠金融发展、助推精准脱贫的评价指标体系方面还有待进一步完善。

第二，关于精准扶贫、精准脱贫问题的研究尚需深入。目前国内理论界与实际工作部门对精准扶贫的对象和目标逐步达成共识，已基本将精准扶贫目标定位于贫困人口的脱贫与可持续发展。中国扶贫政策瞄准精度不断提高和瞄准单元不断下沉，但仍存在以区域整体脱贫为先的实例，导致精准扶贫以贫困地区发展作为目标，部分贫困人口被排斥在扶贫政策之外，无法受益实现脱贫。为了对贫困农户进行精准识别、定向瞄准，我国实行"建档立卡"制度，为贫困人口的基本特征及致贫原因等建立专门档案，以便更加合理地分配和利用扶贫资源并监测扶贫效果。但是，这一精准识别、定向瞄准机制在扶贫工作实践中遇到了诸多挑战，如一些贫困地区村民文化水平比较低、识别技术和手段受到一定限制导致识别不精准，部分贫困人口的"等、靠、要"思想使贫困农户识别因人为因素干扰而不精准，以及扶贫政策本身的约束等。因此，需要对精准扶贫、精准脱贫本身所产生的组织、技术、人力、资金和政治成本等问题进行理论研究，并且还要兼顾不同群体对扶贫政策的态度和反应。此外，更需要考虑国际呼声及国际影响，以更加开放的视野，根据相关扶贫预算及目标来研究精准扶贫、精准脱贫所应采用的不同方式及模式等。当前中国经济进入"新时代"，精准扶贫、精准脱贫工作面临新的挑战和更高要求。精准扶贫、精准脱贫不仅是一种扶贫政策或战略，而且是包括理论、战略、政策、机制和行为的完整系统，是中国扶贫进行到新阶段后促使贫困地区整体脱贫、全面脱贫的新举措，更是实现 2020 年全国脱贫战略目标的基本方略。这既需要通过借鉴经济学理论、可持续发展理论、福利经济学与社会保障等相关理论，深入学习理解习近平总书记关于扶贫工作的重要论述，进行精准扶贫、精准脱贫理论创新，为精准扶贫、精准脱贫实践提供理论支持；同时，更需要从制度层面、实际可操作层面进行顶层设计，规划好精准扶贫、精准脱贫的实现路径，真正解决"如何实现精准扶贫、精准脱贫"的问题，守住民生的"底线"，共享发展，着力增进人民福祉。

第三，关于普惠金融助推精准扶贫的效率研究有待进一步拓展。具体表现为：关于普惠金融精准扶贫、精准脱贫理论依据的研究有待进一步拓展和完善，基于普惠金融视角下精准扶贫、精准脱贫的理论及政策的理论分析框架有待构建；系统全面的普惠金融扶贫开发政策体系有待进一步完善；普惠金融精准扶贫效果评估与优化问题的研究成果不多且较为分散，尤其是关于普惠金融助推精准扶贫效率的实证研究较少，且研究维度仅停留在固定时间或部分地区，忽略了时间维度长期政策变迁性以及空间维度地区分布差异性所带来的农村金融扶贫效率波动，相关研究视角有待进一步深化与拓展。

第四，互联网金融、移动支付、通信基础设施建设等对普惠金融发展影响等方面的研究刚刚起步，不够系统。近年来，我国信息通信技术快速发展，并与金融业态日益融合，催生了一系列新金融服务，如第三方支付、P2P 借贷、众筹等。互联网金融是信息通信技术与金融业深度融合的产物，并成为普惠金融发展的重要载体，受到了广泛关注。互联网金融的蓬勃发展为构建中国普惠金融体系带来新契机，但在实际运行中也出现与普惠金融相悖的现象，尤其是互联网金融平台一波又一波倒闭，暴露出互联网金融机构的脆弱性。因而，应从大数据利用、金融创新、边界界定等方面，引导互联网金融真正走向普惠金融，为中小微企业提供更多更好的金融服务。移动支付作为互联网金融的重要模式，在普惠金融发展中具有不可替代的作用。因此，移动支付如何推动普惠金融发展仍有很多问题值得探究，如移动支付推动普惠金融发展的作用机理、路径，怎样引导相关移动支付主体参与农村普惠金融体系建设等，都需要进一步探究。目前理论界关于互联网金融、移动支付、通信基础设施建设等的研究尚比较零散，缺乏系统的理论研究与实证研究。

第五，关于共享金融与精准扶贫、精准脱贫关系的研究仍有许多方面需要探索并进行深入研究。共享金融产生于"大智移云"时代，作为一种新兴的金融业态，基于大数据、移动互联网技术进行金融产品和金融服务创新，构建以"共享"为基本特征的金融发展模式，是实现普惠金融的可靠路径[①]。但理论界关于共享经济及共享金融的研究刚刚起步，特别是有关共享金融的技术路径、制度建设、激励约束机制设计、风险防控以及共享金融对传统金融业带来的挑战和发展机遇等诸多方面都值得进行深入系统研究。

第三节　研究思路、主要内容与方法

一、总体思路

本书以问题为导向，基于普惠金融发展视角，全面系统地研究中国精准扶贫、精准脱贫"是什么、为什么、如何做"，以及金融服务"为什么要协调""协调什么""影响效果"以及"怎样协调"等理论问题；同时，采用数理分析方法对中国普惠金融发展与精准扶贫、精准脱贫的关系及作用机理进行理论分析，测度普惠金融精准扶贫、精准脱贫的效率；总结普惠金融发展与精准扶贫、精准脱贫的国际经验，揭示普惠金融促进精准扶贫、精准脱贫的基本要求

---

① 参见"'共享金融'符合社会发展潮流"，载于《中国城乡金融报》2015年11月20日。

和客观条件；创新性地提出普惠金融发展视角下中国精准扶贫、精准脱贫的运行机制、创新模式及实现路径，促进金融机构积极参与精准扶贫、精准脱贫的攻坚计划。

根据上述总体研究思路，本书试图解决以下几个方面的主要问题。

（一）普惠金融发展视角下精准扶贫、精准脱贫的理论研究

"精准扶贫、精准脱贫"是中国打赢脱贫攻坚战的基本方略，且正在转化为各地啃硬骨头、攻坚拔寨的实践，也是今后一段时期关于贫困治理的指导思想，更是新时代扶贫理论的创新发展。理论界对此进行了较多研究，这些研究不仅有利于全面理解精准扶贫的精髓，而且有助于将其贯彻落实到中国扶贫工作实践中。扶贫工作是一项复杂的系统工程，精准扶贫需要根据扶贫实际不断发展和完善，因而对扶贫理论在新时代的创新发展进行系统、深化研究不仅必要，而且意义重大。因此，本书研究的主要问题之一就是基于普惠金融视角对精准扶贫进行阐释与总结，将其作为中国反贫困理论的一种新理念，尤其是作为反贫困理论在中国扶贫新阶段的新发展，来进行深入系统研究，同时，对中国现有精准扶贫工作的成功经验进行总结，为精准扶贫理论的发展奠定基础，为普惠金融视角下"精准扶贫、精准脱贫"的政策设计提供理论铺垫。

（二）普惠金融发展与精准扶贫、精准脱贫的内在逻辑关系

金融扶贫是扶贫开发事业的有机组成部分，已然成为世界反贫困的重要方式之一。普惠金融强调对贫困人口进行金融赋权，可以让金融改革与发展的成果更多更好地惠及所有人群、所有地区，是促进社会经济健康发展、降低收入不平等的有效途径。金融扶贫工作的基本出发点是促进实施精准扶贫、精准脱贫基本方略，要求扶贫开发与经济社会发展相互促进、精准帮扶与集中连片特殊困难地区开发紧密结合、扶贫开发与生态保护并重、扶贫开发与社会保障有效衔接，这与"包容性增长""全面建成和谐社会"的内涵，以及为实现"十三五"时期发展目标必须牢固树立"创新、协调、绿色、开放、共享"的发展理念存在高度的契合性。也就是说，精准扶贫、精准脱贫基本方略的实施离不开金融支持，尤其是离不开普惠金融的发展。因此，本书研究的主要问题之一是全面、系统阐述普惠金融发展与精准扶贫、精准脱贫之间的内在逻辑关系，从理论上进一步拓宽精准扶贫的内涵和外延，同时从实践上解决精准扶贫中"扶持谁"和"谁来扶"的问题，既为反贫困理论的新发展提供理论支撑，同时为普惠金融视角下精准扶贫、精准脱贫政策体系的构建提供理论基础，也为中国的扶贫工作实践提供理论依据。

（三）中国普惠金融发展与反贫困的实践及经验

近年来，中国金融改革取得积极成效，基本形成了多层次、竞争性金融组织体系，金融服务覆盖面和渗透率也在不断扩大。但是，金融发展与居民日益增长的金融需求之间还存在一定差异，农村地区特别是贫困地区金融需求尚未充分满足，中小微企业融资环境尚未根本改善。发展普惠金融，为所有人特别是贫困人口提供较低成本的储蓄、贷款、保险等金融产品和金融服务，使所有人都能享受金融发展带来的好处，是中国金融改革及扶贫开发工作的一项重要任务。因此，本书研究的主要问题之一就是立足于中国普惠金融发展与反贫困的实践，对中国普惠金融发展与反贫困的绩效评价、经验总结及典型模式等进行系统凝练；从理论结合实际的角度，提出"基于普惠金融发展视角的精准扶贫、精准脱贫方略"是实现精准脱贫的理论与现实依据；并在探讨两者关系及实现路径特殊性的基础上，挖掘和研判中国普惠金融发展与精准扶贫、精准脱贫政策走向及后续影响，为普惠金融精准扶贫、精准脱贫的顶层设计提供理论和政策依据。

（四）普惠金融发展视角下精准扶贫、精准脱贫政策体系构建

"精准扶贫、精准脱贫"既是基本方略，同时也是一种实践策略和操作手段，更是一种政策体系。由于各地区、各贫困户致贫的原因、贫困程度及特点，脱贫的机遇与条件，脱贫后生计的可持续性及返贫的可能性等均存在较大差异，并且精准扶贫、精准脱贫涉及各级政府、部门、机构及各利益主体的协调配合，因而精准扶贫、精准脱贫政策体系的构建对于扶贫开发工作十分关键。因此，本书研究的主要问题之一是围绕全面建成小康社会这一宏伟目标，基于"创新、协调、绿色、开放、共享"五大发展理念，推动精准扶贫的实践，基于普惠金融视角构建"精准扶贫、精准脱贫"政策体系。尤其是，从普惠金融至精准扶贫、精准脱贫的实现路径角度，科学认识和掌握贫困的发生机理、演化特征及分布规律，围绕脱贫攻坚的难点和热点，围绕宏观（央行、财政部及其他相关政府机构）、中观（信用评级、土地评估、资产评估等中介组织，新型农村金融机构等）、微观（贫困和低收入群体）不同层面，基于普惠金融发展视角构建实施精准扶贫、精准脱贫基本方略的顶层设计和实现路

径，既为中国扶贫工作实践提供理论依据和现实指导，同时也为进一步加大金融支持国家创新驱动发展战略的力度，实现国家金融治理体系和治理能力现代化的稳步推进提供依据和参考。

二、主要内容

根据上述主要问题的逻辑延展，本书将从以下几个方面展开研究。

第一章：导论。主要阐述本书的研究背景及研究意义，国内外普惠金融发展及精准扶贫、精准脱贫研究现状。同时，介绍了本书的研究思路、主要内容、研究方法，以及创新点和不足等。

第二章：普惠金融发展与精准扶贫、精准脱贫的理论分析。本章主要基于普惠金融发展视角，对精准扶贫进行阐释与总结，首先论述了扶贫理论在新时代的创新发展，然后阐述了普惠金融发展视角下精准扶贫、精准脱贫的理论依据及其作用机制。研究发现，精准扶贫、精准脱贫是马克思主义贫困理论在中国的创新发展，同时也是中国治理贫困问题的指导性思想和纲领性文件，是全面建成小康社会的重要保证。普惠金融作为信贷权和扶贫方式的创新，其实现精准扶贫、精准脱贫的理论依据主要有内生金融发展理论、金融创新理论、农村金融发展理论、金融排斥理论、互联网金融相关理论等。这些理论都从不同角度对普惠金融精准扶贫、精准脱贫的作用、方式、模式等诸多方面进行了有益探讨，为后文研究夯实了理论基础。普惠金融发展会受到诸多因素的影响，既有家庭和个人微观因素，也有环境制度等宏观因素及技术层面的因素等。普惠金融发展通过促进金融公平包容发展，聚焦解决贫困群体、低收入群体、小微企业和欠发达偏远地区的金融排斥问题，有利于直接和间接推动精准扶贫、精准脱贫目标的实现，解决"扶持谁"和"谁来扶"的问题。

第三章：中国普惠金融发展与农村贫困人口现状。本章主要阐述了中国普惠金融发展现状，中国普惠金融发展水平及其区域差异和动态演化特征，中国农村贫困人口的基本状况及特征；同时，对中国农村人口多维贫困指数进行测度和分解，分析了集中连片特困地区反贫困状况。研究发现，我国农村普惠金融体系不断完善，普惠金融机构数量不断增加，"互联网＋金融"推动了农村普惠金融的发展；我国普惠金融发展水平总体稳中有升，东部地区普惠金融发展水平总体较高，而中部和西部地区的普惠金融发展相对滞后；从发展趋势来看，大部分省份农村普惠金融发展水平呈逐年稳步上升趋势，农村普惠金融发展水平较低的西部地区的上升趋势更加明显；我国农村贫困人口逐年减少，扶贫工作成效显著，全国各省份的多维贫困指数普遍随时间呈下降趋势；近年来，连片特殊困难地区脱贫攻坚取得较大的成果，区域内经济持续增长，贫困人口持续减少，但金融扶贫仍存在着金融体系不完善、金融扶贫政策缺乏针对性、信用制度不完善、保险和风险补偿机制不健全等诸多问题；等等。这些研究发现有利于挖掘和研判中国普惠金融发展与精准扶贫、精准脱贫政策走向及后续影响，为普惠金融视角下精准扶贫、精准脱贫基本方略的顶层设计提供现实依据。

第四章：中国普惠金融发展与精准扶贫、精准脱贫的演化博弈。本章基于普惠金融发展与精准扶贫、精准脱贫的实践，首先阐述了中国普惠金融精准扶贫、精准脱贫的实践；然后分析了中国普惠金融发展与精准扶贫、精准脱贫内在关系的空间关联网络；探讨了中国农村普惠金融发展与农村经济的耦合关系；论述了中国普惠金融发展与精准扶贫、精准脱贫内在关系的演化博弈关系。研究发现，自精准扶贫、精准脱贫战略提出以及《推进普惠金融发展规划（2016—2020 年）》颁布以来，普惠金融快速发展，各地也先后开展了普惠金融精准扶贫、精准脱贫的实践，涌现出普惠金融精准扶贫的"田东模式"和"宁德模式"，但仍存在着农村普惠金融扶贫精准识别不够、"普惠性"供给不足、"效用性"需求缺乏等问题；整体来看，中国普惠金融的精准扶贫、精准脱贫效应存在空间集聚性，大多数西部贫困地区普惠金融精准扶贫、精准脱贫效应空间差异较小，需要继续发展农村普惠金融，共同发挥出减贫成效，而安徽、新疆等地的贫困人口较多，普惠金融精准扶贫、精准脱贫效应空间差异较大，农村普惠金融发展还有待完善；农村普惠金融指数和农村经济发展指数均呈现小幅上涨趋势，但农村普惠金融发展水平滞后于农村经济的发展；农村普惠金融和农村经济的耦合协调发展存在显著的集聚特征，且主要集聚在低低集聚区，近邻效应和空间溢出效应较为显著；普惠金融精准扶贫实际上是一个博弈的过程，金融机构与贫困人口之间的博弈呈现出长期性和动态性的特征，农村普惠金融机构将服务对象精准定位于农村贫困劳动年龄人口，可以实现精准扶贫、精准脱贫的效果。

第五章：中国普惠金融发展影响因素的实证检验。本章分别从微观和基础设施层面考察家庭金融素养、信息通信技术等因素对普惠金融发展的影响。首先基于大样本中国家庭金融调查（CHFS）数据分析了家庭素养对普惠金融发展的影响，然后论述了信息通信技术对普惠金融发展的作用机制。研究发现，金融素养水平的提升可以显著促进普惠金融发展，家庭金融素养对普惠金融提升的边际效应较大；信息通信技术发展尤其是知识技能对普惠金融的发展具有显著的促进作用，手机、家庭电脑、互联网宽带端口等信息通信基础设施的普及对普惠金融发展具有重要的促进作用，而固定电话的普及则与普惠金融发展呈反方向变动，信息通信技术使用程度越高，普惠金融发展越好。

第六章：中国普惠金融精准扶贫、精准脱贫的实证分析。首先，运用数据包络分析，采用泰尔指数及 Moran's I 指数模型等方法分析中国农村金融扶贫效率的区域差异及空间分布，以湖南省 51 个贫困县为对象探讨了县域普惠金融发展对多维贫困减缓的影响；然后，基于普惠金融精准扶贫的实际数据，运用三阶段 DEA 模型对中国贫困地区精准脱贫效率及中国农村普惠金融发展减贫效率进行了实证分析。研究发现，我国各地区农村金融扶贫效率整体水平不高，并呈南高北低、东高西低的空间非均衡分布；在空间分布上具有显著的区域聚集效应，相邻地区间存在较强空间溢出效应；县域金融发展有利于多维贫困减缓，二者存在明显的正向作用，而且对消费贫困的减缓作用强于医疗贫困与教育贫困，通过经济增长渠道的作用路径强于通过收入分配渠道的作用路径；普惠金融在农村贫困地区的实践大大地提升了精准扶贫效率，在剔除外部环境因素影响的情况下，西部地区普惠金融扶贫效率大大提升且高于中部地区；在研究样本中没有省份处于技术有效，各省份或多或少均存在资源浪费，制约当前普惠金融扶贫效率的因素主要来自规模效率。

第七章：普惠金融精准扶贫、精准脱贫的国际经验借鉴。首先，阐述了国际普惠金融精准扶贫、精准脱贫的背景环境；其次，对国际普惠金融精准扶贫、精准脱贫的案例以及典型模式进行了分析；最后，总结了国际普惠金融精准扶贫、精准脱贫的经验及其对中国启示。研究发现，普惠金融发展秉承"公平性""多元性""综合性""政策性"和"可持续性"原则，其宗旨是为所有阶层和群体，特别是贫困、低收入群体和小微企业，提供适当的金融产品和服务；各国在普惠金融反贫困实践中出现了一些典型案例，基本上形成了包括微观、中观和宏观三个层面的普惠金融体系框架，具体包括政策金融、商业金融、合作金融和移动金融等四种类型，或者政府组织、非政府组织、正规金融机构、非正规金融机构等类型；普惠金融反贫困的典型模式主要有小额信贷模式、代理银行模式和移动金融模式等类型；各国都比较重视政府支持引导，同时鼓励金融产品和服务创新，注意引入市场经济机制，加强对贫困弱势群体的保护与扶持；由此获得的重要启示是，既要建立健全普惠金融发展体系的实施机制，又要营造精准扶贫、精准脱贫的制度环境，更要将普惠金融发展与精准扶贫、精准脱贫高度融合起来。

第八章：中国普惠金融精准扶贫、精准脱贫的政策建议。主要包括：加快构建中国特色普惠金融体系；提高普惠金融精准扶贫的精准度；促进县域金融发展，提升农村金融扶贫效率；筑牢堤坝，确保"脱贫不返贫"。研究发现，构建一个全面、动态、适应性强、可持续的中国特色普惠金融体系，实现金融服务覆盖率、可得性及满意度全方位提升的总体目标，增强各类人群对金融服务的获得感，具有十分重要的战略意义；同时，普惠金融必须着眼于弱势群体、弱势产业、"三农"、小微企业、集中连片特困地区等五个关键领域精准发力；而为了提升农村金融扶贫效率，必须发展县域金融，促进县域经济发展；贫困农户脱贫摘帽后如何实现生计可持续及代际生计可持续，即增强贫困人口内生动力，是使贫困人口永久性脱贫、防止返贫实现生计可持续的关键。

三、研究方法

（一）文献分析法

本书主要通过中国期刊全文数据库（CNKI）、百度学术、Science Direct等国内外文献数据库，搜集并分析普惠金融发展与精准扶贫、精准脱贫等相关文献资料，对国内外普惠金融精准扶贫、精准脱贫等相关最新研究成果进行了归纳和总结，分析了普惠金融发展与精准扶贫、精准脱贫的内在逻辑关系等。

（二）问卷调查与个案调查相结合的方法

本书通过编制《中国普惠金融发展与反贫困实践现状调查》《基于普惠金融发展视角实施精准扶贫、精准脱贫基本方略的实现路径调查》等调查问卷，开展中国普惠金融发展与精准扶贫、精准脱贫关系的抽样调查；在微观调查和实证分析的基础上，选取中国微型金融最典型的产品与服务、中国最早的微型金融机构、中国最早的女性金融扶贫创新实践等重点案例进行个案调查；在中国 14 个集中连片特困地区抽样选取部分地区进行典型个案调查；对中国普惠金融发展与反贫困的绩效等进行典型抽样调查；对推进中国普惠金融发展过程中居民的响应感知数据，以及精准扶贫、精准脱贫基本方略实施过程中居民的感知数据进行测度等。通过所获取的第一手资料和数据，以求真实反映普惠金融精准扶贫、精准脱贫理论与政策体系所面临的具体状况和现实问题。

（三）　理论模型构建与实证模型检验相结合的方法

本书基于普惠金融发展与精准扶贫、精准脱贫之间的内在关系构建理论模型，基于协同论、系统论等相关理论，对中国普惠金融精准扶贫、精准脱贫的作用机理进行静态、比较静态和动态分析，同时利用调研数据，通过构建普惠金融发展指数的综合评价模型对其进行验证。所采用的分析工具包括空间分析、模型构建、演化博弈、计量分析等。具体来说，采用熵值法测度各地区普惠金融发展水平，用 Moran 指数测算区域普惠金融发展水平与周边区域农村贫困状况的空间关联程度；采用有序 Probit 模型，深入分析金融素养及其他因素对家庭普惠金融发展水平的影响；运用时空地理加权回归方法分析其影响因素的时空异质性；采用演化的仿生学研究对普惠金融扶贫利益相关者的规制行为进行演化博弈分析；采用结构方程模型实证分析县域金融发展与多维贫困减缓，借助三阶段数据包络分析模型（DEA）分析普惠金融精准脱贫的效率；等等。

（四）　比较研究方法

运用比较研究方法，对世界主要国家和地区普惠金融发展反贫困的典型案例进行分析，探讨其成功经验及启示；对国内普惠金融精准扶贫、精准脱贫的典型案例进行比较分析，总结不同案例的实施条件、差异与不足，为普惠金融视角下精准扶贫、精准脱贫政策体系的构建提供参考和借鉴，提高精准扶贫政策的针对性和有效性。

第四节　主要创新与不足

一、主要创新

本书的主要创新或者建树体现在以下几个方面。

（一）研究问题选择的创新

第一，基于普惠金融发展视角，对精准扶贫、精准脱贫问题进行研究并探讨二者之间的关系。"精准扶贫、精准脱贫"既是新时期扶贫工作的一种指导思想，也是"消除贫困、改善民生、实现共同富裕"的现实需要，体现了社会主义的本质要求。关于精准扶贫、精准脱贫问题的研究可以从多个角度、多个领域展开，如产业发展、生态补偿、移民安置、社会保障、文化教育、金融支持等，这诸多方面的核心或重要支撑是金融支持。基于普惠金融视角系统研究精准扶贫、精准脱贫问题，尤其是分析普惠金融发展与精准扶贫、精准脱贫之间的内在逻辑关系及其作用机理等，对于精准扶贫理论的完善和发展具有重要的理论和实际意义，是本书在研究问题上的重要创新和突破。

第二，基于普惠金融发展视角，对精准扶贫、精准脱贫的政策探索。精准扶贫、精准脱贫作为扶贫工作的基本理念，贯穿于扶贫工作的全过程，因而精准扶贫、精准脱贫不仅是扶贫工作的具体工作方式，更是一种扶贫体制机制和政策体系。本书基于普惠金融发展视角，阐述了精准扶贫、精准脱贫在新时代的创新发展，并以此为基础，全面而系统地构建多元化、广覆盖、包容发展和可持续的普惠金融精准扶贫、精准脱贫政策体系，探究普惠金融精准扶贫、精准脱贫的作用机理、运行机制、实现路径，根据贫困地区不同情况创新普惠金融精准扶贫、精准脱贫模式，实现普惠金融发展与精准扶贫、精准脱贫的有效对接。这对于脱贫攻坚工作及2020年贫困人口全部脱贫目标的实现，具有重要的现实意义和战略意义。尤其是，瞄准现实，将精准扶贫、精准脱贫作为全球贫困治理可借鉴的经验和模式，对于支持最不发达国家尽早消除贫困具有重要的借鉴意义。这也是本书在研究问题上的重要突破。

（二）学术观点的突破

本书尝试性地提出了以下创新性观点。第一，精准扶贫是反贫困理论在中国扶贫新阶段的新发展，也是立足于扶贫工作实践的新的政策体系。本书从中国贫困人口经济社会特征的变化及扶贫方式的转变出发，基于金融赋权与普惠金融发展视角，从理论上论述普惠金融发展与精准扶贫、精准脱贫之间的内在逻辑关系及其作用机制与路径，并通过对各种反贫困理论的梳理及其实践效果的分析，对精准扶贫、精准脱贫进行系统阐释。本书认为，精准扶贫、精准脱贫以"共同富裕"为根本原则，围绕全面建成小康社会这一宏伟目标的实现，紧密结合"创新、协调、绿色、开放、共享"发展理念，扶贫工作力求做到"六个精准"，因而不仅是扶贫工作的一种新理念和新的工作方式，更是一种新的理论体系，是反贫困理论在中国扶贫工作新阶段的新发展，同时还是一种指导扶贫工作实际的可操作的新的政策体系。

第二，普惠金融发展对精准扶贫、精准脱贫具有独特的不可替代的积极作用。普惠金融强调金融赋权，即让所有人都能方便地获得金融信贷，特别注重为不同信贷需求者提供合适的金融产品和金融服务，因而有助于贫困群体的精准识别和精准帮扶，增强贫困家庭增收、脱贫、致富的自我发展能力，具有其他扶贫方式所不具备的独特的不可替代作用。因此，普惠金融发展对于解决精准扶贫、精准脱贫中"扶持谁""谁来扶"的问题具有重要的积极作用。

（三）研究方法的推进

本书无论在理论研究方面，还是在实证研究方面，都形成一整套独特而又完善的研究方法体系，较以往同类研究有明显改进。

第一，多学科理论的交叉与融合。本书采用定性与定量、规范与实证相结合的综合分析法，将对普惠金融发展反贫困有重要影响的金融学、金融市场学、演化金融学、行为金融学、区域经济学、发展经济学、产业经济学、劳动经济学、政治经济学等理论运用到普惠金融发展与精准扶贫、精准脱贫的理论与政策研究中，确保研究结论的科学性、全面性和可靠性。

第二，以多学科理论为基础，根据研究问题的需要，采用不同方法进行实证研究。本书根据分析问题的特点和性质，运用利益相关者理论、演化的仿生学研究，采用熵值法、时空地理加权回归方法及空间相关性分析，对普惠金融发展水平及其影响因素、贫困状况等进行深入探讨；同时，借助三阶段数据包络分析模型（DEA）、有序 Probit 模型、结构方程模型等方法，对普惠金融精准扶贫、精准脱贫的效率进行实证分析，以使基于普惠金融视角下精准扶贫、精准脱贫政策体系的构建更具现实针对性和可行性。

二、不足之处

第一，微观数据获取困难，导致微观数据不够全面且严重滞后，以至于以微观数据为基础的理论分析可能滞后于实践，从而使研究结论的现实解释力受到影响。

第二，本书构建的普惠金融发展水平测量指标是一个综合指标，用其进行实证检验时可能会产生一定的误差。这是因为在构建指标体系时，虽然核心指标不变，但权重的确定存在一定的主观性，因而测量结果仍然会因测量方法及权重选取的差异而不同。

第三，由于我国贫困县数量多、各地贫困人口致贫原因复杂，而且贫困人口是动态变化的，全面、细致的实地调研困难大且耗时长。因而，本书的调研指标及调研数据不够全面，案例分析不一定涵盖了全部贫困人口及贫困地区的实际情况，据此提出的政策建议可能不够全面。

第二章　普惠金融发展与精准扶贫、精准脱贫的理论分析

"精准扶贫、精准脱贫"是中国打赢脱贫攻坚战的基本方略，且正在转化为各地"啃硬骨头""攻坚拔寨"的实践，也是今后一段时期关于贫困治理的指导思想。金融扶贫是扶贫开发事业的有机组成部分，金融扶贫已然成为世界反贫困的重要方式之一。普惠金融强调对贫困人口进行金融赋权，可以让金融改革与发展的成果更多更好地惠及所有人群、所有地区，是促进社会经济健康发展、降低收入不平等的有效途径。金融扶贫工作的基本出发点是促进实施精准扶贫、精准脱贫基本方略，要求扶贫开发与经济社会发展相互促进、精准帮扶与集中连片特殊困难地区开发紧密结合、扶贫开发与生态保护并重、扶贫开发与社会保障有效衔接，这与"包容性增长""全面建成和谐社会"的内涵，以及为实现"十三五"时期发展目标必须牢固树立"创新、协调、绿色、开放、共享"的发展理念高度契合。本章基于普惠金融视角，对精准扶贫进行阐释与总结，将其作为中国反贫困理论的一种新理念，尤其是作为反贫困理论在中国扶贫新阶段的新发展来进行深入系统研究；同时，探讨普惠金融视角下精准扶贫、精准脱贫的理论依据及其作用机制，为精准扶贫发展奠定基础，为普惠金融视角下精准扶贫、精准脱贫的政策设计提供理论铺垫。

第一节　扶贫理论在新时代的创新发展

中华人民共和国成立以来，在扶贫工作实践中，我国扶贫战略随着整体经济环境的改善和贫困人口经济特征的改变而变化。经过不断探索、深入推进，形成了中国特色的扶贫开发道路和扶贫开发理论。尤其是，习近平总书记于2013 年首次提出"精准扶贫"概念后，中央先后出台了一系列相关文件，

2015 年 10 月中共中央在"十三五"规划建议中对精准扶贫工作的思路、总体布局及工作机制等提出了整体思路及安排,推动了精准扶贫的实践。"精准扶贫"一时成为学界"热词",引起了社会各界的广泛关注,精准扶贫的内涵也在不断深化。精准扶贫在新时代获得了创新发展,不仅形成了新时代的扶贫理论,同时也成为中国反贫困的一种新思路和新方式。本节试图对新时代的扶贫理论及其创新发展进行深入研究,厘清其思想渊源、理论与实践基础,主要内容及现实意义,以便为全面建成小康社会及世界其他国家反贫困提供经验总结和科学依据。

一、新时代扶贫理论的渊源

新时代扶贫理论的产生源自对国外反贫困理论与实践的探究及改革开放 40 多年来中国农村扶贫工作实际经验的总结,不仅具有深厚的思想渊源和理论基础,而且也有重要的实践依据。

(一) 新时代扶贫理论的理论基础

从历史维度、理论维度和系统性维度来看,新时代的扶贫理论不仅参考和借鉴了国外各种反贫困理论及各国不同时期反贫困的实践经验,批判地吸收了中国传统文化中的"大同理想"及近代西方关于人类社会发展目标的各种思想,而且坚持和发展了马克思主义共同富裕思想及中国特色社会主义理论,同时融合了社会主义的价值追求及理想目标,具有深厚的思想渊源和理论基础。其最根本的思想渊源及理论支撑是马克思主义共同富裕思想和中国特色社会主义理论。

贫困问题一直是当代世界各国面临的共同问题之一。各国学者早在 100 多年前就开始了关于贫困问题的研究。不同学者出于不同需要,从不同角度界定了"贫困"的含义,并对贫困的类型及其测量、贫困的原因、特点及解决办法等诸多问题进行了研究。关于贫困概念及其内涵的理解由浅到深,不断完善。关于反贫困的思路及措施也随着形势的需要不断变化,形成了诸多反贫困理论。例如,从区域层面提出的促进资本形成的反贫困理论,主要包括罗森斯坦—罗丹(Paul Rosenstein-Rodan,1943)的"大推进理论"、罗斯托(Walt Whitman Rostow,1960)的"经济起飞理论"等。这些理论大多将资本缺乏作为贫困产生的原因,因而强调增加资本、促进金融发展以推动经济发展进而摆脱贫困，比较关注经济发展和社会总福利的增加，重视收入差距和福利改进中的公平与效率问题。基于人力资本、权利和生态等多层面分析的综合反贫困理论主要有西奥多·舒尔茨（Theodore Schultz，1960）的"人力资本理论"、阿马蒂亚·森（Amartya Sen，1999）的"权力贫困理论"、戴维·皮尔斯·斯奈德（David Pierce Snyder，2004）的"生态贫困理论"等。这些理论强调应增加人力资本投资，强化能力、平等权利、提高效率，同时针对生态贫困提出了包括生态工程与生态移民、人口控制、建立生态补偿机制及实施"生态型反贫困战略"等在内的问题。基于社会、政治、历史、文化等非经济角度，提出了系列贫困理论，强调政府和社会在人的生存、保健、教育等领域应承担相应责任，强调人应该作为经济发展主体，在反贫困中发挥主动作用。目前，微观层面的反贫困问题越来越受到重视。尤其是，森的"权力贫困理论"改变了狭隘发展观的旧范式，为贫困问题的研究提供了新的框架，对反贫困理论与实践产生了重大而深远的影响。

在反贫困实践中，各国比较成功的反贫困措施主要有：济贫式的社会救济[①]、社会保障[②]、福利国家[③]模式等。由于各国的所处经济发展阶段不同，各国的综合经济实力、政治体制、社会文化传统、风俗习惯等也存在一定差异，因而存在不同的"福利国家"模式。埃斯平-安德森（Esping-Andersen，1990）根据各国福利制度的差异，将其划分为三种模式，即盎格鲁—撒克逊模式、欧洲大陆传统模式和社会民主模式（埃斯平-安德森，2010）。盎格鲁—撒克逊模式以美国为代表，更多地强调市场机制的作用，其公共福利主要针对穷人，责任范围较窄；欧洲大陆传统模式以德国及其他西欧大陆国家为代表，强调社会合作和互助，具有相当程度的"家庭化"特点；社会民主模式以北

---

① 英国圈地运动始于13世纪和14世纪，15世纪末期后圈地规模扩大。圈地运动使大量农民失去土地，并不断流入城市。这为英国资本主义的发展提供了大量自由劳动力，同时也引发了诸如贫困等一系列社会问题。英国政府于1601年颁布了《济贫法》，以法律形式将救济贫困作为社会公共责任。随着失业人数的不断增多，政府的财政收入难以持续维持庞大的失业救济支出，人们开始尝试对《济贫法》所规定的扶贫方式进行改革。1911年制定并通过的《失业保险法》结束了延续310多年的济贫式的社会救济政策，并开始实行社会福利制度。

② 19世纪70年代以后，工人阶级的贫困化问题日趋严重，加之工人运动高涨，资本家开始考虑社会福利问题。俾斯麦执政时期的德国最先开始实行国家社会保障制度。

③ 第二次世界大战以后，各主要资本主义国家开始以社会福利代替济贫，并将以社会保障为主的福利经济制度作为政府稳定经济的一种手段和战略性的长远措施。

欧为代表，强调普遍性和平均性的给付原则，在涵盖人口的社会风险方面占有明显优势。欧洲各国的模式又进一步划分为：特别强调与工作贡献相关的福利权益的德国模式，强调面向所有公民的最低限度的福利保障的英国模式，强调面向所有公民的最低限度的福利保障、外加结合工作贡献的额外福利权益的北欧模式，强调国家对所有公民实行基本物质福利保障的原东欧社会主义模式，兼有德国、英国模式内容且有持久福利受益委托权益的南欧国家模式等。20世纪90年代以来，联合国多次召开社会发展世界首脑会议，呼吁各国联合行动，发展基础工业，促进经济发展，消除贫困。联合国于2000年通过了千年发展目标（MDGs），明确要求全世界各国联合起来消除贫困，促进人类平等。2003年，联合国再次要求各国采取多种措施保证消除贫困的阶段目标持续进步，如穷国在国内进行广泛而全面的改革，富国则需要取消不公平的贸易补贴，增加发展援助等（联合国开发计划署，2003）。从各国反贫困的理论和实践来看，其关注重心从宏观层面，即区域贫困的角度，逐步扩展到微观层面；其措施从宏观经济和公共政策，如促进经济增长、增加公共支出增加就业，到深化改革、完善市场和政府协调机制，促进公平分配及区域、部门之间的平衡发展，保障弱势群体的基本权益，再到完善社会保障制度和公共政策，减少贫困群体的社会排斥、扩大社会赋权，再到积极参与世界反贫困事业，为全球反贫困提供中国样本、贡献中国方案等。各国反贫困实践为中国扶贫工作提供了有益的经验借鉴和启示。

新时代的基本任务和发展目标是始终坚持以人民为中心，让改革发展成果更多和更公平地惠及全体人民，不断促进人的全面发展，实现全体人民共同富裕（习近平，2017）。共同富裕不仅始终是中国特色社会主义的奋斗目标，而且也是人类社会的发展目标之一，更是马克思主义理论的一个重要内容。

中国共产党人在推进共同富裕这一目标的实现过程中，创新性地提出了中国特色的社会主义共同富裕思想。毛泽东很早就提出应将马克思主义思想与中国国情相结合，在中国共产党内首先将"共同富裕"思想中国化。中华人民共和国成立之初，毛泽东提出应将消灭贫困作为社会主义的奋斗目标，提出应大力发展生产力，通过公平、公正的分配，让人民当家作主，实现人民的共同富裕。改革开放后，以邓小平为代表的中国共产党人在借鉴和总结社会主义建设经验教训的基础上，提出了发展生产力，通过"先富"带动"后富"的共同富裕思想。在此基础上，江泽民、胡锦涛等领导的党中央又进一步提出坚持以人为本，发展先进生产力，实现全面、协调、可持续发展，创立了科学发展观，从而进一步丰富和发展了马克思主义共同富裕思想。经过中国共产党几代领导集体共同努力，形成了关于共同富裕思想及实现路径的有益探索及经验总结，为新时代的扶贫理论奠定了重要的理论基础。

（二）新时代扶贫理论的实践基础

中华人民共和国成立以来，我国一直十分重视扶贫工作，扶贫战略经历了从救济式扶贫到开发式扶贫，再到精准扶贫、精准脱贫的转变。救济式扶贫是在我国经济发展，尤其是农村生产力发展水平低下、粮食生产严重不足的情况下，对贫困户采取赠送物质、资金补贴等直接输入的方式以缓解其贫困，是政府针对贫困群体的一种临时性措施。该方式采用的是"输血"方式，缺乏"造血"功能，难以从根本上提高贫困群体自我发展能力。开发式扶贫不仅强调对贫困群体进行"输血"，即解决其温饱问题，而且注重"造血"，即提升贫困群体能力的提升和发展，充分调动贫困群体的积极性和能动性。改革开放以来，我国开发式扶贫工作取得了巨大成就。农村贫困发生率明显下降，农村贫困地区基础设施条件得到明显改善。根据现行农村贫困标准衡量，按当年价格计算，我国农村居民贫困发生率由 1978 年的 97.5% 下降到 2014 年[①]的 7.2%，农村贫困人口规模由 1978 年的 7.7 亿减少到 2014 年的 7017 万，贫困发生率下降 90.3 个百分点，贫困人口年均减少 6.4%[②]。实行开发式扶贫的重要前提或者说暗含的内在逻辑是，认为懒惰和经济发展（开发）不够是贫困的主要原因，前者是贫困的主观原因，而后者则是贫困的客观原因，因而特别强调利用贫困地区的自然资源，依靠自身力量解决温饱、脱贫致富。实践证明，开发式扶贫基本上属于"粗放式"扶贫，其主要弊端是：关注贫困个体差异不够，贫困农户识别不准，扶贫方式单一，资金使用效率低下，容易返贫等。开发式扶贫虽然注意到非政府组织等社会力量的作用，但政府往往处于绝

---

① 一般认为，自 2015 年 10 月中共中央在"十三五"规划建议中明确了"精准扶贫"战略思路后，中国的扶贫方式发生了改变，扶贫工作进入到精准扶贫、精准脱贫阶段，因而本书在说明开发式扶贫工作的成就时将统计时间设定到 2014 年。

② 参见《国家统计局：改革开放以来我国农村贫困人口减少 7 亿》，http://www.xinhuanet.com/politics/2015 - 10/16/c_1116848645.htm。

对主导地位，是一种单向行政命令产生的扶贫资源配置行为，贫困人口自身在扶贫过程中的劳动积极性和主观能动性被忽视。可见，开放式扶贫针对性不强，效果不理想，难以满足全面建成小康社会的减贫要求。

由于不同贫困地区和贫困人群的差异很大，其对扶贫资金的需求也大不相同，致使不同贫困地区的扶贫政策效果存在很大差异。而要解决扶贫资金及扶贫政策使用的精准问题，即扶贫资金给谁用、如何用、用的效果如何等一系列问题，必须对扶贫对象和扶贫主体进行精准定位，切实解决好"扶持谁"和"谁来扶"的问题，即扶贫必须要有"精准度"。习近平在总结改革开放 40 多年来中国扶贫工作所积累的有益经验的基础上，针对扶贫工作中长期存在的这些困扰扶贫工作的问题，有针对性地、创造性地提出了精准扶贫、精准脱贫基本方略，使精准扶贫、精准脱贫不仅成为一种扶贫政策或战略，而且是包括理论、战略、政策、机制和行为的完整理论体系，从而使扶贫理论在新时代获得创新发展。因而，精准扶贫、精准脱贫既是中国扶贫进行到新阶段后促使贫困地区整体、全面脱贫的新举措，更是实现 2020 年全面建成小康社会、全面打赢脱贫攻坚战战略目标的基本方略。当前，中国精准扶贫、精准脱贫工作已经进入到"攻坚拔寨"的冲刺阶段和最后决胜阶段，精准扶贫作为贫困治理的原则，有助于更好地结合"创新、协调、绿色、开放、共享"发展理念，走出当前中国农村扶贫困境，到 2020 年如期实现精准脱贫目标。中国扶贫工作实践中积累起来的这些有益经验为新时代扶贫理论奠定了重要的实践基础，成为其重要的实践来源。

二、新时代扶贫理论的创新发展

当前中国特色社会主义进入新时代，中国经济发展也面临着新的任务，即努力推动高质量发展，到 2020 年实现脱贫攻坚的目标、"全面建成小康社会"。新时代的扶贫工作任务更加艰巨，因而要求对扶贫理论进行创新。习近平有针对性地提出了精准扶贫、精准脱贫的核心内容及基本要求，为新时代中国扶贫工作实践提供了理论指导，精准扶贫、精准脱贫已经成为治国理政思想的重要组成部分，是新时代扶贫理论的创新发展。

（一）新时代扶贫开发的核心：精准扶贫、精准脱贫

脱贫攻坚的具体目标是，到 2020 年，农村贫困人口衣食无忧且能享受义

务教育、基本医疗及住房保障；贫困地区农民人均可支配收入、基本公共服务等主要指标高于或接近于全国平均水平（习近平，2017）。要实现这一目标，必须全民参与。也就是说，每个人都有责任和义务尽职尽力参与小康社会的建设，同时理应分享小康社会建成的成果。由于不同贫困地区、不同贫困人群存在个体差异，农村贫困人口脱贫又是脱贫攻坚的重点和难点，也是全面建成小康社会的基本标志，因而扶贫工作必须要瞄准目标、突出重点，实施精准扶贫、精准脱贫（习近平，2016）。因此，精准扶贫、精准脱贫是新时代扶贫开发的核心内容（李辉山、曹富雄，2017）。

精准扶贫是指"扶贫对象精准、项目安排精准、资金使用精准、措施到户精准、因村派人精准、脱贫成效精准"（六个"精准"），其目标是"精准脱贫"。要做到这六个"精准"，首先必须规范程序，为贫困人口建档立卡并进行动态管理，既防止"贫困遗漏"，也要防止"假贫困"。然后，根据不同贫困人群的需要对症下药，找准贫困人口致贫的原因，"因户施策、因人施策"（习近平，2017），使农村扶贫抓住真正的关键点及根本。由于扶贫工作涉及多个领域的经济政策与公共政策，需要健全扶贫开发、发展改革、教育、社保、民政等部门的合作与协调联动，而且应明确责任与分工，明确目标任务并对任务完成情况进行考核，形成中央、地方政府齐抓共管的局面（习近平，2017）。同时，我国农村地区辽阔，不同地区气候、自然条件、资源禀赋、社会资本、基础设施等存在较大差异，各地致贫的原因也千差万别，因而应根据不同贫困地区、不同贫困人群、不同贫困原因等采取不同扶贫措施，"对症下药、精准滴灌"（习近平，2015），因地制宜、因人制策。精准扶贫的目的是为了精准脱贫，因而新时代扶贫理论的落脚点和关键在于精准脱贫。为此，必须建立贫困农户的合理进入和退出机制，采取多种措施消除贫困农户对国家扶贫政策的依赖及不愿意脱贫现象；同时，既设定时间表，又留出缓冲期，然后逐户销号，实现有序退出，脱贫到人（习近平，2016）。精准脱贫绝不能是"数字脱贫""被脱贫"。

总之，扶贫开发的核心即精准扶贫、精准脱贫。这为新时代扶贫开发工作提供了明确的工作思路，并成为治国理政方略的重要组成部分和实现国家富强、民族振兴、人民富裕的中国梦的基础和关键（李辉山、曹富雄，2017），因而是扶贫开发理论在新时代的创新发展。

（二）新时代扶贫开发的根本路径：发展

新时代的一个重要目标是基于"创新、协调、绿色、开放、共享"的"五大发展理念"，让所有人共享发展成果，因而扶贫开发工作要将发展放在首位，通过发展来解决贫困问题。习近平（2017）曾强调发展是脱贫致富、解决民族地区各种问题的总办法和总钥匙。

改革开放以来，扶贫工作取得明显成效，尤其是脱贫攻坚战打响以来，各地采取多种措施实现脱贫。长期的扶贫工作实践表明，贫困群体的内在发展动力才是消除贫困的关键因素；同时，由于各地贫困原因千差万别，因而新时代扶贫开发必须实事求是，因地适宜，对症下药，实现内外结合、融合发展。

具体来说，贫困地区必须首先立足于与本地区资源优势、区位特点及其产业基础，突出特色，发展能够增加贫困农户收入并帮助其脱贫致富的产业，培育"造血"功能，努力打造贫困地区发展的基础，提高内生动力；同时，应转变发展方式，遵循经济发展规律，构建结构合理、科技含量高、附加值高、具有区域特色的产业体系和科学合理的产业结构，推动贫困地区经济的跨越式可持续发展，提高发展质量。只有这样，才能保证发展的可持续性，进而保证贫困群体脱贫后的生计可持续发展。扶贫开发必须贯彻"五大发展理念"，以创新推动发展，以创新作为改变落后贫穷的手段[①]；同时，统筹兼顾，促进民族地区经济发展及其协调发展、均衡发展；加大对贫困地区生态环境保护的力度，实现扶贫开发与新型城镇化、生态文明建设协同推进，促进乡村振兴；积极学习借鉴其他国家反贫困的成功经验，加强与其他国家的深度合作，共同推进世界反贫困事业的发展。

总的来看，与以往的扶贫理论相比，新时代扶贫开发理论立足"五大发展理念"，采取切实可行的措施帮助贫困群体解决实际困难，将共享发展作为扶贫工作的基本目标，无疑是真扶贫、扶真贫；同时，强调让每一个需要帮助的困难群体，包括苏区和革命老区、少数民族地区等，都能得到实际的帮扶，真正做到了让每一个人群都能公平地共享发展成果，同时保证贫困群体脱贫后的生计可持续，防止脱贫后的返贫（习近平，2016）。这无疑是扶贫开发理论在

[①]　参见《习近平与"十三五"五大发展理念·开放》，http：//news. cntv. cn/2015/11/01/AR-TI1446384620309713_2. shtml。

新时代的创新发展。

（三）新时代扶贫开发的基本要求：协同推进

由于各地区、各贫困群体致贫原因、程度、特点，脱贫的机遇与条件、资源以及返贫的可能性等均存在较大差异，尤其是精准扶贫、精准脱贫涉及各级政府、部门、机构及各利益主体的协调配合，因而精准扶贫、精准脱贫需要凝聚力量，达成共识，发挥中国"大国优势"和社会主义制度优势，实现政府、社会、市场间的协同合作，形成各方联动、全社会共同参与的社会扶贫体系和大扶贫格局（习近平，2015）。

新时代大扶贫格局的构建，一是强调政府主导，落实责任，如强调各级政府党政一把手扶贫总责任，同时要求各级组织、团体、企业实行定点扶贫、对口扶贫；注重基层村党组织扶贫开发工作第一线主力军的作用；强调大力发展乡村集体经济，夯实扶贫工作的物质基础；动员各社会力量积极参与扶贫开发等。二是加大对西部贫困地区及贫困人口的对口帮扶的工作力度，鼓励企业积极参与西部地区脱贫并给予政策优惠；同时，引导社会资本积极参与并支持西部地区扶贫产业的发展，促进西部地区经济发展，缩小东西部发展差距，助力西部贫困地区尽快脱贫。三是坚持扶贫开发与民生保障协同共进，加快经济结构的转型升级，促进城乡经济一体化发展，通过持续发展和高质量的发展，夯实改善民生的物质基础，让更多贫困地区和贫困群体共享改革发展成果。

尤其是，新时代扶贫开发特别注重充分发挥贫困群体的主体作用，强调激发其自身脱贫的积极性和主动性。目前，我国贫困农户脱贫内生动力不足，"等、靠、要"思想依然存在。一些贫困人口因文化程度偏低、思想观念落后、发展意识不够，或者因就业技能缺乏，对国家的扶贫政策（如领取低保等）存在一定的依赖，不愿意脱贫。一些地区的贫困村、贫困户在享受国家扶贫政策优惠后收入上升、家庭福利增加，与没有享受国家扶贫政策优惠的非贫困村、贫困户之间的差距加大，容易引发后者的心理失衡，导致后者增加收入、继续改善生存状况的内生动力不足。在各贫困地区，不同程度地存在着意识贫困和能力贫困，因而必须从思想上淡化贫困意识、贫困县意识，消除观念贫困。只有首先摆脱了观念贫困，才能使贫困地区摆脱贫困，走上繁荣富裕之路（习近平，2014）。同时，应加强教育，加大对农村教育的投入，以就业为导向，夯实教育脱贫根基，提高贫困群体的综合素质，增强贫困地区"造血"

功能及贫困人口的就业能力，坚决阻止贫困现象代际传递①。

总之，新时代扶贫开发理论特别强调扶贫先扶志、扶贫要扶智，多管齐下，协同推进，在很大程度上克服了原有扶贫工作中存在的贫困群体主体作用发挥不够、扶贫方式单一且缺乏整体性、注重物质脱贫而忽视精神脱贫等问题，不仅极大地推动了扶贫工作实践，而且使扶贫开发理论得到了丰富和发展。

三、新时代扶贫理论的时代价值

源自对国外反贫困理论与实践探究及改革开放 40 多年来中国农村扶贫工作实际经验总结的新时代扶贫理论，不仅是对各种反贫困理论的完善和发展，而且是"马克思主义中国化又一最新理论成果"（李辉山、曹富雄，2017），更是指导我国扶贫工作实践的行动纲领，对发展中国家反贫困实践也具有重要的指导意义。

（一）新时代扶贫理论是马克思主义贫困理论在中国的创新发展

新时代扶贫理论是针对中国当代扶贫工作实际中存在的问题而提出来的。中华人民共和国成立以来，中国逐步建立起政策扶贫、专项扶贫、行业扶贫、社会扶贫、援助扶贫、产业扶贫等多种扶贫模式，通过扶贫项目及扶贫产业、安居工程及异地搬迁、就业及技能培训、救济及援助、驻村对口帮扶等手段，试图从根本上实现贫困地区及贫困人口的脱贫。扶贫工作取得了明显成效，但当前中国扶贫攻坚工作仍十分艰巨。针对新时期扶贫工作中出现的扶贫对象不精准、资金使用不精准、扶贫效果不精准等一系列问题，为了在"十三五"期间确保农村贫困人口全部脱贫、贫困县全部脱贫摘帽，习近平有针对性地提出了精准扶贫、精准脱贫并进行了深刻论述，指出扶贫工作必须要变"输血"为"造血"、变重 GDP 为重脱贫成效，切实解决好"扶持谁""谁来扶""怎么扶""如何退"等一系列问题，继承并进一步完善和创新性地发展了马克思主义反贫困理论。

马克思很早就论述了贫困的原因及反贫困的主体及目标，指出导致工人阶

---

① 参见《习近平参加广西代表团审议：做好对外开放大文章》，http：//politics. people. com. cn/n/2015/0309/c70731 – 26659942. html。

级贫困的原因是多方面的，如自然和地理因素、疾病及个体差异等，而以资本主义生产资料私有制为基础的雇佣劳动制度所导致的劳动异化是贫困的总根源，"工人生产的财富越多，他的产品的力量和数量越大，他就越贫穷"（马克思，2000），工人阶级的贫困是制度性的贫困。工人阶级只有联合起来，"用暴力推翻全部现存的社会制度"（马克思、恩格斯，1995），建立无产阶级专政的共产主义社会，解放和发展生产力，贫困才能真正得以消除，共同富裕和人的全面自由发展的反贫困目标才能真正实现。同时，马克思、恩格斯认为，建立在充分发展基础之上的社会主义实行按劳分配，不会存在普遍贫困问题，因而传统马克思主义者很少论及社会主义社会的贫困问题，认为中国的扶贫基本上是政策扶贫、专项扶贫等。实际上，新中国是在半殖民地半封建社会条件下建立的，生产力发展水平低下，贫困问题比较普遍。中国共产党几代领导集体，尤其是邓小平较早意识到社会主义的贫困问题，认为"落后国家建设社会主义……不可能完全消灭贫穷"（邓小平，1993），在不发达的中国社会主义初级阶段，贫困问题依然存在。新时代扶贫理论结合中国扶贫实际，强调中国扶贫的重点在农村。中国农村因自然和地理环境的差异而导致不同地区的贫富差异，当前我国扶贫的难点大多是自然环境恶劣、基础薄弱、条件差、贫困程度深的地区和群众，扶贫任务难度相当大，因而扶贫应"因地制宜"，贫困群体是扶贫主体，应先扶志等。可见，结合中国反贫困实际所形成的精准扶贫、精准脱贫不仅具有马克思主义反贫困理论的来源，而且对马克思主义反贫困理论进行了创新发展。一方面，对中国现阶段贫困的原因及反贫困的艰巨性等有了更加精准的认识和充分估计；另一方面，由习近平提出并在扶贫工作实践中得以运用的"五个一批"精准扶贫举措及生态扶贫、精神物质双扶贫等精准扶贫理念，对中国当前的贫困问题进行了科学、系统的理论阐释，赋予了扶贫理论新的内涵，不仅是马克思主义反贫困理论中国化的最新理论成果，也是扶贫理论在新时代的创新发展。

（二）新时代扶贫理论是全面建成小康社会的重要保证

基于中国多年扶贫工作实践及新时代中国扶贫途径多方探索所形成的新时代扶贫理论，创新性地提出了一系列扶贫新举措，为新时代脱贫攻坚目标的实现及全面建成小康社会提供了重要思想指导和保证。

发展的根本目的是增进民生福祉，实现共同富裕、全面建成小康社会是社会主义的本质要求，因而脱贫攻坚的实现必须是全面脱贫，即一个也不能少，一个也不能掉队。在全面建成小康社会的决胜阶段，脱贫与致富相辅相成，密切联系，具有高度的一致性。目前，脱贫攻坚和全面建成小康社会的任务艰巨而繁重，尤其是在农村及贫困地区①，而集中连片特困地区更是重中之重，难中之难。新时期脱贫攻坚任务艰巨又复杂，不仅对扶贫工作提出了新要求，而且需要在理论上对指导扶贫工作实践的理论及思想进行创新发展。

　　扶贫工作是一项系统工程，需要各方联动、协同作战，贫困识别、帮扶、管理和考核的各个环节相互联系、相互影响，任何一个环节都不能忽视；需要各级政府、基层干部、社会力量、贫困群体等各方共同努力，形成外部多元扶贫与内部自我脱贫的互动机制，实现精准帮扶。而扶贫工作的六个"精准"有利于集中各种资源，找准穷根，对症下药，有效解决了原有扶贫工作中贫困识别不精准、资金使用不精准且效率低下等问题，有利于扶贫资金及资源的优化配置，提高扶贫效率。"五个一批"、分类脱贫更是根据贫困原因差异构建了一个全方位的扶贫模式，是有效解决贫困问题的重要举措和行动纲领。新时代扶贫理论特别强调脱贫的可持续性，主张加强包括就业、教育、医疗、文化、住房在内的农村公共服务体系建设，保障贫困群体的基本生活，完善包括医疗等在内的兜底措施；同时，建立扶贫长效机制，保证资金、人员、项目、政策等的可持续性；增加对农村教育的投入，提升贫困农户的综合素质，增强贫困地区"造血"功能，有效防止贫困代际传递。新时代扶贫理论的这些创新性探索和实践适应了新时期扶贫开发工作的需要，不仅"开辟了一条增进人民福祉、促进社会公平正义的通道，丰富了社会主义关于共同富裕的思想认识，成为中国式反贫困道路的最新思想成果"（张瑞敏，2017），而且习近平所提出的精准扶贫、精准脱贫已经成为中国治理贫困问题的指导性思想和纲领性文件，也是全面建成小康社会、实现共同富裕的政策保证，为全球反贫困事业贡献了中国智慧，从而有利于促进全球反贫困事业的深入发展。

---

　　① 参见《习近平与"十三五"五大发展理念·开放》，http://news.cntv.cn/2015/11/01/AR-TI1446384620309713_2.shtml。

第二节　普惠金融精准扶贫、精准脱贫的理论依据

普惠金融秉承包容性理念，认为信贷权是人权，每个人都应该有获得金融服务机会的权利，这种信贷权更是贫困人口脱贫的重要资源之一。关于普惠金融问题的研究涉及多个学科，比如，普惠金融的理念是共享和公平，这属于"人本主义"经济学范畴，即发展经济学与现代福利经济学的交集；普惠金融要实现原有金融体系无法达到的广度和深度，需要进行技术、制度和组织等多方面的创新，这又是新制度经济学研究的范畴，而普惠金融本身也可归为发展经济学中的金融发展理论。因此，普惠金融作为信贷权和扶贫方式的创新，实现精准扶贫、精准脱贫的理论依据主要体现在，普惠金融在反贫困实践中可以既促进金融业的创新与发展，又为小微企业、个体工商户、农户，特别是贫困人口等弱势群体提供信贷支持；同时，通过创新金融产品，为贫困人口提供小额信贷和小额保险，帮助贫困人口规避风险，提高承担合理风险和争创更高收益的积极性。普惠金融精准扶贫、精准脱贫的理论依据主要有内生金融发展理论、金融创新理论、农村金融发展理论、金融排斥理论、互联网金融相关理论等。

一、内生金融发展理论

经济发展离不开金融发展。自金融产生以来，理论家们一直在探究金融在经济增长中的作用，形成了诸多理论。

以麦金龙（Ronald I. Mckinnon）和肖（Edward S. Shaw）为主要代表的一批经济学家于 20 世纪 60 年代和 70 年代对金融与经济发展之间的关系进行了系统研究，创立了金融发展理论。麦金龙和肖在其 1973 年出版的《金融深化与经济发展》和《货币、资本与经济发展》等经典著作中提出了著名的"金融抑制"（Financial Repression）和"金融深化"（Financial Deepening）理论。他们认为，经济落后的发展中国家由于政府过分干预金融市场并实行金融管制政策，使金融市场特别是国内资本市场发生扭曲，不利于资金的合理配置，从而阻碍或破坏了国内经济发展。如果政府取消对金融活动的过多干预，解除利

率控制，实现利率市场化，使利率能真实地反映资金市场需求，则可以刺激储蓄，提高投资收益率，促进经济增长，从而形成金融改革与经济发展的良性循环。因此，麦金龙和肖主张发展中国家应实行促进金融深化的改革。可以看出，传统金融理论基于金融抑制视角分析了金融排斥的原因。

在 20 世纪 70 年代和 80 年代，部分发展中国家金融深化改革实践所产生的弊端引发了诸多新的思考。一些学者重新审视金融与经济增长之间的关系，发现麦金龙和肖关于金融发展与经济增长之间关系的分析带有主观性且比较简单。于是，一些学者在参考吸收麦金龙和肖金融发展理论的基础上，尝试跳出其理论框架，挖掘金融发展的内生根源，借鉴内生增长理论的做法，将金融中介（或金融市场）内生化构建模型，同时在模型中引入不确定性、不对称信息、监督成本等因素，对金融机构和金融市场的形成、金融体系与经济增长之间的关系及其作用机制进行了规范解释，创立了内生金融理论。

内生金融发展理论主要考察风险管理、信息不对称、交易成本等与金融发展之间的关系，分析了金融机构和金融市场产生的内在动因。第一，金融系统的一个重要功能是，通过银行等金融中介流动性蓄水池的作用，有效降低流动性风险，同时通过金融市场上的投资组合分散风险。因此，正是由于存在不确定性，风险管理才有必要，金融机构或金融市场等金融中介才有了存在的理由（Leland and Pyle，1977；Caprio，1992；Levin，2000；Daniels，2001）。第二，金融中介作为投资者的联合体及借贷双方之间的桥梁，其主要功能是有效降低交易双方的信息不对称。金融市场通过搜寻、公布和披露投资者相关信息，可以有效缓解信息不对称程度。因此，由于金融交易中的信息不对称，催生了金融市场等金融中介。第三，金融交易中信息不对称容易产生逆向选择和道德风险，提高交易成本，而金融中介缓解信息不对称的优势使其能有效降低交易成本。因此，正是由于金融中介具有缓解交易成本的优势，使得金融市场等金融得以存在。

随着制度经济学的兴起和流行，一些学者开始考察法律制度、文化传统、利益集团等制度因素与金融发展之间的关系，促进了内生增长理论的发展。内生增长理论探寻金融发展的内生动因及金融体系在经济发展中的内生作用及其机理，为普惠金融发展的内在机理进行了理论说明。

二、金融创新理论

自熊彼特（Joseph Alois Schumpeter，1883—1950）于 1912 年在《经济发展理论》中提出"创新"一词以来，"创新"这一概念成为"热词"并被运用于各个领域的研究，形成了创新理论。而创新在金融领域的研究就形成了金融创新理论。

金融创新是指金融领域中一种金融产品、金融服务、金融业务或者金融企业组织和管理方式、金融模式的发明或创造，最早由美国学者西尔伯（William L. Silber）提出。西尔伯主要从供给角度探讨了金融创新的原因。他认为，金融创新是金融企业为了防御增加交易成本、减少利润的外部因素而产生的，这些抑制金融企业利润最大化的外部因素包括政府管制、税收政策的变化，以及消费品价格和资产价格的变化等。金融组织要在现有约束条件下尽量减少来自外部金融压制而获得最大的效用或利益，就需要不断进行创新，通过金融创新可以减少因这些约束带来的成本增加（Silber，1983）。随着金融创新理论研究的深入，一些学者，如凯恩（E. J. Kane）、米勒（Merton Miller）、希克斯（J. K. Hicks）和尼汉斯（J. Niehans）等，先后对金融创新问题进行了分析，推动了金融创新理论的发展。凯恩提出了"规避创新"金融理论，即金融企业为了规避各种金融管制而进行金融创新。希克斯和尼汉斯提出了交易成本创新理论，即金融企业为了降低交易成本而进行金融创新，如创新金融工具、金融产品和金融业务（Niehans，1983）。戴维斯（S. Davies）、塞拉（R. Sylla）和诺思（Douglass C. North）等人则将制度引入金融创新分析，提出了制度金融创新理论，即金融创新应该是一种金融制度和经济制度的改革和创新。卢卡斯（Robert E. Lucas）、格林（B. Green）和海伍德（J. Haywood）等人分析了预期对金融创新的影响，提出了理性预期的金融创新理论，认为财富的增加会影响金融创新。

总的来看，金融创新的目的是为了规避管制、转移和防范风险、适应市场供求的变化，金融创新有利于降低交易成本，提高金融组织的效益水平；同时，金融产品与服务的创新增加了金融服务的可获得性，有助于精准服务更多的客户群体，因而有利于促进普惠金融的发展。

三、农村金融发展理论

随着金融发展理论的不断完善与深化，一些学者专门对农村金融问题进行了研究，形成了农村金融发展理论。农村金融发展理论在其发展演变过程中形成了比较成熟的三大理论，即农业信贷补贴理论、农村金融市场理论、不完全竞争市场理论。20 世纪 70 年代以来，随着小额信贷、微型金融的快速发展，微型金融逐步融入主流金融体系，在经济发展尤其是反贫困工作中起着越来越重要的作用，因而微型金融理论及以此为基础发展起来的普惠金融理论成为当前农村金融发展理论的新趋势。

农业信贷补贴理论提出的时间较早，在 20 世纪 80 年代以前比较流行。该理论认为，由于农村居民尤其是农村贫困人口收入低下，导致储蓄能力不足，资金不足；同时，由于其储蓄能力不足，抵押品缺乏，难以从正规金融机构获得资金；而且，即使能够获得资金，也会因农业生产周期长、投资效益低而不能持续获得商业银行的贷款，结果势必使农村金融发展陷入困境，资金流出农村地区。因此，该理论主张实行农村信贷供给先行的农村金融发展战略，实行农业生产融资低利率的信贷补贴政策，为农村居民提供低成本金融服务。

20 世纪 80 年代后，由于农业信贷补贴理论在实践中存在一定缺陷，如农业信贷补贴对象识别不精准，以政策性为导向的非营利金融机构效率不高等，该理论逐渐被农村金融市场理论所取代。农村金融市场理论对农村信贷补贴理论进行了批判，认为农村居民，包括农村贫困人口，在适当的储蓄激励下可以提供储蓄；政府低利率政策会妨碍储蓄，不利于农村金融的发展；信贷补贴政策可能降低政策性贷款的回收率等。因此，该理论强调应充分市场机制的作用，主张利率市场化，认为利率市场化有助于动员农村储蓄，降低农村金融机构的经营成本，同时吸引非正规金融资本进入，因而是农村金融发展的主要方向。

20 世纪 90 年代的亚洲金融危机表明"市场失灵"。学者们重新思考非市场因素在农村金融发展中的作用，形成了不完全竞争农村金融市场理论。该理论认为，发展中国家的农村金融市场是不完全竞争市场，信息不完全，因而有必要实行政府监管和调控。因此，该理论主张应对农村金融机构进行改革，减少或消除农村金融市场的运行障碍，优化农村金融发展宏观经济环境；同时，逐步取消农村信贷补贴，适当提高农村金融市场准入门槛；为农村居民及企业融资提供担保，鼓励发展农村互助合作社、信贷联保等，解决因信息不对称导致的道德风险和逆向选择问题。不完全竞争市场理论强调政府干预农村金融市场，同时主张解决农村金融市场的信息不对称问题，从而为小额信贷提供了理论基础。

农村金融市场的缺失使农村小额信贷的出现和兴起成为必然。小额信贷的服务对象主要为贫困人口，其主要目的是扶贫。在各国的扶贫实践中，20 世纪 90 年代以来，小额信贷的业务范围不断扩大到微型保险、储蓄、汇款以及教育与培训等金融服务，小额信贷逐步向为低收入群体提供更全面的金融服务的"微型金融"过渡。微型金融理论也随之产生。微型金融旨在减少贫困，其减贫途径主要是：促进投资；使穷人能以更有效率的方式从事经济活动，以有利于其生存；通过预防不测、平滑家庭消费，减少收入波动和家庭经济风险，增加其经济安全；通过为那些从未有过金融服务机会的穷人提供基本的金融服务及教育、交流、信息和社会培训等（Matsui and Tsuboi, 2015），可使其家庭成员提升自尊心、社会地位和增加自我激励，提高生活质量。因此，大多数发展中国家都将微型金融作为一种重要的扶贫手段，广泛用于反贫困实践。

随着微型金融发展在反贫困实践中的作用越来越重要，一些学者提出用"普惠金融"代替微型金融，构建一个更加完整的包容性的金融体系。一般认为，普惠金融是在小额信贷、微型金融基础上发展起来并得到进一步延伸，主要通过政府、金融机构和客户等的共同参与，为社会所有阶层，尤其是被传统或正规金融体系排斥的低收入者、中小微企业等弱势群体，提供便利且低成本的金融产品与服务，达到商业可持续发展的金融格局。

四、金融排斥理论

金融排斥（Financial Exclusion）是与金融赋权（Financial Empowerment）相对立的一个术语。20 世纪 90 年代初，英国地理学家莱申（Leyshon）和思里夫特（Thrift）在研究英国金融网点的分布对当地金融服务质量及金融发展状况的影响时提出了这一概念（Leyshon and Thrift, 1993）。他们发现，英国贫困人口主要居住在偏远农村地区，交通不便增加了金融机构的运营成本，减少了偏远地区农村贫困人口获得金融服务的机会，一部分人甚至不能获得金融服务体系，从而产生了金融排斥。

一般认为，金融排斥是指人们无法获得银行账户、信用卡和保单等主流金融服务，因而无法在所属社会过上正常的社会生活。金融排斥的对象主要有失业者、单亲家庭、少数民族、老年人和残疾人等，具体表现为客户接近金融资源排斥、地理排斥、条件排斥、价格排斥、评估排斥、市场营销排斥和自我排斥等。简言之，金融排斥指因恶劣的地缘条件、过高的价格、苛刻的准入限制、严格的风险评估及主观意识等因素，致使部分经济主体被排斥在金融服务体系之外，无法享受正常金融产品和服务的现象（Kempson and Whyley，1999）。

金融排斥本质上是一种市场失灵现象。金融排斥的产生会使贫困群体不能获得或者难以获得金融资源，一般会伴随着信贷配给，进而导致金融资源价格扭曲，金融资源错配或者畸形配置，降低金融资源使用效率，带来金融资源浪费；尤其是，容易使金融机构陷入片面逐利的局面。而且，金融排斥和信贷配给的作用，使不能正常获得金融资源的贫困弱势群体与社会上其他群体之间的差异（如收入差距）扩大，经济增长放缓，进而形成贫困扩大效应，加剧社会矛盾。

而普惠金融以赋权为核心，其特点是强调弱势群体的主体性，直接让贫困者，尤其是女性贫困者，参与经济管理，并最终从项目中获得收益；同时，赋权给弱势群体，提倡把知情权、发言权、分析权和决策权交给弱势群体，政府和其他非政府组织则是弱势群体脱贫过程中的协助者；注重弱势群体的能力建设，重在培养弱势群体自我发展、自我管理和自我服务能力（陈银娥等，2015；陈建伟、陈银娥，2017）。因此，减少金融排斥，强调金融赋权和金融公平，增加贫困家庭金融服务的可得性，提高金融普惠水平，是反贫困的重要举措。

五、互联网金融相关理论

互联网金融将互联网技术和信息通信技术运用于传统金融机构并使之有机结合，产生了巨大优势，如可以跨越地理上的鸿沟，将不同城市的闲散资金集中集聚，同时，通过互联网技术将这些集聚起来的闲散资金准确定位到最需要的农户手中；同时，还可以引导社会资本参与扶贫过程，因而互联网金融参与精准扶贫具有先天优势。互联网金融的发展离不开网络，而网络的使用具有外部性。与此相联系的理论有网络外部性理论、长尾理论等。

（一）网络外部性理论

网络外部性的发现源于对通信产业的研究，其思想由罗尔夫斯（Rohlfs）于 1974 年提出，后经卡茨（Katz）和夏皮罗（Shapiro）加以发展并于 1985 年正式提出网络外部性概念。所谓网络外部性，是指随着对某种网络产品使用人数的增加，其效用价值会随之增加；也就是说，一种网络产品使用的人数越多，该产品对使用者的效用就会越大（Katz and Shapiro，1985）。这种网络的正外部性在电信、航空等领域广泛存在。

美国经济学家家乔治·吉尔德①对网络价值及其网络技术进行了研究，于 1993 年提出了一个网络价值与网络技术发展之间的规律，即网络的价值与用户规模的平方成正比（Gilder，1993）。这种网络正外部性现象之所以存在，是因为网络由许多不同的具有系统性特征的网络节点连接而成，各节点之间具有连通性，其投入和使用会产生规模效应。这一规律后以罗伯特·梅特卡夫②的姓氏命名，被称为梅特卡夫定律（Metcalfe's Law），可用公式表示为：

$$V = K \times N^2 \tag{2.1}$$

式中，K 为系数，N 为用户数。

网络外部性的产生源自网络本身所具有的自有价值和协同价值，由此产生了直接网络外部性和间接网络外部性。直接网络外部性或者直接效应是指消费者直接使用某网络单元所带来的价值增值效应；间接网络外部性或者间接效应是指消费者对某一网络产品的使用增加了该产品的互补品的价值。一般认为，网络外部性会受到网络规模、网络关联度、网络标准等诸多因素的影响。互联网金融将网络技术与传统金融服务相结合，因而具有很强的网络外部性。

---

① 乔治·吉尔德（George Gilder，1939—）是美国供给学派的代表人物之一，著名的未来学家，数字时代的思想家，美国新经济的倡导者和宣传者，其主要代表著作有：《财富与贫困：国民财富的创造和企业家精神》（1981 年）。该著作被称为是里根经济学的奠基之作，在美国经济学界产生了重要影响。另外，《通信革命——无限带宽如何改变我们的世界》（或《后电视时代》，1990 年）、《后谷歌时代：大数据的没落与区块链经济的崛起》（Life after Google，2018）等著作对未来通信技术的发展趋势进行分析与预测，认为密算体系将对世界经济体系及人类未来产生重要影响。

② 罗伯特·梅特卡夫（Robert Metcalfe，1946—）是美国科技先驱，发明了以太网，并将其标准化后用于商业通用化。为表彰其贡献，将吉尔德提出的关于网络价值与网络技术发展之间的规律命名为"梅特卡夫定律"，同时于 2005 年获得美国科技奖章。

（二）长尾理论

随着互联网技术的快速发展，关于网站商业运作模式等相关问题受到广泛关注。克里斯·安德森（Chris Anderson，1961—）在对亚马逊等网站的商业运作模式进行分析时提出了"长尾"理论。

长尾理论认为，如果某种产品能够以极低的成本、极高的效率进行生产，且所生产的产品仓储有充分保障，产品流通渠道畅通，销售市场广阔，以至于单个个人也可以极低的成本生产和销售，这些众多的小市场可以汇聚成足以与主流市场相匹敌的市场力量。也就是说，众多小市场上的一些"冷门产品"虽然可能是容易被人遗忘的"尾部"，但将其加总后所占的市场份额有可能超过那些"畅销产品"或"头部"所占市场份额。那些小众产品由于数量众多，在图像上看起来像一条长长的尾巴而被称为长尾（安德森，2006），很多人虽有获利的基础，但并没有获得相应的服务，其所形成的市场也被称为利基市场①。长尾理论提出后获得了《商业周刊》"Best idea of 2005"奖项，同时被美国《GQ》杂志认为是"2006 年最重要的创见"。

在经济学中，长尾一般是指那些能够产生规模经济或范围经济的企业，数量众多，生产和销售成本低，所占市场份额大。而随着互联网金融的发展，互联网和通信技术在金融领域中的运用大大降低了金融服务成本，提高了金融机构运营效率，同时实现了金融产品和服务的创新，扩大了金融服务的范围，使得众多的、碎片化的金融需求得到满足，产生了规模经济和范围经济，形成了金融领域的长尾效应。可见，长尾理论能够为普惠金融精准扶贫、精准脱贫的分析提供理论支撑。

第三节　普惠金融促进精准扶贫、
精准脱贫的作用机理

精准扶贫、精准脱贫基本方略的实施离不开金融支持，尤其离不开普惠金

---

① 利基市场（Niche market）是指一些小市场，市场上有很多人没有获得应有的服务但有获利的基础，因而市场利基者通过拾遗补阙或见缝插针或专门化经营来获得市场和更多的利润。

融的发展。而普惠金融发展水平会受到技术水平、农民金融素养等因素的直接影响，同时，收入水平、基础设施建设、政府政策支持等通过促进农村地区经济发展而对农村普惠金融发展产生间接影响。普惠金融发展通过促进金融公平包容发展，聚焦解决贫困群体、低收入群体、小微企业和欠发达偏远地区的金融排斥问题，有利于直接和间接推动精准扶贫、精准脱贫目标的实现。本节主要探讨普惠金融发展的影响因素及其对精准扶贫、精准脱贫的作用机理，解决"扶持谁"和"谁来扶"的问题。

一、农村普惠金融发展的影响因素

影响农村普惠金融发展的因素众多，主要有家庭和个人微观因素，环境制度等宏观因素及技术层面的因素等。微观因素，如家庭金融素养、信息通信技术水平等，直接影响农村普惠金融发展；宏观因素，如收入水平、基础设施水平、政府政策支持等，通过促进农村地区经济发展，间接影响农村普惠金融发展。

（一）农村普惠金融发展的宏观影响因素

在影响农村普惠金融发展的诸多宏观因素中，本部分主要选取农村金融环境、农村经济发展、农村投资环境及城乡协调发展等分析其对普惠金融发展的影响（陈银娥等，2020）。

1. 农村金融环境的改善有利于促进农村普惠金融的快速发展

首先，改善农村金融环境有助于扩大农村金融发展规模，拓宽对农村、农业、农民的覆盖面，并进一步实现信息共享，降低金融机构筹集储蓄的成本，增强金融机构的竞争度与集中度，进一步调动居民储蓄积极性，促进农村普惠金融发展。其次，改善农村金融环境能提高农村金融市场效率，通过价格等机制提高储蓄到投资的转化率，实现货币资本向产业资本的过渡，创造有效产出，有助于农村普惠金融发展。此外，改善农村金融环境还能打破金融机构、农民与企业间的信息壁垒，加速资金流动，解决企业因缺乏信息而选择高风险、低收益的项目等问题，引导企业合理经营，增加居民投资收益，刺激消费与投资，提高全要素生产率，带动金融部门及农村普惠金融的发展。

2. 农村经济增长有助于拉动金融发展，促进金融功能不断升级，从而助推农村普惠金融发展

首先，农村经济增长带动了金融中介的发展。金融中介的发展有利于引导资本的合理流动、提高资金使用效率，进而促进经济增长，形成经济增长与金融发展的良性循环。同时，农村经济的快速发展，社会生产力不断提高，社会分工不断深化，农村居民对农村金融产品及服务的需求不断增加，农村居民与农村金融机构之间交易活动越来越频繁，促进了农村金融机构的职能转换及农村普惠金融发展。其次，农村经济增长使农业产业化进程加快，扩大了农业生产对金融服务的需求，促使农村金融机构进一步优化金融资源配置，将大量社会闲散资金集中配置到高效率项目和部门，从而促进农村金融发展。

3. 优化农村投资环境能为农村普惠金融发展提供有力保障

首先，政府政策支持对农村普惠金融发展存在双向影响。针对农村地区的财政支持政策，如政府设立普惠金融发展专项资金，有助于提高金融供给主体服务能力，促进农村金融机构和金融资源回归农村，使农村经济社会发展的重点领域和重点人群能公平、便利地获得金融产品及金融服务；税收减免政策能改善收入分配，在短期实现经济稳定增长，在中长期实现资源的公平配置，保证农村经济平稳运行，从而促进普惠金融的发展。但是，理论研究表明，财政支持政策也可能抑制农村普惠金融发展。例如，在欠发达农村地区，其投资活动的资金主要依赖于内源投资，即投资者自身储蓄，货币供给量的适当增加，尤其是这种增加伴随着货币收益水平的提高时，投资者的意愿储蓄水平会提高，从而有利于增大社会投资流量，促进农村地区经济发展。政府对农村地区的财政补贴相当于扩大了农村地区的货币供给，而农村地区银行金融机构对农民及农村中小微企业实行的利率管制可能导致更严重的金融抑制，使政府财政补贴难以达到支持农业发展的效果，进而阻碍农村普惠金融的发展。因此，政府的财政补贴政策对农村普惠金融发展会产生正负双重影响。

其次，基础设施建设水平的提高能为农村普惠金融发展提供投资硬环境。农村金融基础设施的完善能直接改善普惠金融机构的服务质量，提高服务效率，降低服务成本，从而直接促进农村地区普惠金融的发展；其他基础设施建设投入的增加有助于加速基础设施产业及其他产业结构升级，实现产业高度化合理化，提高产业经济效应，间接拉动普惠金融发展。例如，交通运输等经济

型基础设施和医疗等社会型基础设施建设能保证社会经济活动的顺利进行，改善生态环境，实现资源共享；而信息通信技术的发展提高了普惠金融基础设施的覆盖性、可使用性和可持续性，扩展了金融服务渠道，降低了金融服务的使用成本和金融信用风险，促进了金融组织变革，推动了金融创新，从而有利于促进农村普惠金融的发展。此外，人力资源水平的提升是农村普惠金融发展的基础。提升人力资源水平能为以市场信用为基础的农村金融市场发展提供思想文化保障，在提高普惠金融服务与技术有效利用率的同时加速金融技术的创新，有助于在不稳定的复杂环境中作出正确决策以降低金融交易风险；人力资源水平的提高往往带来更多潜在的社会资本与社会关系，有利于农村金融市场的资金注入与人才引进，保障农村普惠金融发展。

4. 城乡协调发展对农村普惠金融发展具有双向影响

城乡协调发展互利互惠，城市的富裕可以为农村农产品提供巨大的市场，鼓励农村的开发与进一步改进；城市的发达能引导所属农村逐步形成更好的秩序，且能得到政府的有效支持与倾斜，进而保障农民权利，因而城乡协调发展对其所属农村的改良与开发具有积极影响。但是，城乡差距的扩大也会因产生极化效应而阻碍农村地区经济发展，从而抑制农村普惠金融的发展。这是因为，相对农村而言，城市的要素收入水平相对较高，具有更多的投资机会，农村地区的"关键技术人员、管理者以及更具有企业家精神的青年"为获取相对高收入和优质就业机会向城市移民，导致农村高水平人才流失，从而抑制经济创新；城市因较高的技术水平与管理水平，已基本形成规模经济，拥有更高的劳动生产率，在同一产业的竞争中，将会严重抑制低效率的农村地区，阻碍农村地区经济增长及农村普惠金融的发展。

（二）农村普惠金融发展的微观影响因素

影响农村普惠金融发展的微观层面因素和技术因素主要有家庭金融素养及信息通信技术。随着互联网金融的快速发展，金融环境日益复杂，家庭金融素养对于增强消费者关于金融产品的理解、提高借款者的信用、降低信贷风险等具有重要作用；而信息通信技术与金融业的融合发展使互联网金融得以产生并获得快速发展，进而推动了普惠金融的发展。

1. 家庭金融素养与农村普惠金融发展

什么是金融素养，不同学者有不同看法，比较经典的定义有：金融素养是指管理财务的技能（Noctor，Stoney and Stradling，1992），或在现代社会中生存所必须具备的金融知识（Kim，2001）；或者是指运用金融知识作出正确判断和有效决策的能力及将这些知识运用于金融实践的机会（Moore，2003；Johson and Sherraden，2007）。金融素养与金融知识、金融教育、金融行为和金融福祉等有联系，但也有区别，金融素养不仅包含金融知识，而且还包括影响个人金融行为的金融知识应用能力（Huston，2010）。根据这一定义，对金融素养进行测度不仅要测度一个人对金融知识的了解，还要测度其是否能够运用所具备的金融知识来增加自身财富的能力。金融教育是为了提高个人金融素养，进而影响其金融行为，并以此增加金融福祉。

一般认为，金融素养通过三条途径对普惠金融发展产生影响。第一，家庭金融素养的提高有助于减缓金融排斥。家庭金融素养的提高有助于增强居民对金融产品和服务的认知程度，减缓消费者的自我排斥和金融排斥，通过增加金融服务的可获得性及使用来促进普惠金融发展。第二，家庭金融素养有利于提高金融服务质量。由于金融消费需要专门的金融知识且面临一定风险，家庭金融素养的提高有助于了解金融产品的收益与风险并进行理性选择，也有助于金融消费者维护自身权益，积极主动参与金融活动，甚至承担部分金融监管职责。第三，家庭金融素养的提升有利于金融体系的改革。当前，我国金融机构融资渠道单一、信贷审批门槛高、流程复杂等问题依然存在，银行惜贷，贫困农户难以快速、便捷地获得贷款等金融服务。而如果金融机构具有一批高金融素养的从业者，可以更加规范地进行金融产品设计和信息披露，更精准地识别信贷风险，这不仅有利于金融消费者有效抉择，而且也有助于银行创造性地开展金融业务。

2. 信息通信技术对农村普惠金融发展的影响

信息通信技术（ICT）是通信技术（Communication Technology，CT）和信息技术（Information Technology，IT）融合发展而形成的新概念，是涵盖了电信技术、互联网技术、计算机技术等的统称。

学者们最初大多用邮电业务量、信息产业增加值占比、电话普及率、手机普及率、互联网普及率、域名数量、宽带渗透率等单一指标来衡量信息通信技术的发展水平。以此为基础，一些学者进行了扩展，如以手机普及率代表ICT发展水平（Andrianaivo and Kpodar，2010），以省域邮电业务发展量代表各省份信息技术发展水平（周勤等，2012），以电话使用量表示农村信息通信基础设施状况（李向阳，2015），同时提出了手机数量、网民、固定电话数量等的总人口占比（贾军等，2016）。还有一些学者先后采用多种方法来构建信息化发展指数，如确定了一个包含11个指标的权重指标体系（宋周莺，2013），构建了一个衡量我国区域信息化发展水平的综合性衡量指标（荼洪旺等，2014）。国际电信联盟（ITU）从可接入性、可使用性、知识技能三个层面构建了一个信息化发展指数（IDI）。我国"十三五"国家信息化规划中，信息化指数包括总体发展水平、信息技术与产业、信息基础设施、信息经济与信息服务等五个方面[①]。

本书采用经济合作与发展组织（OECD）所界定的概念，即凡是采用电子化的方式来传输和显示信息的技术都称为信息通信技术，其中也包含了互联网技术。

信息通信技术与互联网金融、普惠金融之间存在密切联系，三者的内在联系表现为一种动力递进与反向需求拉动关系。

第一，信息通信技术是互联网金融产生发展的主要推动力。信息通信技术创新和快速发展使得信息技术手段、信息通信产品不断向包括金融业在内的各个产业扩散。金融业在不断扩大应用信息通信技术和信息通信产品过程中产生了新的业务模式和新的服务，从而促进了互联网金融的产生和快速发展，使互联网金融成为金融业中发展最快的新的细分产业。这主要是由于信息通信技术促进了金融服务的信息化、虚拟化、远程化，特别是互联网使金融服务的渠道日益电子化、在线化、快速化，从而大大降低了金融服务的运营成本，提高了金融服务质量与效益；同时，信息通信技术对金融业的渗透有助于改善金融服务技术条件，促进金融创新，如自动柜员机（ATM）系统、移动支付、P2P网络借贷模式、网络众筹、移动支付服务、京东和苏宁金融等都是信息通信技术的运用所带来的金融创新。由此可见，互联网金融就是信息通信技术在金融业中广泛应用的必然结果。

第二，互联网金融是推动普惠金融发展的重要途径。互联网金融的产生不仅导致金融出现"脱媒"的新趋势并带来了金融组织的新变革，而且更重要

---

① 参见《"十三五"国家信息化规划》。

的是突破了传统金融机构对金融服务对象的限制，明显降低了传统金融服务对象的金融排斥、扩大了金融服务对象的范围和层次，使金融服务更加具有普遍性特征；同时，互联网金融的低接入成本使金融服务的提供者和需求者均能克服传统金融服务的高成本障碍，特别是使低收入群体能够有机会获得低成本金融服务，如较低利率的网络信贷，从而使金融服务更加具有普惠性特征。互联网金融服务的广覆盖性和普惠性特征的增强，就是互联网金融转化为普惠金融的发展表现。

第三，普惠金融、互联网金融与信息通信技术之间相互促进。普惠金融的产生和发展催生了诸多新型金融产品和金融服务，在较大程度上满足了小微企业和低收入群体的金融服务需求；这些金融服务需求的增加又会促进普惠金融的发展并使其服务规模和服务质量得以提升，服务结构得到改进。普惠金融需求的增加则会拉动互联网金融的需求，扩大互联网金融的市场规模，使互联网金融不断调整服务结构和改善服务质量，普惠金融和互联网金融成为互为供求和相互推动的关系。互联网金融与普惠金融存在较强的兼容性和共线性。互联网金融具有共享、开放以及网络外部性的特点能增加金融供给方的规模收益，促成需求方的规模经济，从而降低金融服务交易成本，这能够满足普惠金融可持续性的基本要求。二者借助大数据技术可以降低信息搜寻成本，有效解决金融服务的信息不对称性及由此可能引起的道德风险和逆向选择等问题，有利于普惠金融的进一步发展。此外，互联网金融加剧了金融企业之间、金融企业与非金融企业之间的竞争，这在客观上又为信息通信技术在金融业中推广应用创造了有效需求，而市场需求的扩大则会降低信息通信技术研发成本、提高技术创新绩效。可以说，互联网金融成为拉动信息通信技术发展的重要需求者。

可见，信息通信技术的发展提高了普惠金融基础设施的覆盖性、可使用性和可持续性，扩展了金融服务渠道，增加了金融服务的信息对称性，降低了金融服务的使用成本和金融信用风险，促进了金融组织变革，推动了金融创新。

二、普惠金融精准扶贫、精准脱贫的作用机制

普惠金融是为了给各类经济主体提供平等的金融服务，通过扩大金融供给的广度和深度，让偏远山区的贫困农户也能享受到金融服务，普惠金融的先天属性决定了其与扶贫的密切联系。而"金融赋权"重点关注穷人，基于"穷

人经济学"的命题,坚守弱势群体的生存逻辑,承认并保护穷人的信贷权。因此,普惠金融是金融赋权理念的实践途径,也是扶贫开发的重要手段。普惠金融助推精准扶贫、精准脱贫必须从金融功能和金融赋权两个视角了解其作用机理。

(一)普惠金融助推精准扶贫、精准脱贫的作用渠道

发展普惠金融、构建普惠金融体系促进了包容性增长,丰富了金融发展理论和实践,是宏观、中观、微观层面减缓贫困的重要突破和创新。从宏观层面来看,普惠金融是对金融可持续发展的深化和补充,促进了金融创新与经济增长之间的协调发展;从中观层面看,普惠金融通过金融科技提高金融机构效率、创新金融产品,帮助地方或产业完善个体有需求又难以自给的公共产品,为小微企业、个体工商户、农户,特别是贫困人口等弱势群体提供信贷支持;在微观层面,普惠金融提高了金融服务在偏远山区的覆盖广度和深度,可以直接为贫困人口提供小额信贷和小额保险,帮助贫困人口规避风险,避免再次陷入贫困危机,并提高了承担合理风险和争创更高收益的积极性。综合来看,普惠金融助推精准扶贫的作用机理主要表现在:一是通过金融赋权与金融基础设施的完善,数字技术的应用精准识别,贫困人口等弱势群体有机会参与更多金融活动,金融服务可获得性和高识别度会提高这部分群体的生产能力,进而实现减贫增收,即普惠金融的发展可促进减贫增收的直接效应;另外一种路径是,普惠金融可促进经济增长和收入分配,而经济增长的涓滴效应会自动惠及贫困人口,通过包容性增长间接实现对穷人的减贫增收,即普惠金融的发展可促进减贫增收的中介效应。

1. 基于金融功能视角下的作用渠道

普惠金融是由小额信贷和微型金融发展而来,通过拓宽金融服务边界,为穷人、低收入人口和小微企业提供储蓄、信贷、保险等金融服务,其重点是将弱势群体纳入金融服务范围;同时,在不失商业可持续原则下实现金融机会人人均等。因此,普惠金融是传统金融理论发展的市场化结果,是金融功能全面提升的表现。基于金融功能视角,普惠金融首先致力于构建一种低门槛、高效率的金融运行体系,完善金融基础设施建设,为更多的贫困人口享受金融服务提供了可能。其次,普惠金融的互联网基因大大减少了交易成本和市场信息不对称,线上交易也有助于贫困地区信用体系的建设。通过收集和分析贫困人口

线上交易记录，降低交易成本和信贷风险，使金融机构在服务社会功能的同时实现其商业可持续性。此外，农户获取金融知识和信息更快、更高效，金融需求得到改善，也有助于金融素养的提升。最后，金融科技提升了普惠金融扶贫的精准度。金融机构运用大数据分析对农户"画像"，精准识别贫困人口及其金融需求，从而驱动机制创新，并根据多元化的金融需求创新各类金融产品和服务。综上，普惠金融的发展主要通过数字技术作用于金融服务边界、金融服务质量、贫困人口，"瞄准"助推精准扶贫。

2. 基于金融赋权视角下的作用渠道

信贷权是一项基本权利，贫困人口常常因"门槛效应"被剥夺了享受金融服务的权利，而"金融赋权"是以弱势群体的生存逻辑为出发点，承认并保护穷人的信贷权。普惠金融发展则以金融赋权为切入点，从理念上视金融权为每个人的基本权利，将"无银行服务"人员纳入金融体系，在实践中进行金融创新，对贫困人口进行识别与瞄准，为其提供金融支持，以缓解流动性约束，构建并完善适用于弱势群体的内生性金融生成机制，使其能获得参与经济发展的机会，提高自我发展能力，破解穷人、低收入人口等边缘群体所遭遇的生存与发展困境。因此，普惠金融通过为贫困人口赋权、增权为核心而推进精准扶贫，其具体作用过程为：以赋权为核心，借款成员利用金融机构注入的资源，在社会组织的协助下直接参与经济管理，发挥贫困人口的主体性，让其充分参与、决策、执行和监督赋权项目，自下而上地提高自我发展和自主脱贫的能力。

（二）普惠金融发展促进精准扶贫、精准脱贫的直接作用机制

普惠金融助推精准扶贫的直接影响机制主要体现在：贫困人口可直接获得信贷资金等金融服务，缓解信贷约束，破解"金融排斥"下的权利贫困；当其面临外部冲击和发展机会时，普惠金融的保险机制和识别机制帮助其抵御风险，降低其经济脆弱性；从长期来看，普惠金融的发展促进了低收入人群信用水平的提高，将从根本上破解其能力贫困与发展困境。

1. 提供信贷资金，缓解其信贷约束

普惠金融的重点在于普惠性金融体系的构建，提高金融服务的可获得性。金融科技创新使得市场上出现了诸多新型金融科技公司，也促进了传统商业金融机构和微型金融组织的转型发展。普惠性的金融体系将原本受到金融排斥的贫困人口纳入金融服务范围，金融机构发挥信贷机制和技术优势精准识别面临资金短缺的贫困人口，为其提供信贷资金，使其能正常从事生产经营活动，稳定收入来源，逐渐摆脱贫困。

2. 增强抵御风险的能力，缓释其经济脆弱性

普惠金融发展之所以能够提高农民的抗风险能力，缓解贫困及其脆弱性，有两方面原因。一是，普惠金融扩展了现有金融服务的边界，使得穷人拥有获得金融服务的机会。由于我国区域经济发展不平衡性、城乡二元化等特征，城乡差距明显，金融服务供求不均，尤其是穷人、贫困农户等偏远地区的弱势群体的金融需求往往得不到满足，普惠金融的发展既是市场化的结果，可推动缩小城乡差距，又是政府的"无形之手"，构建普惠金融体系突破现有制度、时域等障碍，从而使金融服务真正能延伸到穷人、低收入群体，并通过储蓄账户、扶贫小贷、微型保险等金融产品缓解其经济脆弱性。二是，普惠金融的发展缩短了贫困户资本积累的周期，促进其自我发展能力的提升。贫困农户的资本源自自我积累和外部注入，由于其社会资源大大低于社会平均水平，自身要素禀赋匮乏，在生产活动初始阶段就处于贫困落后境地，普惠金融的发展为其提供了良好的外部资金获取途径，替代了对民间借贷的依赖所带来的巨大借贷成本，减少了资本自我积累周期，使其能够利用外部稳定的资本发展生产和增加收入，形成抵御偶然性风险的能力，缓解经济脆弱性和贫困状况。

3. 完善征信体系，提高其信用水平

贫困人口遭受金融排斥不仅是财富与收入能力不足，而且还来自其不完善的征信体系和缺乏交易记录的信用水平。发展普惠金融，利用信息技术优势，可以降低信息收集成本，尤其是通过区块链的共识机制不仅可以精准识别贫困人口，而且能为其建立完善的征信平台和统一评价体系，然后通过征信平台信用声誉的惩戒与激励作用，促使重视个人信用的维护和积累，从而增强穷人信用意识，逐渐提高整体信用生态环境和个人信用水平。

（三）普惠金融发展促进精准扶贫、精准脱贫的间接作用机制

普惠金融作为一种新的金融理念和政策实践，其普惠属性对参与精准扶贫和精准脱贫有着天然优势。除了上述直接影响机制外，还可通过经济增长的涓流效应、农村产业发展与企业行为、个体人力资本等途径，间接增加穷人的收入，助推精准扶贫。

1. 宏观层面经济增长的涓流效应

普惠金融发展之所以可以助推精准扶贫，是由于普惠金融的发展能带来经济增长，然后通过经济增长的涓滴效应惠及穷人，帮助其达到贫困缓解。具体作用过程是：一方面，普惠金融通过为广大农村等偏远地区提供金融服务，将农村闲散资金转化为储蓄资本，提高储蓄投资转化率水平，进而促进当地经济增长和人们收入水平增加；另一方面，普惠金融的发展减少了市场摩擦和信息不对称，提高了资本边际生产率，其互联网基因提高了经济活力，刺激消费市场和劳动力市场需求，也增加了社会生产和就业率，社会财富的涓流效应会逐渐惠及穷人和低收入人口，实现对贫困人口的扶持。在宏观视角中，普惠金融还可以通过收入分配的中介效应减缓贫困，因为普惠金融的发展促进了金融资源的流动和再分配，对金融资源在贫困人口和富裕群体间的原有分配结构产生了影响，从而有助于不同群体的收入分配格局调整。

2. 中观层面产业发展和企业行为的变化

普惠金融助推精准脱贫还可以通过特色产业的发展来实现。由于我国二元经济结构现状，农村地区远远落后于城市发展，大多数贫困人口主要分布在农村和偏远地区，尽管这些地区有较好的资源禀赋，但传统金融机构的服务往往无法覆盖。普惠金融的发展可以利用其技术和低成本优势，瞄准农村地区和贫困人群，投入资金帮助贫困地区发展特色产业，将资源优势转化为产业优势，同时吸纳劳动力就业，从根本上提高贫困地区的自我发展能力。因此，普惠金融通过促进贫困地区特色产业发展和产业结构的优化，间接提高了低收入人群的生存与发展空间。

小微企业由于抵押品不足、信息不对称、经营规模等原因导致融资难融资贵。普惠金融的发展利用数字技术将资金精准定位到最需要的农户、个体工商户和小微企业手中，打通了小微企业正规金融融资渠道，促使其从民间借贷转向正规金融。此外，普惠金融借助数字技术减少了市场信息不对称，降低了小微企业的融资成本，促进小微企业增加投入，扩大生产，增加就业岗位，为贫困人群提供了更多增收就业的机会。

3. 有助于增加微观个体人力资本

贫困农户普遍获取信息的能力不足，缺乏相关的专业技能，因而获取工作的机会有限，这些都是因人力资本匮乏造成的，而其较低的人力资本难以改变自身低收入水平状况。普惠金融作为一种外部推动因素，既是金融功能服务的提升，又是金融赋权的增加，可以推动贫困人口进行人力资本投资，从而提高其人力资本水平。此外，贫困家庭往往因经济脆弱性导致子女中途辍学，而普惠金融作为一种普惠性的金融资源延伸到低收入人口，使得低收入家庭在面临外部不利冲击时，可以减少子女的辍学率，提高儿童入学率和受教育程度，有利于提高人口素质，增强他们的生产能力和发展潜力，促进人力资源积累。因此，普惠金融通过提高贫困人口的人力资本，提高贫困弱势群体生产经营的技术水平和创新能力，作用于能力贫困以实现精准扶贫。

第三章 中国普惠金融发展与 农村贫困人口现状

近年来，中国金融改革取得积极成效，多层次、竞争性的金融组织体系基本形成，金融创新不断深化，金融服务渗透率和覆盖面不断扩大。但是，金融发展与居民日益增长的金融需求之间还存在一定差异，农村贫困地区金融需求尚未充分满足；中小微企业融资环境尚未根本改善。通过发展普惠金融，使所有人尤其是那些无法享受金融服务的弱势群体和贫困人口都能够以低成本，公平、便利地获得金融产品和服务的机会，使更多的人能共享金融发展的成果，是中国金融改革以及扶贫开发工作的一项重要任务。本章主要阐述中国普惠金融发展现状及水平，农村贫困人口的基本状况及特征，集中连片特困地区反贫困状况，挖掘和研判中国普惠金融发展与精准扶贫、精准脱贫政策走向及后续影响，为普惠金融视角下精准扶贫、精准脱贫基本方略的顶层设计提供现实依据。

第一节 中国普惠金融发展现状及水平

要了解普惠金融发展在精准扶贫、精准脱贫中的作用及其二者之间的内在关系，必须清楚中国农村普惠金融发展与贫困人口现状。因而，本部分主要阐述中国普惠金融发展现状及水平、农村贫困人口的基本状况及特征。

一、中国农村普惠金融发展现状

在我国金融扶贫实践中，各地金融资源配置不均衡，普惠金融发展在不同区域之间存在较大差异。由于普惠金融的重点服务对象主要集中在农村，农村普惠金融发展水平对农村贫困缓解具有重要影响，因而本部分主要探讨中国农村普惠金融发展现状，并通过构建中国农村普惠金融发展指数，揭示中国普惠金融发展的区域差异及动态演化特征。

（一）我国普惠金融发展历程

自十八届三中全会党中央正式提出发展普惠金融、鼓励金融创新、丰富金融市场层次和产品以来，我国普惠金融快速发展，金融服务的渗透率、覆盖面、使用性与满意度显著提升。回顾我国普惠金融发展历程，我国普惠金融发展起源于 20 世纪 90 年代的农村信用社小额贷款，主要经历了小额信贷、微型金融、普惠金融、互联网金融四个阶段（许英杰、石颖，2014），见表 3 - 1。

表 3 - 1　　　　　　　　　　　我国普惠金融的发展阶段

发展阶段	标志性实践	主要特征
公益性小额信贷 （20 世纪 90 年代）	河北易县于 1993 年在社科院的支持下成立了全国首家小额贷款公司，该机构以扶贫为主要目的，致力于帮助农民提高地位、改善生存条件	机构的发展理念与普惠金融内涵一致，资金主要来源于国际扶贫机构的捐赠，该阶段的主要任务是缓解偏远农村地区的贫困程度
发展性微型金融 （2000—2005 年）	开创小额贷款新形式，由央行将农户贷款记入档案专门管理，保障农户小额信贷全方位展开，支持随用随贷以及无抵押和担保贷款	涉足业务的机构规模逐渐扩大，随着正规金融机构的入驻，微型金融体系日臻完善，农村地区就业率增长、生活水平明显提高
综合性普惠金融 （2006—2010 年）	国家出台多项政策支持地区依据实际经济发展水平，建立满足农村金融需求的普惠性金融机构，并允许由企业或自然人发起	小额信贷机构和村镇银行快速成长，以银行为代表的正规金融机构实现业务的多元化拓展
创新性互联网金融 （2011 年至今）	互联网成为新的金融发展媒介，加速了金融产品和服务的创新，依托网络平台的支付和借贷方式而盛行	"互联网 + 金融" 新业态形成，第三方支付、众筹、P2P 等新型金融服务兴起

20 世纪 90 年代开始的小额信贷带有一定的公益性质，是我国普惠金融发

展的开端。在这一阶段，小额信贷更多的是一种对传统扶贫方式的改进。其资金主要来源于国际扶贫机构的捐赠，主要宗旨是缓解我国广大农村地区尤其是偏远农村地区的贫困，其发展理念与普惠金融内涵一致。河北易县于 1993 年在社科院的支持下成立的全国首家小额贷款公司致力于帮助农民提高地位、改善生存条件，可看作是小额信贷实践的代表。

随着正规金融机构涉足小额信贷领域，涉足业务的机构规模逐渐扩大，公益性的小额信贷逐渐发展成为规模更为庞大的微型金融。微型金融的产生开创了小额贷款新形式，由央行将农户贷款记入档案专门管理，保障农户小额信贷全方位展开，支持随用随贷以及无抵押和担保贷款；而且，其服务对象的范围扩大到资金需求无法得到满足的弱势群体，旨在改善城乡居民的总体生活水平。

在综合发展的普惠金融阶段，金融服务的供给方和需求方数量激增，小微企业融资难、融资贵问题引起社会各界的普遍关注。在此背景下，以民间资本支持的小额贷款公司、村镇银行兴起，非正规金融机构的加入以及正规金融机构的普惠制创新改革使我国金融体系进一步向普惠方向发展。

近年来，互联网的普及和金融科技的迅猛发展将普惠金融推向新的发展高潮。互联网降低了金融服务的门槛，加速了金融产品和服务的创新，成为新的金融发展媒介，形成了"互联网 + 金融"新业态。而且，依托网络平台的支付和借贷方式，诸如第三方支付、众筹、P2P 等新型金融服务方式越来越普遍。

（二）农村普惠金融体系不断完善

20 世纪 80 年代，中国农村就出现了一些小额信贷项目，开展了微型金融反贫困的实践。但很少有政府参与，主要体现为非政府组织模式（陈银娥等，2016）。20 世纪 90 年代，中国反贫困实践进入扶贫攻坚阶段，政府主导并发起了一些政策性小额信贷扶贫项目，与非政府组织模式一起参与扶贫实践。21 世纪以来，国家实施"三农"发展战略，农村信用社作为微型金融机构的主体积极参与扶贫，使中国微型金融反贫困实践中正规金融机构力量大大增强。中国农业发展银行、中国农业银行、农村信用合作社、中国邮政储蓄银行和部分地方性商业银行、农业保险公司等传统金融机构，以及一些小额贷款公司、村镇银行、农村资金互助社、扶贫社等新兴农村金融机构，也针对低收入群体和贫困人口发放小额贷款，开展扶贫活动。目前，我国已初步形成了由正规金融机构和非正规金融机构共同组成的多层次、广覆盖的农村普惠金融体系（如图 3－1 所示）。其中，农村信用合作社、农村商业银行、村镇银行等是农村普惠金融精准扶贫的主要力量，在普惠金融精准扶贫、精准脱贫实践中发挥了重要作用。

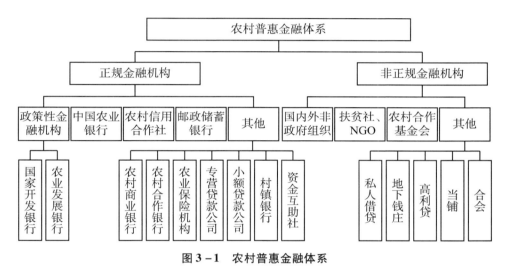

图 3－1　农村普惠金融体系

资料来源：孙琼，《中国普惠金融发展的减贫效应研究》，中南财经政法大学博士学位论文，2017 年。

　　目前，我国农村普惠金融体系不断完善，一是普惠金融机构数量不断增加，二是普惠金融快速发展，三是"互联网＋金融"为农村普惠金融发展提供了更大的空间。

1. 农村普惠金融机构数量不断增加

　　近几年来，我国农村正规金融机构数量，尤其是涉农小额信贷等金融机构数量不断增加，其中，截至 2018 年底，我国村镇银行 1612 家，其增长情况见图 3－2；小额贷款公司 8133 家，但各地区贷款余额存在一定差异。从绝对量来看，中部地区小额贷款公司贷款余额明显高于中、西部地区，西部地区小额贷款公司贷款余额的初始值虽然较低，但是在国家普惠金融政策的扶持下，贷款余额增速较快，已经远远超过中部地区小额贷款公司的发展，并且呈现出赶超东部地区的趋势，这也在一定程度上反映出普惠金融发展对贫困地区经济金融的改善作用。我国小额贷款公司区域分布格局具体见图 3 - 3。

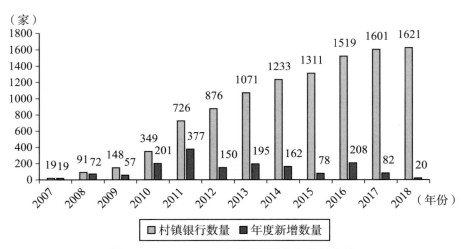

图 3 - 2   2007—2018 年我国村镇银行数量走势

资料来源：2007—2018 年《中国金融年鉴》；2007—2018 年《中国区域金融运行报告》。

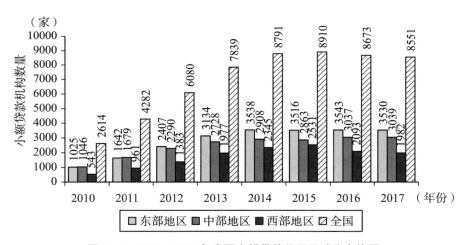

图 3 - 3   2010—2017 年我国小额贷款公司区域分布格局

资料来源：2011—2018 年《中国金融年鉴》；2011—2017 年《小额贷款公司数据统计报告》；中国小额信贷联盟等。

目前，各地区普惠金融快速发展。一方面，小微企业数量不断增长，另一方面金融普惠程度的提高使小微企业贷款更容易获得。截至 2018 年末，东部、中部、西部和东北地区普惠金融小微企业贷款同比增速分别较上年末提高 9.3 个、6.1 个、4.5 个和 10.6 个百分点①。从小额贷款公司发展的历史来看，2011—2012 年是小额贷款公司呈"井喷式"发展的时期，全国小额贷款公司贷款增速达到 98%，这说明规范化发展为小额贷款公司创造了机遇。2012 年后，增长速度逐步下降，尤其是近三年来，贷款余额增速低迷，遭遇发展瓶颈。从区域视角看，西部地区范围内小贷公司的贷款增速遥遥领先，高于全国平均水平，中部和东部地区贷款余额增速分列第二、第三。这体现出西部地区小额贷款公司有更广阔的发展空间。此外，国家普惠金融的发展与政策倾斜使西部地区的小额贷款公司焕发活力。我国小额贷款公司贷款余额见图 3 - 4。

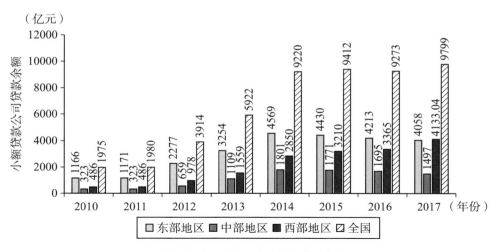

图 3 - 4　我国小额贷款公司贷款余额

资料来源：2011—2018 年《中国金融年鉴》；2011—2017 年《小额贷款公司数据统计报告》；中国小额信贷联盟。

2. 普惠金融精准扶贫力度加大

随着普惠金融的发展，金融机构积极落实各项扶贫开发政策，探索创新多种金融精准扶贫方法，完善农村金融基础设施建设，有力推动了精准扶贫、精

---

① 数据来源于中国人民银行《中国区域金融运行报告（2019 年）》。

准脱贫目标的实现。截至 2018 年末，全国银行业金融机构涉农贷款（不含票据融资）余额达 33 万亿元，同比增长 5.6%；普惠型涉农贷款余额为 5.63 万亿元，同比增长 10.52%。全国银行业金融机构发放扶贫小额信贷余额 2488.9 亿元，支持建档立卡贫困户 641.01 万户；扶贫开发项目贷款余额 4429.13 亿元，较年初增加 336.8 亿元。全国银行业金融机构和保险机构的乡镇覆盖率分别达到 96% 和 95%；全国行政村基础金融服务覆盖率为 97%。全国农业保险全年实现保费收入 572.65 亿元，为 1.95 亿户次农户提供风险保障 3.46 万亿元，承保粮食作物面积 11.12 亿亩。涉农小额贷款保证保险实现保费收入 4.1 亿元，赔付支出 8.3 亿元，帮助 20 万农户撬动"三农"融资贷款 138 亿元。农房保险为 1.4 亿多间农房提供风险保障 3.6 万亿元。开发扶贫专属农业保险产品 147 个，涉及 22 个省份的 60 种农作物①。

3. "互联网 + 金融"快速发展

随着移动通信技术的快速发展，互联网金融作为一种跨界金融创新，将互联网技术和信息通信技术运用于传统金融机构并使之有机结合，产生了巨大优势。互联网金融拥有超强的数字化处理功能并能延伸特殊市场领域，大幅压缩了其交易成本，给终端客户供应更便捷的服务，显示出巨大的"长尾效应"；同时，互联网金融可以跨越地理上的鸿沟，将不同城市的闲散资金集中集聚，同时，通过互联网技术将这些集聚起来的闲散资金准确定位到最需要的农户手中；同时，还可以引导社会资本参与扶贫过程，因而互联网金融参与精准扶贫具有先天优势。近年来，我国互联网金融获得快速发展，金融科技发展尤其迅猛，其资金投放额呈指数级增长，金融科技市场的整体发展水平在世界范围内排名第二，而在支付市场排名世界第一②。

2015 年 12 月 31 日，政府出台《关于落实发展新理念加快农业现代化实现全面小康目标的若干意见》，提出要贯彻落实绿色发展新理念，促进农村多层次、广覆盖、可持续的农村金融体系建设，规范互联网金融发展。《中国"三农"互联网金融发展报告（2016）》进一步明确要利用互联网技

---

① 参见 http://www.financialnews.com.cn/jg/dt/201903/t20190308_155951.html。

② 据零壹财经发布的《2016 年全球金融科技投融资与指数报告》和美国国际贸易署（ITA）发布的《2016 顶级市场报告》，中国金融科技投融资共 281 笔，占全球 56%；总金额 875 亿元，占全球 77%，位居全球第二位，其中支付市场领域居全球第一位。

术发展农村金融，从而促进了互联网金融在农村的快速发展。截至 2017 年底，我国互联网用户的规模达到 7.72 亿，其应用比率达到了近 56%，超过全球平均水平①。

近年来，第三方支付、云计算与大数据蓬勃发展，金融科技逐步渗透到普惠金融发展的方方面面，一个全方位的、庞大的金融体系初具规模。互联网金融在改善社会全体成员金融服务品质、缓解中小微企业投融资困难上呈现出强大的优势。一是互联网金融平台通过整合分散的金融需求，形成规模经济，促进小微企业等长尾客户的发展；二是互联网金融逐步改变金融服务需求方的客户结构并降低服务门槛，以弱化城乡发展不平衡的马太效应；三是互联网金融的迅猛发展倒逼传统金融领域的创新变革，以提升金融服务的普惠度和质量。总而言之，当前互联网金融的发展彰显了"长尾效应"、缩小了"马太效应"、增强了"鲇鱼效应"，将我国普惠金融的发展推向新的高度。

（三）农村普惠金融精准扶贫现状

近年来，在多个部门多项政策支持和广大金融机构的共同努力下，金融支持"三农"发展的力度持续加大。国家陆续出台了一系列支持"三农"发展的政策措施，如再贷款及定向降准、宅基地抵押贷款及创业贷款业务等，旨在加快农村地区资金流通速度，推动"三农"贷款的落实，涉农贷款余额平稳增长（见图 3－5）。

由图 3－5 可以看出，在绝对值上，我国涉农贷款余额由 2010 年的 11.8 万亿元增长到 2017 年的 30.95 万亿元，在此期间一直呈平稳增长趋势；在涉农贷款增速上，呈现出贷款余额增速下降趋势，但是近年有回升向好的势头。通过观察"三农"贷款增长率曲线的变化趋势，可以发现 2010—2017 年的八年间，涉农贷款余额增长率总体表现出下降态势，2016 年增长率达到最低谷，随后在中国人民银行定向降准、再贷款政策下，涉农贷款增长率触底反弹，在 2017 年实现了快速增长。这进一步体现了国家普惠金融的发展在解决"三农"事业发展融资困难上的优势。

---

① 参见第 41 次《中国互联网络发展状况统计报告》。

图 3 - 5　我国"三农"贷款余额情况

资料来源：2011—2018 年《中国金融年鉴》；2011—2017 年《中国区域金融运行报告》。

二、中国农村普惠金融发展水平测算

当前，我国农村普惠金融发展水平及其地区差异直接影响我国普惠金融的可持续及精准脱贫效果，因而有必要对我国农村普惠金融发展水平进行测算，以便为促进我国不同地区农村普惠金融均衡、协调发展，填补普惠金融发展缺口提供重要参考。本部分通过农村普惠金融发展指数的构建，分析我国农村普惠金融发展水平及其区域差异和动态演化特征。

（一）中国农村普惠金融发展指数的构建

1. 指标选择与数据来源

构建合理的评价指标体系是测度我国农村普惠金融发展水平的基础。本部分借鉴已有研究成果，以科学性、完备性、有效性、可获性为原则，结合全球普惠金融合作伙伴组织（GPFI）建立的普惠金融评价指标体系，基于我国国情，从金融服务可得性、金融服务渗透性、金融服务使用度及金融服务可负担度四个维度共九个指标构建了新的普惠金融评价指标体系。具体选择维度及指标如表 3 - 2 所示。

表 3 - 2　　　　　　　　　普惠金融发展评价指标

维度	指标描述	单位
金融服务 可得性	农村金融机构人均存款余额	万元
	农村金融机构人均贷款余额	万元
金融服务 渗透性	每万人拥有的金融机构服务人员数	人
	每万人拥有的金融机构营业网点数	个
	每平方千米的金融机构营业网点数	人
	每平方千米拥有的金融机构服务人员数	人
金融服务 使用度	农村金融机构存款余额占该地区 GDP 的比重	%
	农村金融机构贷款余额占该地区 GDP 的比重	%
金融服务可负担度	利率上浮贷款占比	%

我们选取中国 30 个省（自治区、直辖市）为研究对象，其中不包括西藏、台湾、香港和澳门，测度 2009—2017 年中国农村普惠金融的发展水平。数据资料来源于历年《中国统计年鉴》《中国金融年鉴》《中国农村金融服务报告》《中国固定资产投资统计年鉴》《中国交通运输统计年鉴》《中国交通年鉴》《中国农村统计年鉴》《中国人口和就业统计年鉴》、各省份统计年鉴以及金融运行报告，国泰安中国农村金融经济研究数据库和中国人民银行网站。部分缺失数据采用散点趋势拟合方法进行填补。由于农村存贷款余额年份和地区统计口径不一，考虑到服务于农村地区的金融机构主要涉及农业发展银行、农业银行、邮政储蓄银行、农村信用合作社和新型农村金融机构（因统计数据匮乏且规模尚小而未纳入计算范畴），因此，本部分选取前四类金融机构在农村地区的存贷款余额作为农村存贷款余额的替代性数据。

2. 指数测算方法

借鉴现有研究比较成熟的做法，采用熵值法来确定各地区普惠金融发展评价指标体系中各维度与各指标的权重，利用时空地理加权回归模型使其估计更加准确。

（1）熵值法。

熵值法是一种客观赋权法，其根据各项指标观测值所提供的信息的大小来确定指标权重。设由 m 个待评方案，n 项评价指标，形成原始指标数据矩阵

$x = (x_{ij})_{m \times n}$。

对于某项指标 x_j，指标值 x_{ij} 的差距越大，则该指标在综合评价中所起作用越大；如果某项指标的指标值全部相等，则该指标在综合评价中不起作用。基于熵值法计算出普惠金融发展评价指标体系中各维度和各指标的权重。

根据联合国开发计划署（UNDP）和以往文献普遍使用的"欧几里得距离法"，综合普惠金融各维度指标体系，可以测度出中国农村普惠金融发展指数（IFI）。

首先，利用变异系数法确定各维度指标的权重，即设各省份数据在第 i 维度第 j 年度的标准差和均值分别为 S_{ij} 和 E_{ij}，则该维度的变异系数 V_{ij} 和权重 w_{ij} 为：

$$V_{ij} = \frac{S_{ij}}{E_{ij}}; \ w_{ij} = \frac{v_{ij}}{\sum v_{ij}}$$

其次，对各指标进行统一量纲处理，即设各省份数据在第 i 维度第 j 年的实际数值、最小值和最大值分别为 A_{ij}、M_{ij} 和 m_{ij}，则统一量纲后的数据为 $x_{ij}(0 \leqslant x_{ij} \leqslant 1)$，指标测度值为 $d_{ij}(0 \leqslant d_{ij} \leqslant w_{ij})$：

当 A_{ij} 为正向指标时：$x_{ij} = \dfrac{A_{ij} - m_{ij}}{M_{ij} - m_{ij}}$，$d_{ij} = w_{ij} \times x_{ij}$；

当 A_{ij} 为负向指标时：$x_{ij} = \dfrac{M_{ij} - A_{ij}}{M_{ij} - m_{ij}}$，$d_{ij} = w_{ij} \times x_{ij}$。

最后，根据统一量纲后的数据和各维度权重计算各省份在第 j 年的普惠金融发展指数 IFI。假设在一个 i 维空间中，点 $D(d_{1j}, d_{2j}, d_{3j}, \cdots, d_{ij})$ 代表第 j 年某个省份各维度的普惠金融发展水平，点 $W(w_{1j}, w_{2j}, w_{3j}, \cdots, w_{ij})$ 代表第 j 年各维度的普惠金融最高发展水平，则点 D 离点 W 越近，表明其发展水平越高。由于 $0 \leqslant d_{ij} \leqslant w_{ij} \leqslant 1$，所以当 1 减去 D 与 W 距离的差值越大，则表明 D 与 W 距离越小，即 D 的普惠金融发展水平越高。因此，得出中国农村普惠金融发展指数的计算公式如式（3.1）所示。

$$IFI = 1 - \frac{\sqrt{(w_{1j} - d_{1j})^2 + (w_{2j} - d_{2j})^2 + \cdots + (w_{ij} - d_{ij})^2}}{\sqrt{w_{1j}^2 + w_{2j}^2 + \cdots + w_{ij}^2}} \tag{3.1}$$

（2）空间自相关分析。

为了检验相邻区域是否存在空间依赖或者空间关联性，采用 Moran's I 指数来衡量区域普惠金融发展的空间关联和空间差异程度，计算公式为：

$$I = \frac{n \sum\limits_{i=1}^{n} \sum\limits_{j=1}^{n} W_{ij} \mid x_i - x \mid \mid x_j - x \mid}{\sum\limits_{i=1}^{n} \sum\limits_{j=1}^{n} W_{ij} \sum\limits_{i=1}^{n} \mid x_j - x \mid^2} \tag{3.2}$$

式中，I 为全局 Moran's I 指数，x_i、x_j 分别为区域 i、j 中的观察值，x 为各区域的平均值。同时，用标准化统计量 Z 来进行显著性检验。

（3）非参数估计方法。

本部分使用的非参数估计方法主要是核密度估计和空间马尔可夫（Markov）链两种方法。

核密度估计是研究不均衡分布的一种重要的非参数方法，通过用连续的密度曲线来描述随机变量的分布形态（刘华军等，2013）。假设 $f(x)$ 为随机变量 x 的密度函数，通过 $f(x)$ 密度函数可以估计出点 x 的概率密度。式（3.3）中，$K(\cdot)$ 是核密度函数，h 为宽带，X_i 和 x 分别表示观测值和均值，N 是观测值的个数，此外，本书选择高斯（Gaussian）核函数对普惠金融发展水平进行估计。

$$f(x) = \frac{1}{Nh} \sum_{i=1}^{N} K\left(\frac{X_i - x}{h}\right) \tag{3.3}$$

传统的马尔可夫链法因忽视了区域间的空间相关性而不能完全揭示区域普惠金融发展的分布动态演变趋势，为了反映邻近地区普惠金融对本地区普惠金融"转移"的影响，本部分使用二进制邻接空间权重矩阵（W）来计算某区域相邻地区普惠金融的加权平均值（也被称为"空间滞后"）。空间马尔可夫转移概率矩阵就是以区域 i 在初始年份的空间滞后等级为条件，将传统 $\lambda \times \lambda$ 的马尔可夫转移矩阵分解为 λ 个 $\lambda \times \lambda$ 条件转移概率矩阵。其中，矩阵元素表示为 $p_{ij}^{t, t+n} \mid_{\varphi}$，代表当邻近区域的普惠金融水平等级为 φ 时，本地区从 i 等级经过 n 年后变为 j 等级的概率。通过转移矩阵，可以判断各个地区普惠金融发展的分布动态演变趋势及时间累计下的空间效应。

（二）我国普惠金融发展水平

基于以上普惠金融指数的构建和测度方法，计算出的 2010—2017 年我国 30 个省（区、市）及全国普惠金融发展水平综合指数值及均值排名，按照通用的地区划分标准，将北京、天津、河北、辽宁、上海、江苏、浙江、福建、山东、广东、海南 11 个省（市）归为东部地区；将山西、吉林、黑龙江、安徽、江西、河南、湖北、湖南 8 个省归为中部地区；将内蒙古、广西、重庆、四川、贵州、云南、陕西、甘肃、青海、宁夏、新疆 11 个省（区、市）归为西部地区，并且分地区计算逐年 IFI 平均值。具体的测算结果如表 3 - 3 所示。

由表 3 - 3 可以看出，第一，我国普惠金融发展水平总体稳中有升，普惠金融体系逐渐发展完善。从 30 个省（区、市）普惠金融发展指数（IFI）均值来看，2017 年全国 IFI 平均值为 0.7571，指数值处于较低水平，这也反映出当前我国总体的普惠金融发展水平不高。但是，从长期来看，与 2010 年全国 IFI 平均值 0.7115 相比，普惠金融指数呈小幅上升趋势，增幅约为 6.4%，且 2011—2016 年指数值均呈现出良好的上升势头，说明随着以银行为主体的金融机构向县域扩展金融网点、增加金融服务人员及提供更宽松的信贷政策，国家整体的金融普惠程度在稳步增长。纵观 2010—2017 年间我国普惠金融发展指数的变化可知，普惠金融指数值逐年小幅上升。

第二，东部地区普惠金融发展水平总体较高，而中部和西部地区的普惠金融发展相对滞后。从按区域划分的各省份的普惠金融指数值排名来看，普惠金融指数 IFI 年均值排名靠前的省份大都为东部地区（如前五名上海、浙江、北京、天津、广东），中部地区省份的 IFI 年均值与西部地区省份的 IFI 年均值差距不大，分别为 0.8519 和 0.8447，IFI 年均值排名靠后的省份大都处于西部地区，说明东部地区普惠金融发展水平总体较高，而中部和西部地区的普惠金融发展相对滞后。由此可以推断，区域经济发展水平高低对普惠金融的发展有一定影响，在经济较为发达的沿海省份，金融服务的渗透性、可得性、使用效用性、可持续性等指标值都处于较高水平；中部地区普惠金融发展水平虽然略高于西部地区，但是其增速却低于西部地区，可能的原因是中部地区是我国农业供给的重要产地，银行信贷用途主要是用于农业生产，故银行信贷风险高、回收慢、盈利低，造成了银行的"惜贷"行为；西部地区普惠金融发展水平在三个地区中最低，但是近年来由于国家政策倾斜，使该地区普惠金融发展不断深入，增速较快，大有赶超中部地区普惠金融发展水平的趋势。

表 3 - 3　　　　　　　　我国普惠金融指数测度结果

省份	2010 年	2011 年	2012 年	2013 年	2014 年	2015 年	2016 年	2017 年	均值	排名
北京	0.8886	0.8851	0.8821	0.8905	0.9145	0.9573	0.9715	0.9728	0.9203	3
天津	0.8348	0.8426	0.8656	0.9248	0.9273	0.9308	0.9121	0.9471	0.8981	4
河北	0.6946	0.7321	0.8069	0.8719	0.9046	0.9606	0.9216	0.9421	0.8543	18
山西	0.6835	0.7902	0.8301	0.9319	0.8846	0.9217	0.9969	0.9373	0.8720	15
内蒙古	0.7237	0.8385	0.8378	0.8313	0.8715	0.9372	0.9728	0.9820	0.8744	14
辽宁	0.7160	0.7569	0.7929	0.8887	0.9301	0.9617	0.8968	0.9082	0.8564	17
吉林	0.6682	0.7193	0.7751	0.8327	0.8745	0.9297	0.9317	0.9400	0.8339	22
黑龙江	0.7075	0.7878	0.8986	0.9496	0.9312	0.9381	0.9164	0.9475	0.8846	9
上海	0.8998	0.8466	0.8743	0.9331	0.9294	0.9458	0.9956	0.9967	0.9277	1
江苏	0.7576	0.8354	0.8882	0.9140	0.9439	0.9400	0.8863	0.9786	0.8930	5
浙江	0.8018	0.8206	0.8911	0.9398	0.9662	0.9945	0.9947	0.9956	0.9255	2
安徽	0.7705	0.7891	0.8808	0.8911	0.9089	0.9357	0.9606	0.9607	0.8872	7
福建	0.7967	0.7320	0.8960	0.8937	0.9118	0.9372	0.9573	0.9601	0.8856	8
江西	0.5979	0.7651	0.7270	0.8424	0.9425	0.9387	0.9099	0.9133	0.8296	25
山东	0.6265	0.6748	0.8138	0.9031	0.9329	0.9636	0.9773	0.9786	0.8588	16
河南	0.5851	0.5384	0.7435	0.8683	0.9157	0.9250	—	0.9379	0.7877	29
湖北	0.7348	0.7332	0.8557	0.9245	0.9281	0.9854	0.9290	0.9455	0.8795	12
湖南	0.6501	0.7221	0.7786	0.8365	0.8573	0.9865	0.9541	0.9431	0.8410	20
广东	0.8424	0.8674	0.7909	0.8936	0.9123	0.9877	0.9042	0.9247	0.8904	6
广西	0.7121	0.7107	0.8457	0.9058	0.9325	0.9659	0.9831	0.9845	0.8801	11
海南	0.7992	0.6466	0.6839	0.7798	0.8391	0.9217	—	0.9128	0.7976	28
重庆	0.6865	0.7568	0.8352	0.9413	0.9507	0.9708	0.9591	0.9697	0.8838	10
四川	0.7444	0.7551	0.8527	0.9157	0.9466	0.9574	0.9205	0.9355	0.8785	13
贵州	0.6887	0.6212	0.8132	0.8777	0.9332	0.9217	0.9814	0.9780	0.8519	19
云南	0.6451	0.6551	0.8196	0.8698	0.9032	0.9304	0.8885	0.9589	0.8338	23
陕西	0.5743	0.6552	0.7195	0.8416	0.9086	0.9379	0.9437	0.9588	0.8174	27
甘肃	0.6581	0.7058	0.7848	0.8420	0.9080	0.9482	0.9041	0.9232	0.8343	21
青海	0.6302	0.6429	0.7172	0.9006	0.9228	0.9363	0.9070	0.9178	0.8218	26
宁夏	0.5610	0.6281	0.6891	0.7800	0.8913	0.8857	0.9178	0.9342	0.7859	30

续表

省份	2010 年	2011 年	2012 年	2013 年	2014 年	2015 年	2016 年	2017 年	均值	排名
新疆	0.6657	0.7219	0.7346	0.8484	0.8767	0.8649	0.9598	0.9678	0.8300	24
东部平均	0.7871	0.7855	0.8351	0.8939	0.9193	0.9546	0.9417	0.9561	0.8825	—
中部平均	0.6747	0.7307	0.8112	0.8846	0.9054	0.9451	0.9427	0.9407	0.8519	—
西部平均	0.6627	0.6992	0.7863	0.8686	0.9132	0.9324	0.9398	0.9555	0.8447	—
全国平均	0.7115	0.7392	0.8108	0.8821	0.9133	0.9439	0.9412	0.9518	0.7571	—

（三）中国农村普惠金融发展水平区域差异和动态演化特征

为了更加了解我国普惠金融发展水平，本部分进一步分析了中国农村普惠金融发展水平的区域差异及动态演化特征。根据中国农村普惠金融发展指数的指标体系和测算方法，可以算出中国各省份每年的农村普惠金融发展水平。本部分指标数据主要采用银行业的相关数据，数据来源于历年的《中国统计年鉴》《中国金融年鉴》《区域金融运行报告》和 Wind 数据库等。由于北京、天津和上海是全国的经济发达地区，贫困发生率几乎为 0，因此不考虑这些发达地区的农村普惠金融发展情况；重庆和西藏的涉农金融机构统计数据有较多缺失，为保证数据测算的完整性，也剔除了这些地区。最后，兼顾数据的可获得性和研究的针对性，本书计算了 2007—2016 年全国 26 个省（区）[①] 的农村普惠金融发展水平。

1. 中国农村普惠金融发展水平的区域差异

基于前文的普惠金融指数计算公式，可得到 2007—2016 年各省（区）年均农村普惠金融发展水平（IFI），如表 3 - 4 所示。

由表 3 - 4 可以看出，第一，从地区分布来看，东部地区 IFI 均值为

---

① 26 个省（区）分别是：河北、山西、内蒙古、辽宁、吉林、黑龙江、江苏、浙江、安徽、福建、江西、山东、河南、湖北、湖南、广东、广西、海南、四川、贵州、云南、陕西、甘肃、青海、宁夏、新疆。

0.3875，中部地区为 0.2952，西部地区为 0.2334，东部地区的农村普惠金融发展水平普遍高于中西部地区，且中部地区的农村普惠金融发展水平普遍高于西部地区。

第二，从省份差异来看，各省份年均 IFI 为 0.1493~0.6218，省份之间发展水平差异明显。其中，山西 IFI 最高，青海 IFI 最低。在东部地区，福建和海南的农村普惠金融发展水平相对东部其他地区较低；在中部地区，山西和河南的农村普惠金融发展水平相对中部其他地区较高；在西部地区，宁夏和陕西的农村普惠金融发展水平相对西部其他地区较高。

表 3-4　　2007—2016 年全国 26 个省（区）农村普惠金融发展年均水平

东部			中部			西部		
省份	IFI	排名	省份	IFI	排名	省份	IFI	排名
河北	0.4693	3	山西	0.6218	1	内蒙古	0.1815	23
辽宁	0.3637	7	吉林	0.2304	19	广西	0.2222	21
江苏	0.3212	9	黑龙江	0.1843	22	四川	0.2592	13
浙江	0.4673	4	安徽	0.2341	18	贵州	0.2629	12
福建	0.2582	14	江西	0.2731	11	云南	0.2360	17
山东	0.4446	5	河南	0.3974	6	陕西	0.3205	10
广东	0.5388	2	湖北	0.1790	24	甘肃	0.2282	20
海南	0.2370	16	湖南	0.2414	15	青海	0.1493	26
						宁夏	0.3235	8
						新疆	0.1508	25
平均	0.3875		平均	0.2952		平均	0.2334	

2. 中国农村普惠金融发展水平的动态演化特征

根据 2007—2016 年各省份农村普惠金融发展指数，可以得到这一时期各省份农村普惠金融发展趋势（见图 3-6）及演进路径（见图 3-7）。

第一，从发展趋势来看，2007—2016 年大部分省份的农村普惠金融发展水平都呈逐年稳步上升趋势，且农村普惠金融发展水平较低的西部地区的上升趋势更加明显；个别省份在个别年份出现下降。此外，从图3－6中曲线位置可以看出，东部地区的农村普惠金融发展水平普遍高于中部地区和西部地区。

　　第二，从演进路径来看，通过对中国农村普惠金融发展水平进行核密度估计可知，2007—2016年密度函数中心随着时间变化逐渐向右移动，表明中国农村普惠金融发展水平整体呈逐年上升趋势；并且密度函数峰值随时间推移先增大后减小，至2012年达到最高，且呈"双峰"状态，说明2012年以前各地农村普惠金融发展水平差异明显、差距较大，这种情况随2013年中国确立发展普惠金融政策后逐渐减弱，各地普遍大力促进农村普惠金融发展，使地区差距逐渐缩小，但整体水平仍然较低。

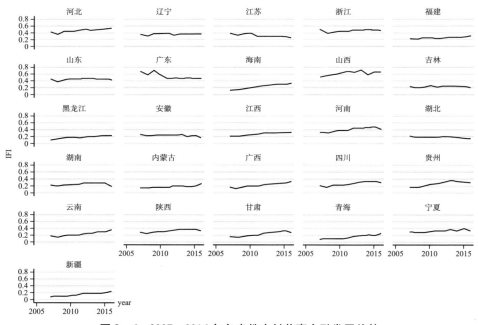

图3－6　2007—2016年各省份农村普惠金融发展趋势

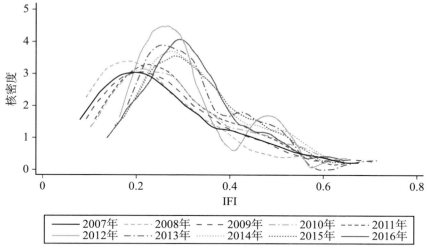

图 3 – 7　2007—2016 年中国农村普惠金融发展水平演进

3. 中国农村普惠金融发展水平区域差异和动态演化的影响因素

为深入分析各省份每年普惠金融发展水平产生差异的原因，需要对中国农村普惠金融发展水平指数进行分解。根据前文所述，点 $D(d_{1j}, d_{2j}, d_{3j}, \cdots, d_{ij})$ 代表某个省份在第 j 年各维度的普惠金融发展水平，d_{ij} 为各项指标的测度值，则 d_{ij} 越大表明该项指标第 j 年所代表的普惠金融程度越高。考虑到不同维度的指标数量不同，平均各维度的指标测度值，可得到各维度普惠金融发展水平。2007—2016 年各省份农村普惠金融发展指数维度分解的年均情况如表 3 – 5 所示。

由表 3 – 5 可以看出，第一，从供给方面看，东部地区普惠金融指标中的"渗透性"高于其他地区，表明东部地区较好地实现了普惠金融的"普遍性"，金融产品和服务供给较充分。第二，从需求方面看，"使用性"和"效用性"在全国各个地区的普惠金融指标中均较低，且西部地区较东部地区和中部地区更大，表明经济发展水平较低的地区对普惠金融的需求更大；"承受性"在全国各个地区的普惠金融指标中占比均较低，说明全国普惠金融发展在注重网点扩张的基础上要更注意降低金融服务的成本，而中西部地区的"承受性"较东部地区稍高，表明中西部地区的普惠金融发展更加注重通过提高金融的"普惠性"，适应社会对普惠金融的需求，从而达到发展普惠金融的效果。

表 3－5　　　　　　　各省份农村普惠金融发展指数维度分解情况

地区	省份	渗透性	使用性	效用性	质量性	承受性
东部	广东	0.6661	0.7119	0.3645	0.6831	0.4590
	河北	0.5252	0.6938	0.3627	0.7323	0.1308
	浙江	0.8187	0.4503	0.2359	0.5079	0.0495
	山东	0.6965	0.4916	0.2137	0.5700	0.2034
	辽宁	0.4955	0.5579	0.1629	0.5006	0.3722
	江苏	0.7606	0.1016	0.0441	0.6470	0.2676
	福建	0.3081	0.3909	0.1331	0.6391	0.2156
	海南	0.2907	0.4459	0.0863	0.7486	0.6634
中部	山西	0.5076	0.8373	1.0000	0.4496	0.3026
	河南	0.5969	0.3313	0.2184	0.6424	0.2491
	江西	0.3094	0.2797	0.2050	0.5682	0.2166
	湖南	0.3413	0.1988	0.1106	0.6415	0.3603
	安徽	0.4432	0.0334	0.0545	0.6752	0.3734
	吉林	0.2679	0.3325	0.1200	0.5307	0.5413
	黑龙江	0.1698	0.3816	0.1208	0.4828	0.3711
	湖北	0.2785	0.0910	0.0421	0.7009	0.6517
西部	宁夏	0.2263	0.5343	0.3880	0.6100	0.2604
	陕西	0.2494	0.5275	0.3421	0.6400	0.4972
	贵州	0.1913	0.2898	0.3389	0.6584	0.2742
	四川	0.2528	0.3408	0.2233	0.4685	0.2749
	云南	0.0815	0.5034	0.3900	0.6865	0.4080
	甘肃	0.1387	0.3031	0.3093	0.5929	0.4905
	广西	0.1997	0.3255	0.1761	0.7102	0.4737
	内蒙古	0.1053	0.5625	0.1605	0.5745	0.1903
	新疆	0.0435	0.4482	0.1760	0.5732	0.7466
	青海	0.0333	0.2960	0.2483	0.3801	0.7814

三、中国农村贫困人口规模与分布

改革开放以来，我国扶贫工作主要经历了几个重要阶段（张琦、冯丹萌，2016），1978—1985 年，农村制度性变革导致减贫效应集中释放；1986—1994 年，建立专门扶贫机构，将贫困县作为扶贫重点对象；1995—2000 年，针对贫困地区进行专项扶贫；2001—2010 年，整村推进扶贫开发；2011—2015 年，区域发展与扶贫攻坚相结合；2015 年至今，进入精准扶贫、精准脱贫"最后一公里"阶段。通过多年的扶贫实践探索，我国成功走出了一条中国特色扶贫道路，扶贫工作取得明显效果。尤其是实施精准扶贫以来，贫困发生率大幅度下降，各地区绝对贫困人口数量显著减少，到 2020 年全部消除绝对贫困；而且，农村贫困地区居民收入与全国农村地区居民平均收入之间的差距不断缩小，生活水平不断提高。

（一）中国农村贫困人口现状

扶贫开发对象的确定首先要明确贫困标准。国际贫困标准自确立以来进行了多次调整，如 1990 年为每人每天 1 美元；2005 年，根据各参照国的平均通胀率及当年购买力平价，上调至每人每天 1.25 美元；2015 年，在考虑各国通胀率及 2011 年购买力平价基础上将国际贫困线上调到 1.90 美元。这一标准在不同国家略有差异。目前，世界银行主要用每天 1.25 美元和每天 2 美元标准衡量发展中国家的贫困状况。我国的贫困标准线也进行过几次调整。1978 年确定了一条低水平的生存标准或绝对贫困线标准线，即按 1978 年价格水平每人每年 100 元的国家贫困线；2000 年后区分了绝对贫困标准和低收入标准；2008 年将绝对贫困线和低收入线两线合一，并将贫困线标准提高到年人均 1196 元。2011 年，国家贫困线标准被再次划定，即确定 2011—2020 年的农村贫困标准为"按 2010 年价格水平每人每年 2300 元"，这一标准主要是满足生存和健康基本需求，同时依照农村消费价格指数，逐年进行物价水平更新调整。按 2010 年价格水平每人每年 2300 元，2014—2020 年的国家贫困线标准分别是：2800 元/年、2968 元/年、3146 元/年、3335 元/年、3535 元/年、3747 元/年、4000 元/年。

贫困线标准不同，据此得到的贫困人口数量也存在差异。如按照 2008 年低收入贫困标准（786~1067 元）计算，2005 年至 2010 年中国贫困人口从

6432 万人减少到 2688 万人，共减少了 3744 万人；贫困发生率从 6.8% 下降到 2.8%，共下降了 4 个百分点。而按照现行的 2010 年贫困标准计算，1978 年农村贫困人口为 7.7 亿人。2005—2010 年，中国贫困人口从 28662 万人减少到 16567 万人，共减少了 12095 万人；贫困发生率从 30.2% 下降到 17.2%，共下降了 13 个百分点。2010—2018 年，中国贫困人口从 16567 万人减少到 1386 万人，共减少了约 1.52 亿人；贫困发生率从 17.2% 下降到 1.7%，共下降了 16.5 个百分点[①]。目前，中国贫困人口均按 2010 年标准来计算。

（二）中国贫困人口区域分布

从贫困人口地区分布来看，2018 年中国东中西部各地区农村贫困人口全面减少。东部地区率先基本脱贫，目前农村贫困人口约 90% 都集中在中西部地区，西部地区贫困人口约占一半以上。同时，中西部地区也是国家扶贫重点地区，扶贫力度大、效果好，贫困人口减少幅度大。2010—2018 年中国分地区农村贫困人口情况如表 3 - 6 所示。由表 3 - 6 可以看出，2010 年至 2018 年中国东部地区贫困人口从 2587 万人减少到 147 万人，共减少了 2440 万人，贫困发生率从 7.4% 下降到 0.4%，共下降了 7 个百分点；中部地区贫困人口从 5551 万人减少到 597 万人，共减少了 4954 万人，贫困发生率从 17.2% 下降到 1.8%，共下降了 15.4 个百分点；西部地区贫困人口从 8429 万人减少到 916 万人，共减少了 7513 万人，贫困发生率从 29.2% 下降到 3.2%，共下降了 26 个百分点。

表 3 - 6   2010—2018 年中国分地区农村贫困人口情况

年份	东部		中部		西部	
	农村贫困人口规模（万人）	农村贫困发生率（%）	农村贫困人口规模（万人）	农村贫困发生率（%）	农村贫困人口规模（万人）	农村贫困发生率（%）
2010	2587	7.4	5551	17.2	8429	29.2
2011	1655	4.7	4238	13.1	6345	21.9

---

① 资料来源：国家统计局，《中国农村贫困监测报告 2015》，中国统计出版社 2016 年版；《中国的减贫行动与人权进步》白皮书，http：//www.cpad.gov.cn/art/2016/10/17/；《国家统计局：2018 年全国农村贫困人口减少 1386 万人》，http：//www.gov.cn/xinwen/2019 - 02/15/。

续表

年份	东部		中部		西部	
	农村贫困人口规模（万人）	农村贫困发生率（%）	农村贫困人口规模（万人）	农村贫困发生率（%）	农村贫困人口规模（万人）	农村贫困发生率（%）
2012	1367	3.9	3446	10.6	5086	17.5
2013	1171	3.3	2869	8.8	4209	14.5
2014	956	2.7	2461	7.5	3600	12.4
2015	653	1.8	2007	6.2	2914	10.0
2016	490	1.4	1594	4.9	2251	7.8
2017	300	0.8	1112	3.4	1634	5.6
2018	147	0.4	597	1.8	916	3.2

资料来源：《中国农村贫困监测报告 2018》；国家统计局，《2018 年全国农村贫困人口减少 1386 万人》，2019 年 2 月 15 日，http：//www.stats.gov.cn/tjsj/zxfb/201902/t20190215_1649231.html。

从贫困人口省际分布来看，2013—2017 年，五年累计脱贫人口均超 500 万人以上的有九个，分别是：四川，五年累计脱贫 579 万人；贵州，670.8 万人；安徽，558.9 万人；湖南，551 万人；河南，577 万人；广西，609 万人；云南，556 万人；陕西，501 万人；山东，500 多万人[1]。各省份农村贫困发生率 2018 年普遍下降至 6% 以下，降至 3% 及以下的省份多达 23 个[2]，但也有个别省份没有如期完成减贫目标或者完成目标情况不理想。

（三）中国贫困地区农村居民收支状况[3]

近些年来，中国贫困地区农村居民可支配收入逐年增长，与全国农村平均差距不断缩小。据统计，2012—2017 年，贫困地区农村居民人均名义可支配

---

① 参见《多省份公布 2018 脱贫目标　严防"虚假脱贫""数字脱贫"》，http：//www.xinhua-net.com/。

② 参见《国家统计局：2018 年全国农村贫困人口减少 1386 万人》，http：//www.gov.cn/xinwen/2019 - 02/15/。

③ 本部分的数据来源于国家统计局，《扶贫开发成就举世瞩目　脱贫攻坚取得决定性进展——改革开放 40 年经济社会发展成就系列报告之五》，http：//www.stats.gov.cn/ztjc/ztfx/ggkf40n/201809/；《国家统计局：2018 年全国农村贫困人口减少 1386 万人》，http：//www.gov.cn/xinwen/2019 - 02/15/。

收入不断增加，由 2012 年的 3349 元增加到 2017 年的 9377 元，2017 年的名义水平是 2012 年的 1.8 倍，是全国农村平均水平的 69.8%，五年年均增长 12.4%；扣除价格因素，2017 年的实际水平是 2012 年的 1.6 倍，年均实际增长 10.4%，比全国农村平均增速快 2.5 个百分点。2018 年，贫困地区农村居民人均可支配收入 10371 元，比上年增加 994 元，名义增长 10.6%，扣除价格因素，实际增长 8.3%，实际增速高于全国农村增速 1.7 个百分点。2018 年贫困地区农村居民人均工资性收入、人均转移净收入、人均经营净收入和人均财产净收入分别增加 3627 元、2719 元、3888 元、137 元，比上年分别增加 417 元、394 元、165 元、18 元，增长率分别为 13.0%、17.0%、4.4%、14.8%。

集中连片特困地区农村居民人均可支配收入也不断提高，2017 年为 9264 元，比 2012 年实际增长 1.6 倍，年均实际增长 10.3%，比全国农村平均增速快 2.4 个百分点。其中，扶贫工作重点县、八个集中连片特困地区、深度贫困地区及"三区三州"地区农村居民人均收入增长速度存在一定差异。增长速度最快的是扶贫开发工作重点县，2017 年其农村居民人均可支配收入为 9255 元，比 2012 年实际增长 1.7 倍，是全国农村平均水平的 68.9%，年均实际增长 10.7%，比全国农村平均增速快 2.8 个百分点；其次是八个集中连片特困地区，2018 年其农村居民人均可支配收入为 10260 元，比全国农村增速快 1.9 个百分点；深度贫困地区及"三区三州"农村居民人均可支配收入增长幅度相对较慢，2018 年分别为 9668 元、9796 元，比上年各增加 935 元、938 元，名义增长分别为 10.7%、10.6%，与贫困地区增速大致持平。

从贫困地区农村居民收入来源看，其增收主要来源为工资性和转移性收入，此外还有部分经营收入和财产收入。2018 年，贫困地区农村居民人均工资性收入、人均转移净收入、人均经营净收入和人均财产净收入均有所增加。

从贫困地区农村居民消费支出来看，近些年的增长较快，生活条件明显改善。2017 年，贫困地区农村居民人均消费支出 7998 元，比 2012 年年均名义增长 11.2%，扣除价格因素，年均实际增长 9.3%。其中，集中连片特困地区、扶贫开发重点县农村居民人均消费支出分别为 7915 元、7906 元，年均名义增长 11.2%、11.3%，年均实际增长 9.2%、9.3%。与此同时，贫困地区农村居民居住条件不断改善，家庭耐用消费品升级换代，基础设施条件不断完善。

从各贫困地区分布来看，2017 年东部贫困地区农民人均可支配收入、农民人均消费支出平均分别约为 9821.5 元、7898.5 元，比上年分别增长 12%、6.2%。中西部地区贫困人口全面下降，贫困地区农村居民收支状况获得较大改善。2017 年，中部贫困地区农民人均可支配收入、人均消费支出平均分别约为 9370.5 元、8168.1 元，比上年分别增长 10.4%、9.8%；西部贫困地区农民人均可支配收入、人均消费支出平均分别约为 9307.8 元、7771.4 元，比上年分别增长 8.8%、8.4%。可以看出，历年中国分地区农村居民家庭人均纯收入和人均生活消费支出均呈现出东部地区最高、中部次之、西部地区最低的特点，且东部地区的农村居民收支状况约是西部地区农村居民收支状况的一倍，东部地区已基本率先脱贫，西部地区农村贫困状况特别严峻，亟须加大扶贫力度，促进当地经济发展。另外，西部地区虽然贫困人数最多、农村居民收支最低，但扶贫效果最好，年均人均名义增长率较东部和中部更高，因此，聚焦西部地区扶贫能够取得显著成效。

四、中国农村人口多维贫困测度[①]

为进一步分析中国农村贫困人口规模及特征，需要首先构建贫困人口测算指数。鉴于贫困的多维性，本部分主要对中国农村人口多维贫困指数进行构建并对其进行测度和分解。

（一）中国农村人口多维贫困指数构建

1. 指标选择

目前，国内外关于多维贫困的文献主要是利用"双界法"（Alkire and Foster，2011a，2011b）测算家庭或农户的多维贫困情况，关于个人多维贫困研究较少。因而，关于家庭或农户的多维贫困指标体系比较完善，主要包括收入、教育、医疗、保险和生活水平等（王小林、阿尔基尔，2009；郭建宇、吴国宝，2012；高艳云、马瑜，2013；王素霞、王小林，2013；Alkire and Santos，2014；Alkire and Seth，2015）。除收入之外，研究城市和农村家庭多维贫困指标主要包括住房、饮用水、卫生设施、电、资产、土地、教育、健康保险等。

---

① 参见杨艳琳、付晨玉（2019）。

在此基础之上，一些学者（邹薇、方迎风，2011；郭熙保、周强，2016；李佳路，2010；Santos，2014；张全红、周强，2015）将"收入""消费""儿童和青少年条件"等纳入家庭多维贫困测度指标，进一步丰富了家庭多维贫困指标的内容。特定人口的多维贫困测量指标也主要包括收入、健康、教育、保险等方面（陈立中，2008；王春超、叶琴，2014；高帅、毕洁颖，2016）。

由于农村普惠金融主要关注农村贫困人口，而农村贫困人口致贫原因多种多样，如获取收入的能力、健康状况、受教育程度、风险保障、是否失业等，也就是说，贫困是多维的。因此，本部分借鉴现有研究成果，结合影响贫困人口个人的各项因素，考虑到贫困的多维性，主要从收入（经济能力）、健康（身体机能）、教育（学习能力）、保险（抵御风险能力）、就业（生存发展能力）五个维度来构建农村多维贫困指数。

本部分根据中国国家贫困线标准，结合联合国千年发展目标，考虑到调查数据的特征，确定多维度指标及其临界值，见表 3 - 7。

表 3 - 7　　　　　　　　　　多维贫困的各维度指标和剥夺临界值

维度	指标	剥夺临界值	权重[3]
收入	个人年收入	年收入低于贫困线标准 2300 元（2010 年价格），视为收入贫困	0.2
健康	体质指数（BMI）和自评健康	BMI 值在（$18.5 kg/m^2$，$30 kg/m^2$）范围外，或自评健康为不健康，视为健康贫困	0.2
教育	受教育程度	最高教育年限小于 6 年，未完成小学阶段义务教育，视为教育贫困	0.2
保险	是否参保	没有购买任何一种养老保险或者医疗保险[1]，视为保险贫困	0.2
就业	是否有工作[2]	接受调查时没有工作且以前也没有正式的、连续超过 6 个月的工作经历，视为就业贫困	0.2

注：①调查中提到的养老保险和医疗保险选项主要包括：农村养老保险、新型农村社会养老保险、企业补充养老保险、基本养老保险、商业养老保险、补充医疗保险、新型农村合作医疗等。②此处的工作含务农、自雇。③设置相同权重的原因是，目前国内外大部分相关研究文献基本上都是按照这一处理方法（郭熙保、周强，2016），而且该方法能使各年多维贫困指数的测算结果具有可比性。

2. 测度方法

多维贫困测度方法是采用阿尔基尔（Alkire）和福斯特（Foster）提出的"剥夺临界值"和"贫困临界值"双重标准来识别多维贫困人口，即 AF 法。

假设 n 个人在 d 个维度上共组成 $n \times d$ 维的 Y 矩阵，Y 矩阵的行向量 $y_{i.} = (y_{i1}, y_{i2}, \cdots, y_{id})$，个体 i 在维度 j 上的实际值为 $y_{ij}(i = 1, 2, \cdots, n; j = 1, 2, \cdots, d)$，表示每个个体 i 在 d 个维度上的取值情况；行向量 $y_{.j} = (y_{1j}, y_{2j}, \cdots, y_{nj})$，表示每个维度 d 上不同个体 i 的分布情况。令行向量 $z = (z_1, z_2, \cdots, z_d)$ 表示各维度的"剥夺临界值"，用剥夺行向量 g_{ij}^0 来表示个人被剥夺情况。如果该人在 j 维度上被剥夺了能力，则 $g_{ij}^0 = 1$；如果某人在 j 维度上没有被剥夺能力，则 $g_{ij}^0 = 0$。所有人的剥夺向量组成"剥夺矩阵"$g^0 = [g_{ij}^0]$，即由 0 和 1 两种元素组成，用来表示 i 个人在 j 维度上的被剥夺情况 PD_i（D 表示第 d 个维度），当个体 i 在 j 维度贫困时，PD_i 取值为 1；否则 PD_i 取值为 0。令行向量 $w = (w_1, w_2, \cdots, w_d)$ 表示每个维度的"权重值"，用来衡量每个维度的相对重要性。如果每个维度权重一样，则每个维度的 w 值都为 1，且总和为 d；如果每个维度权重不同，则每个维度的 w 值根据重要性而各异，但总和也为 d。令 $w = (1, 1, \cdots, 1)$。令列向量 $c = (c_1, c_2, \cdots, c_d)'$ 表示每个人的"剥夺计数"，即每个人被剥夺的宽度，用来衡量每个人被剥夺的维度总数，即 $c_i = \sum g_{ij}$。

令 $k(0 < k \leqslant d)$ 为"贫困临界值"，用来判断被剥夺能力的人是否被认定为贫困人口，即是否处于多维贫困状态 PK_i（K 表示有 k 维贫困）。如果剥夺计数 c_i 小于 k，则该人不被认为是贫困人口，PK_i 取值为 0；如果剥夺计数 c_i 大于等于 k，则该人被认为是贫困人口，PK_i 取值为 1。

最后，根据"剥夺临界值"和"贫困临界值"判断出某人是否贫困后，再通过"识别方程"来表示个人的贫困状况。如果某人是贫困的，则识别方程取值为 1；如果某人不是贫困的，则识别方程取值为 0。将剥夺矩阵中的每一行乘以识别方程，得到"审查矩阵"$g^0(k) = [g_{ij}^0(k)]$，用来表示多维（k 维）贫困状况，即只有当某人的剥夺计数大于 k 时，才被认定为多维贫困，该人在审查矩阵中的行向量仍是剥夺矩阵的行向量；当某人的剥夺计数小于等于 k 时，不被认定为多维贫困，该人在审查矩阵中的行向量变为 0。同理可得

"标准差审查矩阵" $g^1(k)$ 和 "平方差审查矩阵" $g^2(k)$，其中，$g_{ij}^1(k) = [z_j - y_{ij}/z_j]$，$g_{ij}^2(k) = [z_j - y_{ij}/z_j]^2 = [g_{ij}^1(k)]^2$。

根据审查矩阵的剥夺计数 $c_i(k)$，考察人数 n 和考察维度 d，可以算出表示贫困人口平均剥夺强度（宽度）的多维贫困指数 M_0，即 $M_0 = \sum_1^n c_i(k)/nd$。在审查矩阵中，若有 q 人的行向量不为 0，即表明有 q 个人被认定为多维贫困，多维贫困发生率 $H = q/n$，他们的平均被剥夺份额 $A = \sum_1^n c_i(k)/qd$。可以看出，$M_0 = H \times A$，即多维贫困指数由多维贫困发生率和平均被剥夺份额组成，多维贫困指数不同于传统的以贫困发生率单一表示的贫困程度。同理，以 $c_i^1(k)$ 和 $c_i^2(k)$ 分别表示标准差审查矩阵和平方差审查矩阵的剥夺计数，则可以算出表示贫困人口平均剥夺深度的多维贫困指数 M_1 和表示贫困人口不平等程度的多维贫困指数 M_2，即 $M_1 = \sum_1^n c_i^1(k)/nd$，$M_2 = \sum_1^n c_i^2(k)/nd$。

（二）中国农村人口多维贫困状况测度及分解

1. 数据描述

本书计算多维贫困指数的数据来源于中国家庭追踪调查（CFPS）数据。该项调查是一项全国性、综合性、多阶段的社会跟踪调查项目，共覆盖全国30 个省（区、市）[①] 的社区、家庭和个人三个层次的动态追踪抽样数据，涉及社区环境、家庭关系、个人特征等多方面的调查内容。其中，该项调查采访和研究的落脚点是个人，个人层次又分为成人和少儿两个部分。问卷包含与个人密切相关的婚姻家庭、社会关系、工作收入、教育水平、健康状况等多方面的问题，采用与人口规模成比例的城乡一体化的抽样方法，充分保证了样本的代表性（谢宇等，2014）。CFPS 全样本调查自 2010 年起开始实施，每次调查为期两年，目前已采集了共四期调查数据。为保证样本的持续性和可比性，我们选取了 2010 年、2012 年、2014 年和 2016 年的成人调查数据[②]；同时，从 30

---

① 调查的全国 30 个省（区、市）不包括西藏、香港、澳门和台湾。
② CFPS 成人调查数据库中统计的成人是 16 岁（含）以上的人口。

个省（区、市）中只选择了四期调查均涉及并且计算了农村普惠金融发展指数的 21 个省（区）[①]。

为保证样本的有效性，我们直接删除了样本中的缺失值和异常值，最终共保留了 20094 个有效样本用于计算农村贫困人口的多维贫困状况，其中，2010年的有效样本为 10987 个，2012 年的有效样本为 4582 个，2014 年的有效样本为 3865 个，2016 年的有效样本为 660 个。此外，在这 20094 个有效样本中，有 15590 个有效样本是 16 岁以上、60 岁以下的劳动年龄人口[②]。

2. 中国农村成年人口多维贫困状况测度结果

利用 CFPS 中保留的有效数据，根据多维贫困的测度方法，我们计算出 21 个省（区）的农村成年人口多维贫困状况，其多维贫困指数变化情况如图 3 - 8 所示。

从地区分布来看，当贫困临界值 k 从一维增加到五维时，全国农村成年人口多维贫困指数均值分别为 0.1715、0.1070、0.0453、0.0133、0.0003，即每个省（区）的多维贫困指数逐渐下降，完全贫困指数几乎为 0，对应的一至五维多维贫困发生率均值分别为 0.5468、0.2240、0.0699、0.0166、0.0003，即多维贫困人数随之大幅减少。当 k 为 1 时，全国平均约有 54.68% 的农村成年人口处于收入、健康、教育、保险、就业中任一维度的贫困状态；当 k 为 5时，全国平均只有极个别农村成年人口处于完全贫困状态。

从时间分布来看，全国各省（区、市）的多维贫困指数普遍随时间呈下降趋势，说明全国各地整体上实施精准扶贫、精准脱贫效果良好。有较多省份

[①] 由于在 30 个 CFPS 调查省（区、市）中，内蒙古、海南是 2014 年才纳入调查的，且符合条件样本量分别只有 10 个和 5 个；青海只有 2012 年的调查数据，符合条件的样本量只有 1 个；宁夏和新疆在 2012 年和 2014 年纳入调查，且符合条件样本量分别只有 6 个和 19 个；北京、天津、上海、重庆没有计算农村普惠金融发展指数，不在本书研究范围内，因此将这 9 个省（自治区、直辖市）予以剔除。综上，这 21 个省（区）分别是河北、山西、辽宁、吉林、黑龙江、江苏、浙江、安徽、福建、江西、山东、河南、湖北、湖南、广东、广西、四川、贵州、云南、陕西、甘肃。

[②] 国家统计局对劳动年龄人口的统计标准有 15～64 岁（参见 http：//www. stats. gov. cn/tjsj/zbjs/201310/t20131029_449552. html）和 16～60 周岁（不含 60 周岁）（参见 http：//www. stats. gov. cn/tjsj/zxfb/201701/t20170120_1455942. html）两种。考虑到目前中国对劳动年龄人口没有统一规定，而《中华人民共和国劳动法》明确规定禁止用人单位招用未满 16 周岁的未成年人，因此，我们采用后一种统计标准。鉴于 CFPS 调查中对年龄的计算方法是用调查年份减去出生年份，无法精确确定调查对象是否年满周岁，因此，我们将 16～60 岁的人口均视为劳动年龄人口。

的多维贫困指数在 2012 年之后又出现小幅回升，如河北、山西、湖北、海南、广西、贵州等，说明这些省份还存在一些返贫现象，或者多维贫困中的某些维度的贫困问题加深了，今后还需加大扶贫开发力度。

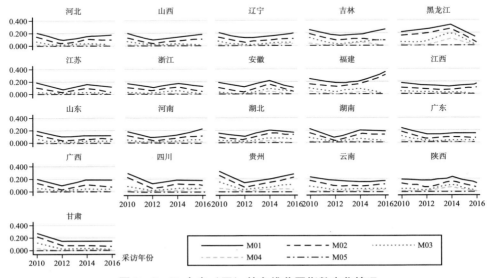

图 3 - 8　21 个省（区）的多维贫困指数变化情况

3. 中国农村人口多维贫困维度分解

多维贫困指数只能反映个人被剥夺深度（宽度）的总体变化情况，要找出各省份农村成年人口多维贫困指数呈不同变化趋势的原因，需要深入研究影响各维度贫困对总体贫困指数变化的贡献情况，即需要对多维贫困指数进行分解，用每个维度的被剥夺人数与该维度总人数的加权平均比例来表示。各维度对多维贫困指数的贡献额为 $M_{0j} = (q_j \times w_j)/(n \times d)$。在各个维度下，某维度对整体贫困指数的贡献率是该维度的贡献额除以总体贫困水平，即 $m_{0j} = M_{0j}/M_0$。根据多维贫困分解公式，可得到各维度对全国 21 个省（区）多维贫困的贡献率。图 3 - 9 和图 3 - 10 分别表示各省份农村成年人口多维贫困各维度贡献率及平均贡献率。

第一，从各维度占比来看，在二维贫困状态下，健康缺失和教育不足普遍成为影响各地农村成年人口贫困的主要因素，收入不足和就业不足也是农村成年人口贫困的重要原因；随着国家社保政策的大力实施，保险缺失对贫困的贡献率相对较低。

第二，从单个维度来看，各维度贫困在不同地区存在一定差异。

单从收入维度看，东、中、西部地区收入不足型贫困的贡献率均值分别为20.84%、19.53%、23.98%，西部地区作为经济欠发达地区，其收入贫困问题较其他地区仍然比较严重。

单从健康维度看，健康是劳动人口将体力转化成生产力的基础，东、中、西部地区健康缺失型贫困的贡献率均值分别为27.22%、24.33%、24.63%，均较高且相差不大，说明健康缺失已经成为中国农村成年人口致贫的主要因素。正因为如此，中国政府也在2017年全面落实健康扶贫政策，将已核准的553万因病致贫返贫户和734万贫困人口，按照大病、慢性病等分类施策。

单从教育维度看，增强教育能够加强农村成年人口的人力资本投资，可以提高人口素质、改善人们生活质量，对于提升地方经济技术水平有重要作用。东、中、西部地区教育不足型贫困的贡献率均值分别为29.64%、28.09%、29.81%，说明教育资源的分配不均和人才的稀缺性使得全国各地普遍都面临教育贫困的问题，东部地区教育不足型贫困甚至略高于中部地区，接近于西部地区。这一方面反映出东部较落后地区的农村成年人口受教育不足，另一方面也可能是由于其他地区受教育程度低的农村成年人口大量流动到东部地区打工。

单从保险维度看，中国建立了基本养老保险、基本医疗保险、工伤保险、失业保险、生育保险等社会保险制度，能够保障公民在年老、疾病、工伤、失业、生育等情况下依法从国家和社会获得物质帮助的权利，再加上随着金融保险业的广泛发展，农村劳动人口的保险不足型贫困得到显著改善，东、中、西部地区保险不足型贫困的贡献率均值分别为7.78%、11.48%、6.96%，均低于其他贫困维度贡献率。

单从就业维度来看，个人的工作对其收入水平和社会地位有重要影响，是否就业也能极大地影响其贫困状况，无业、失业型贫困成为全国各地贫困的较主要原因，东、中、西部地区就业不足型贫困的贡献率均值分别为14.52%、16.57%、14.65%。

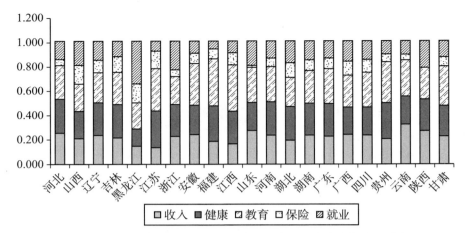

图 3 - 9　2010—2016 年部分省份农村成年人口多维贫困各维度年均贡献率（k = 2）

第三，从全国农村成年人口多维贫困各维度平均贡献率变化来看（见图 3 - 10），历年教育不足型贫困、健康缺失型贫困和收入不足型贫困是致贫的主要三大因素。这三类致贫因素以教育不足型贫困为主；收入不足对贫困的贡献率逐渐降低；就业不足和保险缺失型贫困贡献率相对较小，但是在 2012 年后其贡献率逐步上升，到 2016 年，就业维度贡献率已经超过收入维度的贡献率，说明失业、无业也成为引发贫困问题的重要原因。这也反映出要坚定实施"发展生产脱贫一批"的扶贫战略措施。

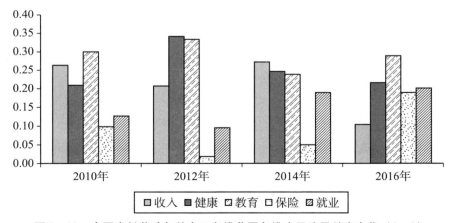

图 3 - 10　全国农村劳动年龄人口多维贫困各维度平均贡献率变化（k = 2）

第二节 中国集中连片特困地区反贫困现状

目前，我国脱贫攻坚工作已进入倒计时，剩下的 3000 万左右农村贫困人口大多属于深度贫困，如处于集中连片特困地区。一般来说，这些地区贫困发生率高、贫困程度深、致贫原因复杂，脱贫难度相当大。本部分主要选取我国 14 个连片特困地区中的六盘山区、秦巴山区、武陵山区、乌蒙山区、滇桂黔石漠化区、滇西边境山区、大兴安岭南麓山区、燕山—太行山区、吕梁山区、大别山区、罗霄山区[①]等作为典型案例进行典型个案分析；结合当前金融支持精准扶贫、精准脱贫面临的外部挑战、内在要求和基础条件，研判中国普惠金融发展在精准扶贫、精准脱贫实践中存在突出问题的现实背景、深层次原因和未来走向。

一、集中连片特困地区贫困现状

（一）连片特困地区整体基本情况

六盘山区、秦巴山区、武陵山区、乌蒙山区、滇桂黔石漠化区、滇西边境山区、大兴安岭南麓山区、燕山—太行山区、吕梁山区、大别山区、罗霄山区 11 个连片特困地区绝大部分位于山区、少数民族地区，总面积近 300 万平方千米，含集中连片特殊困难地区县市区 505 个。

集中连片特困地区的最基本特征是集中连片和特别贫困，表现为贫困集中连片，而且贫困程度深，致贫原因复杂，脱贫难度大。具体来说，具有以下特征。

1. 生态环境脆弱，自然灾害频发，生产生活条件差

集中连片特困地区大多集中在高原及山区，生态环境脆弱。例如，六盘山集中连片特困地区地处黄土高原和青藏高原过渡地带，地形破碎，沟壑纵横，

---

① 2011 年 12 月发布的《中国农村扶贫开发纲要（2011—2020 年）》将六盘山区、秦巴山区、武陵山区、乌蒙山区、滇桂黔石漠化区、滇西边境山区、大兴安岭南麓山区、燕山—太行山区、吕梁山区、大别山区、罗霄山区等区域的连片特困地区和已明确实施特殊政策的西藏、四省藏区、新疆南疆四地州，共计 689 个县作为扶贫攻坚主战场。考虑到实施特殊政策地区（如西藏、四省藏区、新疆南疆四地州等）的特殊性，本部分暂不予研究，主要研究剩余的 11 个连片特困地区。

山、川、塬与沟、峁、墚并存交错。由于气候干旱，温度变化异常等生产环境，导致土质疏松，植被稀疏，土壤肥力下降，极少有合适的农作物进行种植。加之干旱、冰雹、霜冻、沙尘暴、泥石流等自然灾害频发，以至于水土流失极度严重，生态环境极度脆弱、恢复难度大，是我国水土流失最为严重的地区之一。在秦巴山区，旱灾、洪涝、冰雹和霜冻多发，片区内每年都要发生"卡脖汗"，恶劣的生态环境使得农业增产困难。武陵山区和滇桂黔石漠化片区高原山地构造地形十分典型，是我国石漠化面积最大、程度最深的地区，生态环境恶劣，自然灾害频发，生态脆弱性特征异常明显。

集中连片特困地区大多基础设施落后，交通体系不完备，交通运输业落后，公路线路规划不合理，技术等级偏低，铁路运输能力远低于经济发展速度，不能满足居民需要；教育水平滞后，医疗条件差，远低于全国平均水平；城乡基本用水不能得到保障，水利设施落后，农田靠天收现象严重，严重制约其脱贫能力。

2. 干旱缺水严重，农业技术推广难

集中连片特困地区因地区高原及山区，干旱现象比较严重。例如，六盘山集中连片特困地区人均占有水资源367.6立方米，仅为全国平均水平的16.7%。干旱缺水导致该区域没有足够的水资源来进行农业生产和产业发展，严重制约了工业、农业的健康稳定发展，以及当地农民的生产生活。农业技术推广可以部分克服缺水的现状，但是当地缺乏相关专业技术人才，难以快速普及农业科技技术，在农业产业中科技应用水平较低。特困地区中严重贫困农民均生活在大别山深山中，对于农业科学技术支持农业生产，形成高产值的农业产业集聚具有较大距离感和陌生感，容易产生排斥现象和情绪，进一步制约了农业技术对产业发展的支持，加剧了该地区产业缓慢发展、经济增速滞后的现象。

3. 经济发展水平低，区域发展不均衡，缺乏特色产业和支柱产业

集中连片特困地区主要分布于农村地区和山区，基础设施落后，交通不便利，城镇化、工业化和市场化发展滞后，经济发展水平低且区域发展不平衡。例如，武陵山片区由于城乡发展不平衡，扩大了城乡居民之间的收入不平衡，出现了绝对贫困、一般贫困和相对贫困出现的复杂情况，片区内贫困情况严峻，扶贫难度大。乌蒙山区属于西部省际结合地带，地处偏僻，交通受阻，缺

少有市场影响力的主导产业，也没有支柱型产业对当地的经济形成支撑作用，当地的传统特色产业也面临着发展困难。大兴安岭南麓地区区域内产业结构不合理，国有经济占比较高，但民间投资的数量较少，市场化程度不足，企业缺乏自主创新能力，产业链发展较差。大别山集中连片特困地区的农民长期受到传统小农思想影响，依据大别山山区的地形地貌从事基础的农业种植工作，以自给自足的生产生活方式为主。人均耕地和人均林地严重不足，面积仅为全国平均水平的 79.6% 和 22.5%。人均耕地和林地少使农业扩大再生产受到限制，同时限制了农业就业容量，农村劳动力就地安置困难，农民就业压力大，严重制约了农村经济社会的发展。然而，对于经济产值高，市场认可度较高的农业作物却没有在该地区得到普及和认可，缺少企业发展和支持，没有形成支柱性经济产业和规模性较大的产业园区，制约了大别山地区的经济发展，阻碍了农民脱贫致富的生产生活的积极性。由于恶劣的生态环境，滇桂黔片区对企业吸引力较弱，当地企业自身发展动力不足，导致区域内缺少带动力强的大型企业、大型产业基地和产业集群，未形成有地区特色的支柱产业。

4. 收入来源渠道窄，城镇功能弱

集中连片特困地区内可开发利用土地面积小，农业发展水平低，工具老化、方式陈旧，农产品产量难以提升，农民增收困难。例如，吕梁山区本地财政收入来源单一，大部分均来自能源及矿产资源生产加工业等相关产业，收入渠道窄，稳定性差。地区金融服务体系发展滞后，不能满足居民金融需求。区域内产业不发达，就业机会较少，城镇本身经济发展落后，无法带动农村经济发展。大别山集中连片特困地区基础设施建设发展缓慢，道路硬化工程仍在继续，乡村道路改造升级不足，农村公路尚未形成网格化，断头路等现象在山区处处可见；公共生活设施覆盖率较低，电力设施、网络通信设施等基础公共服务水平较低，区域内信息化程度水平较低；缺乏基层医疗和教育机构，缺少专业性强、服务性高的医疗和教育人才，妇幼保健程度低。农村的各项基础服务设施和制度的不完善，严重影响了城乡融合发展及新型城镇化进程。当前，该地区城镇化率偏低，大大低于全国平均水平，而且城镇基础设施建设滞后，现代服务发展缓慢，城乡基础设施差距较大，城镇的辐射功能不强，带动周边经济发展的能力较弱。滇桂黔片区内自然资源丰富，能源、矿产等未能被充分利用，对经济的带动能力差，旅游产业发展速度慢，不能对区域内资源充分利用。

（二）集中连片特困地区反贫困现状

近年来，连片特殊困难地区脱贫攻坚取得较大的成果，区域内经济持续增长，贫困人口持续减少，从 2011 年的 6035 万人下降到 2017 年的 1540 万人，贫困发生率从 2011 年的 29% 锐减到 2017 年的 7.4%，连片特困地区农村贫困人口减少规模占同期全国农村贫困人口减少规模的 51.5%。与此同时，人均可支配收入逐年增加，截至 2017 年，区域内人均可支配收入达到 9264 元，2017 年连片特困地区人均可支配收入增速比全国农村平均水平高 1.8 个百分点，连片特困地区农村居民收入与全国农村平均水平的差距持续缩小。2017年，连片特困地区人均消费支出达到 7915 元，较 2016 年增长 9%，比全国农村平均水平高 3.9 个百分点。连片特困地区基本情况见表 3-8、图 3-11、图3-12、图 3-13。

二、集中连片特困地区精准扶贫存在的问题

2015 年，《中共中央国务院关于打赢脱贫攻坚战的决定》明确提出要"坚持精准帮扶与集中连片特殊困难地区开发紧密结合"，明确到 2020 年要确保脱贫任务的完成。集中连片特困地区精准扶贫工作取得实质性进展，片区内贫困人口和贫困发生率明显下降，但依然存在一些深度贫困户难以脱贫，任务依然十分艰巨。精准扶贫、精准脱贫实施扶贫"五大工程"，着力抓好精准扶贫"五个一批"，其核心是金融扶贫。金融扶贫工作在集中连片特困地区脱贫攻坚战中发挥了不可替代的重要作用，取得了一定的实效，但仍存在诸多问题，主要表现在以下几个方面。

（一）金融体系不完善，难以满足贫困地区发展

金融市场竞争的强弱展示了地区的经济发展活力，完善的金融体系能够为需求不同的主体提供多元化的金融服务。但在集中连片特困地区，金融体系普遍不够完善，主要是金融机构数量少，金融组织不完善，可供选择的金融产品偏少。例如，罗霄山片区中只有银行和保险机构入驻，小贷公司和担保公司等其他金融机构参与不多；市场中金融机构种类缺失，市场竞争不充分，金融机构的产品创新不足，金融市场结构偏弱，以至于该地区产业经济和金融市场发展滞后，经济发展活力和动力不强，不能充分满足消费者多元化的需求。滇西边境山区村镇地区金融机构以农信社、邮政储蓄银行为主，其他金融机构数量

表3－8　连片特困地区反贫困基本情况

地区	土地面积（万平方千米）	特困区（个）	贫困人口（万人）		贫困发生率（%）		人均居民可支配收入（元）		人均消费支出（元）	
			2011年	2017年	2011年	2017年	2013年	2017年	2013年	2017年
六盘山区	16.6	61	642	152	35	8.8	5965	9264	4677	6884
秦巴山区	22.5	75	815	172	27.6	6.1	6219	9721	5739	8450
武陵山区	17.18	64	793	188	26.3	6.4	6084	9384	5701	8721
乌蒙山区	10.7	38	765	199	38.2	9.9	5238	8776	4718	7659
滇桂黔石漠化区	22.8	80	816	221	31.5	8.4	5907	9109	5186	7730
滇西边境山区	20.9	56	424	115	31.6	9.3	5775	8629	4547	6706
大兴安岭南麓山区		19	129	35	24.1	6.6	6244	9346	5191	7492
燕山—太行山区	9.3	33	223	71	24.3	7.9	5680	8593	5895	7572
吕梁山区	3.6	20	104	29	30.5	8.4	5259	7782	5537	6637
大别山区	6.7	36	647	173	20.7	5.3	7201	10776	6107	9309
罗霄山区	5.3	23	206	49	22	5	5987	9598	5519	8470
14个连片特困地区			6035	1540	29	7.4	5956	9264	5327	7915

资料来源：根据2011—2018年《中国统计年鉴》以及《中国农村贫困监测报告（2018）》整理所得。

少。近几年，中国建设银行等大型国有银行进行了经营战略的调整，减少村镇网点的数量，减少面向农村发放的贷款，对扶贫的金融支持大大降低。中国邮政储蓄银行农村网点数虽未减少，但现存大部分网点仅揽存不放贷，可提供的金融服务有限。目前，集中连片特困地区对农民的大部分资金支持主要来自农信社，有些片区（如滇西边境山区）农信社市场占比高达50%以上，形成了农信社一家独大的现象。因缺乏竞争，农信社缺乏创新产品和提高服务质量的激励。片区内村镇金融网点减少，一些经营效益好、实力强、现金流稳定的个人或企业虽然比较容易获得贷款，但贫困群体申请贷款仍具有较大的困难。尤其是，连片特困地区金融基础设施尚未完善，农村信用体系的建设不能满足贷款申请的条件，对农民申请贷款起到了极大的制约作用。由于贫困农户在支付结算上大多数是小额存取且频率较高，农村金融网点的减少使农村地区农民小额存取金融服务难以得到完全满足，农村支付环境需要进一步改善和优化。金融体系的不完善进一步减弱了该地区金融支持力度，影响了区域内金融支持产业的发展。

图 3 - 11　连片特困地区农村贫困人口数量

资料来源：根据 2011—2018 年《中国统计年鉴》以及《中国农村贫困监测报告（2018）》整理所得。

图 3 - 12　连片特困地区农村贫困发生率走势

资料来源：根据 2011—2018 年《中国统计年鉴》以及《中国农村贫困监测报告（2018）》整理所得。

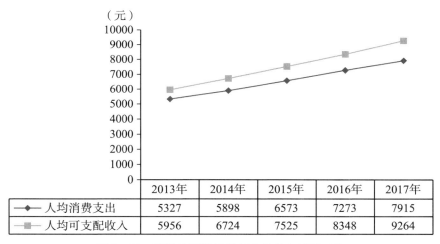

	2013年	2014年	2015年	2016年	2017年
◆ 人均消费支出	5327	5898	6573	7273	7915
■ 人均可支配收入	5956	6724	7525	8348	9264

图 3 - 13　连片特困地区农村人均收入消费对比

资料来源：根据 2011—2018 年《中国统计年鉴》以及《中国农村贫困监测报告（2018）》整理所得。

（二）金融扶贫政策缺乏针对性

集中连片特困地区的金融扶贫政策没有根据地区的差异及特殊性因地施策，而是差不多采用一个标准，导致金融扶贫的针对性不强，严重影响了扶贫效果。一方面，对片区内产业的金融支持既没有考虑片区内金融发展现状及金融需求的特殊性，也没有考虑产业发展的周期性和特殊性，如滇桂黔石漠化区域内大多数金融机构的设置和业务的拓展均与经济发达地区的标准相一致。另一方面，片区内县域金融机构涉农贷款增量的财政奖励和考核标准没有体现贫困地区和非贫困地区的差异性。

（三）信用制度不完善，信贷环境差

信用制度和较好的信用是金融基础设施必不可少的，能够降低金融交易成本和规避信息不对称的现象。但目前集中连片特困地区信用制度不完善，风险补偿机制不健全，严重影响了片区金融扶贫效果。例如，罗霄山区金融信用知识宣传主要集中在城镇区域，农村地区信用宣传没有形成惯例，而且农村地区信用数据库建设相对滞后于城镇区域，没有完善的农户信用收集方式和管理形式，信用评级、信用担保等服务短缺；尤其是，目前尚未形成足够的失信惩戒措施和机制，对赖债、讨债等行为缺少较大的控制力和制裁力，农村地区金融违约成本较低，造成了金融违约—金融机构撤离—缺少金融支持的怪圈。因信用制度缺失或不健全，导致该地区金融信用状况不佳，使许多金融机构不敢入驻，更遑论开展金融扶贫业务。滇桂黔石漠化区也存在类似现象。该区域内，金融贷款利率就高不就低，个人和企业融资成本较高。尤其是在农村贷款利率逐渐放开后，该地区的商业银行、农村信用合作社等金融机构均上浮贷款利率，如农村信用合作社、农业银行、中国邮政储蓄银行等分别对贷款主体上浮40%～60%、30%～50%、50%～100%。区域内金融机构贷款实际利率偏高，不仅制约了农户通过融资进行生产性经营进而实现自身发展，影响了农民生活生计的改变意愿，严重制约了当地企业及贫困农户的融资需求，也制约或阻碍了政府金融优惠政策的贯彻落实。同时，由于贫困地区农户金融素养不高，受教育程度较低，信用意识比较薄弱，躲债、逃债、违约的违规行为时有发生，金融机构发放贷款后出现违约的现象及不良贷款数额逐年增加。金融机构为规避这种现象，对申请小额信贷的农户和企业进行长时间的审批和调查，导致资金不能够被及时用于生产，耽误了生产周期。由于集中连片特困地区的农户不仅受到自然条件的约束，而且同时受社会、市场条件的影响，这些地区的涉农小额贷款往往收益不高但成本和风险都比较高，具有"低收益、高成本、高风险"特征，因此不仅当地金融资源的投入受到制约，而且也难以吸引外部金融资源的进入。

（四）保险和风险补偿机制不健全

集中连片特困地区农业生产受环境影响较大，风险大，周期长，利润低，单个保险成本较高，容易让保险公司产生回避的情绪；同时，片区内小额保险尚未形成规模市场需求，没有强烈的内驱力，业务开发和跟进的力度不够，导致片区内保险公司数量少，保险产品更少。而普惠性农业保险是保障农业生产的有效手段，也是规避农业风险有效措施。在农业生产中存在很多的不可预见因素，尤其是在集中连片特困地区自然灾害频发，伴随着干旱、洪涝、风雹、凝冻、低温冷害、滑坡、泥石流等自然灾害，需要农业保险确保种植产业的正常生长。农业保险的缺乏增加了农业产业扶贫风险。

目前，集中连片特困地区很少建立针对扶贫贷款的财政风险补偿和分担机制。这一方面是由于片区经济落后，农村地区保险意识弱，保险公司产品缺乏针对性，农业保险因投保产品种类多、面积大、单位价值小、难以核定损失金额，因而体系不健全；另一方面，由于片区缺乏相适应的融资担保机构，担保能力受到限制。而贫困群体借贷额度小、周期短，缺少足够的抵押物，资金损失概率较大，导致银行等金融机构不愿贷款的现象产生。风险补偿和分担机制的缺失严重制约了金融机构参与扶贫开发的积极性。

第四章　中国普惠金融发展与精准扶贫、精准脱贫的演化博弈

如前所述，普惠金融发展作为金融赋权理念精准扶贫、精准脱贫的实践途径，直接改善穷人持续获取金融产品的机会和渠道，同时间接提升穷人的资源配置、财富积累、社会参与及抵御风险等能力，在瞄准贫困农户、提高扶贫精准度及增强贫困家庭减贫和脱贫的自我能力方面具有不可替代的作用。本章基于中国普惠金融精准扶贫、精准脱贫的实践，构建中国普惠金融发展与精准扶贫、精准脱贫内在关系的空间关联网络模型，分析中国农村普惠金融发展与农村经济的耦合关系，并对中国普惠金融发展与精准扶贫、精准脱贫内在关系的演化博弈进行探讨，以期为发展普惠金融，促进精准扶贫、精准脱贫提供启发。

第一节　中国普惠金融精准扶贫、精准脱贫的实践

近年来，中国金融改革取得积极成效，但金融发展与居民日益增长的金融需求之间还存在一定差异，农村地区特别是贫困地区金融需求尚未充分满足，中小微企业融资环境尚未根本改善。通过发展普惠金融，使更多的人能够享受金融发展带来的成果，是中国金融改革以及扶贫开发工作的一项重要任务。本节立足于中国普惠金融发展与反贫困的实践，对中国普惠金融精准扶贫的实践经验及典型模式等进行分析和总结，为普惠金融发展与精准扶贫、精准脱贫内在关系分析提供实践依据。

一、中国农村金融机构参与普惠金融减贫实践

自 1993 年中国社会科学院农村发展研究所成立"扶贫经济合作社"，将

孟加拉国格莱珉银行的小额信贷模式引入中国，中国普惠金融发展进入了公益性小额信贷阶段（焦瑾璞、王爱俭，2015）。该阶段的小额信贷通过接受政府和社会的援助，发放低息无抵押贷款，用于解决农村贫困问题，是金融扶贫方式的重大创新。此后，我国普惠金融发展先后经历了小额信贷、微型金融、普惠金融、互联网金融等几个阶段（许英杰、石颖，2014），尤其是自 2015 年《国务院关于印发推进普惠金融发展规划（2016—2020 年）的通知》颁布以来，普惠金融快速发展，各地也先后开展了普惠金融精准扶贫、精准脱贫的实践。

（一）农村金融机构参与普惠金融供给的政策支持

中共中央、国务院历来高度重视农村金融产品和服务的可获得性，大力促进金融资源更多地流向实体经济，特别鼓励金融机构服务农业、农民和农村经济（"三农"）和小微企业，先后出台了一系列支持农村金融机构参与农村金融服务和农村金融扶贫的重要文件和政策意见。在党中央、国务院的领导下，中国人民银行、中国银行保险监督管理委员会等部门积极探索普惠金融精准扶贫、精准脱贫的方式和路径，采取多种措施，如加强财政资金引导、鼓励社会资本参与、创新金融产品、完善金融服务体系、发挥各类金融机构的作用、优化农村金融服务环境等，持续为贫困农户提供信贷支持，普惠金融精准扶贫、精准脱贫取得了显著成效。可见，我国普惠金融的发展离不开政府政策的支持。

自 20 世纪 80 年代中国开始微型金融反贫困的实践以来，政府高度重视微型金融在反贫困中的作用，最早在 1998 年颁布的《中共中央关于农业和农村工作若干重大问题的决定》中就提出要推广小额信贷扶贫资金到户的做法，肯定了微型金融反贫困的作用。此后，多次发文并强调要充分发挥小额贷款、微型金融等在扶贫工作中的作用。1999 年、2000 年、2001 年、2002 年先后出台了《农村信用社农户小额信用贷款暂行管理办法》《农村信用社农户联保贷款管理指导意见》《农村信用社农户小额信用贷款管理指导意见》《关于进一步做好农户小额信用贷款发放和改进支农服务工作的通知》等文件，对农村规范发展小额信贷提出了相关要求，促进了农村小额信贷服务范围的扩大及发展。2003 年颁布的《深化农村信用社改革试点方案》要求农村信用社进行改革创新。2006 年出台《关于调整放宽农村地区银行业金融机构准入政策更好支持社会主义新农村建设的若干意见》，放宽了农村地区金融机构市场准入门槛，促进了村镇银行、农村合作银行等新型农村金融机构试点工作开展。2008 年出台的《关于小额贷款公司试点的指导意见》促进了小额贷款公司试点在全国展开，使小额贷款公司在引导民营资本支持"三农"发展和小微企业运营方面发挥了积极作用。2011 年印发的《中国农村扶贫开发纲要（2011—2020年）》要求尽快实现贫困地区金融机构空白乡镇的金融服务全覆盖，多方面拓宽贫困地区融资渠道。2013 年发布的《关于创新机制扎实推进农村扶贫开发工作的意见》要求扩大扶贫贴息贷款规模，引导金融机构加大对农村地区的金融资源投入。2014 年印发的《关于金融服务"三农"发展的若干意见》提出要大力发展农村普惠金融，引导金融机构加大对涉农资金的投放规模，优化县域金融机构网点布局，推动农村基础金融服务全覆盖，加大普惠金融精准扶贫、精准脱贫力度，拓展农业保险业务。上述这一系列举措极大地促进了农村金融服务的供给，带动农村金融机构充分参与普惠金融供给，有利于金融资源流向农村和欠发达地区，进一步改善和加强了"三农"和小微企业金融服务，填补了部分农村地区金融服务的空白。

总之，在政府政策的大力支持之下，我国农村金融机构参与普惠金融的动力明显增强，在精准扶贫、精准脱贫工作中起到了十分重要的积极作用。

（二）农村金融机构参与普惠金融供给的状况

改革开放以来，中国逐步形成了银行、证券、保险分业经营体制，建立了政策性金融、商业性金融、合作性金融相互补充、大中小不同规模机构组织相互协作、城市金融和农村金融共同发展的金融服务体系（陈三毛、钱晓萍，2014）。近年来，为适应"三农"金融服务需求多元化、特色化和差异化的需要，在农村金融市场又培育发展了村镇银行、小额贷款公司、农村资金互助社等新型农村金融机构，进一步完善了农村金融产品和服务供给，扩大了农村金融覆盖面，细分了农村金融服务领域。此外，随着互联网技术的广泛普及，通过互联网渠道和移动终端开展金融业务的互联网金融快速发展，手机银行、移动支付和农产品众筹融资等互联网金融新业态不断涌现，极大地完善了农村普惠金融体系。

随着农村金融体制机制改革持续推进和金融服务"三农"发展的力度加大，在中国人民银行等政策性金融机构的大力支持下，一些农村金融机构开始在农村贫困地区扩充分支机构、增设营业网点和自动存取款机等，进一步拓展金融服务"三农"的业务范围，针对农村居民及农民工开展特色服务，不断提高农村贫困地区金融服务的便利度和覆盖面。此外，其他涉农金融机构也不断参与扩大农村普惠金融供给，使农村金融惠及更多贫困地区人口，帮助他们脱贫致富。例如，中国农业发展银行不断强化支农政策性职能定位，对贫困地区的信贷支持涵盖粮棉油收储、基础设施建设、社会公益事业和特色优势产业发展等各个领域，重点服务于农村基础设施建设和优势特色产业发展两个方面。中国农业银行积极推动"三农金融事业部"改革试点，全部县域支行都参与其中；深入实施金穗"惠农通"工程，探索惠农通工程与互联网金融对接新模式，积极推广"E农管家""四融平台""银讯通"等互联网金融服务"三农"新模式（中国人民银行，2016）。中国邮政储蓄银行大力开展小额贷款业务，建设现代农业示范区支行超过 500 家，建立助农业务平台，推出助农服务点专属产品"助农通"，共设立助农服务店 15 万多个。

涉农金融机构不断增强对贫困地区的普惠金融服务供给，全国贫困地区贷款以较快增长速度，基础金融服务覆盖面不断扩大，普惠金融支持贫困户精准扶贫、精准脱贫成效显著。据统计，截至 2018 年末，全国银行业金融机构涉农贷款（不含票据融资）及普惠型涉农贷款余额分别为 33 万亿元、5.63 万亿，同比增长 5.6%、10.52%；同年，全国银行业金融机构发放扶贫小额信贷以及扶贫开发项目贷款余额分别为 2488.9 亿元、4429.13 亿元，支持建档立卡贫困户 641.01 万户，扶贫开发项目贷款较年初增加 336.8 亿元；全国银行业金融机构和保险机构乡镇机构覆盖率分别达到 96% 和 95%[①]。

（三）农村金融机构参与普惠金融供给的典型案例

随着农村金融机构越来越多地参与普惠金融供给，各地开展了普惠金融精准扶贫、精准脱贫的实践，产生了一些典型案例，为农村金融机构积极参与普惠金融供给能有效实现精准扶贫、精准脱贫提供了实践证明，如广西田东县。

广西田东县是全国农村金融改革试点县，也是国家扶贫开发工作重点县。该县在精准扶贫、精准脱贫实践中，将农村金融改革、金融扶贫和普惠金融集为一体，通过建立农村金融机构、信用、保险、担保、支付和村级服务组织等

---

① 参见《银保监会发文要求精准扶贫贷款余额持续增长》，http：//www.financialnews.com.cn/jg/dt/201903/t20190308_155951.html。

"六大体系"，健全涉农贷款风险补偿、利息补贴、信贷支农奖励、助农融资担保、农业保险等"五大机制"，创新金融产品、信贷管理与服务、贫困户信用评级指标、货币政策工具等"四个方面"，强化地方政府、人民银行、金融机构等"三大主体"的作用，率先突破了农村贫困户融资难、融资贵等金融排斥问题，帮助各类扶贫对象获得更多生产发展资金，使得农户贷款覆盖率达到90%，精准助力当地贫困人口脱贫、增收、致富。广西田东县金融精准扶贫模式的成功实施，使其成为全国首个"信用县"、首个基础金融服务覆盖全部村屯的县和首个实现转账支付电话"村村通"的县，并获批成为"全国农村信用体系建设示范区""国家农村改革试验区"和"国家现代农业示范区"，其金融扶贫模式被称为"田东模式"。该县多项主要经济、金融指标（或增幅）在广西全区均名列前茅。

广西田东县金融精准扶贫模式（见图4-1）的主要经验可以概括为以下几个方面。

第一，精确识别。田东县开发农户信用信息采集和评级系统，并在农户信用信息系统框架内新增"精准扶贫"信息管理系统，按照国家扶贫指标体系，采集标识全县贫困户的基本情况、信用评级、受扶持情况等具体信息，精准识别扶贫对象；农户信用信息管理系统为农户信用"建档立卡"，便于农户的信息查询和信用分析，成为金融机构发放无联保、无担保、无抵押农户贷款的重要依据。

第二，精确帮扶。通过构建多层次、多种类、广覆盖的金融组织机构体系，为农户提供丰富的、多样化的金融产品和服务，满足不同种类贫困农户的融资需求；通过布放自助服务机、开通电子银行、电话银行等支付结算服务，便利农户支付结算；通过构建农业保险体系，形成县、乡、村三级保险服务网络，全方位保障农作物生产安全和农户人身财产安全，增强贫困户抵御风险的能力，防止因灾返贫；通过构建抵押担保体系，推动金融机构尝试开办农户"两权"抵押贷款，建立助农融资担保有限责任公司，盘活农村存量资产，拓展融资渠道，化解了贫困农户无抵押的难题；构建村级金融服务体系，动员村干部加强金融知识宣传，完善对农户的金融服务。

第三，精确管理。为建设金融扶贫长效机制，田东县政府先后出台涉农贷款的风险补偿、利息补贴、贷款奖励等专门政策，以激发金融机构持续为农户提供金融服务；为满足扶贫对象多样化的信贷需求，金融机构努力创新金融产品和服务方式，优化农户的贷款体验，使更多贫困农户能够得到所需要的金融产品和服务；为协调、调动各方力量为贫困农户提供更丰富、更完善的金融服务，充分发挥地方政府主导、中国人民银行引导、正规金融机构指导的作用，为金融服务的开展营造了安全、稳定的生态环境。

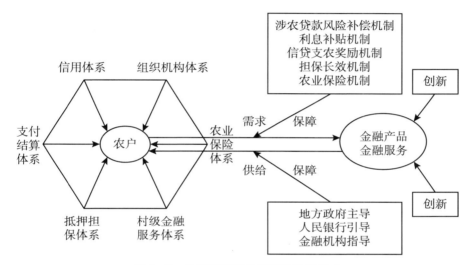

图 4 – 1　广西田东县金融精准扶贫模式

广西田东县通过发展普惠金融精准扶贫、成功助力贫困户精准脱贫的关键在于完善农村普惠金融供给体系和服务体系，激发各类市场主体的内生活力和动力，使贫困户有机会、有资格、有能力获得金融资金，使扶贫方式从过去被动接受政府救济的"输血式"扶贫向贫困户主动发展生产、寻求脱贫致富道路的"造血式"扶贫转变；同时，特别注重信用体系的建设与完善。自 2009年起，田东县开始对农村金融体系进行改革，将农村信用社进行重组，改制成农村商业银行，成立了北部湾村镇银行、两家农村资金互助社、两家小额贷款公司，并引进证券营业机构、北部湾财产保险公司、太平洋保险公司及广西金投集团成立金融综合服务中心，形成了农村金融市场的横向联动、有序竞争、多方供给的良好格局，农村普惠金融精准扶贫供给体系不断完善，农村普惠金融精准扶贫基础设施不断完善，贫困农户信贷获得率和满意度不断提高，金融服务质量不断提升，普惠金融精准扶贫生态环境不断优化。到 2017 年末，该县采集了 79902 户农户信息，评定 A 级以上信用户 66236 户，农户信用建档率达到 95.83%。信用户创建占比 68.72%，信用村占比 85.8%，信用乡镇占比 70%，居全区首位。

金融体系的不断完善和发展推动了广西田东经济的进一步发展。据统计，2017 年，田东县实现地方生产总值 160.01 亿元，农村居民人均纯收入 13516 元，分别是 2008 年的 4.05 倍和 4.02 倍，年均分别增长 33.86%、33.54%；同年，金融机构各项贷款余额 104.6 亿元，为 2008 年的 4.53 倍，年均增长 39.27%，其中，涉农贷款余额达 79.46 亿元，占各项贷款比重高达 75.97%；农户贷款覆盖率从 2008 年的 26% 增长到 2017 年的 89.12%[①]。

田东模式有效推动了广西田东县的脱贫攻坚工作。该模式促进了贫困农户收入的增加，而且其收入增长超过了非贫困农户，从而缩小了农户之间的收入差距，形成了可复制的"田东模式"。据统计，田东县 2017 年完成 12767 个贫困人口、16 个贫困村的脱贫摘帽，贫困发生率由 2011 年的 39.4% 下降到 3.90%，比 2016 年下降 3.37 个百分点[②]。

二、农村金融机构适应普惠金融需求减贫实践

大力完善农村金融服务体系、持续推进普惠金融发展，除了要加强农村金融机构参与普惠金融供给外，还要适应农村经济和社会经济发展变化情况以及农民和农村贫困人口对金融产品和服务需求多元化的特点，不断推进农村金融产品和服务方式创新，完善农村金融基础设施建设，优化农村金融服务环境，以提高农民和农村贫困人口的普惠金融参与度和认同感，激活普惠金融产品和服务的使用效用性，切实发挥普惠金融精准扶贫、精准脱贫的效果。

（一）农村金融机构适应普惠金融需求的政策支持

中共中央、国务院除了政策支持农村金融机构参与普惠金融供给外，也十分重视满足普惠金融需求，以激发农民、农村贫困人口农村金融产品和服务需

---

① 参见《农村金融改革"田东经验"走向全国》，http://www.gxnews.com.cn/staticpages/20180808/newgx5b6a2d58-17548258.shtml。

② 参见《填补农村金融缺位　广西农村金融改革的破局之路》，http://www.financialnews.com.cn/ncjr/focus/201807/t20180721_142524.html。

求为着力点，先后出台了一系列支持深化农村金融体制改革、创新农村金融产品和服务方式、完善农村金融基础设施建设、优化农村普惠金融发展环境等的重要文件和政策意见，中国人民银行、中国银监会等部门也在推进普惠金融多层次、广覆盖、可持续发展的基础上，组织普惠金融机构努力满足多层次、多元化的"三农"金融服务需求。

针对农村地区"三农"金融需求多元化、抵押物担保物缺乏等特点，中国人民银行、中国银监会于 2008 年、2010 年先后出台了《关于加快推进农村金融产品和服务方式创新的意见》和《关于全面推进农村金融产品和服务方式创新的指导意见》。首先在中部六省、东北三省开展农村金融创新试点工作，创新贷款担保方式，扩大有效担保品范围，推广农户联保贷款；同时，引入新的金融工具、创新金融产品和金融服务，进一步拓宽农村企业融资渠道，提高涉农金融服务质量和服务效率。在试点工作取得显著成效的基础上，在全国范围内大力发展农户小额信用贷款和农村微型金融，创新金融产品和金融服务，为农民扩大多元化消费方式提供融资便利，着力满足服务"三农"实际特点的金融服务需求，拓宽金融服务范围，分散涉农金融风险，营造有利于农村金融创新的配套政策环境，并加快探索和构建推动农村金融产品和服务方式创新的长效机制。

为切实做好连片特困地区扶贫开发金融服务工作，促进扶贫开发金融服务创新发展，中国人民银行于 2013 年颁布了《关于建立连片特困地区扶贫开发金融服务联动协调机制的通知》，要求集中连片特困地区加强信息交流，进行协调合作，实现资源共享，建立健全扶贫开发金融服务联动协调机制。为满足不同类型农业生产经营主体的资金需求，不断创新具有不同贫困地区特色的金融产品和服务，中国人民银行分别于 2013 年和 2014 年出台了《关于加大金融创新力度　支持现代农业加快发展的指导意见》和《关于做好家庭农场等新型农业经营主体金融服务的指导意见》，努力适应不同金融融资需求，有效带动贫困农民脱贫致富。

为进一步完善金融服务机制，因地制宜地全面做好扶贫开发的金融服务工作，中国人民银行会同财政部等相关部门于 2014 年颁布了《关于全面做好扶贫开发金融服务工作的指导意见》，结合各类农村普惠金融供给主体特点和各层次农村贫困人口金融产品和服务需求，提出了做好扶贫开发金融服务工作具体措施。这些具体措施包括，增加农村金融供给，创新农村金融产品和金融服务方式，拓展金融业务范围，进一步完善农村金融服务基础设施，构建良好的农村金融服务环境，促进农村贫困人口脱贫、增收致富。在政府的大力支持下，我国农村金融机构不断创新金融产品与业务，努力适应普惠金融需求，取得了实效。

（二）农村贫困人口普惠金融的需求

为研究农村贫困人口对普惠金融的需求，结合数据可获得性，本书使用2010年和2014年中国家庭追踪调查（CFPS）数据中的21个省（区）① 农村家庭数据，分析农户的贷款需求情况。经过数据整理，共保留有效样本量13221个，其中，2010年的农户样本量有7231个，2014年的农户样本量有5990个。根据每年调查的不同内容，2010年的农户样本主要用于分析贷款需求、贷款来源和贷款用途，2014年的农户样本主要用于分析意向贷款途径和是否受到金融排斥。

经统计，在2010年的7231个农户样本中，有62.23%的农户在过去一年没有从银行、信用社、亲戚朋友或非金融机构等途径借过款；有37.77%的农户在过去一年都有过从正规金融机构或非正规金融机构的借贷行为。在受调查的有金融借贷需求的农户中，过去一年共发生6277.90万元贷款，其中，26.12%的贷款是通过银行、信用社等正规金融机构获得，平均每笔贷款约2.54万元；68.66%的贷款从亲戚朋友等社会关系中获得，平均每笔贷款约1.8万元；4.34%的贷款通过非金融机构等民间借贷方式获得，平均每笔贷款约2.93万元；0.87%的贷款通过其他途径获得，平均每笔贷款约1.23万元。所有发生借贷行为的受调查农户的贷款，约54%以上主要用于建房、购房、教育、购买耐用消费品、家庭成员治病、日常生活开支等维持生活基本需要，约46%用于文化消费、休闲娱乐、生产消费等其他方面用途。在2010年调查的7231个农户中，有881个农户的家庭人均纯收入低于贫困线，但其中只有38.82%的贫困农户在过去一年有过从正规金融机构或非正规金融机构等途径借过贷款。在受调查的有金融借贷需求的342户贫困农户中，有22.02%的贫困农户选择通过银行、信用社等正规金融机构获得贷款，平均每笔贷款约

---

① 21个省（区）同第三章计算多维贫困指数的21个省（区）。

1.82 万元；72.80% 的贫困农户选择通过亲戚朋友借款，平均每笔借款约 1.46 万元，4.92% 的贫困农户选择民间借贷等非正规金融机构获得贷款，平均每笔贷款约 0.53 万元；0.26% 的贫困农户通过其他途径获得贷款，平均每笔贷款 1.6 万元。所有贫困农户共从正规金融机构和非正规金融机构获得 576.27 万元贷款，其中，约 68.60% 的贷款用于建房、购房、教育、购买耐用消费品、家庭成员治病、日常生活开支等维持生活基本需要，约 31.40% 的贷款用于文化消费、休闲娱乐、生产消费等其他方面用途。

在 2014 年的 5990 个受调查农户中，当家庭需要借金额较大的一笔钱时，61.64% 的农户首选向亲戚借款，20.83% 的农户首选向银行借款，5.28% 的农户首选向朋友借款，只有不到 1% 的农户首选非正规金融机构借贷，还有 11.04% 的农户在任何情况下都不会去借钱。在过去有过大额借款经历的农户中，31.76% 的农户有被拒绝的经历，其中 60.98% 的农户被亲戚拒绝过，19.41% 的农户被朋友拒绝过，17.92% 的农户被银行拒绝过，只有不到 2% 的农户被非正规金融机构拒绝过。在 2014 年调查的 5990 个受调查农户中，有 1140 个农户的家庭人均纯收入低于贫困线。对于这些贫困农户来说，当他们的家庭需要借金额较大的一笔钱时，首选向亲戚或朋友或银行的比例分别为 56.40%、4.65% 和 20.96%，只有不到 1% 的贫困农户会向非正规金融机构借款，还有 16.67% 的贫困农户在任何情况下都不会选择借款。在过去有过大额借款经历的贫困农户中，只有 34.55% 的贫困农户有被拒绝的经历，其中，66.67% 的农户被亲戚拒绝过，16.17% 的农户被朋友拒绝过，14.52% 的农户被银行拒绝过，只有不到 2% 的农户被非正规金融机构拒绝过。

根据上述统计数据，可以对贫困农户的贷款行为、贷款来源及其贷款金额构成、贷款用途、被拒绝贷款的经历等进行分析，分析结果如下：

第一，从对所有农户（包括贫困农户）的贷款行为来看，只有不到 40% 的农户（包括贫困农户）在过去一年发生过贷款行为，且仍有相当比例的农户（特别是贫困农户）认为在任何情况下都不会贷款。这一方面说明农户的贷款需求仍然不足，另一方面也说明农户参与普惠金融的效用率不高，金融意识不强。

第二，从所有农户（包括贫困农户）的贷款来源及其贷款金额来看，农户更倾向于通过社会关系，向亲戚朋友等寻求帮助，且贫困农户选择向亲戚朋友借贷的比例更大；银行、信用社等正规金融机构也是农户（包括贫困农户）贷款来源的主要渠道，且从银行、信用社等正规金融机构借贷渠道获得的平均贷款金额大于从亲戚朋友等关系渠道获得的平均贷款金额，说明农户倾向于向正规金融渠道申请较大额度贷款，而对于小额贷款则从亲戚朋友处获得更为便利；但也有较少比例的农户（包括贫困农户）在面对较大融资需求时会选择向民间借贷等非正规金融渠道贷款，原因可能是正规金融机构排斥农户（特别是贫困农户）的大额贷款，而非正规金融渠道手续更简便、审批时间较短，农户（包括贫困农户）宁愿承受更大风险和更高利息成本来解决大额资金短缺的紧急需要。

第三，从对所有农户（包括贫困农户）的贷款用途来看，贷款主要是用于一般的基本生活消费支出，特别是对于收入不足的贫困农户来说，借贷资金大部分是用于维持基本生活需要。

第四，从贷款农户（包括贫困农户）被拒绝贷款的经历来看，农户贷款容易被亲戚朋友拒绝，特别是贫困农户，由于还款能力差，更容易遭到拒绝；存在较少比例的农户，特别是贫困农户容易遭受银行等正规金融机构的金融排斥；只有极少比例的农户会选择向风险较大、利息较高的非正规金融机构借贷，而他们从非正规金融机构获得贷款也相对更容易。

（三）农村金融机构适应普惠金融需求的典型案例

在农村金融机构适应农村贫困人口普惠金融需求，助推精准扶贫、精准脱贫过程中，也产生了一些典型案例，如福建省宁德市针对有发展能力的贫困家庭、受地质灾害威胁的贫困家庭和异地创业就业的贫困家庭等不同类别的贫困农户，提供不同的普惠金融精准扶贫服务。其适应不同融资需求的金融精准扶贫模式是精准扶贫、精准脱贫的成功实践，是中国特色扶贫开发的典范。

福建省宁德市农村金融机构适应不同种类金融需求的主要做法包括：

一是对发展新型、特色农业的农业经营主体、农业经营园区和农户实施产业金融扶贫，带动企业、园区和农户共同致富。宁德市政府、金融机构和农业龙头企业等主体间密切配合，通过加大对新型农业经营主体和产业所在园区的金融资金支持，促进当地新型、特色农业发展，带动新型农业经营主体（企业）、园区（基地）和农户共同致富。2014—2015 年，全市银行业金融机构共向 1310 家新型农业经营主体累计发放贷款 65.10 亿元，向 14 个农业产业园区授信总额 1.25 亿元，扶持食用菌、茶叶、高山蔬菜、水果、太子参、海带、紫菜、海参等"一县一品"特色农业产业发展，带动超万户贫困户增收脱贫。

二是对发展家庭式生产经营的农户实施小额分散、手续简便、精准到户的多种特色信贷产品金融扶贫服务。宁德市涉农金融机构根据全市各县的不同产业特色，为发展家庭作坊式产业和家庭农场等形式的农户先后开发了"诚意贷""联贷宝""家庭信用贷""农家乐贷""益农宝"等多种家庭信贷特色产品，2015 年全年累计向 11.2 万农户发放贷款 18.44 万笔，累计金额 23.37 亿元。

三是为需要异地搬迁和危房改造的贫困农户提供金融服务，帮助贫困农户在迁入地安居乐业，实施"造福工程"。1994—2015 年，宁德市银行业金融机构累计发放搬迁安置或危房改造贷款合计 1521.9 万元；为 1603 户搬迁户发放贷款 1.55 亿元，支持 6 个整村搬迁农户就地发展生产①。

四是对在异地务工的农民工提供专属信贷产品和金融服务，支持他们外出就业创业脱贫。例如，为异地创业的农民工开办一次授信、三年内自助循环使用的借贷方式；为外出务工的农民工设立"三农金融流动服务室"，面向他们提供金融产品使用培训；为外出务工创业农民工实施移动终端电子建档授信方式，简化信贷审批流程，避免他们多次回乡办理金融授信手续。

福建省宁德市涉农金融机构不断创新金融产品和服务，为不同类型和个性化需求的贫困农户实施差异化、特色化、有针对性的金融扶贫模式，使当地农户贷款、贫困县贷款稳步增长，促进了当地农业的持续发展，带动农户收入提高，大幅降低了贫困人口和贫困发生率。截至 2017 年末，宁德市年末主要农村金融机构（农村信用社、农村合作银行、农村商业银行）人民币各项贷款余额 255.41 亿元，比年初增加 29.03 亿元，增长 12.8%；全年实现地区生产总值、人均地区生产总值分别为 1793.87 亿元、61964 元，分别比上年增长 5.3% 和 4.7%；农村居民人均可支配收入及人均消费支出分别为 14722 元、11546 元，比上年分别增长 8.9% 和 8.5%，扣除价格因素，实际增长 8.4% 和

---

① 根据宁德市统计局公布的历年统计数据整理得出。

8.0%；农村恩格尔系数为 39.6%①。截至 2018 年底，根据现行标准，宁德市基本实现脱贫，453 个建档立卡贫困建制村退出 419 个，占 92%，贫困发生率从 2016 年的 3.2% 降至万分之一以下。"十三五"以来，完成"造福工程"搬迁 4.8 万人，其中贫困人口异地搬迁 11595 人②。

三、农村金融机构参与普惠金融精准扶贫、精准脱贫的不足

上述农村金融扶贫的典型模式虽然取得了一定成效，但也存在一些问题，主要包括农村普惠金融扶贫精准识别不够、"普惠性"供给不足、"效用性"需求缺乏等。

（一）农村普惠金融扶贫精准识别不够

农村普惠金融发展的广覆盖性是为了将更多受到传统商业性金融排斥的贫困人口纳入正规金融服务体系中，因此农村普惠金融扶贫应该提高对贫困人口的精准识别度，重点关注以前没有脱贫、目前仍然陷入贫困的弱势群体。但目前一些地区仍存在普惠金融扶贫识别不精准的问题。

一是部分地区在发展农村普惠金融时，采取大水漫灌、大而化之的做法，对贫困人口的精准识别不够，造成贫困边远地区的贫困人口成为金融精准扶贫的"盲区"，导致"扶富不扶贫"，违背了普惠金融精准扶贫的初衷。

二是部分地区的农村普惠金融机构对贫困人口的识别出现偏差，没有摸清贫困人口的多维贫困状况和致贫原因，从而没有甄别出扶贫对象的有效需求，无法有针对性地提供金融产品和服务，致使有限的金融扶贫资金没有精准着力，无法发挥出普惠金融扶贫的作用。

三是部分贫困人口因为生活环境、健康状况、教育程度等因素存在"自我金融排斥"，不愿意享受银行、信用社等的普惠金融服务，在遇到融资困境的时候首先还是通过亲戚朋友寻求资助，甚至还有部分贫困人口在任何情况下都不会借款。他们往往因"自我排斥"而受到金融排斥，却也恰恰是最需要受到金融扶贫的贫困对象，容易被金融机构忽视，也造成精准识别不够。

---

① 参见《2017 年宁德市国民经济和社会发展统计公报》，http：//www.ningde.gov.cn/zwgk/tjxx/jdxx/201803/t20180328_242641.htm。

② 参见《"数"说宁德》，载于《福建日报》2019 年 4 月 18 日。

（二）农村普惠金融"普惠性"供给不足

随着我国金融体制的不断改革，成立了深入农村基层、整合农村各类经济资源、采取社员经济互助形式、切实为"三农"发展提供金融服务的农村信用社。农村信用社在我国农村金融体系中占据重要地位，发挥联系农民、服务农民的金融纽带作用。但从我国农村经济发展的实际情况看，仍存在农村普惠金融"普惠性"供给不足的问题。

一是仍存在金融排斥及金融获取成本高的现象。由于贫困地区生态环境恶劣、基础设施建设落后、农户居住分散，导致农村信用社服务网点较稀少、金融产品和服务单一、贷款手续繁杂，使农户获得金融服务和小额贷款的成本较高；再加上机构管理体制不健全、信贷资金不足、盈利水平低下，使农村信用社逐渐倾向于将有限金融资金投向高盈利、低风险的非农产业和城镇地区，抑制了信贷资金支持"三农"发展，进一步导致农村地区特别是贫困地区贫困人口的金融排斥，提高了贫困人口获得金融的成本。

二是商业银行的逐利性以及为控制风险制定的贷款抵押、担保制度使农村金融服务的功能有弱化的趋势，普惠金融的"普惠性"供给仍然不足。随着农村信用社不断改制为农村商业银行，增加了机构网点设置和信贷资金来源，其服务地域范围和服务对象有所扩大，普惠金融的"普及性"供给得到提高。但商业银行的趋利性使其普惠性业务扩展较慢，在其整个业务中的占比很小。

（三）农村普惠金融"效用性"需求缺乏

目前的农村普惠金融发展不仅面临着供给不足的问题，还面临着农村金融需求抑制，表现为实际金融供给与实际金融需求不匹配、贫困农户金融意识淡薄以及农村普惠金融参与率低等。一方面是由于部分地区农村金融供给资金额度有限、借贷周期时间较短、贷款审批程序复杂等，无法满足周期性的、长期性的、多样化的农业生产发展需求，且有些地区的农村金融产品品种较单一，只有传统的存贷款业务和传统的支付方式，缺乏保险、结算、外汇、咨询等其他配套的金融服务和网络支付、手机支付等新型支付方式，不能便利农村金融交易、保障金融安全，降低了贫困地区人口享受金融服务的灵活性和多样性。涉农金融服务有效供给的空缺导致农村贫困地区人口"难贷款"的问题。另一方面，有些偏远贫困地区的贫困人口思想观念落后，金融意识和金融知识薄弱，因为害怕要支付高额金融服务成本或承担较大金融风险而不愿意向金融机构贷款，或者因为难以提供担保品、抵押品或其他办理贷款的手续材料而倾向于向亲友无息借款；还有一些贫困人口混淆了金融扶贫资金和国家救助资金，以为不用还款而没有将扶贫贷款用于农业生产，无法形成资金增长机制，导致普惠金融资金使用效率低下、不良贷款率高。

第二节　中国普惠金融发展与精准扶贫、精准脱贫的空间关联网络

在我国金融扶贫实践中，各地金融资源配置不均衡，普惠金融发展在不同区域之间存在较大差异，各地农村贫困人口状况也存在较大差异。由于普惠金融发展可以促进金融资源在不同地区、不同阶层人口之间进行优化配置，从整体上提高各地区的经济水平和各阶层人口的福利水平，并且金融资源的合理流动也能使经济发达地区在提高自身普惠金融发展水平、改善贫困人口经济福利的基础上，产生扩散效应和溢出效应，带动周边其他地区共同发展，因此，中国普惠金融发展与精准扶贫、精准脱贫效果之间存在一定的空间相关性。本节将进一步阐述普惠金融发展与精准扶贫、精准脱贫的空间关联特征及其影响因素。

一、中国普惠金融发展与精准扶贫、精准脱贫的空间相关关系

通过上一章中有关中国农村普惠金融发展的地区分布和农村贫困人口规模和收支情况的地区分布可以看出，虽然各地区之间的普惠金融发展水平不平衡、农村居民贫困状况差异较大，但是各地区农村普惠金融发展水平和农村居民贫困状况之间呈现明显的相关特征，根据区位分布表现出"高中低三级"协同发展效应和集聚发展效应。总体来说，东部地区经济发达，农村普惠金融发展水平高，且农村贫困人口规模较小，贫困发生率较低，农村居民家庭人均纯收入和人均生活消费支出水平高，农村人口经济福利较好；中部地区经济稳步发展，农村普惠金融发展水平较高，且农村贫困人口规模低于西部地区，贫困发生率小于西部地区，农村居民家庭人均纯收入和人均生活消费支出水平较高，农村人口经济福利较好；西部地区资源短缺，经济发展比较落后，农村普

惠金融发展水平不高，金融排斥较严重，且农村贫困人口规模较大，贫困发生率较东部和中部地区较高，农村居民家庭人均纯收入和人均生活消费支出水平较低，农村人口经济福利较差。由此可见，中国普惠金融发展与精准扶贫、精准脱贫存在一定的空间相关关系。

（一）中国普惠金融发展与精准扶贫、精准脱贫的相关关系

为了分析中国普惠金融发展与精准扶贫、精准脱贫之间的相关关系，本部分首先构建中国普惠金融发展与农村居民收支的相关关系系数，见式（4.1），计算 1997—2016 年各省份农村普惠金融发展指数与农村居民收支的相关系数。其中，p 是中国普惠金融发展与农村居民收支的相关关系系数；精准扶贫、精准脱贫的效果通过农村居民收支表示，IFI_i 表示某地区 i 年的农村普惠金融发展指数，$\overline{IFI}$ 表示某地区 n 年的农村普惠金融发展指数均值；Y_i 表示某地区 i 年的农村居民收入（农村居民消费），$\bar{Y}$ 表示某地区 n 年的农村居民收入（农村居民消费）均值。

$$p = \frac{\sum_{i}^{n}(IFI_i - \overline{IFI})(Y_i - \bar{Y})}{\sqrt{\sum_{i}^{n}(IFI_i - \overline{IFI})^2}\sqrt{\sum_{i}^{n}(Y_i - \bar{Y})^2}} \tag{4.1}$$

根据式（4.1）可以计算出各省份农村普惠金融发展指数与农村居民收支的相关系数，计算结果如表 4-1 所示。从表 4-1 可以看出，除个别省份的农村普惠金融发展指数与农村居民收支的相关系数为负外，大部分省份的农村普惠金融发展指数与农村居民收支的相关系数为正。这说明这些地区的农村普惠金融发展水平越高，则农村居民的人均可支配收入和人均消费水平越高，精准扶贫、精准脱贫的效果越好；我国西部地区农村普惠金融发展指数与农村居民收支的相关系数普遍较高，反映出深度贫困地区的农村普惠金融发展水平与农村居民收支水平密切相关。这一方面说明，通过大力发展农村普惠金融，可以提高农村人口经济福利；另一方面也说明，农村人口经济福利较差的地区仍然存在严重的农村金融排斥。因此，通过各省份农村普惠金融发展指数与农村居民收支的相关系数，可以认为，普惠金融发展是精准扶贫、精准脱贫的有效途径。

同时，西部地区农村普惠金融发展指数与农村居民收支的相关系数普遍为正，也反映出农村普惠金融的精准扶贫、精准脱贫效应在西部地区形成了集聚效果；而江苏、广东等经济发达地区的农村普惠金融发展指数与农村居民收支的相关系数为负，反映出农村普惠金融的精准扶贫、精准脱贫效应在这些地区可能形成了扩散和溢出效果。因此，通过各省份农村普惠金融发展指数与农村居民收支的相关系数，也可以初步反映出中国普惠金融发展与精准扶贫、精准脱贫还具有密切的空间关系。

表 4 - 1　　　各省份农村普惠金融发展指数与农村居民收支的相关系数

东部			中部			西部		
省份	相关系数 1	相关系数 2	省份	相关系数 1	相关系数 2	省份	相关系数 1	相关系数 2
河北	0.8939	0.8569	山西	0.5965	0.6428	内蒙古	0.8668	0.8489
辽宁	0.4103	0.3690	吉林	-0.0111	-0.0466	广西	0.9628	0.9604
江苏	-0.9089	-0.9111	黑龙江	0.9461	0.9347	四川	0.8926	0.8831
浙江	0.4991	0.4764	安徽	-0.5744	-0.6118	贵州	0.8118	0.7968
福建	0.8942	0.8977	江西	0.9299	0.8962	云南	0.9754	0.9714
山东	0.2800	0.2728	河南	0.8528	0.8309	陕西	0.8587	0.8525
广东	-0.8090	-0.7573	湖北	-0.6461	-0.6844	甘肃	0.9569	0.9536
海南	0.9701	0.9442	湖南	0.1314	0.1021	青海	0.9620	0.9588
						宁夏	0.7286	0.7210
						新疆	0.9691	0.9683

注：相关系数 1 表示各省份农村普惠金融发展指数与农村居民人均可支配收入的相关系数。相关系数 2 表示各省份农村普惠金融发展指数与农村居民人均消费的相关系数。

（二）中国普惠金融发展与精准扶贫、精准脱贫的相关关系计算方法

为了探究中国普惠金融发展与精准扶贫、精准脱贫的相关关系及其空间分布特征，本部分利用式（4.2）所示的双变量全局 Moran's I 指数（敖荣军等，2018；Souris et al.，2011）测算区域普惠金融发展水平与周边区域农村居民收支状况在整体上的空间关联程度，利用式（4.3）所示的双变量局部 Moran's I 指数（敖荣军等，2018；白永亮、杨扬，2019）测算区域普惠金融发展水平与周边区域农村居民收支状况的空间集聚情况。式中，x_i 是空间单元 i 上 x 变量的观测值，y_i 是空间单元 i 上 y 变量的观测值，$\bar{x}$ 和 $\bar{y}$ 是 x 变量和 y 变量观测值的平均值。W_{ij} 是空间 i 与空间 j 之间的空间权重，当两空间相邻时，$W_{ij}=1$；当两空间不相邻时，$W_{ij}=0$。σ_x 和 σ_y 分别表示 x 变量和 y 变量的方差。

$$I_{\text{全局}} = \frac{\sum\limits_{i=1}^{n}\sum\limits_{j=1}^{n} W_{ij}\left(\dfrac{x_i - \bar{x}}{\sigma_x}\right)\left(\dfrac{y_j - \bar{y}}{\sigma_y}\right)}{\sum\limits_{i=1}^{n}\sum\limits_{j=1}^{n} W_{ij}} \tag{4.2}$$

$$I_{\text{局部}} = \frac{x_i - \bar{x}}{\sigma_x}\sum\limits_{j=1}^{n} W_{ij}\frac{y_j - \bar{y}}{\sigma_y} \tag{4.3}$$

Moran's I 指数统计量的取值一般在 [-1，1] 之间。若全局 Moran's I 指数小于 0，表明空间整体上呈负相关关系，即相邻空间存在发散效应，表示一个地区发展受其他地区冲击，且数值越小发散效应越强；若 Moran's I 指数大于 0，表明空间整体上呈正相关关系，即相邻空间存在集聚效应，表示一个地区的发展会促进其他地区发展，且数值越大聚集效应越强；若 Moran's I 指数等于 0，表明空间无相关关系，即相邻空间是独立随机分布的。

局部空间自相关分析结果则通过局部 Moran's I 指数及体现其分布的 Moran 散点图表示。局部 Moran's I 指数可以度量单个地区与其相邻地区的空间关联程度；Moran 散点图则进一步将其空间关联分为四个象限，分别对应该地区与其周围地区的四种相互关系，主要有高高（HH）、低低（LL）、高低（HL）和低高（LH）四种模式。HH 表示一个高水平区域被其周边其他高水平区域包围，二者的空间差异程度较小；LH 表示一个低水平区域被周边高水平区域包围，二者的空间差异程度较大；LL 表示一个低水平区域被其周围其他低水平区域包围，二者的空间差异程度较小；HL 表示一个高水平区域被周围其他低水平区域包围，二者的空间差异程度较大。HH 象限和 LL 象限表示该地区与其周围地区间具有正空间自相关性，存在空间聚集效应；LH 象限和 HL 象限表示该地区与其周围地区间具有负空间自相关性，存在空间异常效应。

二、中国普惠金融发展与精准扶贫、精准脱贫的空间关系特征

为进一步揭示中国普惠金融发展与精准扶贫、精准脱贫的空间关系特征，

本部分在式（4.2）和式（4.3）基础上，根据中国各省（区、市）农村普惠金融发展指数和各贫困地区[①]农村居民收支状况数据，以 queen 相邻关系[②]计算空间权重，使用 ArcGIS 和 Geoda 软件计算 2016 年中国贫困地区农村普惠金融发展指数与贫困地区农民人均可支配收入的全局 Moran's I 指数和局部 Moran's I 指数，以及 2016 年中国贫困地区农村普惠金融发展指数与贫困地区农民人均消费支出的全局 Moran's I 指数和局部 Moran's I 指数，计算结果如图 4－2 所示。其中，中国贫困地区农村普惠金融发展指数已由前面式（4.1）计算得出，贫困地区农民人均可支配收入和人均消费支出数据来源于《中国农村贫困监测报告 2018》。

由图 4－2 可知，2016 年中国贫困地区农村普惠金融发展指数与贫困地区农民人均可支配收入的全局 Moran's I 指数约为 0.192，2016 年中国贫困地区农村普惠金融发展指数与贫困地区农民人均消费支出的全局 Moran's I 指数约为 0.182，均大于 0。这表示从整体上看，中国普惠金融发展与精准扶贫、精准脱贫呈正的空间相关关系。

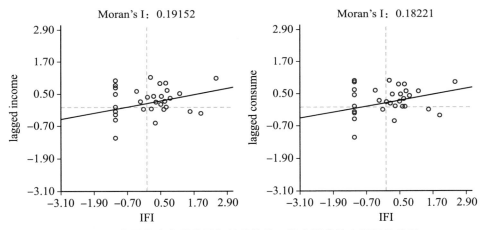

图 4－2 中国普惠金融发展与精准扶贫、精准脱贫的空间相关关系

① 中国的贫困地区覆盖全国 22 个省（自治区、直辖市）832 个县，11621 个乡镇。在这 22 个省（自治区、直辖市）中，只有其中的 20 个计算了农村普惠金融发展指数，所以在下文计算 Moran's I 指数时，没有涉及西藏和重庆。

② queen 相邻是指两个区域有共同的边或顶点。

各省份局域 Moran's I 散点所在象限如表 4 – 2 所示。根据表 4 – 2 可以看出，位于第一象限的省份主要有海南、山西、吉林、黑龙江、河南、内蒙古、广西、四川、贵州、云南、陕西、甘肃、青海、宁夏等，这些省份大多是西部贫困地区，普惠金融的精准扶贫、精准脱贫效应属于高高集聚，需要在这些地方继续发展农村普惠金融，共同发挥出减贫成效。位于第三象限的省份主要有安徽、新疆，这些省份的贫困人口也较多，普惠金融的精准扶贫、精准脱贫效应属于低低集聚，它们的农村普惠金融发展还有待完善。其余省份均位于第二和第四象限，周围既有普惠金融的精准扶贫、精准脱贫效应高的地区包围，也有普惠金融的精准扶贫、精准脱贫效应低的地区邻近，既会促进周边地区的减贫成效提高，也会受到周边地区发展水平冲击。

计算双变量局部 Moran's I 指数还可以得到双变量 LISA 聚类地图，表示某区域普惠金融发展水平与其相邻区域农民收支状况之间的四种局域空间关系分布情况。在中国贫困地区农村普惠金融发展指数与贫困地区农民人均可支配收入的 LISA 聚类地图中，呈高高空间相关关系的有甘肃、陕西、宁夏、山西和黑龙江，呈低高空间相关关系的有辽宁、湖北和重庆，其余地区局部空间关系不显著。在中国贫困地区农村普惠金融发展指数与贫困地区农民人均消费支出的 LISA 聚类地图中，呈高高空间相关关系的有甘肃、陕西、山西和内蒙古，呈低高空间相关关系的有湖北和重庆，其余地区局部空间关系不显著。由此可以得出，农村普惠金融的精准扶贫、精准脱贫效果在中部的山西和西部的甘肃、陕西周围形成了集聚效应。特别是山西的显著性较强，该省的普惠金融发展水平最高，带动本地区和周围地区经济发展，使本地区和周围地区农民人均可支配收入水平和消费水平增长较快，贫困人口规模不断减少，产生了良好的精准扶贫效果。

表 4 – 2　　　　　　　　各省份局域 Moran's I 散点所在象限

东部			中部			西部		
省份	指数 1	指数 2	省份	指数 1	指数 2	省份	指数 1	指数 2
河北	四	四	山西	一	一	内蒙古	一	一
海南	一	一	吉林	一	一	广西		

东部			中部			西部		
省份	指数1	指数2	省份	指数1	指数2	省份	指数1	指数2
			黑龙江	一	一	四川	一	一
			安徽	三	二	贵州	一	一
			江西	四	四	云南	一	一
			河南	一	一	陕西	一	一
			湖北	二	二	甘肃	一	一
			湖南	二	二	青海	一	一
						宁夏	一	一
						新疆	三	一

注：指数1表示各省份农村普惠金融发展指数与贫困地区农民人均可支配收入的局域 Moran's I 指数，指数2表示各省份农村普惠金融发展指数与贫困地区农民人均消费支出的局域 Moran's I 指数。表中的数字表示局域 Moran's I 指数所在象限。

第三节　中国农村普惠金融与农村经济的耦合发展

　　理论与实践均表明，农村普惠金融与农村经济发展相互依赖、相互协调与相互促进，存在一种共生依赖，即耦合的动态关联关系。本节试图通过构建能反映农村普惠金融和农村经济耦合发展情况的指标体系，运用耦合度评价模型和空间相关方法，分析两大系统的发展状况、耦合协调关系的变化特征及空间集聚效应，以期为促进农村普惠金融与农村经济的良性互动发展及均衡性发展提供决策参考。

一、研究方法及数据来源

（一）研究方法

　　本书借助"耦合"概念和容量耦合系数模型，构建农村普惠金融与农村经济发展的系统协调模型和耦合模型，以研究两系统相互依赖、协调与促进的动态关联关系。

　　首先，基于客观赋权法中的熵值法来确定各评价指标的权重，然后采用

TOPSIS 法检测评价对象与最优方案、最劣方案的接近程度来进行排序。具体步骤是：首先确定指标权重并计算出权重集 R，然后根据求出的权重集选出最优方案 S_j^+ 和最劣方案 S_j^-，再计算各方案与最优解和最劣解之间的距离 D_i^+ 和 D_i^-，最后得出综合评价指数 C_i，C_i 值越大表明评价对象发展水平越好。计算公式如式（4.4）至式（4.7）所示。

$$R = (r_{ij})_{m \times n}, \ r_{ij} = \omega_j y_{ij}^{①} (i = 1, \ 2, \ \cdots, \ m; \ j = 1, \ 2, \ \cdots, \ n) \quad (4.4)$$

$$S_j^+ = \max(r_{1j}, \ r_{2j}, \ \cdots, \ r_{mj}), \ S_j^- = \min(r_{1j}, \ r_{2j}, \ \cdots, \ r_{mj}) \quad (4.5)$$

$$D_i^+ = \sqrt{\sum_{j=1}^{n} (r_{ij} - S_j^+)^2}, \ D_i^- = \sqrt{\sum_{j=1}^{n} (r_{ij} - S_j^-)^2} \quad (4.6)$$

$$C_i = \frac{D_i^-}{D_i^+ + D_i^-}, \ C_i \in [0, \ 1] \quad (4.7)$$

根据上述评价指标，构建农村普惠金融与农村经济发展的系统协调模型，如式（4.8），用以测度两个系统间的协调度。

$$C = \frac{\sqrt{u_1 \times u_2}}{u_1 + u_2} \quad (4.8)$$

式中，C 为两个系统间的协调度，u_1 和 u_2 分别代表农村普惠金融指数和农村经济发展指数。根据"协调"的内涵，u_1 和 u_2 的离差越小，协调度 C 就越高，但也可能出现两个子系统发展水平都低而协调度却较高的情况，故仅依据协调度还难以反映出农村普惠金融与农村经济发展互动的整体功效与协同效应。因此，还需引入兼具两大系统协调度 C 及两大系统综合发展水平 T 的耦合模型，见式（4.9），以客观评价农村普惠金融与农村经济发展耦合协调发展水平。

$$D = \sqrt{C \times T}, \ 其中, \ T = \alpha u_1 + \beta u_2 \quad (4.9)$$

式中，D 为两个系统间的耦合度，T 表示两者的综合指数，α、β 为待定系数。由于农村普惠金融子系统和农村经济子系统在关联互动中同等重要，因此 $\alpha = \beta = 0.5$。C 和 D 均介于 $0 \sim 1$ 之间，值越大表明水平协调状态及耦合关系越好。参考已有文献，将耦合度进行等级分类，如表 4 − 3 所示。

---

① 此处的 y_{ij} 为原始数据经熵值法数据标准化处理后的标准化数据。

表 4 - 3 耦合度的判别标准及划分类型

耦合度 D	耦合协调类型		两系统对比
0.00 ~ 0.09	极度失调	负向耦合 （失调衰退型）	$u_1 > u_2$，农村经济滞后型 $u_1 = u_2$，同步发展型 $u_1 < u_2$，农村普惠金融滞后型
0.10 ~ 0.19	严重失调		
0.20 ~ 0.29	中度失调		
0.30 ~ 0.39	轻度失调		
0.40 ~ 0.49	濒临失调		
0.50 ~ 0.59	勉强协调	正向耦合 （协调发展型）	
0.60 ~ 0.69	初级协调		
0.70 ~ 0.79	中级协调		
0.80 ~ 0.89	良好协调		
0.90 ~ 1.00	优质协调		

（二）指标体系构建及数据说明

本部分基于农村普惠金融与农村经济发展耦合协调系统的内涵及特征，借鉴已有研究成果，同时遵循指标选取的科学性、完备性、有效性及可获性等原则，分别从金融服务渗透性、金融服务可获得性、金融服务使用性三个维度，以及经济基础、居民生活、产业结构、生产能力四个维度，构建农村普惠金融与农村经济发展系统的指标体系，具体如表 4 - 4 所示。

表 4 - 4 农村普惠金融与农村经济发展评价指标体系及权重

系统层	一级指标	二级指标	单位	性质	权重
农村普惠金融系统	金融服务渗透性（0.1804）	农村金融机构万人营业网点数	万人/个	正指标	0.0857
		农村金融机构万人服务人员数	万人/个	正指标	0.0947
	金融服务可获得性（0.4032）	农村人均存款余额	元/人	正指标	0.2117
		农村人均贷款余额	元/人	正指标	0.1915
	金融服务使用性（0.4164）	农村存款余额占农村 GDP 比重	%	正指标	0.2042
		农村贷款余额占农村 GDP 比重	%	正指标	0.1530
		农村贷存比率	%	正指标	0.0592

续表

系统层	一级指标	二级指标	单位	性质	权重
农村经济发展系统	经济基础（0.3985）	农村人均GDP	元/人	正指标	0.1308
		农村GDP增长率	%	正指标	0.1041
		农村居民人均可支配收入	元/人	正指标	0.1636
	居民生活（0.3684）	农村居民人均生活消费支出	元/人	正指标	0.1646
		农村恩格尔系数	%	逆指标	0.1041
		城乡收入差距	%	逆指标	0.0997
	产业结构（0.0613）	第二、三产业产值占GDP比重	%	正指标	0.0613
	生产能力（0.1718）	农业固定资产投资占农业GDP比重	%	正指标	0.0879
		初中以上文化程度人口占比	%	正指标	0.0839

本书选取中国30个省（自治区、直辖市），不包括西藏、台湾、香港和澳门，研究的时间跨度为2005—2017年，数据资料来源于历年《中国统计年鉴》《中国农村统计年鉴》《中国金融年鉴》《中国人口和就业统计年鉴》，以及各省份统计年鉴、金融运行报告、国泰安中国农村金融经济研究数据库和中国人民银行网站，部分缺失数据采用散点趋势拟合方法进行填补，所有名义值均以2005年为基期进行调整得到实际值。由于农村存贷款余额随年份和地区的不同，统计口径不一，考虑到服务于农村地区的金融机构主要涉及农业发展银行、农业银行、邮政储蓄银行、农村信用合作社和新型农村金融机构（因统计数据匮乏且规模尚小而未纳入计算范畴），本书选取前四类金融机构在农村地区的存贷款余额作为农村存贷款余额的替代性数据，数据来源于国泰安数据库。此外，本书以农林牧渔业总产值代替农村GDP。

二、实证结果分析

（一）综合指数分析

基于前面构建的评价指标体系，先将各子系统中的二级指标进行标准化处理，再基于熵值法得出各评价指标的权重系数，最后再采取TOPSIS方法，分别计算出 2005—2017 年中国 30 个省（区、市）农村普惠金融指数和农村经济发展指数及其变动趋势，结果见表 4 - 5① 和图 4 - 3。由表 4 - 5 和图 4 - 3 可以得到如下实证结果：

第一，农村普惠金融指数的总平均值为 0.183，远低于农村经济发展指数的总平均值 0.384（见表 4 - 5）。这说明在中国农村地区，由于农村金融机构网点覆盖率低、财政系统及农村金融机构抽离农村资金（周振等，2015）、农村金融供需矛盾突出、非正规性金融服务活跃、竞争不充分等原因，农村普惠金融发展水平滞后于农村经济发展水平。

第二，农村普惠金融指数和农村经济发展指数均呈现小幅上涨趋势，农村普惠金融指数增长速率略快于农村经济发展指数增速，变化特点为"稳定型"，农村经济发展指数的变化特点为"波动型"。由图 4 - 3 可知，农村普惠金融指数由 2005 年的 0.172 上升到 2017 年的 0.198，年均增长率为 1.204%，其中 2006 年和 2011 年的上升幅度相对而言较为显著，这与国家加大对农村金融政策支持力度有关。2006 年国家对农村金融体制进行了重要改革创新，发布了《关于调整放宽农村地区银行业金融机构准入政策的若干意见》，有力地促进了新型农村金融机构的发展及农村金融体系的完善。农村经济发展指数由 2005 年的 0.343 上升到 2017 年的 0.399，年均增长率为 0.954%，略低于农村普惠金融发展指数的增长速率，但其随年份变化的振幅大于农村普惠金融指数的振幅，变化特点为"波动型"，整体呈现"M 型"变化趋势。受 2008 年金融危机的影响，2009 年农村经济下滑，指数由 2008 年的 0.396 下降至 0.344，其后农村经济发展水平逐年提高，但提高的幅度逐年降低。这说明农村经济发展较之农村普惠金融发展更不稳定，发展水平虽小幅逐步提升，但易受到外界政策、经济、市场、气候等多方因素的干扰。

---

① 由于本书的数据截取时长为 10 年，限于篇幅，在此只列举数据变化显著且具有代表性的部分年份的数值。

表 4 - 5　部分年份各省份农村普惠金融与农村经济发展指数

地区		农村普惠金融指数						农村经济发展指数					
		2005年	2006年	2008年	2011年	2017年	均值	2005年	2006年	2008年	2011年	2017年	均值
东部	北京	0.719	0.507	0.631	0.723	0.791	0.707	0.596	0.766	0.731	0.757	0.702	0.702
	天津	0.522	0.474	0.521	0.451	0.413	0.469	0.428	0.565	0.500	0.567	0.621	0.557
	上海	0.863	0.713	0.846	0.841	0.697	0.789	0.659	0.831	0.727	0.729	0.701	0.713
	河北	0.086	0.092	0.111	0.101	0.110	0.100	0.285	0.402	0.400	0.387	0.361	0.368
	山东	0.120	0.110	0.112	0.133	0.109	0.113	0.333	0.445	0.472	0.442	0.427	0.425
	江苏	0.118	0.114	0.129	0.133	0.162	0.132	0.408	0.520	0.550	0.644	0.581	0.559
	浙江	0.201	0.207	0.245	0.266	0.313	0.268	0.536	0.676	0.646	0.693	0.590	0.626
	福建	0.076	0.078	0.090	0.139	0.175	0.129	0.376	0.428	0.427	0.457	0.507	0.454
	广东	0.200	0.218	0.238	0.183	0.189	0.195	0.451	0.449	0.428	0.453	0.402	0.419
	海南	0.049	0.047	0.037	0.054	0.129	0.063	0.347	0.381	0.369	0.380	0.432	0.394
	均值	0.295	0.256	0.296	0.302	0.309	0.297	0.424	0.517	0.502	0.523	0.532	0.495
东北	辽宁	0.157	0.164	0.176	0.156	0.172	0.163	0.355	0.473	0.471	0.481	0.478	0.463
	吉林	0.170	0.192	0.175	0.136	0.183	0.161	0.301	0.413	0.446	0.460	0.415	0.412
	黑龙江	0.108	0.102	0.121	0.103	0.183	0.131	0.288	0.418	0.518	0.483	0.468	0.452
	均值	0.145	0.153	0.157	0.132	0.179	0.152	0.315	0.435	0.478	0.475	0.454	0.442
中部	河南	0.086	0.092	0.083	0.066	0.082	0.074	0.277	0.347	0.401	0.327	0.327	0.335
	山西	0.231	0.224	0.287	0.224	0.211	0.213	0.264	0.329	0.368	0.307	0.309	0.319
	湖北	0.074	0.081	0.059	0.055	0.089	0.062	0.276	0.315	0.407	0.400	0.411	0.371

续表

地区		农村普惠金融指数						农村经济发展指数					
		2005年	2006年	2008年	2011年	2017年	均值	2005年	2006年	2008年	2011年	2017年	均值
中部	湖南	0.069	0.061	0.070	0.066	0.076	0.067	0.313	0.306	0.371	0.344	0.347	0.331
	安徽	0.072	0.079	0.065	0.068	0.095	0.071	0.248	0.266	0.309	0.311	0.342	0.297
	江西	0.072	0.074	0.070	0.084	0.104	0.081	0.251	0.291	0.314	0.322	0.315	0.302
	均值	0.101	0.102	0.106	0.094	0.097	0.095	0.272	0.309	0.362	0.335	0.342	0.326
西部	重庆	0.132	0.268	0.146	0.255	0.287	0.221	0.311	0.167	0.254	0.300	0.313	0.261
	四川	0.081	0.167	0.076	0.080	0.097	0.093	0.265	0.231	0.245	0.298	0.271	0.264
	贵州	0.093	0.139	0.091	0.130	0.130	0.116	0.308	0.123	0.180	0.150	0.314	0.220
	云南	0.074	0.140	0.090	0.119	0.124	0.105	0.355	0.181	0.190	0.244	0.196	0.213
	广西	0.054	0.058	0.056	0.080	0.090	0.069	0.323	0.267	0.229	0.271	0.257	0.256
	陕西	0.104	0.221	0.115	0.111	0.132	0.127	0.319	0.286	0.366	0.354	0.319	0.316
	甘肃	0.096	0.178	0.093	0.111	0.140	0.119	0.307	0.172	0.189	0.168	0.209	0.198
	青海	0.201	0.235	0.118	0.134	0.179	0.157	0.276	0.208	0.305	0.241	0.261	0.262
	宁夏	0.134	0.236	0.151	0.184	0.191	0.173	0.246	0.276	0.337	0.301	0.293	0.292
	新疆	0.050	0.128	0.059	0.082	0.101	0.079	0.281	0.318	0.290	0.316	0.349	0.330
	内蒙古	0.144	0.154	0.207	0.240	0.271	0.231	0.312	0.401	0.423	0.428	0.465	0.420
	均值	0.104	0.146	0.108	0.121	0.135	0.120	0.300	0.239	0.273	0.279	0.295	0.276
总体均值		0.172	0.185	0.176	0.184	0.198	0.183	0.343	0.375	0.395	0.401	0.399	0.384

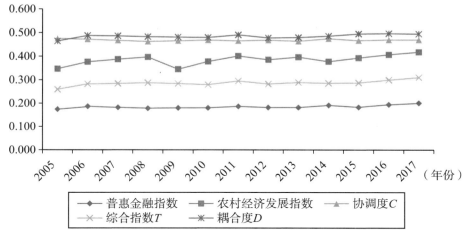

图 4-3　各指标值的时间趋势

第三，中国农村普惠金融发展水平和农村经济发展水平均存在着明显的区域差异，呈现由东部向东北、中部和西部地区递减的格局，"俱乐部收敛"现象较为显著。将 30 个省（区、市）划分为四大区域①，分别计算各区域两指数均值（见表 4-5）。通过对比发现，东部、东北、中部、西部地区农村普惠金融指数总均值分别为 0.297、0.152、0.095 和 0.120，年均增长率分别为 0.445%、1.282%、-2.880% 和 2.194%；农村经济发展指数总均值分别为 0.495、0.442、0.326 和 0.276，年均增长率分别为 1.565%、3.096%、1.938% 和 -0.145%。在各区域两指数的表现上，东部地区均表现最高，东北地区次之，中部地区和西部地区均低于全国发展水平但表现异同：对于前者，西部地区发展优于中部地区；而对于后者，西部地区发展落后于中部地区。从变动趋势来看，东部地区和东北地区两个子系统实现了同步增长，中部和西部地区则呈现相反增长趋势，西部地区农村普惠金融发展增速虽然最快，但其对农村经济发展的促进作用很不明显。

第四，从两个子系统发展水平的空间分布态势来看，农村普惠金融发展指数和农村经济发展水平均表现为东北、中部和西部地区都明显落后于东部地

---

① 东部地区包括北京、天津、上海、河北、山东、江苏、浙江、福建、广东和海南；东北地区包括辽宁、吉林和黑龙江；中部地区包括河南、山西、湖北、湖南、江西和安徽；西部地区包括内蒙古、广西、重庆、四川、贵州、云南、陕西、甘肃、青海、宁夏和新疆。

区，各省份两指数的区域间差异程度较大，而就区域内差异程度而言，农村普惠金融发展大于农村经济发展。2005—2014 年，位于东部经济发达地区的上海和北京的农村普惠金融和农村经济发展水平始终位居全国前两位，指数值 u_1 和 u_2 的均值分别高达 0.713、0.697 以及 0.702、0.791。为进一步识别和比较两个子系统发展水平的空间分布态势，基于两类指数的均值，根据自然断裂点聚类方法，将其划分为四种类型，并借助 ArcGIS10.2 软件进行空间可视化呈现。

从研究结果可知，农村普惠金融指数表现为东北、中部和西部地区的大部分位于中低水平及低水平梯队，共有 22 个省（区），由于区域经济发展不均衡、地理条件差异、资源要素禀赋差异及基础设施发展程度各异等原因，在金融机构数量及网点分布、金融从业人员、人均存贷款余额、存贷款余额占 GDP 比重等指标上，东北、中部和西部地区的农村地区都明显落后于东部地区。上海、北京和天津位居高水平梯队，浙江、山西、内蒙古、广东和重庆位于中高水平梯队。农村经济发展指数表现为由东到西依次递减的格局。具体来看，东部地区的北京、上海和浙江位列高水平梯队，其余全部位于中高水平梯队，东北三省和中部六省全部位于中低水平梯队，西部地区除内蒙古分布在中高水平梯队，其余均落在中低和低水平梯队。

各省份两指数的区域间差异程度较大，而就区域内差异程度而言，农村普惠金融发展大于农村经济发展。两指数的空间分布状况基本走势一致，呈现由沿海向内陆递减的格局。除山西、重庆外，其余 28 个省（区、市）农村普惠金融指数与农村经济发展指数具有对应关系，分别位于分位图的同级梯队内，说明农村普惠金融与农村经济发展具有协调关联性。

此外，从变动趋势来看，在农村普惠金融方面，西部地区的重庆、新疆的增速位居前两名，年均增长率均超过 6%，位列第三的内蒙古的年均增长率为 5.41%，中部地区的江西的增速最快，年均增长率为 3.141%，山西与湖北垫底，年均增长率为负值，降幅分别达 0.752% 和 1.332%；在农村经济发展方面，增速排名前三的为天津、黑龙江和内蒙古，年均增长率分别为 3.15%、4.13% 和 3.28%，东部地区的山东和江苏的农村经济发展较快，年均增长率均为 3%，西部地区的云南和甘肃垫底，年均增长率分别为 - 4.83% 和 - 3.15%。

（二）系统耦合分析

为进一步从协同发展共进的角度考察二者之间的关系，本部分引入耦合方法，应用前文的耦合协调度模型分别计算农村普惠金融和农村经济发展的协调度 C、综合指数 T 以及耦合度 D[①]，结果如表 4–6 所示。

表 4–6　　　　　中国省域农村普惠金融与农村经济发展的耦合度

地区		2005 年	2006 年	2008 年	2011 年	2017 年	均值
东部	北京	0.809	0.789	0.824	0.860	0.863	0.829
	天津	0.688	0.719	0.714	0.711	0.712	0.709
	上海	0.868	0.877	0.886	0.885	0.836	0.870
	河北	0.396	0.439	0.459	0.445	0.447	0.437
	山东	0.447	0.470	0.480	0.492	0.465	0.471
	江苏	0.468	0.493	0.516	0.541	0.550	0.514
	浙江	0.573	0.612	0.631	0.655	0.656	0.625
	福建	0.411	0.427	0.443	0.502	0.546	0.466
	广东	0.548	0.559	0.565	0.537	0.525	0.547
	海南	0.361	0.366	0.342	0.378	0.486	0.387
	东部平均	0.557	0.575	0.586	0.601	0.608	0.585
中部	河南	0.393	0.423	0.427	0.383	0.420	0.409
	山西	0.497	0.521	0.570	0.512	0.505	0.521
	湖北	0.378	0.400	0.394	0.385	0.401	0.392
	湖南	0.383	0.370	0.401	0.388	0.404	0.389
	安徽	0.366	0.381	0.376	0.381	0.425	0.386
	江西	0.367	0.383	0.385	0.406	0.426	0.393
	中部平均	0.397	0.413	0.426	0.409	0.430	0.415
西部	广西	0.367	0.383	0.336	0.384	0.391	0.393
	重庆	0.450	0.460	0.439	0.526	0.547	0.484
	四川	0.383	0.443	0.369	0.393	0.403	0.398

---

① 限于篇幅，文中只列出耦合度的计算结果。

地区		2005 年	2006 年	2008 年	2011 年	2017 年	均值
西部	贵州	0.411	0.362	0.358	0.374	0.449	0.391
	云南	0.403	0.399	0.362	0.413	0.395	0.394
	陕西	0.427	0.501	0.453	0.445	0.453	0.456
	甘肃	0.414	0.418	0.364	0.370	0.414	0.396
	青海	0.485	0.470	0.436	0.424	0.465	0.456
	宁夏	0.426	0.505	0.475	0.485	0.486	0.476
	新疆	0.344	0.449	0.362	0.401	0.433	0.398
	内蒙古	0.460	0.499	0.544	0.566	0.596	0.533
	西部平均	0.416	0.445	0.413	0.437	0.457	0.434
东北	辽宁	0.486	0.528	0.537	0.523	0.535	0.522
	吉林	0.476	0.531	0.529	0.500	0.525	0.512
	黑龙江	0.420	0.454	0.500	0.472	0.541	0.478
	东北平均	0.460	0.504	0.522	0.499	0.534	0.504
全国平均		0.464	0.489	0.487	0.493	0.496	0.491

由表 4 - 6 可知耦合具有如下特征：

第一，总体来看，农村普惠金融与农村经济发展的关系一直处于濒临失调衰退型阶段，耦合协调关系亟须改善。农村普惠金融和农村经济发展的协调度 C、综合指数 T 以及耦合度 D 总均值分别为 0.479，0.591 和 0.496，年均增长率分别为 0.15%、1.15% 和 1.32%，在样本考察期内耦合度没有发现明显的增长趋势，耦合度值始终介于 0.463 ~ 0.496，且整体呈现出"M型"的波动变化趋势。协调度的变动程度较小，维持在 0.467 ~ 0.479，而综合发展度的变动程度较大，从 0.515 增加到 0.591。因此，可推断两大系统综合发展指数的提升是农村普惠金融和农村经济发展系统耦合度时序改善的主要推动力。

第二，分区域看，区域间耦合度呈现明显的差异，表现为东部和东北耦合度较高，处于勉强协调发展型正向耦合阶段，中部和西部相当，处于濒临失调衰退型负向耦合阶段。东部、东北、中部和西部"农村普惠金融—农村经济发展"系统的耦合度总均值分别为 0.585、0.504、0.415 和 0.434。自 2005 年以来，东部、东北和西部地区耦合度均呈现"波动增长型"趋势，分别由 0.557、0.460 和 0.416 增长到 0.608、0.534 和 0.457，年均增幅分别为 0.73%、1.25% 和 0.86%；东北地区和西部地区耦合发展态势良好，尤其东北地区实现了由负向耦合向正向耦合的跨越；而中部地区农村普惠金融与农村经济发展两个系统并未形成相互推动、互相促进的良性循环态势，整体处于稳定状态，耦合状态在轻度失调和濒临失调徘徊，并未出现明显的改善。

第三，从区域发展差异程度来看，区域内东部地区各省（市）发展差距最大，区域间东北和西部与东部地区的差距先增后降，中部和东部地区的发展差距逐渐递增。表 4－6 显示，耦合度最高（北京）的均值是耦合度最低（海南）的 2.14 倍，东北地区区域内发展差距最小，中部和西部地区水平相当。中部和东部地区的差值由 2005 年的 0.160 增至 2017 年的 0.178，年均增幅达 0.89%。此外，对比 u_1 和 u_2 的大小，四大区域均属于农村金融发展滞后型，即使是农业经济发达的东部地区，农村普惠金融发展尚未同步于农村经济发展，未能为农村经济发展提供充裕的资金供给及良好的金融服务。

第四，从省级情况来看，东部地区大部分省（市）处于中高水平梯队，西部地区位于中低水平梯队，省域间耦合度发展差异较大，存在"中部塌陷"现象。通过各省份 10 年的均值，可将农村普惠金融—农村经济耦合度的空间分布分为高水平、中高水平、中低水平和低水平四个层级，分别包含 3 个、7 个、8 个和 12 个省份。属于高水平（0.715～0.878）和中高水平（0.505～0.634）的省份均处于正向耦合阶段，属于中低水平和低水平的 20 个省份分属于轻度失调（0.438～0.477）和濒临失调（0.350～0.393）的负向耦合阶段。东部地区大部分省（市）处于中高水平梯队，海南则落于低水平梯队。福建和山东虽然农村经济发展位于中高水平梯队，但受较低的农村普惠金融影响，二者耦合互动发展整体上处于濒临协调的状况而位于中低水平梯队。中部地区的山西虽然农村经济发展指数不高，但农村金融发展指数较高，两系统互动的结果促使山西的耦合度均值高达 0.521，位于中高水平梯队，处于勉强协调发展型阶段。而河南、江西、湖南、湖北和安徽五省均属于农村普惠金融发展滞后型，农村经济位于中低水平梯队，农村普惠金融位于低水平梯队，综合作用导致耦合状态失衡而落于低水平梯队。黑龙江、重庆均位列中低水平梯队，耦合度均值分别为0.478和0.484。但黑龙江属于农村金融发展滞后型，重庆属于同步发展型，黑龙江的农村经济指数是重庆的1.73倍，重庆的农村普惠金融指数是黑龙江的1.68倍。可见，农村普惠金融系统是促进两大系统耦合互动的主导力量。2005—2017年，东部地区的上海、北京、天津和浙江一直稳居前四，耦合均值分别为0.870、0.829、0.709和0.625，前两者属于良好协调发展型，后两者分属中级协调发展型和初级协调发展型。内蒙古和重庆的耦合度逐年提高，排名分别从第11位、第19位上升至第7位和第12位，且都实现了从负向耦合向正向耦合的跨越。广西的耦合度最差且无明显变化，耦合度值始终介于0.316~0.391，属于轻度失调衰退型。从各省份耦合度的变动趋势来看，云南、甘肃、上海、青海和广东出现负向增长现象，年均降幅均超0.1%，青海的降幅最大，为0.36%，其余25个省份两大系统耦合状态呈良性互动发展趋势，福建、新疆、内蒙古、黑龙江和重庆的年均增长率均在2%以上，福建更是高达2.39%。总体而言，省域间耦合度发展差异较大，最高值是最低值的2.36倍，且存在"中部塌陷"现象。

总体来看，我国农村普惠金融和农村经济发展的耦合协调发展水平较低，但发展潜力较大；耦合度的优化源于两系统的正向互促作用，尤其是农村普惠金融系统的促进作用。

（三）耦合度的空间相关性分析

由前面的分析可知，农村普惠金融发展、农村经济发展以及两系统的耦合协调发展均存在"俱乐部趋同"现象和连片分布、多极分化的空间格局，这表明相近的省份可能存在空间关联性。为进一步分析两系统耦合协调发展的空间相互作用机制，本书引入探索性数据分析（ESDA）方法，通过全局及局部空间自相关分析，探讨各省份之间农村普惠金融与农村经济发展耦合作用的空间关联模式、空间集聚状态及空间溢出作用大小。

采用Rook一阶邻接关系建立空间权重矩阵，运用GeoDa1.4.1软件计算2005—2017年农村普惠金融—农村经济发展耦合度的全局Moran's I指数值，同时结合历年农村普惠金融与农村经济发展耦合度的局域Moran散点图（见

图4－4）和 LISA 集聚图①，可得到其空间关联特征如下：

第一，农村普惠金融与农村经济发展耦合作用存在正向的空间相关性。由图4－4可知，2005年和2017年分别有22个和24个省份表现正向空间关联，分别占比73.33%和80.00%，其中位于低低集聚区的省份分别为17个、15个。各年的 Moran's I 值介于0.232～0.394，且呈波动增长趋势，并通过 Z 统计量检验，除2005年，其余年份均在1%的水平上显著。耦合度高的省份，其周边相邻区域的耦合度也相对较高；耦合度较低的省份，其周边相邻区域的耦合度也相对较低，且这种空间集聚程度逐年呈波动性增强趋势。

第二，农村普惠金融和农村经济发展耦合度空间分布具有非均衡性。表现为大多数省份位于高高集聚区和低低集聚区典型区域，且主要集聚在低低集聚区。东部地区的北京、天津、上海、浙江和江苏一直位于第一象限，处于高高集聚区，中部和西部大部分省份位于低低集聚区。

第三，农村普惠金融和农村经济的耦合协调发展存在显著的集聚特征，近邻效应和空间溢出效应较为显著。从前文的论述可知，东北地区的空间辐射作用较强。吉林和辽宁主要处于高高集聚区，黑龙江则逐渐从低高集聚区跃迁至高高集聚区。加上北京、天津的空间扩散作用，内蒙古的耦合度也逐渐得到提高，从2005年的低低集聚跃迁至2014年的高低集聚区。河北则未处于有利的"被扩散"区位，一直沉陷于低高集聚区。广东、山西长期位于高低集聚区，然而广东未能对邻接的海南、湖南、广西和江西等低值省份形成有力的辐射带动作用。重庆虽然被低值省份包围，但凭借自身实现了"突围"，从低低集聚发展到高低集聚。福建、山东在东部地区高值省份的扩散带动作用下，耦合协调发展程度不断优化，分别实现了低高→高高和低低→高低的跃迁。这说明高值集聚区能对低值集聚区实现较好的辐射带动作用，优化低值集聚区相关省份的耦合协调程度，促进低值区农村普惠金融和农村经济发展的良性互动。

---

① 限于篇幅，LISA 集聚图没有列出，且仅列出2005年和2014年的局域 Moran's I 散点图。

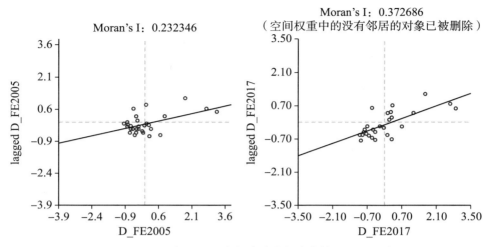

图 4 - 4　2005 年、2017 年耦合度空间分布的 Moran 散点

三、结论

本书基于 2005—2017 年中国 30 个省（区、市）的数据，运用耦合协调度模型和空间自相关分析方法，分析了农村普惠金融与农村经济发展的耦合协调关系和空间相关性，得到如下结果：（1）农村普惠金融指数和农村经济发展指数均呈现小幅上涨趋势，但农村普惠金融发展水平滞后于农村经济的发展；（2）农村普惠金融与农村经济发展的关系一直处于濒临失调衰退型阶段，耦合协调关系的优化主要源于农村普惠金融系统的促进作用；（3）农村普惠金融和农村经济的耦合协调发展存在显著的集聚特征，且主要集聚在低低集聚区，近邻效应和空间溢出效应较为显著。

究其原因，主要包括：一是金融知识的缺乏使农户与企业的金融需求不强，金融需求潜力没能得到充分发挥；二是农村经济的发展使农村金融需求有了新的变化，而农村普惠金融供给质量和效率不高，不能适应农村金融需求的新发展；三是贫困地区、偏远山区金融服务覆盖面不足，导致农户与企业融资难，农村普惠金融的发展也因此具有空间分布不平衡的特征；四是以"盈利"为目标的正规金融机构一般不愿意提高效益低、风险大的农村金融服务；等等。

研究表明，农村普惠金融发展有利于农村金融规模的扩大、金融结构的优化及金融效率的提升，通过提高储蓄率、促进投资效率和改善资源配置效率来促进资本积累，最终促进农村经济发展；同时，有利于提高农村地区金融服务的地理渗透性、可获得性及使用效用性，从而能便捷有效地向农村地区提供信贷、储蓄、支付、保险、理财及教育培训等金融服务与产品，实现农户多元化收入渠道，增加储蓄和资产，平滑消费，促进投资和生产，增加就业，激发创业，提高教育和健康水平，增加女性赋权，提升生存能力，从而激发农村经济活力，促进农户收入增加，缩小城乡收入差距，促进农村贫困减少。反之，农村经济的发展又会进一步促进农村普惠金融的发展，二者是一个相互依赖、协调与促进的动态关联关系。

第四节　普惠金融精准扶贫利益相关者博弈分析

中国普惠金融发展是精准扶贫、精准脱贫的重要手段，二者之间存在密切联系。本节从中国普惠金融发展与精准扶贫、精准脱贫关系数学模型构建的角度，动态地模拟出中国普惠金融发展与精准扶贫、精准脱贫关系的作用机理。一是对社会系统中参与金融扶贫的利益相关者进行利益、权利分析，构建普惠金融机构与金融消费者之间的演化博弈模型；二是根据演化的仿生学研究，引入复制者动态模型，探究普惠金融扶贫利益相关者的规制行为；三是对于普惠金融扶贫扩散的演化影响，对演化博弈模型进行稳定性分析。

一、利益相关者演化博弈模型

传统商业性金融的逐利性和风险规避性使农村贫困人口受到商业性金融排斥，成为传统金融的"长尾"群体（王馨，2015）。普惠金融将这些受到金融排斥的对象纳入服务体系中，一方面可以通过扩大服务范围增加经营收入，另一方面也面临着资金使用效率低、贷款回收率低等影响机构可持续性发展的问题。贫困弱势群体能够以合理价格享受到普惠金融服务，在增加生产资本、促进产业发展和收入增长的同时，也可能遭遇气候变化、生产经营风险而导致资不抵债等问题。金融机构是否向贫困人口提供贷款、以什么条件提供贷款以及贫困人口是否申请贷款，涉及金融机构和贫困人口之间的利益问题。因此，普惠金融精准扶贫实际上是一个博弈的过程，金融机构与贫困人口之间的博弈呈现出长期性和动态性的特征，需要对两类群体而非单一个体的演化发展过程和行为策略进行综合分析，以期从金融机构和贫困人口借贷行为的动态性特征揭示在普惠金融视角下金融精准扶贫中各方采取何种行为使扶贫借贷关系达到长期稳定的状态。

（一）模型基本假设

根据本书研究的内容和对象，对金融精准扶贫的利益相关者作出如下基本假设：

（1）农村贫困人口和农村普惠金融机构是普惠金融精准扶贫的两大利益相关群体，且他们之间存在信息不对称，群体之间的行为会相互影响。

（2）为了实现脱贫攻坚目标，贫困人口需要获得金融贷款来发展生产，则贫困人口有申请贷款和不申请贷款两种策略。尽管金融贷款有助于减缓贫困，但是贫困人口有可能无法偿还贷款，这直接影响着普惠金融机构的可持续发展，因此，农村普惠金融机构也有提供贷款和不提供贷款两种策略。若农村普惠金融机构提供贷款的概率为 x、农村贫困人口申请贷款的概率为 y，则农村普惠金融机构不提供贷款的概率为 $1-x$、农村贫困人口不申请贷款的概率为 $1-y$。

（3）假设贷款金额为 L，贷款利率为 r，贷款的投资收益率为 β，普惠金融机构提供贷款的交易成本率为 c_1，农村贫困人口申请贷款的交易成本率为 c_2，贫困人口发展生产的成功率为 k。

（二）普惠金融精准扶贫演化博弈模型

根据以上假设，当农村贫困人口申请贷款时，如果农村普惠金融机构提供贷款，那么农村普惠金融机构的收益为贷款收益减去贷款成本，即 $Lr-Lc_1$，农村贫困人口的收益为投资收益减去贷款成本，即 $KL\beta-Lr-Lc_2$；如果农村普惠金融机构不提供贷款，那么农村普惠金融机构的收益为 0，农村贫困人口的收益为发展生产成功的机会成本损失减去贷款成本，即 $k(-L\beta-Lc_2)+(1-k)(-Lc_2)$。当农村贫困人口不申请贷款时，如果农村普惠金融机构提供贷款，那么农村普惠金融机构的损失为贷款成本，即 $-Lc_1$，农村贫困人口的损失为发展生产的机会成本，即 $-kL\beta$；如果农村普惠金融机构不提供贷款，那么农村普惠金融机构的收益为 0，农村贫困人口的损失还是为发展生产的机会成本，即

$-kl\beta$。因此，可以构建农村普惠金融机构与农村贫困人口之间的收益矩阵，如表 4-7 所示。

表 4-7　　　　　　　农村普惠金融机构和农村贫困人口的收益矩阵

项目		农村贫困人口	
		申请贷款	不申请贷款
农村普惠金融机构	提供贷款	$Lr - Lc_1$，$Kl\beta - Lr - Lc_2$	$-Lc_1$，$-kl\beta$
	不提供贷款	0，$-kl\beta - Lc_2$	0，$-kl\beta$

二、利益相关者规制行为

演化博弈是将博弈理论分析和动态演化过程分析相结合的理论（蔡玲如等，2009），最早是用来分析生物进化过程，即繁殖（复制）、变异和选择，描述了人口如何随时间变化以及新生物形式如何从旧生物形式中演化而来（Page et al.，2002）。演化博弈理论基于演化生物学相关理论，摒弃理性经济人假设，不再要求参与博弈的经济主体是完全理性的，也不要求博弈方处于完全信息条件下。根据演化博弈模型，人非完全理性，而是有限理性的，而且参与博弈的经济主体存在差异，一般通过不断试错达到博弈均衡，这与生物演化中的冲突与合作行为具有相似性，博弈结果所实现的均衡是达到均衡过程的函数，在经济领域用来考察微观个体在演化过程中通过模仿并学习其他个体的行为改变自己的战略决策（巴红静，2013）。史密斯（John Maynard Smith）和普莱斯（George R. Price）在 1973 年提出了演化稳定性策略（ESS）的概念，表示为如果整个种群的每个成员都在某个自己所知的处境下采取某一种行动，由于自然选择的作用，不存在一个具有突变特征的策略能够侵犯这个种群（史密斯，2008）。

演化博弈重点考察群体规模和策略频率的演化过程，演化过程主要包括变异机制和选择机制；演化博弈对演化过程的建模主要依赖于选择机制（黄凯南，2009）。变异机制的准种方程不依赖于策略的频率，而复制者动态方程是一种基于选择机制的确定性和非线性的演化博弈模型，但没有体现变异机制。将准种方程和复制者动态方程两者结合起来，可以得到复制者—变异者方程（蔡玲如等，2009）。在变异准种方程中，假设 x_i 表示一个人口遗传序列 i 的相对丰度，适应度 f_i 表示个体对环境适应能力的强弱，取决于群体的复制（繁殖）率，该群体的平均适应度为 $\bar{f} = \sum_i f_i x_i$。当存在 n 个遗传序列时，复制容易出错，设序列 i 错误地复制为序列 j 的概率为 q_{ij}，则 x_i 随时间的变化率为 $\dot{x} = \sum_j^n x_j f_j q_{ij} - x_i \bar{f}$，且 $\sum_i x_i = 1$。进化博弈论的关键在于选择依赖于策略的频率，即个体的适应性取决于其他种族的频率。在复制者动态方程中，设 x_i 表示策略 i 的频率，它的适应度 f_i 是群体向量 $x = (x_1, x_2, \cdots, x_n)$ 的分布函数，离散型动态演化博弈通过复制方程来描述，即 $\dot{x} = x_i [f_i(x) - \bar{f}]$。将变异方程和复制动态方程相结合，得到复制者—变异者方程，即 $\dot{x}_1 = \sum_j^n x_j f_j(x) q_{ji} - x_i \bar{f}$。

在此基础上，可以对普惠金融精准扶贫行为进行演化博弈分析。当农村普惠金融机构提供贷款的概率为 x、农村贫困人口申请贷款的概率为 y，则农村普惠金融机构不提供贷款的概率为 $1 - x$、农村贫困人口不申请贷款的概率为 $1 - y$。则普惠金融机构提供贷款的期望收益（适应度）为 $\pi_{11} = y(Lr - Lc_1) + (1 - y)(-Lc_1) = yLr - Lc_1$；普惠金融机构不提供贷款的期望收益（适应度）为 $\pi_{12} = y \times 0 + (1 - y) \times 0 = 0$；普惠金融机构的平均期望收益（平均适应度）为 $\pi_1 = x\pi_{11} + (1 - x)\pi_{12}$。因此，金融机构的复制者动态模型可以表示为 $F(x) = x(\pi_{11} - \pi_1) = x(1 - x)(Lry - Lc_1)$。令 $F(x) = 0$，则 $x_1 = 0$，$x_2 = 1$，$y^* = \dfrac{c_1}{r}$。

农村贫困人口申请贷款的期望收益（适应度）为 $\pi_{21} = x(kL\beta - Lr - Lc_2) + (1 - x)(-kL\beta - Lc_2) = 2xkL\beta - xLr - kL\beta - Lc_2$；农村贫困人口不申请贷款的期望收益（适应度）为 $\pi_{22} = x(-kL\beta) + (1 - x)(-kL\beta) = -kL\beta$；农村贫困人口的平均期望收益（平均适应度）为 $\pi_2 = y\pi_{11} + (1 - y)\pi_{12}$。因此，农村贫困人口的复制者动态模型可以表示为 $F(y) = y(\pi_{21} - \pi_2) = y(1 - y)[(2kL\beta - Lr)x - Lc_2]$。令 $F(y) = 0$，则 $y_1 = 0$，$y_2 = 1$，$x^* = c_2/(2k\beta - r)$。

由此可得到演化博弈模型的五个均衡点，分别是 $(0, 0)$，$(0, 1)$，$(1, 0)$，$(1, 1)$，(x^*, y^*)，即 $(0, 0)$，$(0, 1)$，$(1, 0)$，$(1, 1)$，

（$c_2/(2k\beta - r)$，c_1/r）。

三、演化博弈的稳定性分析

演化稳定策略表示，博弈双方在博弈过程中为寻求更大收益而根据既得收益对自身行为策略不断进行调整，以形成一种动态平衡（李楠、伍世安，2013）。由于演化稳定策略要求的稳态必须具备抗扰动的能力，而以上模型中的几个局部均衡点并非都是进化稳定策略的均衡点（金发奇、陈中青，2014），根据弗里德曼（Friedman）用雅克比（Jacobian）矩阵验证稳定策略均衡点的方法，当且仅当矩阵行列式值大于 0 且矩阵的迹值小于 0 时，可以得到演化博弈稳定策略的均衡点（ESS），从而得出上述博弈模型中各方行为的稳定结果（童毛弟、童业冬，2014）。

根据普惠金融精准扶贫的演化博弈模型，可以得到如式（4.10）所示的雅克比矩阵，各局部均衡点的稳定性分析结果如表 4 - 8 所示。

$$
J = \left\{ \begin{matrix} \dfrac{\partial F(x)}{\partial x} & \dfrac{\partial F(x)}{\partial y} \\ \dfrac{\partial F(y)}{\partial x} & \dfrac{\partial F(y)}{\partial y} \end{matrix} \right\} = \left\{ \begin{matrix} (1-2x)(Lry - Lc_1) & x(1-x)Lr \\ y(1-y)(2kL\beta - Lr) & (1-2y)\left[(2kL\beta - Lr)x - Lc_2\right] \end{matrix} \right\}
$$

$$(4.10)$$

表 4 - 8　　　　　　　　　　各局部均衡点的稳定性分析

均衡点	矩阵行列式的值	符号	矩阵的迹值	符号	稳定性
(0, 0)	$Lc_1 \times Lc_2$	+	$-Lc_1 - Lc_2$	−	ESS
(0, 1)	$(Lr - Lc_1) \times Lc_2$	+	$(Lr - Lc_1) + Lc_2$	+	不稳定
(1, 0)	$Lc_1 \times (2kL\beta - Lr - Lc_2)$	+	$Lc_1 + (2kL\beta - Lr - Lc_2)$	+	不稳定
(1, 1)	$(Lc_1 - Lr) \times \left[-(2kL\beta - Lr - Lc_2)\right]$	+	$(Lc_1 - Lr) + \left[-(2kL\beta - Lr - Lc_2)\right]$	−	ESS
(x^*, y^*)	0		0		不稳定

所以，（0，0）和（1，1）是演化博弈稳定策略的两个均衡点。由于获得贷款可以帮助贫困人口减缓贫困，则均衡点（1，1）是最佳的均衡点，即贫

困人口申请贷款并且普惠金融机构提供贷款。然而，演化博弈模型均衡点的形成不是一蹴而就的，普惠金融机构和贫困人口会根据他们的收益不断调整自己的行为，并且在这个动态调整的过程中选择他们的策略。由于由 (x^*, y^*)、$(0, 1)$、$(1, 1)$ 和 $(1, 0)$ 组成的区域将收敛于 $(1, 1)$，而由 (x^*, y^*)、$(0, 1)$、$(0, 0)$ 和 $(1, 0)$ 组成的区域将收敛于 $(0, 0)$，因此，当 (x^*, y^*) 离 $(1, 1)$ 越远，普惠金融机构和贫困人口越会采取策略 $(1, 1)$。则当 $(x^*, y^*) = (c_2/(2k\beta - r), c_1/r)$ 时，k 越大，由 (x^*, y^*)、$(0, 1)$、$(1, 1)$ 和 $(1, 0)$ 组成的区域越收敛于 $(1, 1)$。

由于 k 表示贫困人口发展生产的成功率，则 k 越大，即贫困人口发展生产的成功率越高。在现实中，当贫困人口的劳动能力越强时，其发展生产的成功率越高。相比非劳动年龄人口，农村劳动年龄人口是农村贫困人口中最具有劳动能力和发展潜力的群体，他们的劳动能力相对更高，从整体上来看，他们发展生产的成功率也可能更高。因此，如果农村普惠金融机构向农村劳动年龄人口提供贷款，将有望实现维持机构可持续发展和减缓贫困的双重效果，促使普惠金融精准扶贫的演化博弈模型达到 $(1, 1)$ 的均衡点。由此可以得出，农村普惠金融机构将服务对象精准定位于农村贫困劳动年龄人口，可以实现精准扶贫、精准脱贫。

第五章　中国普惠金融发展影响
因素的实证检验

理论研究表明，普惠金融发展受家庭和个人微观因素、环境制度等宏观因素及通信基础设施等技术层面因素的影响。本章分别从微观和基础设施层面，考察家庭金融素养（Financial Literacy）、信息通信技术（Information and Communication Technology，ICT）等因素对普惠金融发展的影响并进行实证检验，以期为促进普惠金融发展助推精准扶贫、精准脱贫提供参考。

第一节　家庭金融素养对普惠金融发展的影响

在影响普惠金融发展的诸多因素中，家庭金融素养是影响普惠金融发展的基础与前提。本部分主要基于大样本中国家庭金融调查（CHFS）数据，围绕家庭金融素养对普惠金融发展的影响进行实证研究，以期为提高普惠金融发展水平并以此促进精准脱贫提供参考。

一、金融素养对普惠金融发展的影响路径

金融素养对普惠金融发展的影响较为复杂。本部分主要研究家庭金融素养对金融可得及使用，即狭义普惠金融发展的影响，具体表现为金融自我排斥、供给排斥减缓等方面。

（一）金融自我排斥减缓路径

普惠金融与金融排斥息息相关，因此金融素养对普惠金融发展的影响离不开其对金融排斥的作用。消费者面临金融排斥的原因不仅包括供给层面的原因，如金融基础设施不足、金融产品种类单一、金融交易成本昂贵等，还包括需求层面的自我排斥。自我排斥指居民对某些金融产品或服务有需求，但由于

曾经在申请金融服务时被拒绝、听说很难获得或对金融产品不了解等原因而主动放弃申请使用该产品或服务。换言之，金融自我排斥是指人们在申请金融服务和产品时，认为申请难以通过或者易被拒绝，从而主动将自己排斥在正规金融体系之外。而家庭金融素养的提高可通过改善消费者因不了解、不信任、不学习引致的自我排斥，进而促进普惠金融发展。

第一，缓解不了解而产生的自我排斥。由于缺乏金融知识，信息盲点的存在使消费者往往不清楚金融产品的获得流程、使用方法，从而在主观上认为不能获得金融服务、不会使用金融产品而将自己主动排除在外。而金融素养的增加有利于消费者理解金融服务，并树立起主动接受金融产品和服务的意愿，减少自我排斥。

第二，缓解不信任而产生的自我排斥。一方面，金融素养缺乏导致居民对金融机构与产品持怀疑态度。在某些农村地区尤其是欠发达的农村地区，人们的居住地往往较为分散，较为封闭的居住环境使农村居民面临信息获取难、金融设施落后、金融教育欠缺等问题，金融知识不足且金融技能低下。该地区居民往往容易被正规金融体系边缘化，由此引发金融需求主体对金融机构及其服务的不信任感，使得需求者主动将自己排除在正规金融体系之外，其资金需求多来源于民间借贷等渠道。另一方面，金融知识与技能的缺乏也使消费者对自己持怀疑态度，因金融恐惧不敢使用金融产品。对此类群体，高金融素养的作用在于增强他们接触正规金融机构、参与基本金融活动以及接受金融服务和产品的信心，从而扩大金融产品使用度，促进普惠金融发展。

第三，缓解不学习而产生的自我排斥。随着科技的进步，金融服务日趋复杂，金融产品日益更新，但金融素养作为一种隐性知识具有代际遗传性，贫乏的金融素养往往容易引发学习障碍，造成居民及其子代的反学习性，从而阻碍金融产品和服务的普及。相反，金融素养的提升则有助于克服这一困难，产生正向的积极作用。

（二）金融供给排斥减缓路径

从金融产品与服务的供给主体考虑，正规金融部门不愿向弱势群体提供金融服务的驱动要素主要在于高昂的交易成本、较差的客户信用、匮乏的基础设施等增大了金融机构面临的成本、风险与实体阻碍等。这些因素的变动会带来普惠金融水平的变化，而消费者金融素养的提升则通过增加客户信用、减轻交易成本等途径发挥作用。一方面，较高金融素养可以促使消费者理解风险与收益，提高自身信用意识和风险防范能力，这有利于改善金融机构的风险，使其愿意提供金融产品，解决普惠金融需求层面的阻碍；另一方面，较高金融素养可以通过消除信息盲点，减轻金融机构成本，促进普惠金融发展。消费者在接触金融机构、使用金融产品时，往往面临着诸如不知在哪开户、如何开户以及贷款流程如何等信息问题。金融素养的提高可以使消费者主动了解并理解和操作，从而减轻金融机构的宣传、指导以及实施方面的人工、物力等交易成本，减缓金融排斥。

总之，金融需求者的金融素养水平通过影响消费者面临的主动自我排斥及被动供给排斥，进而影响金融产品与服务的可得和使用性，促进普惠金融发展。金融素养影响普惠金融发展的路径图如图 5 - 1 所示。

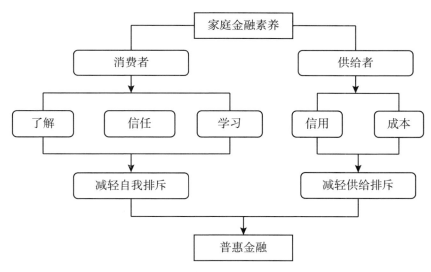

图 5 - 1　金融素养作用路径

二、金融素养对普惠金融影响的实证分析

根据前面对金融素养概念的界定，本部分首先利用主成分分析法，从金融知识与金融技能两方面构建金融素养指标。由于普惠金融指标为有序离散变量，本部分采用有序 Probit 模型，深入分析金融素养及其他因素对家庭普惠金融发展水平的影响。

（一）数据来源与模型设定

1. 数据来源

本部分研究数据主要包括宏观与微观两方面的数据，其中家庭微观数据来自西南财经大学 2011 年、2013 年、2015 年中国家庭金融调查（CHFS）微观数据库。中国家庭金融调查每两年进行一次，采用三阶段分层、与人口规模成比例（PPS）的抽样方法，借助科学抽样收集中国家庭金融微观信息。2011 年的数据覆盖了全国除西藏、新疆、内蒙古和港澳台地区外的 25 个省（区、市）80 个县 320 个村（居）委会的 8438 户家庭，2013 年调研数据扩至 29 个省（区、市）262 个县 1048 个村（社区）的 28000 多户家庭，具有一定的全国代表性。剔除缺失和异常值后，最终用于分析的 2011 年、2013 年版的样本分别为 7862 户、24587 户家庭，占比达 93.17%、87.36%。

宏观数据来源于《中国统计年鉴》、各省份统计年鉴以及 EPS 数据库。在实证分析部分，鉴于 2013 年 CHFS 调研数据反映的是当年金融普惠情况，因此本部分将宏观金融经济数据滞后一期以消除可能存在的内生性，即选取 2012 年的数据进行实证研究。

2. 指标选取与模型设定

根据家庭普惠金融的概念界定，以家庭使用金融产品与服务的数量衡量普惠金融水平。中国家庭金融调查数据库中涉及的金融资产主要覆盖银行存贷款、股票、债券、基金、保险、黄金、非人民币资产等。本部分用于研究的正规金融服务选取了银行存款①、银行贷款②、股票③、基金④、理财产

---

① 问卷中涉及储蓄的信息包括定期存款和活期存款：其一，目前您家是否有人民币活期存款账户；其二，目前您家有未到期的人民币定期存款。新设虚拟变量：储蓄（savings），若家庭拥有定期或活期存款，savings = 1，否则 savings = 0。

② 问卷中涉及银行贷款的信息包括四个方面：其一，是否有为农业或工商业生产经营活动的银行贷款；其二，是否有为购买/维修/改建/扩建/装修房屋的银行贷款；其三，是否有为购买汽车的银行贷款；其四，是否有为家庭成员教育的银行贷款。新设虚拟变量：银行贷款（BL），若家庭拥有工商业农业、房屋、汽车或教育贷款，BL = 1，否则 BL = 0。

③ 目前您家是否持有股票账户。新设虚拟变量：股票（stock），若家庭拥有股票账户，stock = 1，否则 stock = 0。

④ 目前您家持是否持有基金。新设虚拟变量：基金（found），若家庭持有基金，found = 1，否则 found = 0。

品[①]、债券[②]、衍生品[③]七类，既包含目前最基本、最重要的金融服务，即银行存贷款，也涵盖其他金融机构的产品，即投资类产品，体现了普惠金融服务对象、机构参与和服务产品的全面性特点，同时改进了只包含存贷款、理财产品指标构建（栗勤等，2015）的不足。因此，家庭普惠金融水平指标（HFI）设定如下：如果未使用上述任何一种金融服务赋值，则为 0；使用其中一种赋值，则为 1；使用两种赋值，则为 2；使用三种赋值，则为 3；使用四种赋值，则为 4；使用五种及其以上赋值，则为 5。如果家庭未使用上述七种服务的任何一种，则认为该家庭被正规金融体系排斥；如果家庭使用了这些正规金融服务中的任意一种，则认为该家庭被正规金融体系普惠。换言之，家庭使用正规金融产品和服务的种类越多，普惠程度越高，反之越低。

在分析离散选择问题时，概率模型（Logit、Probit 和 Tobit）是较为理想的估计方法。本部分设定的普惠金融指标为大于两类的有序离散变量，而有序 Probit 模型是近年来处理多类别离散数据应用较广泛的一种方法。因此，借鉴已有文献及本部分的研究假设，建立有序 Probit 模型实证检验金融素养对普惠金融发展的影响，模型设定如下：

$$HFI_{i,j,t} = \beta_0 + \beta_1 HFL_{i,j,t} + \sum_m \lambda_m H_{i,j,t} + \sum_n \gamma_n R_{j,t} + u_{j,t} \qquad (5.1)$$

式中，被解释变量为普惠金融水平（HFI），此变量反映家庭使用正规金融产品和服务的程度，产品和服务的多少反映了普惠金融水平的深度，即种类越多，普惠金融水平越高。核心解释变量为金融素养水平（HFL），由家庭金融知识和金融技能构成。控制变量主要包括微观家庭特征变量（H）以及宏观地区特征变量（R）两个方面。其中，家庭变量包括家庭规模、家庭信息化水平、户主性别、户主婚姻、户主年龄等，宏观变量则包括地区居住偏远性、经济发展水平、城镇化率等。

---

① 目前您家是否拥有银行理财产品。新设虚拟变量：理财（FP），若家庭拥有银行理财产品，FP = 1，否则 FP = 0。

② 目前您家是否持有债券。新设虚拟变量：债券（bond），若家庭拥有债券，bond = 1，否则 bond = 0。

③ 目前您家是否拥有金融衍生品。新设虚拟变量：衍生品（DER），若家庭拥有债券，DER = 1，否则 DER = 0。

（二）相关变量构建及其描述性分析

本部分的被解释变量为家庭普惠金融发展水平（HFI），根据是否使用银行存款、银行贷款、股票、基金、理财产品、债券、衍生品七类金融产品以及使用数量进行赋值，赋值区间为 0 ~ 5。核心解释变量与相关控制变量构建如下：

1. 金融素养指标构建及其描述性分析

根据概念界定，家庭金融素养指家庭拥有的金融知识和有效管理金融资源的能力，包括金融知识与金融技能两个方面。基于中国家庭金融调查（CHFS）问卷内容和相关文献回顾，选取以下相关指标，见表 5 - 1。

（1）金融知识。参照国内现有的关于金融知识的研究（曾志耕等，2015；尹志超等，2014，2015；吴雨等，2016），选取受访家庭关于利率计算、通货膨胀计算以及投资风险认知三个问题进行衡量。已有文献认为，对问卷中的问题回答错误与回答不出来或回答不知道所代表的金融知识水平不同，因而需要对每个问题分别构建是否回答正确以及能否回答该问题等两个哑变量，以区分受访者的不同回答所反映的金融知识水平，由此可以得到三个问题、六个变量。同时，还选取家庭对经济、金融方面的信息关注程度指标（马双、赵朋飞，2015），鉴于关注程度的高低可反映家庭对金融产品相关知识了解程度，因此设定虚拟变量 HFL4，若受访者"非常关注"或"很关注"或"一般关注"，赋值为 1；"很少关注"或"从不关注"，赋值为 0。最后，增加了"上过经济或金融类的课程"这一指标以反映家庭金融知识水平，设定虚设变量 HFL5，若受访家庭上过经济金融类课程，HFL5 赋值为 1，否则为 0。

（2）金融技能。投资者所具备的技能主要通过其金融决策表现，已有研究表明金融素养更高的人风险承受能力也更强（Benjamin et al.，2006）。因此，本部分选取投资者的风险偏好程度来度量家庭金融技能水平（朱涛等，2015；吴敏，2015），设定虚拟变量 FS，若受访者选择"高风险、高回报项目"或"略高风险、略高回报项目"或"平均风险、平均回报的项目"，则赋值 1，而选择"略低风险、略低回报的项目"或"不愿意承担任何风险"，则赋值 0。

表 5 – 1　　　　　　　　　金融素养指标构建来源与定义

变量	来源说明	变量定义	符号
利率计算	假设现在有 100 元，银行的年利率是 4%，如果把这 100 元钱存 5 年定期，5 年后获得的本息为？	回答正确，即"等于 120 元"，赋值为 1，反之为 0	HFL11
		选择"算不出来"，赋值为 0，反之为 1	HFL12
通货膨胀	假设现在有 100 块钱，银行年利率是 5%，通货膨胀率每年是 3%，这 100 元钱存银行一年之后能够买到的东西将？	回答正确，即"比一年前多"，赋值为 1，反之为 0	HFL21
		选择"算不出来"，赋值为 0，反之为 1	HFL22
投资风险	一般而言，单独买一个公司的股票是否比买一只股票基金风险更大？	回答正确，即"是"，赋值为 1，反之为 0	HFL31
		不知道，即选择"没有听过股票"或"没有听说过股票基金"或"两者都没有听说过"，赋值为 1，反之为 0	HFL32
金融信息	平时对经济、金融方面信息的关注程度？	选择"非常关注"或"很关注"或"一般"，赋值为 1；选择"很少关注"或"从不关注"，赋值为 0	HFL4
金融课程	是否上过经济或金融类的课程	选择"是"，赋值为 1，反之为 0	HFL5
风险偏好	假如有一笔资产，愿意进行哪种投资项目？	选择"高风险、高回报项目"或"略高风险、略高回报项目"或"平均风险、平均回报的项目"，赋值 1；选择"略低风险、略低回报的项目"或"不愿意承担任何风险"，赋值 0	HFL6

借鉴现有研究的基本做法（Huston，2010；Finke，2014；Smith，2012；吴敏，2015），采用 Stata13.0 软件对于金融知识和金融技能两个方面共 9 个变量进行主成分分析。由表 5 – 2 可知，变量的 KMO 值为 0.7097，根据 Kaiser 标准，KMO 值高于 0.7 可接受，即可进行主成分分析，最终抽取三个主成分计算综合得分，即金融素养。通过主成分分析所抽取的三个成分所能解释的原变

量累积方差达到59.14%，见表5-3，因子载荷如表5-4所示。

表5-2 KMO值

变量	KMO值
HFL11	0.7138
HFL12	0.7273
HFL21	0.7090
HFL22	0.7366
HFL31	0.6281
HFL32	0.6475
HFL4	0.8643
HFL5	0.8702
HFL6	0.8752
合计	0.7097

表5-3 解释的总方差

成分	合计	累计百分比
1	3.03153	33.68%
2	1.25888	47.67%
3	1.03256	59.14%
4	0.96019	69.81%
5	0.82089	78.93%
6	0.73119	87.06%
7	0.62592	94.01%
8	0.34704	97.87%
9	0.19180	100.00%

表 5 - 4   因子载荷表

变量	成分 1	成分 2	成分 3
HFL11	0.2351	0.4162	- 0.3025
HFL12	0.4190	0.3319	- 0.1443
HFL21	0.2035	0.4060	0.1377
HFL22	0.4137	0.3192	- 0.0528
HFL31	0.3998	- 0.4716	- 0.3299
HFL32	0.4343	- 0.4302	- 0.2701
HFL4	0.2955	- 0.0837	0.4584
HFL5	0.2462	- 0.1870	0.4682
HFL6	0.2454	- 0.0220	0.5047

根据主成分分析，以方差贡献率加权可得各个家庭的金融素养水平，如表 5 - 5 所示。由表 5 - 5 可知，区域家庭金融素养平均水平呈东部高于中部和西部、中部和西部差异较小的趋势，且中部和西部家庭的水平分布较东部更加分散；城市家庭金融素养显著高于农村家庭且分布更为集中。

表 5 - 5   金融素养的描述性统计分析

类别		最小值	最大值	均值	标准差
区域	东部	- 0.7913105	1.757076	0.0183872	0.6368456
	中部	- 0.7913105	1.757076	- 0.0168696	0.5987713
	西部	- 0.7913105	1.757076	- 0.0144052	0.6044248
城乡	城市	- 0.7913105	1.757076	0.1047486	0.6184658
	农村	- 0.7913105	1.757076	- 0.2315164	0.5508298
全国		- 0.7913105	1.757076	- 8.57e - 09	0.6181445

2. 控制变量指标构建及其描述性分析

除金融素养外，普惠金融水平还会受到家庭规模、性别、年龄等一系列微观因素及地区经济发展水平、城乡收入差距、移动通信技术发展等诸多宏观因素的影响。根据现有研究，普惠金融的控制变量主要包括微观家庭与宏观环境两个层面。考虑到数据的可得性，微观家庭控制变量主要选取家庭变量和户主变量；宏观控制变量则选取居住偏远性、经济发展水平、城镇化率和城乡收入差距水平等指标。模型所涉及的相关变量定义与预期方向见表 5-6。

（1）家庭变量。具体包括家庭规模（hhsize）和家庭信息化水平（ict）两个指标。有学者认为家庭规模越大，收入越高，受到金融排斥的概率越小；也有学者提出家庭规模越大，代表家庭拥有相对较多的老年人与小孩，从而导致生活负担加重，因此，家庭规模对金融排斥存在正向作用（徐少君等，2009）。家庭信息化水平直接影响家庭获得金融服务并使用金融产品的便利性。

（2）户主变量。具体指标包括：户主性别（male）与年龄（age）、户主民族（hnation）、户主户口（apr）及户主婚姻（married）、户主政治面貌（pm）、户主工作情况（work）与身体健康情况（health）、户主受教育水平（education）等。其中，户主性别和年龄是两个较有争议的指标。一般认为，儿童和老年人、妇女更易受到金融排斥（Hogarth，O'Donnell，2000），但也有人认为年龄与金融排斥是否显著相关仍需进一步商榷（FSA，2000）。关于英国的研究表明，性别与金融排斥之间没有显著相关性（Devlin，2005），性别并不能成为金融排斥的预测因素（FSA，2000）。一般而言，少数民族及农村户口具有较强的金融排斥倾向，相对于已婚家庭，离婚者、丧偶者也更容易受到金融排斥；党员家庭被金融普惠的可能性更大；户主工作与否是决定家庭收入的重要原因，因此，具有较好身体条件且有工作的户主家庭的普惠金融水平应更高；户主受教育水平越高，家庭受到金融普惠的概率越大。为具体分析各层次的教育水平对家庭普惠金融水平的影响，本部分又将户主教育程度细分为中等教育（senior）、高等教育（college）以及高等以上（pgd）三个层次。

（3）宏观区域控制变量。主要包括居住偏远性（distance）、以人均 GDP 衡量的经济发展水平（GDP）、城镇化率（urban）和城乡收入差距水平（gap）等指标。一般认为，家庭如果距离市/县中心等较发达区域较近，则有利于改善家庭获取金融产品的便利性并减轻金融服务的成本，从而利于普惠金融发展；区域经济越发达，普惠金融水平越高；城镇化率（城镇人口数占总人数的比重）的提高可促进金融产品和服务的可得；城乡收入差距（城镇居民人均可支配收入与农村居民人均纯收入的比值）的扩大会使金融产品偏离农村以及落后地区，不利于普惠金融水平的提高。

表 5 – 6   模型相关变量定义与预期方向

变量类型			变量名称	变量符号	变量定义	预期方向
被解释变量			普惠金融水平	HFI	家庭拥有金融产品数量	/
核心解释变量			金融素养水平	HFL	主成分分析法架构	+
控制变量	微观变量	家庭	家庭规模	hhsize	家庭人口总数	+、 –
			家庭信息化水平①	ict	拥有手机或计算机则为1，否则为0	+
		户主	户主性别	male	男为1，否则为0	+、 –
			户主年龄	age	60岁以下为1，否则为0	+
			户主民族	hnation	汉族为1，否则为0	+
			户主户口	apr	城镇户口为1，否则为0	+
			户主婚姻	married	已婚为1，否则为0	+
			户主政治面貌	pm	中共党员为1，否则为0	+
			户主工作	work	有工作为1，否则为0	+
			户主身体状况	health	不好为0，否则为1，	+
			户主教育	senior	高中或中专为1，否则为0	+
				college	大学获大专为1，否则为0	+
				pgd	硕士或博士为1，否则为0	+
	宏观变量		居住偏远性②	distance	时间绝对值	–
			经济发展水平	GDP	人均GDP	+
			城镇化率	urban	城镇人口数/总人数	+
			城乡收入差距	gap	城镇人均可支配收入/农村人均纯收入	–

注：①问卷中询问受访家庭是否有计算机、手机，新设虚拟变量ict，若拥有手机或计算机，ict =1，否则 ict =0。

②问卷中询问受访户所在小区/村子与市/县中心的距离，用所需时间（分钟数）表示。

选用 Stata13.0 软件进行分析，得到各控制变量的描述性统计分析，如表 5 – 7 所示。首先，在家庭信息方面，样本家庭一般为三口之家，大部分家庭拥有手机或者计算机，占比约为 91.65%。其次，在户主信息方面，受访家庭户主大部分为汉族男性、已婚且身体健康，约 71.18% 的户主在 60 岁以下，约 68.02% 的户主拥有工作，仅 17.59% 的户主为中共党员。此外，样本家庭中城镇户口家庭比重略低于农村户口，占比达46.27%。户主受教育程度在中等、高等和高等以上水平的比例呈现递减趋势且越来越分散，占比分别为20.38%、16.48%、0.98%，可见，我国家庭户主受教育水平仍较低。最后，在宏观环境上，家庭所在小区/村子距市/县中心的平均路程约为34分钟，区域人均国内生产总值为46912.76元，城镇化率为56.76%，城乡收入差距约为2.78%，可见，我国城镇化水平偏低且城乡收入差距较大。

表5-7　　　　　　　　　　　控制变量的描述性统计分析

变量名称	平均值	最大值	最小值	标准差
hhsize	3.391874	19	1	1.581863
ict	0.9164599	1	0	0.2767025
male	0.7530809	1	0	0.431228
age	0.7118396	1	0	0.4529154
hnation	0.937528	1	0	0.2420158
apr	0.4627242	1	0	0.4986187
married	0.8615529	1	0	0.3453757
pm	0.175906	1	0	0.3807479
work	0.6801562	1	0	0.4664253
health	0.8308049	1	0	0.3749318
senior	0.2038069	1	0	0.4028353
college	0.1648025	1	0	0.3710098
pdg	0.0098019	1	0	0.0985203
distance	34.06312	609	0	35.08886
GDP	46912.76	91251.8	19667.62	20327.01
urban	56.75988	89.3	36.41	14.24625
gap	2.77814	3.93	2.06	0.4863507

（三）实证结果分析

在前文的模型设定及相关指标构建的基础上，本部分首先从全国、区域和城乡三个主体层面，就金融素养对普惠金融发展的影响进行回归分析；鉴于有序 Probit 模型仅反映自变量对因变量影响的显著性与方向性，本部分将进一步分析全国层面金融素养对普惠金融发展的边际效应；为验证实证结果的稳健性，分别通过加总法构建金融素养指标和采用 2013 年 CHFS 数据两种方式进行稳健性检验。研究结果均表明，金融素养对普惠金融发展具有显著促进作用。

1. 金融素养对普惠金融影响的实证结果

利用 Stata13.0 软件，采用有序 Probit 模型对全国以及东、中、西部三大区域及城乡家庭三类组别下家庭金融素养对家庭普惠金融影响进行回归分析，结果见表 5 - 8。

表 5 -8　　　　　　　　金融素养对普惠金融影响的实证结果

变量	全国	区域			城乡	
	（1）全国	（2）东部	（3）中部	（4）西部	（5）城市	（6）农村
HFI	0.467 *** (0.014)	0.510 *** (0.020)	0.447 *** (0.025)	0.456 *** (0.029)	0.499 *** (0.016)	0.362 *** (0.026)
hhsize	0.009 * (0.005)	- 0.003 (0.008)	0.006 (0.010)	0.016 (0.011)	0.010 (0.007)	0.016 ** (0.008)
ict	0.385 *** (0.030)	0.438 *** (0.044)	0.413 *** (0.054)	0.276 *** (0.061)	0.401 *** (0.038)	0.342 *** (0.047)
male	- 0.060 ** (0.018)	- 0.045 * (0.025)	- 0.100 *** (0.035)	- 0.023 (0.039)	- 0.070 *** (0.020)	0.033 (0.046)
age	0.029 (0.020)	- 0.073 ** (0.030)	0.158 *** (0.036)	0.090 ** (0.041)	- 0.061 ** (0.025)	0.157 *** (0.032)
hnation	0.082 ** (0.031)	- 0.043 (0.048)	0.110 (0.071)	0.281 *** (0.052)	0.104 ** (0.040)	0.056 (0.049)
apr	0.340 *** (0.019)	0.335 *** (0.027)	0.365 *** (0.036)	0.316 *** (0.041)	0.272 *** (0.021)	0.303 *** (0.070)
married	0.262 *** (0.023)	0.315 *** (0.033)	0.207 *** (0.044)	0.266 *** (0.049)	0.283 *** (0.027)	0.200 *** (0.051)

续表

变量	全国	区域			城乡	
	（1） 全国	（2） 东部	（3） 中部	（4） 西部	（5） 城市	（6） 农村
pm	0.134 *** （0.020）	0.089 *** （0.029）	0.223 *** （0.038）	0.160 *** （0.045）	0.118 *** （0.023）	0.210 *** （0.044）
work	0.085 *** （0.020）	0.082 *** （0.029）	0.013 （0.036）	0.185 *** （0.041）	0.139 *** （0.023）	0.042 （0.041）
health	0.196 *** （0.021）	0.197 *** （0.033）	0.177 *** （0.036）	0.166 *** （0.041）	0.165 *** （0.027）	0.216 *** （0.033）
senior	0.256 *** （0.020）	0.292 *** （0.029）	0.204 *** （0.036）	0.259 *** （0.045）	0.290 *** （0.027）	0.098 ** （0.044）
college	0.567 *** （0.025）	0.585 *** （0.035）	0.524 *** （0.048）	0.550 *** （0.054）	0.569 *** （0.027）	0.313 ** （0.126）
pdg	0.746 *** （0.073）	0.736 *** （0.086）	0.709 *** （0.195）	0.945 *** （0.216）	0.740 *** （0.074）	（omitted）
distance	− 0.002 *** （0.0002）	− 0.002 *** （0.0004）	− 0.003 *** （0.0005）	− 0.002 *** （0.0004）	− 0.002 *** （0.0004）	− 0.002 *** （0.0003）
GDP	4.30e − 06 *** （1.17e − 06）	3.65e − 06 *** （2.02e − 06）	5.64e − 06 ** （2.44e − 06）	0.00004 *** （6.99e − 06）	1.97e − 06 （1.35e − 06）	9.31e − 06 *** （2.38e − 06）
urban	0.011 *** （0.002）	0.011 *** （0.002）	0.015 *** （0.004）	0.050 *** （0.007）	0.013 *** （0.002）	0.002 （0.004）
gap	− 0.308 *** （0.021）	− 0.409 *** （0.059）	− 0.100 ** （0.047）	− 0.062 （0.046）	− 0.275 *** （0.026）	− 0.346 *** （0.036）
观察值	24587	11371	7589	5627	16928	7659
Pseud R^2	0.1361	0.1369	0.1258	0.1260	0.1184	0.0620

　　注：本表为有序 Probit 模型估计结果；（1）~（6）列模型结果括号外和括号内的数值分别为估计系数和标准误差；*、**、*** 分别表示在10%、5% 和 1% 水平上显著；omitted 为共线，Stata 处理中自动忽略。

　　由表 5 - 8 可以看出，第一，总体来看，我国家庭金融素养水平的提高显著促进了家庭普惠金融水平的提升。家庭金融素养水平与全国以及东、中、西部区域家庭和城乡家庭的普惠金融水平均在 1% 的显著性水平下显著正相关，回归结果具有稳健性。

第二，从家庭因素来看，以移动通信和互联网为表征的信息化水平与中国家庭普惠金融水平的提高显著正相关。这可能是因为随着信息化水平的提高，家庭接触、获取并使用金融产品的渠道更多、更便利，因此普惠金融水平顺势增加，这与国内外大多数学者的研究相一致。而家庭规模因素对家庭普惠金融的影响在东、中、西部及城乡之间存在一定差异。家庭规模对全国以及中国农村家庭普惠金融水平影响分别在 10%、5% 的显著性水平下显著，但对东、中、西部家庭和城市家庭的作用不明显。这可能是因为相对于其他组别，农村家庭的收入更多依赖于家庭人数多寡，家庭规模越大的家庭收入越多，因而更易受到金融普惠。

第三，从户主相关因素来看，除西部和农村地区外，户主性别与家庭普惠金融水平存在明显负相关，说明户主为女性的家庭获得更多金融产品。这一结论与部分学者（FSA，2000；Devlin，2005）关于性别不是金融普惠预测指标的观点不一致。户主年龄对家庭普惠金融的作用效果也有待商榷，这一结论与 FSA（2000）对英国金融排斥的研究一致。具体分析可以发现，年龄对于我国整体家庭普惠金融水平影响不显著，而对我国东部和城市较发达地区的家庭而言，户主年龄小于 60 岁不利于家庭金融服务和金融产品的可得，如在北京、上海等发达地区，许多老年人也开始使用理财产品等。但在中部和西部地区及农村地区，户主年龄小于 60 岁与家庭普惠金融水平显著正相关。虽然在区域和城乡分组下，户主是否是汉族、工作与否对家庭普惠金融的影响略有差异，但总体来看，户主为汉族、有工作的家庭的普惠金融水平较高。在 1% 的显著性水平下，六个组别中的户主户口、婚姻状况、是否党员、身体条件以及教育水平等影响因素均与家庭普惠金融水平显著相关，符号为正，表明城镇户口、已婚、中共党员、健康身体和较高教育水平的户主因素都有利于家庭普惠金融水平的提升。这些实证结果也与部分学者（栗勤等，2015；Hogarth and O'Donnell，1997）的研究结论相符，并分别与徐少君和金雪军（2009）等学者的研究结论相符。

第四，从宏观变量来看，家庭与市/县中心的距离以及城乡收入差距与家庭普惠金融水平显著负相关，即居住在距离市/县中心越远、城乡收入差距越大区域的家庭越易受到金融排斥；而地区经济发展水平的提高有利于普惠金融发展。另外，除农村家庭外，区域城镇化率与家庭普惠金融水平的关系显著且符号为正，说明较高的城市化水平有利于家庭普惠金融水平的提升。

2. 金融素养对普惠金融影响的边际效应

由于有序 Probit 模型只能反映金融素养水平对普惠金融水平影响的方向性与显著性，因而本部分还在全国层面计算了解释变量对不同普惠金融水平作用的平均边际效应，见表 5 - 9。

从表 5 - 9 可以看出，第一，家庭金融素养水平每提高 1 个百分点，家庭受到金融排斥（HFI = 0）的概率下降 15.33% 且边际效应最大；较低普惠金融水平（HFI = 1）的概率提升 4.87 个百分点；使用两种金融产品（HFI = 2）的概率上升 8.35 个百分点；中等普惠金融水平（HFI = 3）的概率上升 1.78%；较高等的普惠金融水平（HFI = 4）的概率也有所增加，为 0.3%；对使用五种金融产品的边际作用较小，但仍显著，提升水平为 0.03%。

第二，从边际效应结果来看，家庭信息化水平、户主非农户口、户主已婚、户主健康、户主为高教育水平和低城乡收入差距等均对家庭普惠金融水平有较强的促进作用，这些结果与理论和现实相符。尤其是，与金融素养具有一定关联的教育因素尤其是高等教育及其以上的教育水平对家庭普惠金融提高的作用效果较大。中等、高等、高等以上三个教育层次下，依次递增的边际系数也反映出户主受教育程度的提高显著促进家庭普惠金融水平的提升。具体而言，中等、高等和高等以上教育水平每提高 1%，家庭受到金融排斥（HFI = 0）的概率分别下降 7.99%、16.17% 和 18.24%，较低普惠金融水平（HFI = 1）的概率分别提升 1.78 个、0.92 个、4.66 个百分点，使用两种金融产品（HFI = 2）的概率上升也较明显，提升效果分别为 4.85%、11.38%、15.83%。与金融素养相似，教育水平对中等（HFI = 3）、较高等（HFI = 4）以及高等普惠金融水平（HFI = 5）边际作用逐渐降低，但影响显著。

第三，户主的汉族、党员身份，拥有工作等微观变量以及居住偏远性、经济发展水平、城镇化率等宏观变量亦对家庭普惠金融水平的提升产生一定效果。

表 5 - 9　　　　　　　　金融素养对家庭普惠金融水平影响的边际效应结果

变量	HFI = 0 (1)	HFI = 1 (2)	HFI = 2 (3)	HFI = 3 (4)	HFI = 4 (5)	HFI = 5 (6)
HFI	- 15. 33 *** (0. 004)	4. 87 *** (0. 002)	8. 35 *** (0. 003)	1. 78 *** (0. 001)	0. 30 *** (0. 000)	0. 03 *** (0. 000)
hhsize	- 0. 30 * (0. 002)	0. 09 * (0. 001)	0. 16 * (0. 001)	0. 03 * (0. 000)	0. 01 * (0. 000)	5. 66e - 06 (0. 000)
ict	- 13. 72 *** (0. 011)	6. 53 *** (0. 007)	5. 93 *** (0. 004)	1. 08 *** (0. 001)	0. 17 *** (0. 000)	0. 01 *** (0. 000)
male	1. 94 *** (0. 006)	- 0. 58 *** (0. 002)	- 1. 08 *** (0. 003)	- 0. 23 *** (0. 001)	- 0. 04 *** (0. 000)	- 0. 004 *** (0. 000)
age	- 0. 96 (0. 007)	0. 31 (0. 002)	0. 52 (0. 004)	0. 11 (0. 001)	0. 02 (0. 000)	0. 002 (0. 000)
hnation	- 2. 77 *** (0. 011)	0. 99 ** (0. 004)	1. 43 *** (0. 005)	0. 29 *** (0. 001)	0. 05 *** (0. 000)	0. 005 *** (0. 000)
apr	- 11. 04 *** (0. 006)	3. 32 *** (0. 002)	6. 12 *** (0. 003)	1. 34 *** (0. 001)	0. 23 *** (0. 000)	0. 02 *** (0. 000)
married	- 9. 08 *** (0. 008)	3. 79 *** (0. 004)	4. 31 *** (0. 004)	0. 83 *** (0. 001)	0. 13 *** (0. 000)	0. 01 *** (0. 000)
pm	- 4. 27 *** (0. 006)	1. 13 *** (0. 001)	2. 47 *** (0. 004)	0. 55 *** (0. 001)	0. 10 *** (0. 000)	0. 01 *** (0. 000)
work	- 2. 82 *** (0. 007)	0. 94 *** (0. 002)	1. 50 *** (0. 003)	0. 31 *** (0. 001)	0. 05 *** (0. 000)	0. 01 *** (0. 000)
health	- 6. 69 *** (0. 007)	2. 60 *** (0. 003)	3. 32 *** (0. 003)	0. 66 *** (0. 001)	0. 11 *** (0. 000)	0. 01 *** (0. 000)
senior	- 7. 99 *** (0. 006)	1. 78 *** (0. 001)	4. 85 *** (0. 004)	1. 13 *** (0. 001)	0. 21 *** (0. 000)	0. 02 *** (0. 000)
college	- 16. 17 *** (0. 006)	0. 92 *** (0. 002)	11. 38 *** (0. 006)	3. 13 *** (0. 002)	0. 65 *** (0. 001)	0. 08 *** (0. 000)
pdg	- 18. 24 *** (0. 012)	4. 66 *** (0. 016)	15. 83 *** (0. 016)	5. 50 *** (0. 009)	1. 36 *** (0. 003)	0. 19 *** (0. 001)

续表

变量	HFI = 0 （1）	HFI = 1 （2）	HFI = 2 （3）	HFI = 3 （4）	HFI = 4 （5）	HFI = 5 （6）
distance	0.08 *** （0.000）	− 0.02 *** （0.000）	− 0.04 *** （0.000）	− 0.01 *** （0.000）	− 0.002 *** （0.000）	− 1.44e − 06 *** （0.000）
GDP	− 1.41e − 06 *** （0.000）	4.49e − 07 *** （0.000）	7.69e − 07 *** （0.000）	1.63e − 07 *** （0.000）	2.78e − 08 *** （0.000）	2.68e − 09 *** （0.000）
urban	− 0.36 *** （0.001）	0.11 *** （0.000）	0.20 *** （0.000）	0.04 *** （0.000）	0.01 *** （0.000）	6.83e − 06 *** （0.000）
gap	10.12 *** （0.007）	− 3.22 *** （0.002）	− 5.51 *** （0.004）	− 1.17 *** （0.001）	− 0.20 *** （0.000）	− 1.92 *** （0.000）

注：（1）~（6）列模型结果括号外和括号内的数值分别为表 3 – 8 模型（1）中各解释变量在 HFI 在不同取值上的平均边际效应和标准误差；***、**、* 分别表示在 1%、5% 和 10% 水平上显著。

3. 稳健性检验

本部分利用中国家庭金融调查 2013 年数据，选取加总法构建金融素养测度指标（尹志超等，2014），检验金融素养对普惠金融作用结果的稳定性，结果见表 5 – 10。

由表 5 – 10 可以发现，无论是在全国层面，还是东、中、西部地区区域层面或城乡家庭层面，家庭金融素养均在 1% 的显著性水平下与家庭普惠金融水平正相关，即金融素养水平的提高有利于家庭金融产品和服务的普惠发展。

通过更换数据年份，如使用中国家庭金融调查数据库 2011 年的数据进行稳健性检验，实证结果也表明家庭金融素养水平的提高显著促进家庭普惠金融水平的发展，该结果具有稳健性。2011 年中国家庭金融调查与 2013 年有所不同，2011 年的调查问卷未直接涉及金融素养的相关问题，本部分选取的是家庭"是否关注经济信息""是否从事金融行业"以及"风险偏好程度"三个问题（朱涛等，2015；粟勤、肖晶，2015）作为金融素养的替代指标，采用主成分分析法构建金融素养指标并研究家庭金融素养对普惠金融影响的效果。回归结果（见表 5 – 11）显示，家庭金融素养水平与全国以及东、中部地区和城乡家庭的普惠金融水平均在 1% 的显著性水平下显著正相关，与西部地区家庭在 10% 的水平下显著正相关，再次证明了家庭金融素养水平的提高显著促进家庭普惠金融水平的发展，该结果具有稳健性。

表 5 - 10　　金融素养对普惠金融影响的稳健性检验（2013 年 CHFS 数据）

变量	全国	区域			城乡	
	（1）全国	（2）东部	（3）中部	（4）西部	（5）城市	（6）农村
HFI	0.131 *** (0.003)	0.145 *** (0.005)	0.123 *** (0.006)	0.126 *** (0.007)	0.139 *** (0.004)	0.103 *** (0.007)
hhsize	0.011 ** (0.005)	−0.001 (0.008)	0.008 (0.010)	0.019 * (0.011)	0.012 * (0.007)	0.018 ** (0.008)
ict	0.370 *** (0.030)	0.424 *** (0.044)	0.398 *** (0.054)	0.261 *** (0.061)	0.380 *** (0.039)	0.336 *** (0.047)
male	−0.059 *** (0.018)	−0.044 * (0.025)	−0.099 *** (0.036)	−0.025 (0.039)	−0.070 *** (0.020)	0.028 (0.046)
age	0.019 (0.020)	−0.083 *** (0.030)	0.149 *** (0.036)	0.081 ** (0.041)	−0.071 *** (0.025)	0.149 *** (0.033)
hnation	0.084 *** (0.031)	−0.040 (0.048)	0.118 * (0.071)	0.277 *** (0.052)	0.107 *** (0.040)	0.056 (0.049)
apr	0.319 *** (0.019)	0.311 *** (0.027)	0.347 *** (0.036)	0.300 *** (0.041)	0.254 *** (0.021)	0.295 *** (0.070)
married	0.251 *** (0.023)	0.298 *** (0.033)	0.203 *** (0.045)	0.256 *** (0.049)	0.268 *** (0.027)	0.199 *** (0.052)
pm	0.131 *** (0.020)	0.087 *** (0.029)	0.224 *** (0.038)	0.154 *** (0.045)	0.119 *** (0.023)	0.199 *** (0.044)
work	0.086 *** (0.020)	0.082 *** (0.029)	0.015 (0.036)	0.183 *** (0.041)	0.139 *** (0.023)	0.043 (0.041)
health	0.187 *** (0.021)	0.193 *** (0.033)	0.168 *** (0.036)	0.151 *** (0.041)	0.156 *** (0.027)	0.209 *** (0.033)
senior	0.240 *** (0.020)	0.273 *** (0.029)	0.192 *** (0.036)	0.244 *** (0.045)	0.273 *** (0.023)	0.091 ** (0.044)

续表

变量	全国	区域			城乡	
	（1） 全国	（2） 东部	（3） 中部	（4） 西部	（5） 城市	（6） 农村
college	0.557 *** （0.025）	0.572 *** （0.035）	0.512 *** （0.048）	0.556 *** （0.054）	0.562 *** （0.026）	0.302 ** （0.126）
pdg	0.745 *** （0.073）	0.736 *** （0.085）	0.701 *** （0.195）	0.937 *** （0.216）	0.742 *** （0.074）	（omitted）
distance	− 0.002 *** （0.000）	− 0.002 *** （0.000）	− 0.003 *** （0.000）	− 0.002 *** （0.000）	− 0.002 *** （0.000）	− 0.002 *** （0.000）
GDP	$4.30e-06$ *** （$1.17e-06$）	$3.21e-06$ （$2.02e-06$）	$6.02e-06$ ** （$2.45e-06$）	− 0.000 （$7.00e-06$）	$1.91e-06$ *** （$1.35e-06$）	$9.55e-06$ *** （$2.38e-06$）
urban	0.011 *** （0.002）	0.011 *** （0.002）	− 0.016 *** （0.004）	0.051 *** （0.007）	0.013 *** （0.002）	0.002 （0.004）
gap	− 0.303 *** （0.021）	− 0.406 *** （0.059）	− 0.110 ** （0.047）	− 0.069 （0.046）	− 0.276 *** （0.026）	− 0.336 *** （0.036）
观察值	24587	11371	7589	5627	16928	7659
Pseudo R^2	0.1407	0.1426	0.1292	0.1298	0.1236	0.0649

注：本表为有序 Probit 模型估计结果。（1）~（6）列模型结果括号外和括号内的数值分别为估计系数和标准误差；＊、＊＊、＊＊＊分别表示在 10%、5% 和 1% 水平上显著；omitted 为共线，Stata 处理中自动忽略。

4. 小结

从上述实证结果来看，金融素养水平的提升显著促进普惠金融发展。具体而言，家庭金融素养水平与全国以及东、中、西部地区和城乡家庭的普惠金融水平均在 1% 的显著性水平下显著正相关且回归结果具有稳健性。而且，家庭金融素养对普惠金融提升的边际效应较大。

除金融素养外，家庭普惠金融发展还受多维度的宏微观因素影响。其中，家庭高信息化、户主非农户口、已婚、党员、身体健康、高教育水平以及区域经济发展程度高等影响因素均与家庭普惠金融水平显著正相关，家庭距离偏远性、城乡收入差距与家庭普惠金融水平显著负相关，而家庭规模、户主性别、户主年龄等因素与家庭普惠金融水平的关系有待商榷。从全国角度看，中国居民家庭信息化水平、城镇户口、户主已婚、户主身体健康、户主高教育水平和低城乡收入差距等的边际效应均较大，即对家庭普惠金融水平具有较强的促进作用。

第二节　信息通信技术对普惠金融发展的影响

近年来，我国信息通信技术快速发展，并与金融业态日益融合，催生了一系列新金融服务，如第三方支付、P2P 借贷、众筹等，而互联网金融就是信息通信技术与金融业深度融合的产物，并成为普惠金融发展的重要载体。信息通信技术无疑对互联网金融及普惠金融发展有着十分重要的影响。分析信息通信技术对普惠金融发展的影响及作用机制，对于我国积极引导各类主体利用信息技术，创新金融产品和服务，促进我国普惠金融发展等，无疑具有重要意义。

一、我国各省份信息通信技术及普惠金融发展水平的测度[①]

为了揭示信息通信技术对我国普惠金融发展的影响程度，需要构建衡量信息通信技术发展水平及普惠金融发展水平的综合性指标，并对我国各省份普惠金融发展水平及信息化发展水平进行综合测度。

（一）指标选取与数据处理

普惠金融发展水平是一个综合性概念，涉及多个维度，需要采用多维指标来衡量。本书主要参考 CP 指数[②]的构建方法来测度我国普惠金融发展水平，用国际电信联盟的构建方法[③]计算信息化发展指数（IDI）。

[①]　参见杜兴洋、杨起城、易敏（2018）。

[②]　本书之所以选择用 CP 指数来测算各省份普惠金融发展水平，是因为相较于萨尔马（Sarma，2008）构建的非线性指数来说，CP 指数是一个线性指数，具有易解构、线性化的特点，用其衡量普惠金融发展水平能够清晰地反映各维度金融活动对普惠金融发展贡献的百分比。

[③]　国际电信联盟构建的信息化发展指数（IDI）包括可接入性、可使用性、知识技能等三个维度共 11 个指标，我国信息化指数包括五个方面共 12 个指标。这两个指标体系都涉及电话拥有率、计算机拥有率等可接入性指标，实质上反映的是信息通信技术基础设施建设情况，而且应用层面和知识技能等方面的指标存在相似之处。综合考虑这两类指标的相似性及相关数据的可得性，本书主要采用国际电信联盟的构建方法。

CP 指数假设金融体系包含 K 个维度的金融活动，每个维度的金融活动水平都会影响整体的金融包容性水平，整体的普惠金融发展水平是各个维度上金融活动水平的加权和。因此，需要先计算每个维度上金融活动的水平，标准化为实值函数 A，然后计算不同维度 A 值之和的均值。假设 x_i 代表第 i 维金融活动水平，m_i 和 M_i 分别代表第 i 维金融活动的最小值和最大值，则可以得到 A 的取值公式如式（5.2）。

$$A_r(x_i, \ m_i, \ M_i) = \left(\frac{x_i - m_i}{M_i - m_i} \right)^r \qquad (5.2)$$

对于每一个不同 r 的取值，A 的值是不一样的。r 是取值范围在 $0 \sim 1$ 之间的常数，被称为金融包容性敏感度，当 r 下降时，A 上升。从 A 的表达形式可以看出，其具有标准化、单调性、齐次性和边际递减性四个方面的特点。由此可以得到最终的金融包容性指数的表达式：

$$IFI = \frac{1}{k} \sum_{1}^{K} \left(\frac{x_i - m_i}{M_i - m_i} \right)^r \qquad (5.3)$$

考虑到数据的可获得性，同时为了尽可能全面地反映金融活动的各个方面，本书选取银行类金融机构网点的地理渗透率、人口渗透率以及年末银行业人均存款余额、年末银行业人均贷款余额四个维度的指标来代表金融服务的可获得性和使用程度，并按照 CP 指数计算方法来测算各省份普惠金融发展水平。四个指标分别用每万平方千米银行类金融机构的网点数、每万人银行类金融机构的网点数、银行业年末人均存款余额/人均收入、银行业年末人均贷款余额/人均收入来表示。

为了构建信息化发展指数（IDI），首先根据确定的指标集合收集整理数据，然后对数据进行标准化处理，其标准化处理方法为观测值/理想值，再对标准化后的数据进行简单的加权平均。在加权平均的过程中，对可接入性、可使用性和技能三个维度的权重赋值分别为 0.4、0.4、0.2，而对于每一维度中的子维度指标赋予相等的权重。如果以 A_i 代表可接入性维度的指标变量，以 U_j 代表可使用性维度的指标变量，以 S_k 代表技能层面的指标变量，则信息化发展指数的计算表达式如式（5.4）：

$$IDI = 0.4 \cdot \frac{1}{i} \sum_{1}^{i} A_i + 0.4 \cdot \frac{1}{j} \sum_{1}^{j} U_j + 0.2 \cdot \frac{1}{k} \sum_{1}^{k} S_k \qquad (5.4)$$

　　具体来说，本书选取了固定电话普及率、移动电话普及率、家庭电脑普及率以及宽带接入端口普及率四个指标来度量信息通信技术的可接入性状况，即信息通信技术基础设施的普及情况；用网民普及率、拨号上网网民普及率、宽带上网网民普及率等指标衡量信息通信技术的使用情况①；选取成人识字率、平均受教育年限两个指标代表运用信息通信技术的知识储备情况，即衡量人们是否拥有使用信息通信技术的能力。

　　为了验证新增加指标的合理性，本书对可接入性和可使用性指标数据进行主成分分析，Stata13 显示的主成分分析结果如表 5 – 11 所示。

表 5 – 11　　　　　　　　　　　　　主成分分析结果

维度	主要成分	每一成分的占比	累积方差占比	变量	特征向量	
					第一成分	第二成分
可接入性	1	0.6971	0.6971	移动电话普及率	0.55345	– 0.259
	2	0.2357	0.9328	固定电话普及率	0.28803	0.893
	3	0.0358	0.9687	家庭电脑普及率	0.56486	0.128
	4	0.0313	1.0000	宽带端口普及率	0.54005	– 0.345
可使用性	1	0.664	0.664	网民普及率	0.69256	0.09931
	2	0.313	0.977	拨号上网用户普及率	– 0.26665	0.95557
	3	0.0227	1	宽带上网用户普及率	0.67027	0.27753

　　从表 5 – 11 可以看出，可接入性维度的第一成分和第二成分为主要成分，其特征值累计方差占 93.28%。从第一成分和第二成分的载荷中可以看出四个指标相关系数比较相似，除固定电话普及率相关系数偏低以外，其他三个指标的相关系数都接近 0.55，而固定电话普及率在第二成分中的相关系数为 0.89，远高于其他变量，因此，四个指标变量都应纳入可接入性测量维度。从可使用性维度的主成分分析中同样可以看出，第一成分和第二成分为主要成分，其累计方差占比为 97.7%，而从第一成分和第二成分的相关系数可以看出三个指

　　① 　由于互联网带宽、互联网家庭普及率以及移动宽带用户普及率的省际数据无法获得，因此本书选用互联网宽带接入端口的普及率作近似替代；同时，去掉了移动宽带普及率指标，增加了与宽带用户普及率相对应的拨号用户普及率这一指标来反映互联网的使用情况。

标的重要性程度相似，因此可以将网民普及率、拨号上网用户普及率、宽带上网用户普及率三个指标都纳入可使用性维度的测量中。这说明，本部分上述三个维度 9 个指标的选择是合理的。

本部分考察了除台湾、香港、澳门外我国 31 个省（区、市）10 年的数据，共得到 310 个观测值。所有数据均来源于各省份统计年鉴、《中国统计年鉴》《中国第三产业统计年鉴》《中国信息年鉴》《中国教育统计年鉴》和《中国人口和就业统计年鉴》。由此得到衡量金融活动四个指标变量的统计描述，见表 5 - 12。由表 5 - 12 可以看出，从金融渗透率来看，2007—2016 年我国银行类金融机构网点的平均地理渗透率为每万平方千米 681.1 个，平均人口渗透率为每万人 1.585 个，说明我国金融机构的网点渗透率不足，金融基础设施发展较为滞后。而且，从金融渗透性的最大值和最小值可以看出，我国金融网点的分布存在很大的地区差异性，分布十分不均衡。而从金融使用性指标来看，人均存贷款余额/人均收入的均值分别为 4.061 和 2.802，说明我国金融可使用性也处于较低水平，金融信贷不足。另外，本部分根据国际电信联盟的做法，用实际值/理想值进行数据的标准化。由于网民普及率、拨号上网用户普及率、宽带上网用户普及率、成人识字率四个指标数据取值范围都为 0 ~ 100%，因而直接将其理想值设定为 100%。其他指标数据则选用极值法思想来确定理想值，即对于每一个子维度的指标，选取最大观测值的取整值来代表该指标维度所能达到的理想状态。

表 5 - 12　　　　　　　　　普惠金融发展指标的描述性统计

各维度指标	均值	标准差	最小值	最大值
金融机构网点地理渗透率 （个/万平方千米）	681.1	1026	4.787	6487
金融机构网点人口渗透率 （个/万人）	1.585	0.288	0.666	2.249
人均存款余额/人均收入	4.061	1.875	1.878	12.64
人均贷款余额/人均收入	2.802	1.085	1.298	6.927

注：各指标数据值均来自各省份的金融运行报告以及统计年鉴，并经过计算整理后得出。

（二）我国各省份普惠金融及信息通信技术发展水平测度

按照以上数据指标体系和标准化处理方法，本书分别从时间层面和省级层面来分析我国 31 个省（区、市）近 10 年的普惠金融发展水平和信息通信技术发展状况。首先，按照式（2.2）和式（2.3），当 r 分别取 0.25、0.5 和 0.75 时①，计算各省份普惠金融发展水平的 CP 值，这里仅以 $r = 0.5$ 时的结果②为例，见表 5 – 13。然后，计算各省份信息通信技术发展水平，结果见表 5 – 14。

1. 从时间维度来看，2007 年至 2016 年我国普惠金融发展水平和信息通信技术发展水平总体不断上升，发展程度不断提高

由表 5 – 13 可以看出，2007 年我国各省份普惠金融指数的平均值为 0.446，到 2016 年已上升为 0.519；普惠金融指数的最小值呈增大的趋势，而最大值保持在 0.80 左右的水平。这说明我国普惠金融发展整体上表现为：低水平金融普惠性地区的金融包容性逐步增加，高水平金融普惠性地区的金融包容性指数变化不大，维持在一个相对稳定的水平。

表 5 – 13　　　　　时间维度的普惠金融发展水平及信息通信技术发展

| $r = 0.5$ 时，时间维度普惠金融发展水平 | | | | 不同年份的信息通信技术发展水平 | | | | |
年份	均值	标准差	最小值	最大值	年份	均值	标准差	最小值	最大值
2007	0.446	0.114	0.255	0.806	2007	0.254	0.0725	0.144	0.467
2008	0.444	0.114	0.285	0.793	2008	0.270	0.0741	0.170	0.486
2009	0.440	0.114	0.261	0.784	2009	0.286	0.0755	0.180	0.490
2010	0.471	0.110	0.331	0.818	2010	0.302	0.0767	0.181	0.513
2011	0.486	0.108	0.363	0.818	2011	0.325	0.0750	0.206	0.529
2012	0.488	0.105	0.366	0.808	2012	0.346	0.0767	0.226	0.554
2013	0.491	0.104	0.371	0.804	2013	0.370	0.0832	0.236	0.588
2014	0.501	0.102	0.376	0.802	2014	0.377	0.0790	0.234	0.597
2015	0.507	0.106	0.377	0.796	2015	0.387	0.0782	0.241	0.609
2016	0.519	0.108	0.385	0.828	2016	0.407	0.0793	0.257	0.622
总体	0.479	0.110	0.255	0.828	总体	0.332	0.0912	0.144	0.622

①　r 取值范围为 0 ~ 1，r 越小，CP 指数越大。一般在计算 CP 指数时，r 常取 0.25，0.5，0.75 三个值。

②　计算 r 分别取 0.25、0.5 和 0.75 三个数值时的 CP 指数——IFI0.25、IFI0.5、IFI0.75，然后得出三者之间的相关系数。IFI25 和 IFI50 之间的相关系数为 0.98，IFI50 和 IFI75 之间的相关系数为 0.99，IFI25 和 IFI75 之间的相关系数为 0.95，因此取 IFI50 的结果进行汇报。

2. 从省级层面来看，各地区普惠金融和信息通信技术发展水平存在较大差异，各省份之间发展不均衡

由表 5-13 可以看出，2007—2016 年，各省份普惠金融指数之间的标准差从 0.114 下降为 0.108，即普惠金融指数在各个地区之间的变动幅度有所降低。这也说明我国金融发展水平的地区差异逐年缩小，各省份发展的平衡性增加，我国金融发展总体上在朝着普惠性的方向发展。但是，我国普惠金融发展水平总体偏低，平均值为 0.479，而且各省份的发展水平参差不齐，最大样本观测值为 0.828，而最小样本观测值则仅为 0.255。具体而言，金融普惠性偏低的广西的金融普惠性指数大体位于最低水平，而金融普惠性较高的北京则一直保持在 0.8 左右的金融普惠性水平。而且，东部省份普惠金融指数一般要高于中部和西部省份的普惠金融指数，均值排名前七位的分别是：北京、上海、天津、浙江、辽宁、江苏、广东，其普惠金融发展指数均大于 0.5，北京更是高达 0.8（见表 5-14）。

各地区之间信息通信技术的发展也不平衡。如 2007 年我国信息化发展程度最低的是西藏，其信息化发展指数为 0.144，信息化发展程度最高的为北京，其信息化发展指数为 0.467。到 2016 年，我国信息化发展程度最低和最高的仍然是西藏和北京，但其信息化发展指数分别增加至 0.257 和 0.622。2007 年至 2016 年，各省份信息化发展指数的标准差从 0.073 增加到 0.079，2013 年更是增至 0.083，这说明随着时间的推移，各省份信息通信技术发展速度不一样，地区之间信息通信技术发展水平的差异有所扩大。而且，排名前 10 的省份都位于东部地区，如排名前三的省市依次为北京、上海、浙江，而排名最低的三个省区依次是云南、贵州和西藏。原因可能是：相对而言，经济发展水平较高的地区的金融业也比较发达，金融服务种类和数量更多，覆盖人群更广，金融服务的成本更低，故金融服务的普惠性更高。中部和西部地区的普惠金融发展指数普遍在 0.5 以下，但有趣的是，部分西部省份的普惠金融指数排名要远高于其他东部和中部省份，如西藏和宁夏为的普惠金融指数均在 0.5 以上，排名依次为第 8 位和第 9 位，远高于福建、山东等。其原因是，近年来西藏的银行业存贷款业务迅速增长，其中人均贷款余额从 2007 年的 7161.40 元增加到 2016 年的 65570.99 元，增加了 9 倍多，而人均存款余额也从 19147.37 元增加为 113308.64 元，增加了近 6 倍，因此其整体普惠金融指数排名靠前。

宁夏银行业金融机构的网点渗透率一直保持在较高水平，特别是人均金融机构网点数自 2007 年起一直保持在人均约 1.82 个网点，高于我国各省份的平均值（1.58）。此外，近年来新疆特别注重信息化建设，其移动电话普及率、宽带接入端口普及率都居于较高水平，因此信息通信技术的使用程度也较高；其次，该地区的成人识字率及平均受教育年限较高也促成了信息化发展较快。因此，新疆的信息化指数均值位于较高水平，10 年内的指数均值为 0.329，排名第 11 位，仅次于山东（见表 5－14）。另外，从各省份信息化发展指数的最大值和最小值可以看出，信息化发展指数较高的地区一直维持着较高的信息化水平，而信息化发展指数较低的地区则保持在相对较低的水平，这说明地区之间信息通信技术发展的相对水平没有发生太大变化。

表 5－14　　　　　省级层面的普惠金融发展水平及信息通信技术发展水平

省份	$r=0.5$ 时，省级层面普惠金融发展水平				省级层面信息通信技术发展水平				
	排名	均值	标准差	最小值	最大值	排名	均值	标准差	最小值	最大值
北京	1	0.806	0.0132	0.784	0.828	1	0.546	0.0564	0.467	0.622
天津	3	0.686	0.0179	0.649	0.713	5	0.408	0.0347	0.353	0.452
河北	21	0.434	0.0190	0.409	0.467	16	0.317	0.0589	0.233	0.397
山西	12	0.496	0.0269	0.435	0.524	12	0.328	0.0549	0.245	0.406
内蒙古	22	0.432	0.0235	0.386	0.461	18	0.311	0.0588	0.225	0.385
辽宁	5	0.537	0.0240	0.496	0.570	8	0.384	0.0639	0.283	0.471
吉林	19	0.442	0.0227	0.411	0.486	9	0.331	0.0524	0.255	0.403
黑龙江	24	0.396	0.0240	0.355	0.428	17	0.314	0.0454	0.248	0.378
上海	2	0.754	0.0276	0.707	0.809	2	0.526	0.0456	0.458	0.585
江苏	6	0.527	0.0313	0.477	0.574	7	0.390	0.0671	0.290	0.484
浙江	4	0.591	0.0282	0.546	0.621	3	0.440	0.0692	0.332	0.553
安徽	26	0.386	0.0338	0.341	0.438	26	0.276	0.0520	0.202	0.353
福建	17	0.453	0.0327	0.412	0.506	27	0.404	0.0696	0.295	0.493
江西	28	0.379	0.0326	0.335	0.427	25	0.281	0.0462	0.219	0.359
山东	15	0.460	0.0197	0.418	0.482	10	0.329	0.0533	0.247	0.401

续表

r = 0.5 时，省级层面普惠金融发展水平					省级层面信息通信技术发展水平				
省份	排名	均值	标准差	最小值	最大值	排名	均值	标准差	最小值	最大值
河南	25	0.389	0.0194	0.359	0.421	24	0.283	0.0509	0.212	0.358
湖北	23	0.406	0.0181	0.381	0.431	19	0.314	0.0454	0.248	0.378
湖南	30	0.369	0.0205	0.339	0.395	23	0.285	0.0448	0.221	0.351
广东	7	0.508	0.0219	0.477	0.555	4	0.427	0.0552	0.332	0.501
广西	31	0.342	0.0441	0.261	0.385	22	0.288	0.0478	0.222	0.356
海南	14	0.467	0.0374	0.416	0.524	15	0.320	0.0535	0.247	0.407
重庆	10	0.499	0.0438	0.428	0.557	14	0.322	0.0559	0.245	0.409
四川	18	0.451	0.0320	0.403	0.483	26	0.281	0.0521	0.209	0.363
贵州	27	0.384	0.0482	0.324	0.460	30	0.245	0.0497	0.169	0.313
云南	29	0.372	0.0462	0.255	0.402	29	0.250	0.0453	0.184	0.311
西藏	8	0.503	0.0665	0.440	0.605	31	0.207	0.0372	0.144	0.257
陕西	11	0.499	0.0199	0.470	0.531	13	0.324	0.0596	0.234	0.408
甘肃	16	0.457	0.0366	0.411	0.511	28	0.262	0.0499	0.191	0.336
青海	13	0.494	0.0486	0.427	0.552	21	0.289	0.0597	0.203	0.368
宁夏	9	0.502	0.0314	0.458	0.554	20	0.299	0.0571	0.217	0.370
新疆	20	0.436	0.0330	0.367	0.473	11	0.329	0.0539	0.247	0.405
总体		0.479	0.110	0.255	0.828		0.332	0.0912	0.144	0.622

二、信息通信技术影响我国普惠金融发展的实证检验

（一）模型假设及变量说明

本书将前文构建的普惠金融指数和信息化发展指数分别作为被解释变量和解释变量，并进行回归，见式（5.5）：

$$IFI = \gamma_0 + \gamma_1 gdp + \gamma_2 people + \gamma_3 IDI + \sum X + \varepsilon \qquad (5.5)$$

式中，被解释变量 IFI 为普惠金融指数，主要解释变量 IDI 为信息化发展指数；gdp 代表人均 GDP，people 代表人口密度，X 代表其他影响普惠金融发展程度的因素[①]，γ_0、γ_1、γ_1、γ_3 为常数，ε 为误差项。

---

① 理论研究表明，影响普惠金融发展的因素主要包括人均收入、人口密度、通货膨胀以及公路密度等，因此，这些因素以控制变量的方式加入模型。

为了扩大样本容量，增加数据的可得性，本章以 31 个省（区、市）2006—2015 年的静态面板数据为基础，在考虑省际个体效应后，模型变为：

$$IFI_{i,t} = \gamma_0 + \gamma_1 gdp_{i,t} + \gamma_2 people_{i,t} + \gamma_3 IDI_{i,t} + \sum X_{i,t} + \delta_i + \varepsilon_{i,t} \quad (5.6)$$

其中，i 代表省份，t 代表年份，δ_i 代表个体效应，其他变量的含义同上。

为了进一步分析信息通信技术发展的各子维度对我国普惠金融发展的影响，本书进一步对各信息通信技术子维度变量进行逐一回归，回归方程如式（5.7）。

$$IFI_{i,t} = \gamma_0 + \gamma_1 gdp_{i,t} + \gamma_2 people_{i,t} + \gamma_3 Z_{i,t} + \sum X_{i,t} + \delta_i + \varepsilon_{i,t} \quad (5.7)$$

式中，Z 代表信息通信技术发展水平的各个子维度变量，包括固定电话普及率、手机普及率、家庭电脑普及率、宽带接入端口普及率、网民普及率、拨号上网用户普及率、宽带上网用户普及率、成人识字率以及平均受教育年限。其他变量的含义与式（5.6）的变量含义相同。

为了分析方便，本书将 2006 年定位基期，则由某年 GDP 统计值按以 2006 年基期的 CPI 值进行平减处理后可得到当年的人均 GDP。用各省份每万平方千米上常住人口数（万人/万平方千米）表示人口密度（people），即单位面积上的人口数量。本书用公路密度（road），即每平方千米面积内的公路的总里程数，近似代表一省份的路网密度，即交通基础设施情况。本书数据均来源于国家统计局各年份的《中国统计年鉴》，以及各省份历年统计年鉴。

（二）实证分析

按照上述模型，本书选取我国 31 个省（区、市）近 10 年的普惠金融发展及信息通信技术发展状况的数据，首先对相关变量进行统计描述（见表 5 - 15），然后通过回归分别分析了信息通信技术对普惠金融发展的总体影响（见表 5 - 16）以及各子维度的影响（见表 5 - 17）。

从相关变量的统计性描述来看，一方面，我国普惠金融发展水平不高，IFI 均值为 0.479，而且各省份发展差异较大，IFI 最大值和最小值之间相差约为 0.6，普惠金融的发展存在进一步提升的空间。另一方面，我国信息通信技术发展较快，特别是移动电话普及率较高，如手机和电脑的普及率变动幅度较大，最大普及率分别达到每百人 189.40 部、每百户 134.20 台，基本可以做到每人一部手机、每户一台电脑；而网民的普及率均值为 0.342，最大值为

0.759，说明还有进一步提升的空间；成人识字率均值为 92.5%，但受教育年限均值仅为 8.646 年，说明我国人口的平均教育水平还停留在初中阶段。

表 5 - 15　　　　　　　　　　　变量的统计性描述

变量	均值	标准差	最小值	最大值	样本数
IFI（0~1）	0.479	0.110	0.255	0.828	310
IDI（0~1）	0.332	0.091	0.144	0.622	310
mobile（部/百人）	69.780	28.910	17.580	189.400	310
fix（部/百人）	22.780	9.389	7.961	56.630	310
pc（台/百户）	41.500	24.630	2.271	134.200	310
port（个/百人）	18.400	14.240	1.684	86.100	310
internet（0~1）	0.342	0.169	0.039	0.759	310
dial（0~1）	0.009	0.013	0	0.124	310
broadband（0~1）	0.103	0.063	0.013	0.344	310
literacy（0~1）	0.925	0.068	0.543	0.985	310
edu（年）	8.646	1.179	4.161	12.340	310
gdp（元/人）	36322.140	21545.540	6198.833	108172.311	310
people（人/km²）	430.466	648.865	2.320	3850.794	310
inflation（-1~1）	0.001	0.052	-0.119	0.181	310
road（km/km²）	8.132	4.788	0.365	20.952	310

从信息通信技术对我国普惠金融发展的总体影响来看，无论采用何种估计方法，IDI 作为代表信息通信技术发展水平的指标变量，对普惠金融的发展具有显著的促进作用，且都在 1% 水平上显著。本书对回归结果进行了个体效应检验，检验发现 P 值为零，即存在个体效应。为进一步对随机效应和固定效应做筛选，本部分用 Hausman 检验来判断模型的适用性，结果显示 Hausman 检验的 P 值为零，因此拒绝原假设，即应采用固定效应估计模型。表 5 - 16 第（5）列和第（6）列的估计结果显示，人均 GDP、人口密度、通货膨胀率以及路网密度都能显著地影响普惠金融发展水平，但加入代表信息通信技术发展水平的 IDI 变量后，这些控制变量的显著性被主要解释变量 IDI 所取代，说明信

息通信技术对我国普惠金融的发展有显著的正向影响，并且其估计系数达到了0.53，说明信息通信技术对于促进我国普惠金融的发展的贡献率较大。为了验证估计结果的可靠性，表中第（7）列进行了稳健性估计。采用稳健性标准误估计后的结果显示，信息通信技术的估计系数仍然在1%水平上显著为正，说明该估计结果较好。

表 5 - 16　　　　　信息通信技术（IDI）与普惠金融发展的回归分析

变量	简单 OLS		随机效应		固定效应		固定效应—稳健性估计
	（1）	（2）	（3）	（4）	（5）	（6）	（7）
gdp	0.0160 *** (0.001)	- 0.0066 ** (0.003)	0.0160 *** (0.001)	- 0.0066 ** (0.003)	0.0159 *** (0.002)	- 0.0044 (0.003)	- 0.0044 (0.004)
people	0.0034 (0.016)	0.0393 ** (0.016)	0.0034 (0.016)	0.0393 ** (0.016)	- 0.1223 *** (0.025)	- 0.0298 (0.026)	- 0.0298 (0.033)
inflation	0.0664 *** (0.025)	0.0359 (0.022)	0.0664 *** (0.025)	0.0359 (0.022)	0.0665 *** (0.023)	0.0387 * (0.021)	0.0387 *** (0.009)
road	0.0499 ** (0.002)	0.0015 (0.002)	0.0050 ** (0.002)	0.0015 (0.002)	0.0088 *** (0.003)	0.0051 ** (0.002)	0.0051 (0.004)
idi		0.6140 *** (0.065)		0.6140 *** (0.065)		0.5309 *** (0.069)	0.5309 *** (0.095)
cons	0.3789 *** (0.016)	0.2696 *** (0.019)	0.3789 *** (0.016)	0.2696 *** (0.019)	0.4023 *** (0.018)	0.2900 *** (0.022)	0.2900 *** (0.029)
R^2	0.54	0.65	0.54	0.65	0.58	0.66	0.66

注：* 、** 、*** 分别代表10%、5%、1%的显著性水平，括号内为标准误，R^2 为组内拟合优度。

为了进一步分析信息通信技术对我国普惠金融发展的影响机制，考虑信息通信技术各个子维度指标对普惠金融发展的影响。在这里运用模型（2.7）进行固定效应回归分析，并将各个子维度指标逐一放入回归模型。回归结果显示，除了拨号上网用户普及率的回归系数不显著以外，其他指标变量的系数均十分显著（见表5 - 17）。具体来说，在基础设施普及层面，移动电话（即手

表 5 - 17　信息通信技术各维度与我国普惠金融发展的回归分析

变量	(1)	(2)	(3)	(4)	(5)	(6)	(7)	(8)	(9)
gdp	-0.0010 (0.003)	0.0059** (0.002)	0.0112*** (0.002)	0.0114*** (0.003)	-0.0016 (0.003)	0.0155*** (0.002)	0.0074*** (0.003)	0.0133*** (0.002)	0.009*** (0.002)
people	-0.0680*** (0.023)	-0.1528*** (0.024)	-0.1061*** (0.025)	-0.1137*** (0.025)	-0.0786*** (0.023)	-0.1295*** (0.028)	-0.0549* (0.030)	-0.0984*** (0.025)	-0.0746*** (0.026)
inflation	0.0444** (0.021)	0.0492** (0.022)	0.0697*** (0.023)	0.0591** (0.023)	0.0428** (0.021)	0.0666*** (0.023)	0.055** (0.023)	0.0495** (0.023)	0.0328 (0.024)
road	0.0078*** (0.002)	0.0083*** (0.002)	0.0076*** (0.003)	0.0087*** (0.003)	0.0059*** (0.002)	0.0089*** (0.003)	0.0062** (0.003)	0.0072** (0.003)	0.0052** (0.003)
mobile	0.0010*** (0.000)								
fix		-0.0036*** (0.001)							
pc			0.0006*** (0.000)						
port				0.0005** (0.000)					
internet					0.1847*** (0.022)				

续表

变量	(1)	(2)	(3)	(4)	(5)	(6)	(7)	(8)	(9)
dial						-0.0825 (0.154)			
broadband							0.2720*** (0.068)		
literacy								0.2970*** (0.071)	
edu									0.0276*** (0.006)
cons	0.3763*** (0.016)	0.5379*** (0.030)	0.3961*** (0.018)	0.4069*** (0.018)	0.4077*** (0.016)	0.4070*** (0.020)	0.3975*** (0.017)	0.1404*** (0.065)	0.1980*** (0.047)
R^2	0.67	0.63	0.60	0.59	0.67	0.58	0.61	0.61	0.61

注：*、**、*** 分别代表 10%、5%、1% 的显著性水平，括号内为标准误，R^2 为组内拟合优度。

机）的普及率、家庭电脑、互联网宽带端口的普及等对普惠金融发展有着正向的促进作用，其回归系数分别在 1% 和 5% 水平上显著。但固定电话的普及与普惠金融的发展呈反方向变化。在信息通信技术的使用层面，网民数量、互联网宽带上网用户数与普惠金融的发展都在 1% 显著性水平上正相关，说明随着上网人数增多，特别是互联网宽带上网人数增加，人们能够更好更便捷地使用金融产品，从而促进普惠金融的发展。但互联网拨号上网用户的普及对普惠金融的发展没有显著性影响。在信息通信技术使用技能层面，成人识字率、平均受教育年限都与普惠金融发展成正相关关系，且都在 1% 水平上显著，说明知识和教育既是影响信息通信技术的要素，也是影响我国普惠金融发展的重要因素。

（三）结论

本部分利用 2007—2016 年的省际面板数据，研究了信息通信技术对我国普惠金融发展的影响。首先，将信息化发展指数（IDI）作为衡量信息通信技术水平的综合性指标，探究 IDI 与普惠金融发展之间的关系，然后分别将信息通信技术各个子维度指标作为自变量，探究信息通信技术各个子维度对普惠金融发展的影响，并得到以下结论。

第一，信息通信技术能够显著地影响普惠金融发展水平。信息通信技术越是发达的地区，其普惠金融发展的水平也越高，在控制了人均 GDP、人口密度、通货膨胀率以及路网密度等变量的影响后，信息通信技术仍然对普惠金融发展具有显著促进作用，即无论某个地区的经济发展是否强劲、人口密度是否大、通货膨胀率是否低、公路基础设施是否便利，其对普惠金融发展都具有正向促进作用。该结论与众多学者的研究结论一致。这是因为，信息通信技术作为一种新的手段和渠道，突破了地理位置、人口密度等因素的影响，只要有终端设备、能够连接互联网，信息通信技术就能够为金融机构的运营和金融服务的使用提供便利，同时降低金融活动的交易成本。

第二，手机、家庭电脑、互联网宽带端口等信息通信基础设施的普及对于普惠金融的发展有重要的促进作用，而固定电话的普及则与普惠金融的发展呈反方向变动。互联网上网人数的增加、互联网宽带用户的增加有利于普惠金融的发展，而拨号上网用户的普及则对普惠金融发展的影响不明显；成人识字率越高、平均受教育年限越长，则普惠金融发展水平越高。这是因为，手机作为一种通信基础设施，本身所承载的手机银行也是普惠金融发展的重要媒介和工具，因而手机普及率不断提高有利于普惠金融的发展；同时，由于手机对固定电话具有替代作用，随着手机的普及，人们对固定电话的依赖程度不断减弱，因此固定电话用户的占比逐年下降；家庭电脑、互联网宽带端口的不断增加意味着互联网技术的不断升级，为互联网金融的发展提供了便利，因此有利于普惠金融的发展。

第三，信息通信技术的使用程度越高，普惠金融发展越好。这是由于信息技术、互联网的使用程度越高，新型金融服务的使用概率也越高。其中，网民的普及率越大，居民使用互联网的频率也就越高，从而更有机会享用第三方支付、互联网借贷等新型金融服务。同时，相比于拨号用户而言，宽带用户的网络设备更高端、上网速度更快，从而能更好地享受新型金融服务，因此宽带用户的普及率对普惠金融发展的影响更为显著。

第四，知识技能对于普惠金融的发展有十分显著的促进作用。其原因可能是成人识字率和平均受教育年限作为信息通信技术使用技能的代理变量，一方面反映了居民运用信息通信技术的能力，即能够快速地适应并使用新产品，从而能够更多地使用新型的金融服务；另一方面也反映了居民的金融素养和金融技能的掌握情况，而居民的金融素养越高、金融技能越强，居民的金融意识也就越高，就更有可能接受金融服务，使用金融产品，金融活动的交易成本也越低，从而越有利于普惠金融的发展。

第三节　中国农村普惠金融发展
影响因素的时空异质性[①]

中国普惠金融发展在过去 15 年间取得显著成效，居民账户拥有率显著增长，已经与其他 G20 国家基本持平[②]；农村普惠金融快速发展，通过实施助农取款服务点建立了世界上最大的银行代理模式，极大地拓展了农村正规金融的

---

① 参见陈银娥、尹湘、金润楚（2020）。
② 参见中国人民银行、世界银行集团：《全球视野下的中国普惠金融：实践、经验与挑战》。

覆盖面。但是，中国在实现普惠金融长期可持续发展方面仍面临诸多挑战。一方面，目前中国仍有 2.25 亿人没有银行账户[①]，是无银行账户人口最多的国家，这部分人口多集中于农村地区；而且不同地区之间普惠金融发展水平悬殊，我国农村普惠金融发展的地区差异性已经成为制约我国普惠金融可持续发展的关键因素。另一方面，当前农村地区"金融空白"频发、金融供给难以满足金融需求、非正规金融驱逐正规金融带来的农村金融监管难等问题极大地阻碍了农村普惠金融的发展；而现行的农村普惠金融发展措施也难以缩小地区间的普惠金融发展差距。我国农村地区普惠金融发展为何存在明显的时空异质性？这是值得深入研究的重大现实问题。

现有文献主要采用"三维度"分析法（Sarma，2012），运用八大指标体系（Beck，2007）衡量我国普惠金融发展水平，而根据我国具体国情选择指标的研究并不多见，一些研究没有考虑所选取指标的赋权问题，忽略了不同指标对我国普惠金融发展贡献度的差异；关于农村普惠金融发展的研究较少且样本选择较多集中在单一省份、西部地区或民族地区，仅能反映地区性的农村普惠金融发展水平。而我国金融发展具有城乡二元结构特征，需要对地区性农村普惠金融水平进行测度，同时还需要对我国农村整体普惠金融发展水平进行测度，以更好地为政府调整农村普惠金融发展政策提供基础。另外，现有文献关于普惠金融影响因素的分析所选取的指标较为单一，地域性及主观性较强，所采用的方法及模型难以很好地解释和说明不同影响因素指标在不同时间和地区对普惠金融影响的差异性问题，因而无法反映真实的时空特征。基于现有文献存在的不足，本部分拟采用时空地理加权回归模型（GTWR），采用属性、时间、空间三个层次的变量作为影响我国普惠金融发展水平的因素，利用基于邻接矩阵的不同年份局部样本估计出每个样本点各自独立的参数值，从农村金融环境、农村经济发展、农村投资环境、城乡协调发展四个维度，采用农村金融发展规模、农村金融市场效率、第一产业发展、农村居民人均收入、政府财政支持、基础设施水平、人力资本、城乡收入比、城镇化率等 9 个指标，测度我

---

① 参见 Financial Inclusion on the Rise, But Gaps Remain, Global Findex Database Shows, https：// www. worldbank. org/en/news/press – release/2018/04/19/financial – inclusion – on – the – rise – but – gaps – remain – global – findex – database – shows。

国 2009—2017 年除西藏外 30 个省（区、市）农村普惠金融发展指数，分析我国农村普惠金融发展影响因素的时空异质性，以期找到影响我国普惠金融发展水平的时空规律，并为我国农村地区普惠金融发展提出有效的政策建议。

一、研究方法与指标选取

本书选取除西藏、台湾、香港和澳门外我国 30 个省（自治区、直辖市）为样本，测度 2009—2017 年中国农村普惠金融发展水平，探索中国农村普惠金融发展影响因素的时空分异规律。

（一）指标选取与数据来源

1. 指标选取

本书借鉴已有研究成果，以科学性、完备性、有效性、可获性为原则，结合全球普惠金融合作伙伴组织（GPFI）建立的普惠金融评价指标体系，基于我国国情从金融服务可得性、金融服务渗透性、金融服务使用度及金融服务可负担度四个维度构建新的普惠金融评价指标体系。具体选择维度及指标如表 5 – 18 所示。

表 5 – 18 普惠金融发展评标指标

维度	指标描述	单位
金融服务可得性	农村金融机构人均存款余额	万元
	农村金融机构人均贷款余额	万元
金融服务渗透性	每万人拥有的金融机构服务人员数	个
	每万人拥有的金融机构营业网点数	个
	每平方千米的金融机构营业网点数	人
	每平方千米的金融机构服务人员数	人
金融服务使用度	农村金融机构存款余额占该地区 GDP 的比重	%
	农村金融机构贷款余额占该地区 GDP 的比重	%
金融服务可负担度	利率上浮贷款占比	%

当前，学术界已从不同维度分析了普惠金融的影响因素，本部分结合前人研究成果，从农村金融环境、农村经济发展、农村投资环境以及城乡协调发展

四个层面分析其对我国农村普惠金融发展的影响，并探索其影响的时空分异规律。具体影响因素指标如表 5 – 19 所示。

表 5 – 19　　　　　　　　　　农村普惠金融影响因素指标

维度	变量	指标及其统计口径
农村金融环境	FDS	农村金融发展规模：涉农贷款余额与第一产业生产总值之比
	FME	农村金融市场效率：各项贷款余额与各项存款余额之比
农村经济发展	PID	第一产业发展水平：人均农林牧渔产值（万元）
	INC	农村居民人均可支配收入（万元）
农村投资环境	GFS	政府财政支持：政府财政支出占 GDP 的比重（%）
	INF	基础设施水平：农村固定资产投资总额与 GDP 之比（%）
	HC	人力资本 = i 省小学人数占总样本的比重 × 6 + i 省初中人数占总样本的比重 × 9 + i 省高中中专人数占总样本的比重 × 12 + i 省大专以上人数占总样本的比重 × 16（i = 1，2，…，30）
城乡协调度	RUI	城乡收入比
	URB	城镇化率（%）

　　基于指标独立性原则，本部分采用方差膨胀因子（VIF）方法进行多重共线性检验，结果见表 5 – 20。根据方差膨胀因子方法，VIF 越大，显示其多重共线性越严重。一般来说，如果 0 < VIF < 10，则说明指标间不存在多重共线性；如果 VIF ≥ 10，说明指标间存在较强的多重共线性。从表 5 – 20 可知，各影响因素的平均 VIF 值为 3.06，且最大 VIF 值为 6.70，小于 10，指标间不存在多重共线性。

表 5 – 20　　　　　　　　　　多重共线性检验结果

项目	URB	INC	HC	GFS	RUI	PID	INF	FME	Mean VIF
VIF	6.70	4.13	3.21	3.09	2.37	1.98	1.62	1.41	3.06
1/VIF	0.15	0.24	0.31	0.32	0.42	0.50	0.62	0.71	

2. 数据来源及说明

数据资料来源于历年《中国统计年鉴》《中国金融年鉴》《中国农村金融服务报告》《中国固定资产投资统计年鉴》《中国交通运输统计年鉴》《中国交通年鉴》《中国农村统计年鉴》《中国人口和就业统计年鉴》，以及各省份统计年鉴以及金融运行报告、国泰安中国农村金融经济研究数据库和中国人民银行网站。部分缺失数据采用散点趋势拟合方法进行填补。由于农村存贷款余额年份和地区统计口径不一，考虑到服务于农村地区的金融机构主要涉及农业发展银行、农业银行、邮政储蓄银行、农村信用合作社和新型农村金融机构（因统计数据匮乏且规模尚小而未纳入计算范畴），因此，本部分选取前四类金融机构在农村地区的存贷款余额作为农村存贷款余额的替代性数据。

（二）研究方法

本部分首先采用熵值法确定地区普惠金融发展评价指标体系中各维度与各指标的权重，然后采用时空地理加权回归模型，利用 ArcGIS 10.2 软件，将我国 30 个省（区、市）的 Mercator 投影坐标作为地理参数，2009—2017 年作为时间参数，充分利用空间地理位置及时间变化引起的参数变化信息，对我国农村普惠金融发展影响因素的时空异质性进行分析。

1. 熵值法

本部分采用熵值法确定地区普惠金融发展评价指标体系中各维度与各指标的权重。熵值法可根据指标数值的变异程度及提供的信息量大小来计算各评价指标的权重，以反映各指标的重要程度及时序变化。首先构建数据矩阵，然后对数据进行非负数化处理，再计算各指标的比重、熵值、差异系数，据此得到权数及综合得分。具体计算过程可参考有关文献，如舒小林等（2015）、宓泽锋等（2016）等，在此不再赘述。

根据借鉴联合国开发计划署（UNDP）编制人类发展指数的方法构建普惠金融指数的综合评价模型，测度公式如下：

$$IFI_i = 1 - \frac{\sqrt{(W_1 - E_1)^2 + (W_2 - E_2)^2 + \cdots + (W_k - E_k)^2}}{\sqrt{W_1^2 + W_2^2 + \cdots + W_k^2}} \qquad (5.8)$$

2. 时空地理加权回归模型

时空地理加权回归模型是在地理加权回归模型[①]基础上纳入数据的时间效应（Huang et al.，2010），其把原有的地理空间坐标与时间相结合，构成时空三维坐标。模型数学表达如下：

$$y_i = \beta_0(\mu_i, v_i, t_i) + \sum_{j=1}^{k} \beta_j(\mu_i, v_i, t_i) x_{ij} + \varepsilon_i, \ i = 1, 2, \cdots, n \quad (5.9)$$

式中，y_i 为因变量，x_{ij} 为第 j 个自变量，ε_i 为随机误差项，(μ_i, v_i, t_i) 是第 i 个样本点的第 t 年的 Mercator 投影坐标，$\beta_j(\mu_i, v_i, t_i)$ 是第 j 个自变量在第 t 年地区 i 的参数估计值，如果在不同样本点及不同年份相同，则表明该自变量对因变量对不同的地理空间及时间为同质性影响；反之则表明影响具有时空异质性。

本部分将空间因素与时间因素逐步纳入回归模型，利用高斯核函数法构建权重矩阵，以 AICc 法测算最优带宽，构建局部加权回归模型进行参数估计，从而得到 GWR、TWR 与 GTWR 的估计结果。表 5 - 21 给出了四个模型的属性对比情况。

表 5 - 21　　　　　　　　GOLS、GWR、TWR、GTWR 回归属性表对比

指标	Globe - OLS	GWR	TWR	GTWR
R^2	0.48	0.57	0.73	0.81
R^2 Adjusted	—	0.55	0.72	0.80
AICc	- 536.82	- 714.03	- 734.68	- 934.39
RSS	2.01	1.12	1.03	0.49
Bandwidth	—	521639.34	0.32	868506.51

注：R^2 和 R^2 Adjusted 均表示回归方程的拟合优度，结果值越大说明方程拟合度越高；AICc 指修正的 Akaike 信息准则，越低的 AICc 值的模型拟合观测数据的结果越好；RSS 指模型的残差平方和，该值越小，说明模型越拟合观测数据；Bandwidth 指模型中用于各个局部估计的带宽，控制模型平滑程度。

---

① 地理加权回归模型（Geographically Weighted Regression，GWR）是一个以线性回归模型为基础的局部参数估计模型，由英国地理学家福瑟林汉姆（Fotheringham，2004）提出，将空间相关性纳入回归模型，利用基于距离加权的局部样本估计各样本点独立的局部回归参数值，使不同区域回归模型系数随空间地理位置变化而变化，即地理空间变系数回归。

GTWR、TWR、GWR 分别关注时空非平稳性、时间非平稳性、空间非平稳性，导致其模型的拟合结果存在差异。如表 5 – 21 所示，根据 AICc、R^2 以及调整的 R^2 进行综合判断，Globe-OLS、GWR、TWR、GTWR 的解释力依次增强，其中，GTWR 的 R^2 为 81%，较 Globe-OLS 提高了 67.43%，且 AICc 值最小，具有较好的解释力。在 GTWR 模型下，各因素影响农村普惠金融的参数估计值均不相同，存在时空异质性。因此，综合考虑了时间和空间非平稳性的 GTWR 模型是最优选择。

二、实证检验及结果分析

本部分运用熵值法测度 2009—2017 年我国 30 个省（区、市）的农村普惠金融水平，并基于时空地理加权回归方法分析了其影响因素的时空异质性。

（一）中国农村普惠金融指数测算结果

基于前文构建的农村普惠金融评价指标体系，运用熵值法计算 2009—2017 年我国 30 个省（区、市）农村普惠金融指数，结果如表 5 – 22 所示。

由表 5 – 22 可以看出，第一，我国农村普惠金融指数逐年上升，总平均值为 0.846。我国农村普惠金融指数由 2009 年的 0.688 上升为 2017 年的 0.967，年均增长率为 4.35%，其中 2011 年的升幅最大。这是由于近些年来国家加大了对农村金融政策支持力度，尤其是 2010 年财政部印发了《中央财政农村金融机构定向费用补贴资金管理暂行办法》，进一步完善和拓展新型农村金融机构，加大农村地区金融供给和金融服务，从而促进了农村普惠金融的发展。第二，各地区农村普惠金融指数上升幅度存在一定差异。其中，以北京、上海、广东为代表的经济较发达省（市）农村普惠金融指数反而比其他省份低。其原因是，这些地区的金融机构多集中于中心城市，城乡贫富差距较大，导致农村金融机构偏向城市逐利，降低了农村地区普惠金融指数。

表 5 – 22 农村普惠金融指数测算结果

省份	2009 年	2010 年	2011 年	2012 年	2013 年	2014 年	2015 年	2016 年	2017 年	均值
北京	0.606	0.616	0.715	0.743	0.793	0.866	0.964	0.927	0.955	0.798
天津	0.628	0.735	0.814	0.903	0.932	0.962	0.929	0.947	0.940	0.867

续表

省份	2009 年	2010 年	2011 年	2012 年	2013 年	2014 年	2015 年	2016 年	2017 年	均值
河北	0.839	0.846	0.776	0.802	0.822	0.895	0.953	0.989	0.970	0.877
山西	0.689	0.674	0.843	0.859	0.933	0.804	0.920	0.955	0.994	0.852
内蒙古	0.691	0.769	0.793	0.920	0.837	0.876	0.863	0.944	0.994	0.854
辽宁	0.291	0.791	0.851	0.789	0.963	0.966	.965	0.982	0.967	0.841
吉林	0.601	0.741	0.790	0.829	0.836	0.819	0.859	0.900	0.953	0.814
黑龙江	0.784	0.832	0.879	0.901	0.911	0.895	0.957	0.946	0.984	0.899
上海	0.822	0.832	0.817	0.853	0.900	0.903	0.963	0.940	0.974	0.889
江苏	0.738	0.720	0.709	0.783	0.812	0.869	0.919	0.935	0.995	0.831
浙江	0.793	0.645	0.753	0.846	0.902	0.944	0.917	0.991	0.941	0.859
安徽	0.703	0.814	0.898	0.864	0.922	0.940	0.976	0.976	0.990	0.898
福建	0.753	0.515	0.628	0.719	0.817	0.877	0.889	0.968	0.928	0.788
江西	0.809	0.731	0.831	0.850	0.895	0.924	0.915	0.958	0.985	0.878
山东	0.841	0.771	0.858	0.878	0.914	0.930	0.968	0.970	0.982	0.901
河南	0.615	0.543	0.749	0.721	0.850	0.821	0.952	0.904	0.954	0.790
湖北	0.610	0.612	0.666	0.731	0.829	0.940	0.930	0.936	0.960	0.801
湖南	0.470	0.670	0.701	0.743	0.782	0.816	0.909	0.961	0.967	0.780
广东	0.807	0.663	0.645	0.883	0.834	0.916	0.923	0.865	0.945	0.831
广西	0.807	0.821	0.805	0.902	0.937	0.980	0.956	0.977	0.948	0.904
海南	0.786	0.715	0.871	0.918	0.909	0.908	0.947	0.961	0.991	0.889
重庆	0.682	0.775	0.843	0.865	0.909	0.903	0.900	0.964	0.983	0.869
四川	0.818	0.733	0.799	0.863	0.884	0.883	0.890	0.956	0.961	0.865
贵州	0.489	0.810	0.753	0.771	0.871	0.912	0.945	0.939	0.953	0.827
云南	0.902	0.840	0.810	0.842	0.863	0.904	0.907	0.977	0.975	0.891
陕西	0.840	0.754	0.852	0.838	0.881	0.823	0.842	0.922	0.939	0.854
甘肃	0.719	0.762	0.800	0.818	0.859	0.912	0.970	0.922	0.974	0.860
青海	0.324	0.394	0.642	0.745	0.802	0.843	0.832	0.974	0.971	0.725
宁夏	0.649	0.656	0.721	0.781	0.899	0.855	0.948	0.913	0.947	0.819
新疆	0.521	0.728	0.817	0.844	0.837	0.862	0.923	0.996	0.981	0.834
均值	0.688	0.717	0.781	0.827	0.871	0.892	0.924	0.950	0.967	0.846

（二）中国农村普惠金融发展的影响因素分析

本部分利用时空地理加权回归模型，考察了我国农村普惠金融发展影响因素的空间特征，并进行了趋势及时序分析，结果如下：

1. 2017 年各影响因素参数估计的空间分异

本部分利用 GTWR 模型得到 2009—2017 年局域估计结果。因篇幅原因，仅截取 2017 年各影响因素参数估计值，采用自然断点分类法（Natural Breaks Jenks）将数据按相似度分级（刘华军、何礼伟，2016），实现可视化处理以分析其空间分异。

第一，从农村金融环境来看，农村金融发展规模参数估计值全部为正，呈"北高、南低"分布；农村金融市场效率，除新疆、内蒙古、辽宁、云南、广东、海南外，其他省份均为正，且除新疆和黑龙江外，参数估计值以青海、甘肃为中心，呈环状递减且"中心高—四周低"。这说明，农村金融环境与农村普惠金融发展的影响表现基本一致，农村金融发展规模的扩大能有效实现对农业全覆盖，支持产业链与农村金融市场的完善；农村金融市场效率的提高则会促进农村闲散资金转换为农村贷款，运作于农村金融市场，为农村普惠金融发展奠定基础。

第二，从农村经济发展来看，除新疆、云南外，其他省份的第一产业发展参数估计值均为正，呈"东北高—西南低"；除重庆、四川、贵州、云南、新疆外，其他省份的农村居民人均可支配收入为负，且抑制效果自西向东逐渐增强。农村经济发展的两个不同指标对农村普惠金融发展影响表现出不一致的原因在于，农村第一产业发展因有其他相关配套措施，能有效招商引资，为农民创造更多的投资和就业机会，是农村经济增长的核心力量；而且第一产业的发展必定增加对农村金融产品及服务的需求，进而推动农村普惠金融的发展。农村居民可支配收入的提升主要是农村经济发展的结果。随着中部和东部地区城镇化进程的加快，农民不断向城镇迁徙，伴随着农村人口向城镇的流动，农民手中的闲置资金也被带入城镇进行投资，因而在一定程度上抑制了农村普惠金融的发展。也就是说，农村经济增长能否助推农村普惠金融发展，关键在于资金、劳动力等要素能否留于农村继续支持农村经济的发展。

第三，从农村投资环境来看，政府财政支持对农村普惠金融发展的影响，除广东外，其他省份全为负；基础设施建设水平的提高促进了西部地区农村普惠金融的发展，而对中部、东部地区的作用较小，甚至为负；人力资源水平的提高有利于发展农村普惠金融，而对广西、云南、四川、重庆、贵州、新疆等省份的作用小，甚至为负。政府财政支持对农村普惠金融发展的影响出现负效应，可能是由于当前主要由涉农的中小非正规金融机构承担普惠金融任务，成本高昂，市场风险巨大，国家财政投入的增加反而会挤占私人投资，放大宏观风险（Roubini et al., 1991；Boyd et al., 2001），导致农村普惠金融后期推进乏力；西部落后地区基础设施建设力度加大，有利于改善投资硬环境，促进农村金融基础设施的改善，有利于农村普惠金融的发展，而中部、东部地区农村金融市场已基本形成，亟须以大量资金扩张农村金融发展规模，农村基础设施投资会导致资金分流，不利于农村普惠金融发展，尤其是，如果针对农村金融基础设施建设投资不足，对农村普惠金融发展的促进作用反而不显著；西部地区人才流失严重，不利于农村普惠金融的发展。

第四，从城乡协调发展来看，城乡收入比的扩大有利于北部地区农村普惠金融的发展，对东南部地区有抑制作用；城镇化率的提高有助于东北三省农村普惠金融的发展，而对其余地区的影响为负。究其原因，东南部地区金融机构多集中于中心城市，城乡收入比扩大导致农村金融机构偏向城市地区逐利；城镇化进程加快导致资本、人才等要素向城市集聚，农村"人口空心化"现象加剧，农户储蓄与农村金融机构的资金外流，均阻碍了农村普惠金融发展。

2. 各影响因素参数估计的趋势分析

为进一步研究农村普惠金融发展水平影响因素的空间特征，本部分采用ArcGIS10.2的"趋势分析"工具绘制了以农村普惠金融发展影响因素的参数估计值为高度的三维透视图，并将点（默认北和西）投影于地图平面两个方向的平面上，以多项式进行拟合得到趋势线，以检查农村普惠金融影响因素的全局趋势，见图5-2。

由图5-2可知，第一，从 X 方向（经向）来看，各影响因素对农村普惠金融发展的影响呈现不同特征。农村金融发展规模、第一产业发展对农村普惠金融发展的影响自西向东呈增加趋势。其中，第一产业发展的影响程度强于农村金融发展规模；而财政政策支持、农村基础设施建设对农村普惠金融发展的影响自西向东递减，农村基础设施建设的影响程度更大；农民人均收入和城乡收入比对农村普惠金融发展的影响呈正"U"型，农村金融市场效率、人力资本、城镇化率等的影响呈倒"U"型，但"U"型特征不明显，这五个因素对农村普惠金融影响的地域差异变化具有敏感性，但敏感性不高。

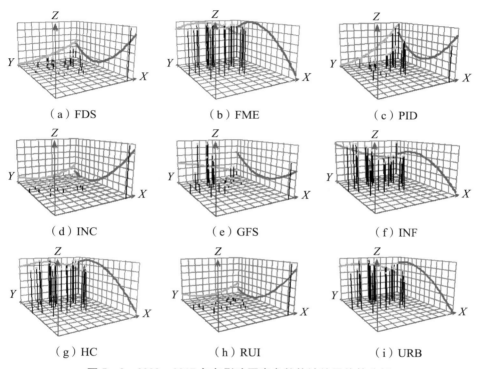

（a）FDS　　　　　（b）FME　　　　　（c）PID

（d）INC　　　　　（e）GFS　　　　　（f）INF

（g）HC　　　　　（h）RUI　　　　　（i）URB

图 5 – 2　2009—2017 年各影响因素参数估计结果趋势分析

第二，从 Y 方向（纬向）来看，所有因素均呈现为"U"型或倒"U"型特征。其中，农村金融发展规模、农村经济发展、政府财政支持、城乡收入比对农村普惠金融发展的影响呈"U"型，自北向南先递减后递增，中部地区的影响程度最小；而农村金融市场效率、农村基础设施建设、人力资本、城镇化率对农村普惠金融发展的影响表现为倒"U"型，自北向南先上升后下降，对偏北部地区影响最大。综合来看，各因素对农村普惠金融发展的影响对南北地区差异变化敏感度强于东西地区，且农村金融市场效率、人力资本、城镇化率最为敏感。

3. 各影响因素参数估计的时序波动

为进一步分析影响农村普惠金融发展各影响因素参数估计的时序波动，本部分分变量整理了 2009—2017 年各变量对我国农村普惠金融影响的平均参数估计，结果见图 5 - 3。

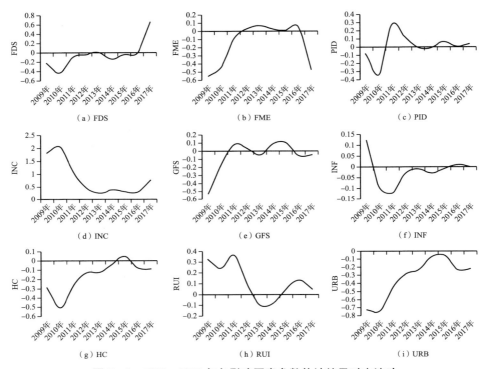

图 5 - 3　2009—2017 年各影响因素参数估计结果时序波动

由图 5 - 3 可以看出，第一，从农村金融环境影响来看，如图 5 - 3（a）（b）所示，农村金融发展规模的影响由负转正，2010 年波谷值为 - 0.44，2017 年波峰值为 0.65，总跨度达 1.09；农村金融市场效率的影响呈"M"型，2012—2016 年间为正效应，其余年份为负效应，总跨度为 0.62。这说明，农村金融发展规模的影响较大且其后趋势为正，能有效支持农村普惠金融发展；在一定范围内提高农村金融市场效率，能加快农村闲置资金的运转速度，但超出规模后，闲置资金的运作会扩大市场风险。因此，合理的农村贷存比能助推农村普惠金融发展，否则会产生抑制现象。

第二，从农村经济发展影响来看，如图 5 - 3 （c）（d）所示，第一产业发展的影响于 2011 年达到峰值（0.28），此后正效应缩小并稳定在 0.05 上下；农村人均收入的影响始终为正，呈"U"型。这说明，农村第一产业发展有效推动了农村普惠金融发展，但作用逐渐缩小，因而应寻找新的动力；而农村人均收入的提高始终是促进农村普惠金融发展的重要力量。

第三，从农村投资环境影响来看，如图 5 - 3 （e）（f）（g）所示，财政政策支持和农村基础设施建设的影响自 2010 年后呈正负效应交替，财政支持参数估计值在（-0.1，0.1）的区间内上下波动，农村基础设施建设的参数估计值随时间不断减弱；人力资本对农村普惠金融发展的影响除 2015 年外全部为负，但其负效应逐步缩小。这说明，政府财政支持与农村基础设施建设对农村普惠金融发展的影响随时序波动并不稳定，应结合地域分异进一步分析；从参数估计值的绝对值来看，财政支持对农村普惠金融的影响程度较为稳定，方向有正有负；跨地区的农村基础设施建设的"虹吸效应"也在不断减弱；向城镇迁徙导致的人才流失现象逐步减弱，有更多的人才愿意驻守农村，支持农村经济金融发展。

第四，从城乡协调发展来看，如图 5 - 3 （h）（i）所示，城乡收入比对农村普惠金融影响除 2013 年、2014 年外全部为正效应；城镇化率始终是阻碍农村普惠金融发展的因素。这是因为，城乡收入比的提高往往意味着城市更发达而非农村更落后，高度发达的城市作为增长极能产生辐射作用并有效带动农村地区经济发展；2013 年、2014 年精准扶贫工作力度加大，大量资源被投入农村扶贫，一定程度上影响了城市对农村的辐射作用；而城镇化进程往往伴随着人口、资金、产业等向城镇转移，加剧了农村空心化现象，影响了农村普惠金融发展的土壤与根基，因而不利于其发展。

三、研究结论

本部分基于熵值法测度了 2009—2017 年我国 30 个省（自治区、直辖市）农村普惠金融指数，运用时空地理加权回归分析法，从农村金融环境、农村经济发展、农村投资环境和城乡协调发展四个维度 9 个影响因素研究了其对农村普惠金融发展影响的时空异质性，以 2017 年为例研究了其空间分异，并分析了 2009—2017 年间的时序波动，得到如下研究结论：

　　第一，我国农村普惠金融指数逐年上升，由 2009 年的 0.688 上升为 2017 年的 0.967，总平均值为 0.846，年均增长率为 4.35%，变化特点为"上升型"。

　　第二，农村普惠金融发展影响因素的空间分异分析发现，农村金融环境能有效支持我国农村普惠金融发展。农村经济发展、农村投资环境及城乡协调发展对农村普惠金融发展的影响存在差异性，农村经济发展能否助推农村普惠金融发展关键在于要素能否留于农村继续支持农村经济发展；政府财政支持和城镇化率整体上阻碍了我国农村普惠金融发展，人力资本则具有促进作用，农村基础设施建设和城乡收入比分别能促进我国西部和北部地区农村普惠金融发展。

　　第三，我国农村普惠金融发展影响因素的趋势分析发现，各因素对农村普惠金融发展的影响对南北部地区差异变化敏感度强于东西部地区，且农村金融市场效率、人力资本及城镇化进程在 X 向（经向）和 Y 向（纬向）上拟合趋势线均为"U"型，较为敏感。

　　第四，我国农村普惠金融发展影响因素的时序波动研究表明，2009—2017年，农村人均收入支持我国农村普惠金融发展，而城镇化率的影响始终为负。剩余变量在 2009—2017 年间均出现了时序波动，其中农村金融市场效率、第一产业发展、城乡收入比由负效应转为正效应后，较为稳定地助推我国农村普惠金融发展；金融市场发展规模、农村投资环境则表现出不稳定，难以为后续发展农村普惠金融提供指导建议。

第六章 中国普惠金融精准扶贫、
精准脱贫的实证分析

上一章的研究表明，普惠金融发展与精准扶贫、精准脱贫之间存在相互依存、相互促进的共生动态关系。本章对中国普惠金融精准扶贫、精准脱贫效果进行实证分析。首先分析中国农村金融扶贫效率的区域差异及空间分布，然后探讨县域普惠金融发展对多维贫困减缓的影响，基于普惠金融精准扶贫的实际数据，对中国贫困地区精准脱贫及中国农村普惠金融发展减贫效率进行实证分析，以期对提升普惠金融扶贫效率有所裨益。

第一节 中国农村金融扶贫效率
区域差异及空间分布[*]

自精准扶贫、精准脱贫方略实施以来，各地先后开展了金融扶贫的实践。金融扶贫力度不断增强，金融扶贫在各地的实施效果受到普遍关注。因而，对我国金融扶贫的效率及其区域差异、空间分布特征等进行研究，对于提升我国农村普惠金融扶贫有效性和精准性，缩小区域间普惠金融扶贫效率差距，加快完成脱贫攻坚任务等具有重要意义。

金融扶贫效果是理论关注的重点领域。学者们进行了诸多研究，取得了一些成果，尤其是在农村金融扶贫效率的研究方法和研究视角方面为后续研究提供了启发。但关于金融扶贫效率的测度及空间分布的研究仍显不足，尤其是关于金融扶贫效率的区域差异及空间分布研究的文献较少。基于此，本部分试图运用数据包络分析（DEA 模型）测度 2009—2015 年全国 31 个省（自治区、

---

[*] 参见陈银娥、金润楚（2018）；金润楚（2018）。

直辖市）的农村金融扶贫效率，并采用泰尔指数（Theil Index）对全国八大综合经济区的金融扶贫效率差异进行分解，再运用 Moran's I 指数模型对各地区农村金融扶贫效率的空间相关性、空间关联特征及其时空演化情况进行分析，以期对进一步提升农村金融扶贫效率、缩小其空间差异有所裨益。

一、指标选取与研究方法

（一）指标选取

关于测度金融扶贫效率指标的选择，不同学者有不同看法。尤其是在投入指标方面，一些学者以农业信贷作为单一投入变量（周一鹿等，2010），或者以人均涉农贷款、人均农业劳动力、人均农业资本作为多元投入变量（王定祥，2013），还有学者将具有地理特性的金融机构营业网点覆盖率、地区金融从业人员占比等指标作为投入变量（张月飞、张伦，2011）。在产出指标方面，多数学者使用农民人均纯收入、人均农业增加值、城镇化率等经济维度指标；分析结果表明，我国金融扶贫效率的整体水平不高，这主要是与各地区的农村金融市场发展程度（张振海、茹少峰，2011）等因素有关。

本部分在综合考虑指标选取的科学性、有效性及数据可得性的基础上，选用有效的投入和产出替代指标来构建农村金融扶贫效率测度指标体系。由于贫困主要是对人们生活状态的描述，通常用收入水平来衡量；在当前金融扶贫过程中，金融资本主要通过支持贫困地区产业发展来实现农户增收，因而本部分选取农村人均纯收入作为投入指标，并用人均农业 GDP 作为补充指标；同时，选取代表金融服务覆盖率的每万人金融机构网点数、每万人金融服务人员数，以及代表金融资本投入量的人均涉农贷款额、人均农业生产投资额等指标。衡量金融扶贫效率的投入产出指标见表 6 - 1。

表 6 - 1　　　　　　　　　　金融扶贫效率投入产出指标

指标类型	指标名称
投入指标	每万人金融机构网点数（个/万人）
	每万人金融服务人员数（个/万人）
	人均涉农贷款额（万元/人）
	人均农业生产投资额（万元/人）

指标类型	指标名称
产出指标	人均农业 GDP（万元/人）
	农村居民人均纯收入（万元/人）

（二）数据来源及说明

本部分选取 2009—2015 年全国 31 个省（自治区、直辖市）的数据作为分析样本。数据主要来源于 2010—2016 年的《中国统计年鉴》《中国金融年鉴》、2009—2015 年的《中国区域金融运行报告》《中国农村金融服务报告》以及中国人民银行网站相关统计数据等。

（三）研究方法

本部分参照国内一些学者的做法（张月飞等，2011；张振海等，2011；王定祥等，2013；黄琦等，2016），采用 DEA 指数模型考察农村金融扶贫的投入产出效率。为此，构建以产出为导向的规模报酬可变 DEA 模型，见式（6.1）。

$$
\begin{cases}
\min\left[\,\theta - \varepsilon(e_1^T S^- + e_2^T S^+)\,\right] \\
\text{s. t. } \displaystyle\sum_{j=1}^{n} x_{ij}\lambda_j + S^- = \theta x_0 \\
\displaystyle\sum_{j=1}^{n} y_{kj}\lambda_j - S^+ = y_0 \\
\displaystyle\sum_{j=1}^{n} \lambda_j = 1 \\
\lambda_j \geqslant 0,\ j = 1,\ 2,\ \cdots,\ n \\
S^- \geqslant 0,\ S^+ \geqslant 0
\end{cases}
\tag{6.1}
$$

式中，x_{ij} 表示 j 地区的第 i 种投入变量，y_{kj} 表示 j 地区的第 k 种产出变量。θ 为决策单元效率值；ε 为非阿基米德无穷小量；$e_1^T = (1,\ 1,\ \cdots,\ 1) \in E^i$，$e_2^T = (1,\ 1,\ \cdots,\ 1) \in E^k$ 为单位向量；S^- 表示输入超量，S^+ 表示输出亏量；λ_j 为权重系数，代表 j 地区投入产出组合占全部组合的比重。当 $\theta = 1$ 时，表明该地区金融扶贫为有效率，同时具备技术效率和规模效率；当 $\theta < 1$ 时，表明地区金融扶贫效率未达到最优，且 θ 值越小，表明效率越低。

为了分析我国农村金融扶贫效率的区域差异，本部分将全国 31 个省（自治区、直辖市）划分为东北地区、北部沿海地区、东部沿海地区、南部沿海地区、黄河中游地区、长江中游地区、西南地区、大西北地区八大综合经济区，并构建金融扶贫效率区域差异分析的泰尔指数模型见式（6.2）~式（6.4）。泰尔指数数值越小，表明差异程度越小；数值越大，表明差异程度越大。

$$地区总差异：T = \frac{1}{n} \sum_{i=1}^{n} \frac{\theta_i}{\bar{\theta}} \log\left(\frac{\theta_i}{\bar{\theta}}\right) \tag{6.2}$$

$$T = T_B + T_W \tag{6.3}$$

$$区域间差异：T_B = \sum_{k=1}^{m} \frac{n_k}{n} \frac{\bar{\theta}_k}{\bar{\theta}} \log\left(\frac{\bar{\theta}_k}{\bar{\theta}}\right) \tag{6.4}$$

$$区域内差异：T_W = \sum_{k=1}^{m} \frac{n_k}{n} \frac{\bar{\theta}_k}{\bar{\theta}} T(\theta_k) \tag{6.5}$$

式（6.2）~式（6.5）中，θ_i 表示各省份农村金融扶贫效率；$\bar{\theta}$ 表示全国农村金融扶贫效率平均值；m 为区域分组数；$\frac{\bar{\theta}_k}{\bar{\theta}}$ 表示第 k 区域农村金融扶贫效率平均值与全国农村金融扶贫效率平均值之比；$\frac{n_k}{n}$ 表示第 k 区域的省份数量占比；$T(\theta_k)$ 表示第 k 区域金融扶贫效率的泰尔指数值。$\frac{T_B}{T}$ 表示金融扶贫效率区域间差异对地区总差异贡献率；$\frac{T_W}{T}$ 表示金融扶贫效率区域内差异对地区总差异贡献率。

为了从整体上描述我国农村金融扶贫效率的空间分布特征，本部分采用 Moran's I 指数模型对我国农村金融扶贫效率进行全局空间自相关分析和局部空间自相关分析。其中，农村金融扶贫效率的全局空间自相关分析结果以全局 Moran's I 指数表示，其公式见式（6.6）。

$$I = \frac{n \sum_{i=1}^{n} \sum_{j=1}^{n} \omega_{ij}(\theta_i - \bar{\theta})(\theta_j - \bar{\theta})}{\sum_{i=1}^{n} \sum_{j=1}^{n} \omega_{ij} \sum_{i=1}^{n}(\theta_i - \bar{\theta})^2} \tag{6.6}$$

式中，I 为全局 Moran's I 指数值；ω_{ij} 为空间权重矩阵（相邻时，$\omega_{ij} = 1$；不相邻时，$\omega_{ij} = 0$）。全局 Moran's I 指数的取值区间为 [-1, 1]；$I > 0$，表

明具有空间正相关性，即相邻省份间存在聚集效应，且数值越大聚集效应越强；$I < 0$，表明具有空间负相关性，即相邻省份间存在离散效应，且数值越小离散效应越强；$I = 0$，表明空间不相关，即相邻省份间是独立随机分布的。

此外，对于全局 Moran's I 指数值，还需要通过标准化 Z 统计量检验各省份农村金融扶贫效率空间自相关关系的存在与否，其公式为：

$$Z = \frac{I - E(I)}{\sqrt{VAR(I)}} \tag{6.7}$$

局部空间自相关分析结果则通过局部 Moran's I 指数及体现其分布的 Moran 散点图表示。局部 Moran's I 指数可以度量单个地区与其相邻地区的空间关联程度，Moran 散点图则进一步将其空间关联分为高高（HH）、低低（LL）、高低（HL）和低高（LH）四种模式。

地区 i 的局部 Moran's I 指数表示为：

$$I_i = Z_i \sum_{j=1}^{n} \omega_{ij} Z_j (i \neq j) \tag{6.8}$$

式中，Z_i 和 Z_j 为标准化的金融扶贫效率值。

在给定置信水平下，若 $I_i > 0$，且 $Z_i > 0$，则地区 i 位于 HH 象限，表示高效率值地区被其他高效率值地区包围；若 $I_i > 0$，且 $Z_i < 0$，则地区 i 位于 LH 象限，表示低效率值地区被高效率值地区包围；若 $I_i < 0$，且 $Z_i < 0$，则地区 i 位于 LL 象限，表示低效率值地区被其他低效率值地区包围；若 $I_i < 0$，且 $Z_i > 0$，则地区 i 位于 HL 象限，表示高效率值地区被低效率值地区包围。HH 象限和 LL 象限表示该地区与其周围地区间具有正空间自相关性，存在空间聚集效应；LH 象限和 HL 象限表示该地区与其周围地区间具有负空间自相关性，存在空间异常效应。

二、基于 DEA 指数模型的金融扶贫效率测度

本部分首先使用 DEAP 2.1 软件，测算出全国 31 个省（区、市）2009—2015 年金融扶贫效率值，从总体上分析全国各地区金融扶贫效率水平及其变动趋势；同时，借助 ArcGIS 10.2 空间计量分析软件，采用自然断裂聚类分析法，将 2009—2015 年各地区的农村金融扶贫效率分为低水平、中低水平、中

高水平及高水平四个层次，对各地区金融扶贫效率的空间分布状况进行可视化表达，具体结果见表6-2。

表6-2　　　　　　2009—2015年全国31省（区、市）金融扶贫效率值

省份	2009年	2010年	2011年	2012年	2013年	2014年	2015年	均值
北京	0.631	0.723	0.697	0.430	0.460	0.577	0.612	0.590
天津	0.461	0.418	0.340	0.278	0.346	0.399	0.416	0.380
河北	0.655	0.681	0.682	0.593	0.651	0.670	0.692	0.661
山西	0.461	0.427	0.423	0.347	0.332	0.357	0.397	0.392
内蒙古	0.473	0.469	0.508	0.456	0.593	0.616	0.578	0.528
辽宁	0.579	0.533	0.556	0.663	0.575	0.608	0.643	0.594
吉林	0.590	0.531	0.634	0.662	0.660	0.702	0.664	0.635
黑龙江	0.464	0.442	0.565	0.636	0.777	0.770	0.691	0.621
上海	1.000	1.000	1.000	1.000	1.000	1.000	1.000	1.000
江苏	1.000	1.000	1.000	1.000	1.000	1.000	1.000	1.000
浙江	1.000	1.000	1.000	0.810	0.845	0.847	0.796	0.900
安徽	0.924	0.914	0.871	0.803	0.871	0.829	0.828	0.863
福建	0.857	0.849	0.843	0.769	0.744	0.828	0.721	0.802
江西	0.799	0.798	0.837	0.683	0.838	0.873	0.829	0.808
山东	0.801	0.746	0.714	0.643	0.689	0.742	0.714	0.721
河南	0.679	0.676	0.742	0.715	0.833	0.859	0.877	0.769
湖北	0.858	0.845	0.845	0.793	0.830	0.946	0.976	0.870
湖南	0.987	0.878	0.894	0.844	0.919	1.000	1.000	0.932
广东	1.000	1.000	1.000	1.000	1.000	1.000	1.000	1.000
广西	0.858	0.770	0.729	0.723	0.741	0.885	0.967	0.810
海南	1.000	1.000	1.000	1.000	1.000	1.000	1.000	1.000
重庆	0.534	0.463	0.432	0.421	0.492	0.597	0.668	0.515
四川	0.758	0.641	0.758	0.751	0.782	0.788	0.765	0.749
贵州	0.889	0.846	0.833	0.909	0.979	0.922	0.700	0.868
云南	0.656	0.716	0.942	0.845	0.828	0.757	0.758	0.786
西藏	1.000	1.000	1.000	1.000	1.000	1.000	1.000	1.000

续表

省份	2009 年	2010 年	2011 年	2012 年	2013 年	2014 年	2015 年	均值
陕西	0.544	0.521	0.534	0.537	0.534	0.632	0.651	0.565
甘肃	0.569	0.517	0.568	0.517	0.521	0.478	0.466	0.519
青海	0.388	0.321	0.318	0.345	0.375	0.361	0.413	0.360
宁夏	0.443	0.515	0.458	0.391	0.444	0.397	0.385	0.433
新疆	0.727	0.793	0.678	0.801	0.833	0.804	0.772	0.773
全国平均	0.729	0.711	0.723	0.689	0.726	0.750	0.741	0.724

据此可以得到我国各地区金融扶贫效率具有以下特征：

第一，金融扶贫效率总体水平不高，存在较大提升空间。表 6 - 2 显示，2009—2015 年我国农村金融扶贫效率值维持在 0.724 上下，处于中低水平；2009—2011 年全国只有六个省份的效率值达到 DEA 最优，占比 19.35%，分别为上海、江苏、浙江、广东、海南和西藏；浙江的效率值则在 2012 年未达到 DEA 最优，说明浙江的农村金融投入产出结构不太合理；而湖南则通过不断优化农村金融资源配置，其效率值在 2014 年、2015 年达到 DEA 最优。

第二，金融扶贫效率的均值呈不断增长发展趋势。我国农村金融扶贫效率的平均值在 2012 年虽跌至波谷，为 0.689，但此后一直在上升，且增速较快，平均年增幅达到 4.3%。其原因可能是，国家全面实施精准扶贫、精准脱贫战略，加大了金融扶贫投入力度，创新金融扶贫方式，推进农村普惠金融发展等一系列措施所产生的效果明显。

第三，从金融扶贫效率的区域分布特征来看，呈明显的南高北低、东高西低的空间非均衡分布特征，在一定程度上呈现出区域聚集现象。具体来看，2009—2015 年上海、江苏、广东、海南以及西藏的农村金融扶贫效率一直处于 DEA 有效状态，说明这些省（区、市）的农村金融资本投入对于农村贫困减缓效果较好。其中，上海、江苏、广东和海南长期保持农村地区大量金融资源投入，农村金融市场和金融制度比较完善，同时农村居民的金融素质较高，金融服务使用意识较强，使得其农村金融扶贫效率较高；而处于西部地区的西藏，经济发展水平较低，金融活动较为单一，但其金融扶贫效率较高，这主要与供给较少而需求较大有关。安徽、湖北、湖南、浙江、贵州、广西、福建的农村金融扶贫效率在高水平和中高水平区域之间变动，并主要分布于长江中游、大西南及东南沿海地区。天津、山西、宁夏和青海一直处于农村金融扶贫效率低水平区域。甘肃、陕西、内蒙古、吉林、辽宁、北京、重庆则在低水平和中低水平之间变动。

第四，从空间分布趋势看，我国农村金融扶贫效率值随年份变动有较大提升。具体表现为，2010—2015 年高水平区域所涵盖的省份数量由 7 个增加至 8 个，占比由 22.58% 上升至 25.8%；中高水平所涵盖的省份数量由 7 个增加到 11 个，占比由 22.58% 上升至 35.48%；中低水平所涵盖的省份数量由 6 个增加到 7 个，占比由 19.35% 上升至 22.58%；低水平区域所涵盖的省份数量由 11 个减少为 5 个，占比由 35.48% 下降为 16.13%。值得注意的是，近年来安徽、浙江在农村金融资源配置方面存在投入冗余或产出不足现象，其效率水平下降，而湖北、湖南和贵州则水平上升，进入高水平区域；黑龙江、内蒙古和河南等地的金融扶贫效率增幅最大，分列前三；天津、山西、宁夏和青海在测度期间一直处于低水平区域，这些省（区、市）的农村金融扶贫效率有待提高，需要重点关注。

第五，金融扶贫效率与地区经济增长不完全正相关。也就是说，经济产出效益大的地区，其农村金融扶贫并不一定是有效率的。例如，人均纯收入排名第一、第二位的天津和北京，其农村金融扶贫效率一直处于低水平和中低水平；经济发展比较缓慢的西藏、海南的人均纯收入均未达到全国平均水平，但其农村金融扶贫却始终处于 DEA 最优。这是由于各地区经济产出效益所衡量的是其绝对值，而金融扶贫效率衡量的是金融资本投入对农民增收的带动作用，经济产出效益高的地区并不等于其金融资本投入已经发挥其全部效力。

三、基于泰尔指数（Theil Index）的金融扶贫效率区域差异分析

从全国各地区农村金融扶贫效率水平及其空间分布状况分析发现，各地区效率水平存在较大差异且分布不均衡。本部分采用泰尔指数（Theil Index）模型，按八大综合经济区的区域划分法，将总差异分解为区域间差异和区域内差异，同时计算其对总差异的贡献率，具体结果见表 6 - 3、图 6 - 1 和图 6 - 2。由此可以看出我国金融扶贫效率具有以下区域差异特征。

表6-3　八大综合经济区金融扶贫效率差异分解

差异	2009年	2010年	2011年	2012年	2013年	2014年	2015年	均值
东北地区差异	0.00563	0.00365	0.00175	0.00018	0.00759	0.00463	0.00043	0.00341
北部沿海地区差异	0.01833	0.02286	0.03686	0.04633	0.03531	0.02437	0.01990	0.02914
东部沿海地区差异	0.00000	0.00000	0.00000	0.00469	0.00303	0.00294	0.00547	0.00230
南部沿海地区差异	0.00255	0.00286	0.00311	0.00718	0.00902	0.00378	0.01093	0.00563
黄河中游地区差异	0.01250	0.01566	0.02174	0.03385	0.04938	0.04346	0.03806	0.03066
长江中游地区差异	0.00312	0.00124	0.00034	0.00298	0.00081	0.00260	0.00390	0.00214
西南地区差异	0.01623	0.01904	0.02890	0.02921	0.02261	0.01074	0.00875	0.01935
大西北地区差异	0.05982	0.07186	0.07111	0.08266	0.07020	0.08219	0.07456	0.07320
区域内差异	0.01542	0.01819	0.02109	0.02627	0.02443	0.02133	0.02019	0.02099
区域内差异贡献率	38.96%	41.08%	48.13%	52.19%	56.06%	54.80%	56.43%	49.66%
区域间差异	0.02416	0.02609	0.02273	0.02406	0.01915	0.01759	0.01559	0.02134
区域间差异贡献率	61.04%	58.92%	51.87%	47.79%	43.94%	45.20%	43.47%	50.32%
总体差异	0.03958	0.04428	0.04382	0.05034	0.04358	0.03892	0.03578	0.04233

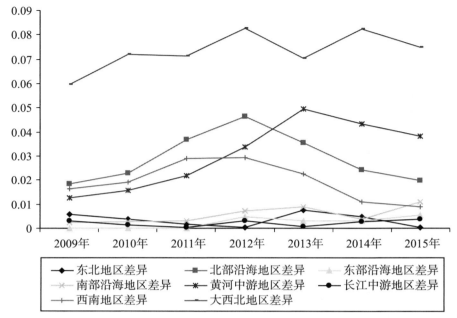

图6-1 八大综合经济区农村金融扶贫效率差异值变化

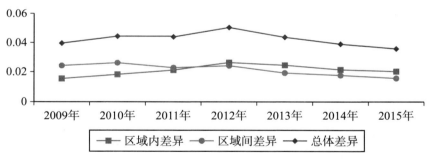

图6-2 八大综合经济区农村金融扶贫效率区域差异

第一，我国农村金融扶贫效率在各地区之间分布不均衡，存在较大差异。2009—2015年我国农村金融扶贫效率总差异均值为0.0434，这期间经历了先增后减的变动，2012年区域总差异最大，泰尔指数值达到0.050，较2009年的差异程度增加了27.19%。

第二，八大综合经济区农村金融扶贫效率差异呈现出三个档次。大西北地区内部各省份的差异最大，其次是北部沿海、黄河中游和西南地区，东北、东部沿海、南部沿海、长江中游地区的差异变化则较平缓（见图 6-1）。具体来说，2009—2015 年，大西北地区的差异变化趋势线要明显高于其他地区，差异平均水平达到 0.073，区域内部各省份的农村金融扶贫效率存在很大差异，如西藏、新疆的效率值一直处于高水平及中高水平，而甘肃、青海、宁夏的效率值则一直处于低水平。北部沿海、黄河中游和西南地区内部各省份的差异平均水平分别为 0.029、0.031、0.019；东北、东部沿海、南部沿海和长江中游地区内部各省份的差异则较低，平均水平分别为 0.0034、0.0023、0.0056、0.0021，表明内部各省份的农村金融在规模和结构上发展较为均衡。而从差异变化趋势来看，大西北地区内部的农村金融扶贫效率差异变动最大，并逐年扩大。这一趋势的继续会导致区域内各省份的农村金融发展形成"位差"，效率高的省份会进一步将效率低的省份的农村金融资源吸引过去，而形成"马太效应"，对地区经济均衡产生消极影响。北部沿海、黄河中游和西南地区的差异变动则存在"先升后降"的趋势，差异程度在到达"峰顶"之后，均逐步缩小。东北、东部沿海、南部沿海、长江中游地区的差异变化则较平缓，且长期处于较低水平，说明地区内部各省份间的农村金融结构、农村金融资源投入规模等长期保持一致。此外，区位相近省份间的金融聚集和辐射效应也是不可忽视的因素。

第三，从八大综合经济区区域分布来看，我国农村金融扶贫效率总差异在区域内的差异与区域间的差异在不同年份有所不同。由图 6-2 可知，八大综合经济区的区域内部差异在 2009—2012 年逐年上升，之后则平稳下降，区域内部差异最大值在 2012 年达到 0.026；区域间差异变化则较平稳，并有逐步下降的趋势，2015 年区域间差异下降到最小值 0.016。具体来看，2009—2011 年，区域内部差异小于区域间差异，区域间差异对地区总体差异影响较大；2012—2015 年，区域内部差异大于区域间差异，区域内部差异对地区总体差异影响较大。目前，八大综合经济区农村金融扶贫效率的区域内部差异和区域间差异均在逐渐缩小。现阶段，对总差异影响较大的是各区域的内部差异，尤其是大西北地区五个省（区）之间的农村金融扶贫效率仍然呈扩大的趋势。

四、基于 Moran's I 指数的金融扶贫效率空间分布

为了进一步分析我国农村金融扶贫效率的空间分布特征，本部分采用全局和局部空间自相关分析法，使用 Geoda 1.6.7 空间计量软件，计算 2009—2015年全国金融扶贫效率的全局 Moran's I 指数、局部 Moran's I 指数及其 Moran 散点图，结果见表 6 - 4 和表 6 - 5。据此可以得到我国农村金融扶贫效率具有以下空间分布特征。

表 6 - 4　　　　　　　2009—2015 年全国金融扶贫效率全局 Moran's I 指数

指数	2009 年	2010 年	2011 年	2012 年	2013 年	2014 年	2015 年
Moran's I	0.495	0.445	0.391	0.351	0.333	0.357	0.345
z-score	4.565	4.212	3.363	3.284	3.107	3.365	3.509
p-value	0.001	0.002	0.002	0.001	0.003	0.003	0.001

第一，我国农村金融扶贫效率相似的地区表现出显著地理群集性特征，即存在较强的空间集聚效应。2009—2015 年我国农村金融扶贫效率的全局 Moran's I 指数值在 0.395 上下波动，均大于 0，且通过 P 值小于 0.01 的显著性检验，说明我国各地区农村金融扶贫效率具有显著的空间正相关关系，即存在较强的空间聚集效应。但这种空间收敛性在不同年份程度会有所不同，呈先降后升的态势。Moran 散点图也证明了这一点。表 6 - 5 显示，2009—2015 年全国 31 个省（自治区、直辖市）中位于 HH 象限和 LL 象限的地区分别占比 83.87%、77.42%、77.42%、70.97%、74.19%、74.19% 及 67.74%，表明这些地区的农村金融扶贫效率表现为空间上显著的正自相关性，即空间分布上存在依赖性。

第二，从其空间关联特征来看，我国地区金融扶贫效率呈南高北低、东高西低的聚集态势。2009—2015 年，位于长江中游地区及东部、南部沿海地区的上海、江苏、浙江、安徽、福建、湖南、广东、广西以及海南等处于 HH 象限，这类地区经济发展水平较高，农村地区金融资源投入多，农村金融市场和金融制度较完善，使得其金融扶贫效率较高，对周围省份具有较强的空间溢出

效应，从而其相邻省份农村金融扶贫效率也较高。位于北方地区的天津、河北、山西、内蒙古、辽宁、吉林、陕西、甘肃以及宁夏等地处于 LL 象限，金融扶贫效率较低。重庆、青海则处于 LH 象限，其自身的金融扶贫效率较低，而与效率值较高的省份相邻，一般情况下会受到正负两个方面的影响，即与高效率邻省争取农村金融资源时会处于劣势，同时具有被高效率邻省辐射带动的区位优势，其农村金融扶贫效率提升较快。

第三，从我国农村金融扶贫效率的时空演化情况来看，空间关联结构比较稳定，跨象限的跃迁现象较少。在 2009—2015 年间的六个时间段内未发生时空跃迁，即省域自身及其邻省保持原有关联模式不变，其省份占比分别为 80.65%、80.65%、93.55%、90.32%、100%、90.32%，说明各地区农村金融扶贫效率的空间集聚性存在较高的路径锁定特征。但在不同时段，一些省份出现了跨象限跃迁现象。例如，2009—2010 年北京、湖北、四川、贵州、云南、新疆六个省份发生了跨象限跃迁；2010—2011 年北京、山东、河南、四川、贵州、新疆六个省份发生了跨象限跃迁；2012—2013 年黑龙江、江西、湖北三省发生了跨象限跃迁；2013—2014 年各省份的效率值则保持空间上的稳定性，没有出现跨象限跃迁；2014—2015 年黑龙江、贵州、福建三省发生了跨象限跃迁，且三省的农村金融扶贫效率均有所下降。这说明，不仅效率值高的聚集区对效率值低的聚集区具有较强的辐射带动效应，效率值低的聚集区对其相邻地区也具有一定的锁定特征。

五、研究结论

运用数据包络分析，采用泰尔指数及 Moran's I 指数模型等方法对我国各地区农村金融扶贫效率的实证研究结果表明：第一，我国各地区农村金融扶贫效率整体水平不高，并呈南高北低、东高西低的空间非均衡分布；第二，农村金融扶贫效率存在区域差异，2012 年以前主要体现为区域间差异，之后各区域内部也存在较大差异，大西北地区内部差异最大；第三，农村金融扶贫效率在空间分布上具有显著的区域聚集效应，且呈现一定的路径依赖特征，此外，相邻地区间还存在较强空间溢出效应。

表 6 - 5　2009—2015 年全国各地区农村金融扶贫效率空间关联模式

时间段	HH象限	LH象限	LL象限	HL象限	象限跃迁
2009—2010年	沪、苏、浙、徽、闽、赣、鲁、湘、粤、桂、琼	渝、青	津、冀、晋、内蒙古、吉、黑、豫、陕、甘、宁	藏	京（$LL_t \to HL_{t+1}$）、鄂（$HH_t \to HL_{t+1}$）、川（$HL_t \to LL_{t+1}$）、滇（$LH_t \to HH_{t+1}$）、新（$LL_t \to HL_{t+1}$）
2010—2011年	沪、苏、浙、徽、粤、赣、湘、闽、桂、琼、滇	渝、青	津、冀、晋、内蒙古、吉、黑、陕、甘、宁	鄂、藏	京（$HL_t \to LL_{t+1}$）、鲁（$HH_t \to LH_{t+1}$）、豫（$LL_t \to HL_{t+1}$）、川（$LL_t \to HL_{t+1}$）、黔（$HL_t \to HH_{t+1}$）、新（$LL_t \to HL_{t+1}$）
2011—2012年	沪、苏、浙、徽、闽、粤、桂、黔、湘、琼、滇	鲁、渝、青	京、津、冀、晋、内蒙古、辽、古、甘、宁	豫、鄂、川、藏	赣（$HH_t \to LH_{t+1}$）、新（$LL_t \to HL_{t+1}$）
2012—2013年	沪、苏、浙、徽、闽、粤、桂、湘、琼、滇	鲁、渝、青	京、津、冀、晋、内蒙古、辽、甘、宁	豫、川、藏、新	黑（$LL_t \to HL_{t+1}$）、赣（$LH_t \to HH_{t+1}$）、鄂（$HL_t \to HH_{t+1}$）
2013—2014	沪、苏、浙、徽、鄂、赣、粤、湘、琼、黔、滇	鲁、渝、青	京、津、冀、晋、内蒙古、辽、陕、甘、宁	黑、豫、川、藏、新	
2014—2015年	沪、苏、浙、徽、粤、桂、鄂、湘、赣、琼、滇	鲁、渝、青	京、津、冀、晋、内蒙古、辽、陕、甘、宁	豫、川、藏、新	黑（$HL_t \to LL_{t+1}$）、黔（$HH_t \to LH_{t+1}$）、闽（$HH_t \to LH_{t+1}$）

注：时空跃迁的四种类型（类型Ⅰ，类型Ⅱ，类型Ⅲ，类型Ⅳ）中，类型Ⅰ表示仅域自身跃迁，包括 $HH_t \to LH_{t+1}$，$LH_t \to LL_{t+1}$，$LL_t \to HL_{t+1}$，$HL_t \to HH_{t+1}$；类型Ⅱ表示仅相邻省域跃迁，包括 $HH_t \to HL_{t+1}$，$LH_t \to HH_{t+1}$，$LL_t \to LH_{t+1}$，$HL_t \to LL_{t+1}$；类型Ⅲ表示省域自身及邻省省域均未跃迁，包括 $HH_t \to HH_{t+1}$，$LH_t \to LH_{t+1}$，$LL_t \to LL_{t+1}$，$HL_t \to HL_{t+1}$。类型Ⅳ表示省域自身及邻省省域均跃迁，包括 $HH_t \to LL_{t+1}$，$LH_t \to HL_{t+1}$，$LL_t \to HH_{t+1}$，$HL_t \to LH_{t+1}$。

第二节　县域金融发展与多维贫困减缓的实证研究 *

　　县域金融不仅能直接影响多维贫困，还可以通过经济增长与收入分配间接影响多维贫困。目前理论界较多从收入维度对贫困进行度量，没有体现贫困的本质属性，即贫困的多维性，而且研究范围大多聚焦在国家、省级层面，关于县域金融发展与多维贫困减缓的研究有待进一步扩展。因精准扶贫战略最先在湖南提出，湖南金融精准扶贫效果备受关注。本部分以湖南省 51 个贫困县①为样本构建结构方程模型，进一步验证县域金融发展对多维贫困减缓的直接作用与间接作用，并提出发展县域金融缓解多维贫困的相关对策建议，以期对精准扶贫、精准脱贫实践有所裨益。

一、理论分析与基本假设

　　县域金融是政府宏观调控实施货币政策的终端环节，在县域经济发展中起着十分重要的作用，尤其对精准扶贫、精准脱贫及全面建成小康社会目标的实现具有重要意义。本部分在阐述县域金融发展对多维贫困减缓影响机理的基础上，提出本部分实证分析的基本假设。

（一）县域金融发展直接影响多维贫困

　　县域金融发展通过提高贫困人口金融服务的可获得性，进而提高其生产能力、抵御风险能力，从而提高其预期收入，对多维贫困缓解产生直接影响。一般来说，针对贫困人口的金融服务主要是指金融机构提供的信贷服务与储蓄服务。贫困地区无论是其自身金融发展水平的提升还是金融机构专门针对贫困人口的普惠金融政策，都能使贫困人口更快捷、更便利地以低成本获得金融服务。贫困人口获得信贷服务可以缓解资金流动性束缚，通过扩大生产、学习技能、治疗疾病、为子女提供教育等活动，实现多种能力的提升，进而改善贫困

---

　　* 参见陈银娥、张德伟（2018）；张德伟（2018）。
　　① 包括国家集中连片特困区县 37 个，其中武陵山连片特困区 31 个，罗霄山连片特困区 6 个；不属于连片特困区的国家扶贫开发重点县 3 个；省级扶贫开发重点县 11 个。

状况；通过储蓄服务，贫困人口能平滑消费，增强自身的风险抵抗能力，防止反贫。

假设1：县域金融发展直接减缓多维贫困（H1）。

（二）县域金融发展通过经济增长间接影响多维贫困

县域金融发展通过促进经济增长，进而通过经济增长的"涓滴效应"使财富自发地流向穷人，以实现减贫。理论和实践均表明，经济增长的"涓滴效应"主要从两个方面影响多维贫困：一个地区经济的增长主要表现为社会投资、社会生产的提高，可以为贫困人口提供更多的就业机会，从而提高贫困人口的收入与消费水平；一个地区经济的增长还表现为地方财政收入的提升，这使贫困地区政府有更多资金投资于基础设施建设及居民生活保障，如新建学校和医疗机构，为贫困家庭提供教育、医疗补贴等，实现教育、医疗等维度的贫困减缓。

假设2：县域金融发展可以通过经济增长间接影响多维贫困。该基本假设体现为以下三条假设路径：第一，县域金融发展对经济增长具有显著的正向效应（H2a）；第二，经济增长对多维贫困减缓有显著的正向效应（H2b）；第三，经济增长对收入分配有显著的正向效应（H2c）。

（三）县域金融发展通过收入分配效应间接影响多维贫困

县域金融发展通过收入分配效应间接影响多维贫困。收入分配对贫困减缓产生影响主要表现为：初始收入分配状况的改善使穷人能越过信贷市场门槛，改善其收入、消费与人力资本状况，进而提高全社会的生产率与投资回报率，有利于减缓贫困；而过大的收入分配可能会扩大社会冲突，对经济增长产生不利影响，甚至毁灭性打击，进而不利于贫困减缓。

假设3：县域金融发展可以通过收入分配间接影响多维贫困。该基本假设体现为以下两条假设路径：第一，县域金融发展对收入分配有显著的正向效应（H3a）；第二，收入分配对多维贫困减缓有显著的正向效应（H3b）。

以上三个基本假设和六个假设路径反映了县域金融发展影响多维贫困的三条途径，以此构建县域金融发展对多维贫困减缓的理论模型图，如图6-3所示。

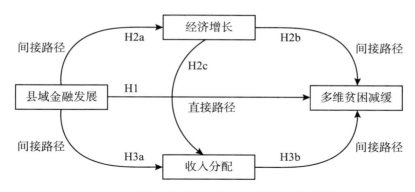

图 6 - 3　县域金融发展减缓多维贫困的理论模型

二、实证研究

根据研究假设，本部分将主要研究县域金融发展、经济增长、多维贫困减缓和收入分配四者之间的相互关系。这四个变量难以直接进行度量，需要通过各自的观察变量来反映。

（一）指标选取与数据来源

森从可行能力视角揭示了贫困的多维属性，多维贫困的减缓即为可行能力提升。然而，森认为可行能力因个人情况、各国经济与社会发展的不同而存在较大的差异，未明确提出评价可行能力的指标（阿马蒂亚·森，2002）。后续有大量学者根据各自研究范围与研究目的，对可行能力指标体系进行了设计。本部分参考了理论界关于可行能力提高和多维贫困减缓的指标设计与选择[①]，同时结合"十三五"时期扶贫攻坚"两不愁，三保障"的目标，主要从消费、教育、健康三个角度来评价县域多维贫困减缓。

在县域金融体系中，银行信用占据主体地位，以商业银行为代表的金融机构的各项金融资产规模是评价县域金融发展实力与规模的重要指标；存贷比表示县域金融机构各县贷款余额与县域金融机构各项存款余额之比，以体现县域金融资源的配置效率情况，反映县域金融发展效率。因此，本部分从金融发展规模与效率两个

---

① 例如，叶初升（2014）基于微观调研数据的分析，借鉴国外学者关于人类可行能力列表，选取生活环境、出行、营养充足、合适住所、知识水平等来描述我国可行能力情况；袁媛等（2014）则基于宏观统计数据的分析，从经济、社会和自然三个维度来衡量多维贫困。

角度出发,选取人均存款、人均贷款以及贷存比三个指标作为衡量金融发展的指标。

另外,本部分选取地区生产总值、财政收入和全社会固定资产投资三个指标来衡量经济增长。收入分配指标则通过城镇居民与农村居民人均收入差距来表示。具体指标选取和计算方法如表6-6所示。

本部分的研究对象为湖南省51个贫困县,各个指标从各县2009—2015年相关数据中隔年选取一次,包括2009年、2011年、2013年和2015年,共计样本204个,各指标描述性统计如表6-6所示。数据主要来源于2009—2016年的《湖南统计年鉴》《中国县(市)社会经济统计年鉴》以及各县的《国民经济与社会发展统计公报》。

(二)实证模型

结构方程模型(Structural Equation Modeling,SEM)作为一种多元统计分析工具,不仅能处理多个变量之间测量与分析,还具有理论先验性等特点。因此,本部分选取结构方程模型作为主要研究方法。由于结构方程模型基于变量的协方差矩阵融合了因子分析和路径分析两种统计方法,因而该模型包括测量模型与结构模型两部分。

1. 测量模型

测量模型用来描述潜变量与观察变量之间的关系,通常一个潜变量拥有一个或一个以上的观察变量,测量模型表示如下:

$$X = \Lambda_X \xi + \delta \tag{6.9}$$

$$Y = \Lambda_Y \eta + \varepsilon \tag{6.10}$$

式(6.9)和式(6.10)分别为外因潜变量(自变量)与内因潜变量(因变量)的测量模型,其中 ξ、η 分别为外因潜变量与内因潜变量;X 和 Y 分别是外因潜变量与内因潜变量的观察变量矩阵;Λ_X 和 Λ_Y 分别外因潜变量与内因潜变量的因素负荷量矩阵(factor loading);δ 和 ε 分别为外因潜变量测量模型与内因潜变量测量模型的残差矩阵。本部分包含县域金融发展一个外因潜变量的测量模型以及经济增长、收入分配、多维贫困减缓三个内因潜变量的测量模型。

表 6-6 指标选取、计算方法与描述性统计

潜变量	观察变量	计算方法	均值	标准差	最小值	最大值
县域金融发展 (ξ)	人均存款 (X_1)	年末居民储蓄存款余额/户籍人口数（元/人）	15109.2	17808.6	1765.06	105246
	人均贷款 (X_2)	年末金融机构贷款余额/户籍人口数（元/人）	14192.7	8581.98	2782.44	52520
	存贷比 (X_3)	年末金融机构贷款余额/年末金融机构存款余额	0.632091	0.29892	0.111253	2.71609
经济增长 (η_1)	地区生产总值 (Y_1)	地区生产总值（万元）	870849	619302	92143.0	3101090
	财政收入 (Y_2)	地区财政总收入（万元）	37632.7	23675.2	4006.00	135624
	固定资产投资 (Y_3)	地区全年固定资产投资总额（万元）	624868	500882	41233.0	2671008
收入分配 (η_2)	城乡居民收入差距 (Y_4)	农村居民年均可支配收入/城镇居民年均可支配收入	0.349153	0.09512	0.184738	0.660231
多维贫困减缓 (η_3)	消费 (Y_5)	全体居民人均生活消费支出（万元/人）	6655.38	2975.52	1434.85	17946.3
	医疗 (Y_6)	10000×医疗卫生床位数/户籍人口数（个/万人）	39.5164	19.8612	13.6171	140.157
	教育 (Y_7)	1000×中小学校教师数/中小学校学生数（名/千人）	86.1649	29.5506	42.9801	191.894

2. 结构模型

结构模型反映的是潜变量之间的关系，其一般化的矩阵方程形式如下：

$$\eta = \Gamma\xi + \zeta \tag{6.11}$$

或

$$\eta = B\eta + \Gamma\xi + \zeta \tag{6.12}$$

在式（6.11）和式（6.12）中，Γ 和 B 分别表示外因潜变量对内因潜变量和内因潜变量对内因潜变量的影响系数矩阵，ζ 为残差项。具体而言，本部分中县域金融发展（ξ）对经济增长（η_1）的影响的结构模型为：

$$\eta_1 = \gamma_{11}\zeta + \zeta_1 \tag{6.13}$$

而县域金融发展（ξ）、经济增长（η_1）、收入分配（η_2）对多维贫困减缓（η_3）影响的结构模型为：

$$\eta_3 = \beta_{11}\eta_1 + \beta_{21}\eta_2 + \gamma_{12}\xi + \zeta \tag{6.14}$$

3. 结构方程模型初始路径图

根据上述理论分析，绘制结构方程初始路径图，如图6-4所示。由于潜变量收入分配（Y_4）只有一个测量变量，为节省模型自由度，本部分采用混合模型路径分析的方式，观察变量城乡居民收入差距（Y_4）代替潜变量收入分配。

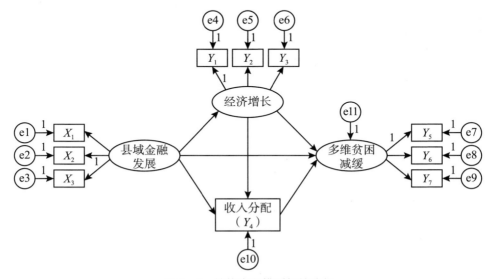

图6-4　结构方程模型初始路径

（三）数据处理与分析

1. 数据处理

由于各个指标的数据来源、统计口径、量纲等不尽相同，为保证研究结果的科学性与有效性，在进行实证分析之前，先要对原始数据进行无量纲化处理。本部分采用极差变换法对原始数据进行标准化处理，正向指标处理公式如下：

$$X_i = \frac{a_i - m_i}{M_i - m_i} \tag{6.15}$$

式中，a_i 为指标原始数据，M_i 为该指标最大值，m_i 为该指标最小值，X_i 为标准化处理后的数据。

2. 信度分析与效度分析

在对数据进行标准化后，为进一步保证数据的可靠性与有效性，还需对数据进行信度分析和效度分析。本部分使用 SPSS22.0 分别对各个潜变量和模型总体进行可靠性分析和验证性因子分析，同时采用 Cronbach's α > 0.7 为高信度标准进行信度分析；用 KMO 值与巴特利球形检验（Barlett Test of Sphericity）判断效度。其中，KMO > 0.8 表示很适合进行因子分析，KMO > 0.5 表示比较适合进行因子分析，Bartlett 球形度检验值要求在 0.05 之内显著。具体分析结果如表 6 - 7 所示。

在信度分析中，模型总体以及各个潜变量的基于标准化项的 Cronbach's α 值均大于 0.7，表示采用的数据具有良好的信度，模型具备内容一致性、可靠性和稳定性的特点。在效度方面，模型总体的 KMO 值为 0.812，各个潜变量的 KMO 值也都大于 0.5，同时，模型总体与各潜变量的巴特利球形检验结果均在 5% 水平上显著。

表 6 - 7　　　　　　　　　　变量信度检验与效度检验

变量	县域金融发展	经济增长	多维贫困减缓	收入分配	总体
测量项目数	3	3	3	1	10
基于标准化项的 Cronbach's α	0.811	0.938	0.673	—	0.876
KMO 值	0.513	0.771	0.640	—	0.812
巴特利球形检验显著性	0.000	0.000	0.000	—	0.000

（四）模型适配度检验与参数估计检验

本部分运用 Amos22.0 软件建立县域金融发展与多维贫困减缓的结构方程模型，采用极大似然法对假设模型进行运算，并通过修整指标（modification indices）对初始模型进行适当调整，最终得到模型输出图与各参数标准化系数，见图 6 - 5。

结构方程模型的检验主要包括模型适配度检验与参数估计检验。模型适配度检验主要验证假设模型与样本数据的适配程度，而参数估计检验主要是对模型参数估计值的合理性与显著性进行判断。

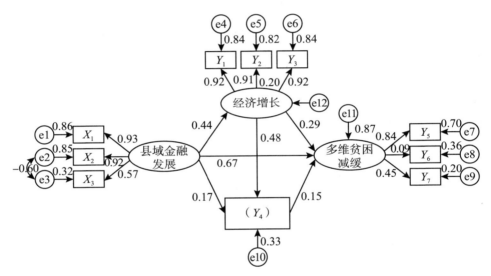

图 6 - 5　县域金融发展与多维贫困减缓结构方程模型标准化结果输出

1. 模型整体适配度检验

结构方程模型的整体适配度检验是通过多种拟合指标来进行，模型拟合指标包括绝对拟合指标、相对拟合指标和简约拟合指标三种类型。表 6 - 8 列出了各个指标的估计值与拟合标准（临界值）。在绝对拟合指标中，模型拟合的卡方值为 110.143，自由度为 29，比值为 3.789，其显著性概率为 0.000，GFI 大于 0.9，RMR 小于 0.05，RMSEA 接近 0.1，基本达到参考标准；在相对拟合指标中，CFI、IFI、NFI、TLI 在 0.9 以上，达到参考标准；在简约拟合指标中，PCFI 和 PNFI 大于 0.05，理论模型的 CAIC 值同时小于独立模型和饱和模型的 CAIC 值，达到参考标准。综合各项指标拟合情况，大多数拟合指标均达到参考标准，因此，本部分理论模型整体适配度较好。

表6-8　　　　　　　　　　　模型总体适配度检验

指数类型	拟合指标	适配的标准与临界值	模型估计结果	模型适配判断
绝对拟合指标	χ^2（卡方值 CMIN）	显著性概率 P < 0.05	110.143（p = 0.000）	是
	GFI（良性拟合指标）	大于 0.90	0.908	是
	RMR（残差均方根）	小于 0.05	0.002	是
	RMSEA（残差均方根）	小于 0.100	0.117	接近
相对拟合指标	CFI（比较拟合指标）	大于 0.90	0.940	是
	IFI（增值拟合指标）	大于 0.90	0.941	是
	NFI（规范拟合指标）	大于 0.90	0.922	是
	RFI（相对拟合指标）	大于 0.90	0.878	接近
	TLI（Tucker-Lewis 指标）	大于 0.90	0.907	是
简约拟合指标	PCFI（简约比较拟合指标）	大于 0.05	0.606	是
	PNFI（简约规范拟合指标）	大于 0.05	0.594	是
	CAIC（简约程度指标）	理论模型值小于独立模型值同时小于饱和模型值	274.414 < 1469.352，274.414 < 347.497	是

2. 模型参数估计检验

模型参数估计包括潜变量与观测变量之间的参数估计和潜变量之间的参数估计，表6-9和表6-10分别给出了它们的标准化估计值。由表6-9可知，县域金融发展、经济增长和多维贫困减缓三个潜变量对其观察变量的标准化系数都为正，且均在5%的显著水平下显著，表明观察变量能较好反映其对应的潜变量。

表 6 - 9　　　　　　　　　　　　**测量模型参数估计**

变量名称		标准化估计系数	P 值
潜变量	观测变量		
县域金融发展	储蓄深化	0.927	***
	贷款深化	0.925	***
	金融发展效率	0.570	—
经济增长	社会生产	0.919	—
	财政收入	0.906	***
	固定资产投资	0.570	***
多维贫困减缓	消费	0.838	—
	医疗	0.600	***
	教育	0.448	***

注：本表为潜变量的标准化估计值，*** 表示在 5% 水平上显著。

由表 6 - 10 可知，各潜变量间的标准化参数估计值均为正数，且均在 5% 的显著水平下显著，表明模型潜变量间的直接效果或路径可信，同时，验证了上述六个假设路径。

表 6 - 10　　　　　　　　　　　　**结构模型参数估计**

假设路径	标准化估计	P 值	验证结果
县域金融发展→多维贫困减缓（H1）	0.673	***	通过
县域金融发展→经济增长（H2a）	0.443	***	通过
经济增长→多维贫困减缓（H2b）	0.294	***	通过
经济增长→收入分配（H2c）	0.479	***	通过
县域金融发展→收入分配（H3a）	0.170	0.015	通过
收入分配→多维贫困减缓（H3b）	0.153	0.014	通过

注：本表为潜变量的标准化估计值，*** 表示在 5% 水平上显著。

（五）实证结果分析

结构方程模型输出图和表 6 - 10 表明，外因潜变量县域金融发展与内因潜变量多维贫困减缓之间的关系显著，县域金融发展不仅能对多维贫困减缓产生直接作用，也能通过经济增长与收入分配对多维贫困减缓产生间接作用。

1. 县域金融发展对多维贫困减缓的直接作用分析

县域金融发展对多维贫困减缓的影响系数为 0.673（在 0.001 的显著水平下显著），表示在其他条件不变的情况下，县域金融发展程度每增加 1 个单位，能直接减缓多维贫困 0.673 个单位。另外，多维贫困减缓对其三个观察变量——消费、医疗、教育的载荷系数分别为 0.838、0.600、0.448。从贫困减缓分解的角度来看，县域金融发展对消费贫困减缓、医疗贫困减缓和教育贫困减缓的直接效应分别为 0.564、0.404 和 0.302。

2. 县域金融发展通过经济增长对多维贫困减缓的间接作用分析

县域金融发展通过经济增长对多维贫困减缓的间接作用是通过县域金融发展与经济增长路径和经济增长与多维贫困减缓路径实现的。县域金融发展对经济增长的路径系数为 0.443，而经济增长对多维贫困减缓也包含了直接和间接两条路径。其中，直接路径"经济增长→多维贫困减缓"的路径系数为 0.294，间接路径"经济增长→收入分配→多维贫困减缓"的路径系数为 0.073（0.479 × 0.153）。因而，经济增长对多维贫困减缓的总效应为 0.367。综上，县域金融发展通过经济增长对多维贫困减缓的间接影响效应为 0.163。从贫困减缓分解的角度来看，该效应依次为 0.137、0.098、0.073。

3. 县域金融发展通过缩小收入分配对多维贫困减缓的间接作用分析

县域金融发展通过缩小收入分配对多维贫困减缓的间接作用是通过县域金融发展与收入分配路径和收入分配与多维贫困减缓路径实现的。根据模型输出图显示，县域金融发展对收入分配的效应为 0.170，收入分配的缩小对多维贫困减缓的效应为 0.153，因此，总效应为 0.026。可以看出，县域金融发展通过缩小收入分配对多维贫困减缓的间接作用较小，且明显小于前两种作用。

4. 县域金融发展的两种作用对多维贫困减缓的贡献度的分析

为进一步分析县域金融发展对多维贫困减缓的影响，本部分根据上述结果分析，将县域金融发展对多维贫困减缓的作用路径进行汇总，并计算出每条路径对总效应的贡献度（见表6－11）。由此得出以下结论：一是，县域金融发展对多维贫困减缓的总效应为0.862，即县域金融发展每增加1个单位，多维贫困减缓0.862个单位。总体来说，县域金融发展有利于多维贫困减缓。二是，县域金融发展对多维贫困减缓的总直接作用与总间接作用的贡献度分别为78.07%和21.93%，直接作用远强于间接作用。三是，在县域金融发展对多维贫困减缓的间接作用之中，路径"县域金融发展→经济发展→多维贫困减缓"的贡献度强于路径"县域金融发展→收入分配→多维贫困减缓"。

表6－11　　　　县域金融发展的两种作用对减缓多维贫困的贡献度

作用	影响路径	影响效应	贡献度占比（%）
直接作用	县域金融发展→多维贫困减缓	0.673	78.07
间接作用	县域金融发展→经济发展→多维贫困减缓	0.163	18.91
	县域金融发展→收入分配→多维贫困减缓	0.026	3.02
	间接作用小计	0.189	21.93
总效应		0.862	100

三、研究结论

本部分以湖南省51个贫困县为对象，选取204个样本，构建以县域金融发展、经济增长、收入分配和多维贫困减缓为潜变量的结构方程模型，对县域金融发展与多维贫困减缓的关系进行验证，得到如下基本结论：（1）县域金融发展对多维贫困减缓存在明显的正向作用，且直接作用与间接作用同时存在，直接作用强于间接作用；（2）从多维贫困减缓的观察变量来看，县域金融发展对消费贫困的减缓作用强于医疗贫困与教育贫困；（3）在县域金融发展减缓多维贫困的间接作用中，通过经济增长渠道的作用路径强于通过收入分配渠道的作用路径。

第三节 中国普惠金融发展助推
精准脱贫的实证分析*

前文的研究证实，在我国金融扶贫实践中，金融发展对精准扶贫、精准脱贫具有重要的积极作用。本部分基于我国贫困地区精准扶贫、精准脱贫的实际数据，进一步实证检验中国普惠金融发展实现精准扶贫、精准脱贫的效率。

一、指标选取与研究方法

当前理论界因分析视角、实证方法以及具体案例等差异，关于普惠金融扶贫效率的研究仍显不足，尤其是关于普惠金融助推精准扶贫效率的实证研究较少，且研究维度仅停留在固定时间或部分地区，忽略了时间维度长期政策变迁性以及空间维度地区分布差异性所带来的农村金融扶贫效率波动。基于此，本部分运用三阶段 DEA 模型，在消除外在环境因素的影响下，测度 2013—2017 年全国贫困地区的普惠金融扶贫的总体效率及分解效率，并评价其效率变化。

（一）指标选取与数据来源

本部分根据《中国农村贫困监测报告》关于贫困地区的界定，以是否辖国家级贫困县为标准划定了贫困地区，并以经国务院扶贫开发领导小组办公室认定的 2018 年 592 个国家级贫困县为研究样本，选取东部地区的河北、海南；中部地区的山西、吉林、黑龙江、安徽、江西、河南、湖北、湖南；西部地区的内蒙古、广西、重庆、四川、贵州、云南、陕西、甘肃、青海、宁夏、新疆，共计 21 个省（区、市）作为样本，研究 2013—2017 年[1]中国普惠金融发展助推精准脱贫的效率问题。西藏因数据不可得而被剔除，其余省份因贫困特征不显著，不符合本部分研究样本要求，予以剔除。

考虑数据可得性，本部分选取投入产出和环境两大类指标，具体说明如下：

---

* 参见陈银娥、尹湘（2019）。

① 2013 年，习近平总书记正式提出了"精准扶贫"的基本方略，此后普惠金融开始运用于扶贫领域，因此本部分选取 2013—2016 年的时间窗口研究普惠金融助推精准脱贫的效率问题。

第一，投入产出指标。参考全球普惠金融合作伙伴组织（GFPI）建立的普惠金融指标体系，从衡量普惠金融发展情况可获得性、使用效用性指标中对应选取居民储蓄存款余额和年末金融机构各项贷款余额作为投入指标；选取直接反映贫困地区居民贫困程度的农村人均可支配收入指标、衡量贫困地区经济增长的第一产业增加值指标以及衡量支持产业增长的农机总动力指标为产出指标。

第二，环境指标。经济发达社会能通过就业岗位的增加和收入水平提高减少贫困；好的税收政策能引导企业积极参与脱贫攻坚工作；以农业研究、农村教育、农村医疗和基础设施等为代表的公共支出通过提高劳动生产率，直接增加了农民收入，能促进农村减贫；此外，固定资产投资同样能够拉动农村地区经济增长。因此，本部分选取地区生产总值、各项税收、公共财政支出以及固定资产投资额作为环境指标，以上指标均能在一定程度上影响我国精准脱贫的效率，但并非由普惠金融发展导致。

本部分数据源于 2013—2018 年的《中国农村贫困监测报告》《中国统计年鉴》《中国金融年鉴》《中国县域统计年鉴》以及《中国固定资产投资统计年鉴》。

（二）研究方法

本部分借助三阶段数据包络分析模型（DEA 模型），对我国普惠金融发展助推贫困地区精准脱贫的效率进行分析。

1. 第一阶段：传统 DEA 模型分析

使用三阶段 DEA 模型测度普惠金融发展助推精准脱贫的效率有两种分析方式。一是规模报酬不变（CRS）情况下的技术效率测算模型，即 CCR 模型[①]。该模型假设投入规模的变化不会对其效率产生影响，但现实生活中因受经济环境、政策变化、不完全竞争等因素的影响，投入变化会影响其效率，因而该模型存在一定缺陷。二是规模报酬可变（VRS）情况下的技术效率测算模

[①] CCR 模型由查纳斯（A. Charnes）、库伯（W. W. Cooper）和罗兹（E. Rhodes）于 1978 年提出。该模型以规模报酬不变为假设建立规划模型，进而计算出单个决策单元的相对效率。如果落在前沿面上，则决策单元 DEA 有效率，则其效率值为 1；如果没有落在前沿面上，则决策单元 DEA 无效率，其效率值小于 1。

型，即 BCC 模型①。该模型将综合效率分解为纯技术效率（Pure Efficiency，PE）和规模效率（Scale Efficiency，SE），TE = PTE × SE。综合效率反映中国普惠金融发展助推精准脱贫的效率；纯技术效率反映剔除规模报酬影响后的普惠金融机构资源、产品或服务的技术情况，即普惠金融机构内部管理水平；规模效率反映普惠金融资源或服务投入规模变化对其综合效率的影响程度，即经营规模优化程度。本部分选取投入导向下的规模报酬可变 BCC 模型来测度普惠金融助推精准脱贫效率，包括普惠金融资源配置利用效率和规模集聚效率。

在基于投入导向下，第 i 个决策单元 DMU（Digital Mock – Up）的表达式如下：

$$\text{Min}\big[\theta - \varepsilon(\hat{e}^T S^- + e^T S^+)\big]$$

$$\text{s. t.}\begin{cases} \sum_{j=1}^{n} X_j \lambda_j + S^- = \theta X_i \\ \sum_{j=1}^{n} Y_j \lambda_j - S^+ = \theta Y_i \\ \lambda_j \geqslant 0, \ S^-, \ S^+ \geqslant 0 \\ j = 1, \ 2, \ \cdots, \ n \end{cases} \qquad (6.16)$$

式中，n 表示决策单元，X、Y 分别是投入、产出向量。若 $\theta = 1$，S^-，$S^+ = 0$，则决策单元 DEA 有效；若 $\theta = 1$，$S^- \neq 0$ 或 $S^+ \neq 0$，则决策单元弱 DEA 有效；若 $\theta < 1$，则决策单元非 DEA 有效。

2. 第二阶段：SFA 回归

构造类似 SFA 回归函数②：

$$S_{ni} = f(Z_j; \ \beta_n) + V_{ni} + \mu_{ni}; \ i = 1, \ 2, \ \cdots, \ I; \ n = 1, \ 2, \ \cdots, \ N \quad (6.17)$$

式中，S_{ni} 表示第 i 个决策单元第 n 项投入的松弛值；Z_i 为环境变量，β_n 为环境变量系数；$v_{ni} + \mu_{ni}$ 为混合误差项，v_{ni} 表示随机干扰，μ_{ni} 表示管理无效

---

① 实际情况中，每个决策单元都在最优条件下生产的概率很小，基于此，班克（Banker）、查纳斯（Charnes）和库伯（Cooper）于 1984 年对 CCR 模型进行了改进，将规模效率从技术效率中剥离出来，剔除了规模报酬不变的假设条件，建立了规模报酬可变模型（BCC 模型）。

② 通过 BCC 模型得到松弛变量 $[x - X\lambda]$ 反映初始低效率，由环境因素、管理无效率和统计噪声构成。1999 年 Fried 使用的 Tobit 回归只能剔除环境因素的影响，在 2002 年 Fried 提出的拓展模型中借助 SFA 回归，成功将第一阶段获得的松弛变量分解成上述三种效应，因此在本部分中，沿用 SFA 回归模型对初始低效率进行分解。

率。其中，随机扰动项 $V \sim N(0, \sigma_V^2)$ 表示随机扰动项对决策单元的松弛变量有影响；管理无效率 μ 表示管理因素对决策单元松弛变量有影响，假设其服从在零点截断的正态分布，即 $\mu \sim N^+(0, \sigma_\mu^2)$（曹妍雪、马蓝，2017；安敏等，2019）。

SFA 回归剔除了影响效率的环境因素和随机扰动项，调整投入变量的公式如下：

$$X_{ni}^A = X_{ni} + [\max(f(Z_i; \hat{\beta}_n)) - f(Z_i; \hat{\beta}_n)] + [\max(v_{ni}) - v_{ni}],$$
$$i = 1, 2, \cdots, I; \ n = 1, 2, \cdots, N \qquad (6.18)$$

式中，X_{ni}^A 是调整后的投入；X_{ni} 是调整前的投入；$[\max(f(Z_i; \hat{\beta}_n)) - f(Z_i; \hat{\beta}_n)]$ 是对外部环境因素进行调整；$[\max(v_{ni}) - v_{ni}]$ 是将所有决策单元放在相同环境下（曹妍雪、马蓝，2017）。

3. 第三阶段：调整后的 DEA 模型

将经调整后的投入变量和产出变量再次代入 BCC 模型测算效率，此时的结果已经剔除了环境变量和随机扰动项的影响，能更真实地反映普惠金融扶贫效率。

二、三阶段 DEA 实证分析

（一）第一阶段 DEA 实证结果

忽略环境因素和随机扰动项的影响，利用 DEAP2.1 软件，对 2013—2017 年中国贫困地区的投入产出数据建立 DEA 模型，分别对普惠金融扶贫效率的静态比较、动态比较及技术有效和无效等方面进行实证分析。

1. 普惠金融扶贫效率比较静态分析

对第一阶段 2013—2017 年研究样本进行整理，得到第一阶段 2013—2017 年研究样本普惠金融精准扶贫效率的均值，见表 6 – 12。

表 6–12   第一阶段 2013—2017 年研究样本的普惠金融扶贫总体效率评价

研究样本分类	综合效率	纯技术效率	规模效率	冗余率（%）
全国贫困地区	0.558	0.677	0.833	44.2
东部地区	0.699	0.726	0.944	30.1

研究样本分类	综合效率	纯技术效率	规模效率	冗余率（%）
中部地区	0.555	0.657	0.846	44.5
西部地区	0.534	0.683	0.805	46.6

表 6 - 12 显示，全国贫困地区的综合效率、纯技术效率、规模效率分别为 0.558、0.677、0.833，处于中等水平，说明中国普惠金融发展助推精准脱贫有待提升；从综合效率值来看，相较效率最佳的样本，普惠金融机构的投入要素存在浪费，通过减少 0.442 的投入要素，仍可获得既定产出。从综合效率和规模效率来看，东部地区普惠金融扶贫效率最优，中部地区其次，西部地区最次；从纯技术效率来看，东部地区最优，西部地区其次，中部地区最次；综合来看，西部地区的技术无效主要原因是规模效率低下，说明西部地区优化普惠金融资源、产品、服务等配置对助推西部地区精准脱贫的作用不大。

2. 效率评价的动态比较分析

2013—2017 年研究样本分年度效率水平实证结果如表 6 - 13 所示。

表 6 - 13　　第一阶段 2013—2017 年中国贫困地区绩效动态变化比较分析

研究样本分类	效率分类	2013 年	2014 年	2015 年	2016 年	2017 年
全国	综合效率	0.644	0.169	0.671	0.659	0.647
	纯技术效率	0.719	0.278	0.797	0.794	0.798
	规模效率	0.888	0.778	0.851	0.831	0.819
东部地区	综合效率	0.848	0.286	0.853	0.753	0.757
	纯技术效率	0.852	0.308	0.853	0.820	0.797
	规模效率	0.994	0.898	0.999	0.894	0.933
中部地区	综合效率	0.641	0.200	0.668	0.643	0.623
	纯技术效率	0.707	0.335	0.750	0.745	0.746
	规模效率	0.900	0.748	0.888	0.856	0.836
西部地区	综合效率	0.609	0.126	0.640	0.653	0.645
	纯技术效率	0.703	0.231	0.820	0.825	0.835
	规模效率	0.861	0.777	0.797	0.801	0.787

由表 6 - 13 可知，除 2014 年外，其余年份全国贫困地区普惠金融扶贫效率水平均处于中等水平且较为稳定，而 2014 年的普惠金融扶贫效率水平较为低下。从对地区效率的分解来看，东部地区的普惠金融扶贫效率仍显著优于中部地区和西部地区，除 2014 年外，其效率水平处于中等偏上水平。从对效率类型的分解来看，主要是纯技术效率水平的低下拉低了综合效率的水平。究其原因，在"精准扶贫、精准脱贫"的基本方略于 2013 年 11 月由习近平总书记提出后，各扶贫政策相继出台并实施，大量的扶贫资源被投入贫困户的生产活动中，对农村产业发展程度和贫困户生活水平与收入水平的提升等会随生产过程存在一定的时滞，因此 2014 年整体的普惠金融扶贫效率较低。东部地区因其本身经济较为发达，整体市场环境优良，普惠金融资源投入市场中能迅速得到较好的配置，其对扶贫的推动作用整体优于中部地区和西部地区。效率值的分解结果则说明，当前普惠金融投入的资源服务等结构难以满足普惠金融扶贫的综合效益，并使之实现其经济效益和社会效益。

3. 技术有效与无效分析

由表 6 - 12 可知，从静态比较分析来看，全国贫困地区整体或东、中、西部地区分地区的普惠金融精准扶贫的效率值均小于 1，这说明均处于技术无效状态，存在普惠金融资源投入要素的浪费，冗余率分别为 44.2%、30.1%、44.5%、46.6%，在各地区减少对应冗余率的要素投入后，仍可获得与现阶段相同的产出。由表 6 - 13 可知，从动态比较分析来看，除 2014 年外，东部地区及中部地区的综合效率均小于 1，且呈逐年下降态势，说明其要素投入存在浪费现象，且浪费程度逐年上升，应当注意要素的使用效率的问题。

从技术有效和无效省份的分布情况来看，全国贫困地区分年度统计口径下技术有效的省份数量为 21 个，占 20%；五年均值统计口径下技术有效的省份只有河南，该省在 2013—2017 年间综合效率每年均为 1，达到了效率最优，见表 6 - 14。

表 6－14　　　　　　2013—2017 年技术有效和无效省份数量比较分析　　　单位：个

地区	分年度口径①省份数量		2013—2017 年五年均值口径②省份数量			
	技术有效	技术无效	技术有效	技术无效成因分析		
				技术无效	纯技术效率导致	规模效率导致
全国	21	84	1	20	16	4
东部	4	6	0	2	2	0
中部	7	33	1	7	5	2
西部	10	45	0	11	9	2

注：①分年度口径是指对样本五年情况分年度分析后汇总统计，总样本数量为 105（21×5）个。

②2013—2017 年五年均值口径是指对 2013—2017 年样本情况汇总后取均值进行统计，样本数量为 21 个。

从五年均值统计口径下对效率值类别的分解来看，全国贫困地区由纯技术效率导致的省份数量远超规模效率，说明制约我国普惠金融助推精准脱贫效率的原因主要是普惠金融资源服务等结构不当，难以实现扶贫的效率最大化。针对技术无效的原因进行分析，以规模效率低下为主因导致技术无效的省份有安徽、湖北、重庆、云南，占 20%，分布于中部和西部地区，这四个省份应注意普惠金融资源投放过程中的配置优化；其余省份导致技术无效的主因是纯技术效率，占 80%，这 16 个省份的普惠金融资源、产品或服务结构不当，应注意优化普惠金融投入资源本身结构，并改善普惠金融机构内部管理水平，以提高效率水平。

（二）第二阶段：剔除外部环境因素影响

基于第一阶段 DEA 模型测算结果发现，普惠金融精准扶贫的效率处于中等偏上水平，仍存在提升空间。此结果是在未考虑外部环境和随机误差的前提下得出的，而政府政策推行与实施及产生效果的时间较长，中国经济发展的动态变化会造成实证结果偏离现实状态，因此需通过 SFA 回归进行调整。针对投入差额，运用 Frontier4.1 软件进行 SFA 模型分析。SFA 回归中，以一阶段投入指标为因变量，环境指标为自变量，经计算得到调整后的投入指标值。以调整初始指标值的手段剔除外部环境因素的影响，能解到普惠金融助推精准脱贫效率的真实状态。

(三) 第三阶段 DEA 的实证结果及分析

将经调整的投入指标值与初始产出重新带入 BCC 模型，进行第三阶段的
DEA 检验，见表 6 – 15。

1. 第三阶段普惠金融扶贫效率的静态比较分析

表 6 – 15 显示，全国贫困地区的综合效率、纯技术效率、规模效率分别为
0.800、0.891、0.880，处于较高水平，说明中国普惠金融发展助推精准脱贫
的绩效良好；相比较第一阶段的各效率值，效率值全面提高，说明第一阶段因
为外部因素的原因，低估了我国普惠金融助推精准脱贫的效率，由此也更能说
明发展普惠金融是践行"精准扶贫、精准脱贫"基本方略的重要推手。

从综合效率和纯技术效率来看，东部地区最优，西部地区其次，中部地区
最次；从规模效率来看，东部地区最优，中部和西部地区基本一致。此结论与
第一阶段的分析存在一定差异。原因在于，第一阶段测度的效率值综合考虑了
各地区经济发展状态，西部地区较东部和中部落后，限制了普惠金融助推脱贫
的效率。经过第三阶段的调整，通过考虑贫困地区生产总值这一环境因素，将
各地经济发展状态都调整至同一水平，所测度的西部地区普惠金融扶贫效率出
现显著提升，甚至超过中部地区普惠金融扶贫水平，说明普惠金融资源与服务
的注入能弥补地区经济发展不平衡的缺陷，直接作用于贫困地区，帮助贫困人
口脱贫。

表 6 – 15　第三阶段 2013—2017 年研究样本的普惠金融扶贫总体效率评价

研究样本分类	综合效率	纯技术效率	规模效率	冗余率（%）
全国	0.800	0.891	0.880	20.0
东部地区	0.876	0.937	0.897	12.4
中部地区	0.774	0.867	0.883	22.6
西部地区	0.805	0.900	0.881	19.5

2. 第三阶段分地区普惠金融扶贫效率的评价

第三阶段 2013—2017 年各年度普惠金融扶贫效率值如表 6 – 16 所示。

表 6 – 16　　第三阶段 2013—2017 年中国贫困地区绩效动态变化比较分析

研究样本分类	效率分类	2013 年	2014 年	2015 年	2016 年	2017 年
全国	综合效率	0.920	0.839	0.904	0.458	0.879
	纯技术效率	0.997	0.967	0.970	0.573	0.937
	规模效率	0.923	0.959	0.932	0.749	0.979
东部地区	综合效率	0.962	0.909	0.961	0.560	0.987
	纯技术效率	1.000	0.994	1.000	0.693	1.000
	规模效率	0.962	0.914	0.961	0.694	0.987
中部地区	综合效率	0.902	0.822	0.842	0.438	0.868
	纯技术效率	0.996	0.971	0.925	0.511	0.934
	规模效率	0.905	0.859	0.913	0.812	0.928
西部地区	综合效率	0.926	0.839	0.939	0.454	0.867
	纯技术效率	0.997	0.976	1.000	0.596	0.928
	规模效率	0.947	0.859	0.939	0.721	0.938

　　由表 6 – 16 可知，除 2016 年外，第三阶段全国贫困地区普惠金融扶贫效率水平均处于较优水平。从 2013—2017 年的效率动态变化来看，除 2016 年普惠金融扶贫效率有所下降，其余四年间效率总体来说基本保持较高且稳定的水平；从对地区效率的分解来看，东部地区的普惠金融扶贫效率领先于中部地区和东部地区；从对效率类型的分解来看，2016 年纯技术效率水平的降低拉低了其综合效率水平。可能的原因是，2015 年 12 月 31 日国务院《推进普惠金融发展规划（2016—2020 年）》出台，国家大力发展普惠金融，加大了相关资源和服务的投入量，在固定经营规模下，原有的普惠金融资源已基本能满足精准扶贫的需要，因新政策推行而增加的普惠金融资源及服务反而未能得到充分利用，处于闲置状态，使效率降低。

　　3. 第三阶段的技术有效与无效分析

　　由表 6 – 15 可知，从静态比较分析来看，无论是以全国整体，还是分地区为研究对象，普惠金融助推精准脱贫的效率值均未达技术有效，普惠金融资源投入要素存在浪费，冗余率分别为 20.0%、12.4%、22.6%、19.5%，相较第一阶段冗余率有较大幅度的降低。

由表 6 - 17 可知，从技术有效和无效省份的分布情况来看，全国贫困地区分年度统计口径下技术有效的省份数量为 16 个，占 15.24%；五年均值统计口径下没有技术有效的省份。对比第一阶段所测度的效率值，河南退出了随机前沿面，处于技术无效状态。

表 6 - 17　　　　　　2013—2017 年技术有效和无效省份数量比较分析　　　单位：个

地区	分年度口径省份数量		2013—2017 年五年均值口径省份数量			
	技术有效	技术无效	技术有效	技术无效成因分析		
				技术无效	纯技术效率导致	规模效率导致
全国	16	89	0	21	8	13
东部	4	6	0	2	0	2
中部	5	35	0	8	4	4
西部	7	48	0	11	4	7

从第三阶段五年均值统计口径下对效率值类别的分解来看，全国贫困地区主因由规模效率导致的综合效率低下的省份有 13 个，占 61.90%。针对技术无效的原因进行分析，以纯技术效率低下为主因导致技术无效的省（区）有黑龙江、江西、湖北、湖南、内蒙古、广西、四川、陕西，普惠金融机构应优化普惠金融资源服务等结构以提高其普惠金融扶贫效率；以规模效率低下为主因导致技术无效的省（区、市）有河北、海南、山西、吉林、安徽、河南、重庆、贵州、云南、甘肃、青海、宁夏、新疆，这 13 个省（区、市）应结合自身所处规模报酬的状态，适当扩大经营规模或缩小经营规模，并优化资源的配置。

三、研究结论

本章基于三阶段 DEA 模型，对我国贫困地区 2013—2017 年普惠金融发展助推精准脱贫的效率进行分析，得到以下研究结论：

第一，通过对普惠金融扶贫效率的静态及动态比较分析发现，除 2016 年外，2013—2017 年中国贫困地区以及东部、中部、西部各分地区的普惠金融扶贫综合效率均处于较高水平。这表明，自国家大力发展普惠金融以来，其在农村贫困地区的实践有利于精准扶贫政策的实施，大大地提升了精准扶贫效率。而 2016 年效率值的显著下降则说明，在普惠金融扶贫的相关政策出台的同时，农村扶贫经营规模与资源的配置应该紧跟资源投入的变化而变化，以免存在资源的浪费。

第二，在剔除外部环境因素影响的情况下，西部地区普惠金融扶贫的效率明显提升，并且高于中部地区，这恰恰说明了普惠金融的实施能弥补地区经济发展不平衡的差距，对落后的西部地区贫困人口的扶持有较大作用。

第三，从分地区及分省份分析来看，在 21 个研究样本中，以五年均值口径统计下，没有省份处于技术有效，各省份或多或少均存在资源浪费。

第四，目前国家普惠金融扶贫效率的制约因素主要来自规模效率，说明普惠金融机构经营规模与资源的配置对精准扶贫的支持作用目前尚未处于最优状态，应更深入分析各地区普惠金融机构所处规模报酬阶段，在维持"经营可持续"的前提下，适当扩大或缩小经营规模，以推动普惠金融扶贫效率达到最优，并且合理优化资源的配置；除此之外，也应该进一步革新内部管理体系，调整普惠金融资源与服务结构，以进一步提高纯技术效率。

第七章 普惠金融精准扶贫、精准脱贫的国际经验借鉴

本章以问题为导向，通过文献研究法与案例研究法相结合，以及比较分析法等，探寻世界主要国家和地区普惠金融精准扶贫、精准脱贫的发展起源、发展沿革及发展背景，通过梳理发达国家、新兴经济体和发展中国家在普惠金融反贫困领域的典型实践案例，对世界主要国家和地区普惠金融发展实现精准扶贫、精准脱贫的成功典型模式进行总结，揭示普惠金融发展实现精准扶贫、精准脱贫的客观规律。

第一节 国际普惠金融精准扶贫、精准脱贫的背景环境

本节主要探寻普惠金融精准扶贫、精准脱贫的起源、发展沿革及发展背景；结合普惠金融联盟、普惠金融专家组、全球普惠金融合作伙伴组织、世界银行、国际银行业联合会等普惠金融国际相关组织的报告、政策、意见、原则、计划，分析世界主要国家和地区普惠金融发展与实现精准扶贫、精准脱贫的宏观发展环境及其普及情况、使用情况、发展水平、制度安排、影响障碍和发展目标等。

一、国际普惠金融精准扶贫、精准脱贫的战略背景

（一）国际普惠金融精准扶贫、精准脱贫的背景

世界经济经历了20世纪70年代中期的经济停滞、80年代的低速经济增长和90年代初的经济衰退，经济低速增长持续20多年，导致金融服务业发展风险增大。面对更加严峻的经营环境和竞争压力，金融服务业采取排斥战略，

实施"安全投资转移"（Leyshon and Thrift，1994），即金融服务业从较贫穷和处境较差的社区撤退，以排斥较贫困和利润较低的客户为代价，转而服务更富裕的客户群体。因此，金融业的这种投资战略导致一些相对落后地区的贫困阶层和弱势群体没有机会和能力获得所需的金融产品和服务，不断受到金融资源排斥、地理排斥、条件排斥、价格排斥、评估排斥、市场营销排斥和自我排斥（Kempson and Whyley，1999）等多种形式的商业性金融排斥。

商业性金融排斥导致很大一部分贫困群体和融资困难的小微企业只能通过非正规金融途径，以更高的成本获得所需的金融产品和服务，严重制约了其生存和发展及其能力的提升，使其更加难以摆脱贫困，陷入贫困的恶性循环陷阱之中，演变成慢性贫困。因此，提高弱势群体和贫困人口收入，使其摆脱贫困，必须将其纳入金融服务体系，使他们能够以较低价格持续获得所需的金融产品和服务。为此，2003 年联合国倡导建立"包容性金融体系"以提高人们生活质量。"2005 国际小额信贷年"首次正式提出了"普惠金融"概念，《建设普惠金融体系》（2006 年）中更是倡导要建立一个为社会所有阶层（特别是贫困、低收入群体和小微企业）提供金融服务的、全方位的、有效的金融体系（焦瑾璞、王爱俭，2015），以促进"千年发展目标"之"根除极度贫困和饥饿"目标的尽快实现。

普惠金融强调金融赋权，即让所有人都能公平、方便地获得金融信贷，"共享"金融资源，特别注重为不同信贷需求者提供合适的金融产品和金融服务，将"无银行服务"的人群及受到信贷约束的人群等纳入正规金融服务范围，既注重对贫困群体"造血"，又强调银行自身的"可持续"。因而，普惠金融有助于解决金融排斥，使贫困人口、低收入群体和弱势群体、小微企业等能够平等地获得享受金融产品和服务的机会，增强贫困家庭增收、脱贫、致富的自我发展能力，从而有助于实现精准脱贫（陈银娥、何雅菲，2016；何雅菲，2014）。

（二）国际普惠金融精准扶贫、精准脱贫的沿革

普惠金融由早期的小额信贷及微型金融发展而来。小额信贷的历史最早可以追溯到 15 世纪意大利修道士开展的抑制高利率的信贷业务。18 世纪初，爱尔兰出现了为那些被正规金融机构排斥的贫困人口提供服务的储蓄信贷机构。其中，最具代表性的是成立于 18 世纪 20 年代的爱尔兰贷款基金体系。该体系

主要为那些无法获得正规金融服务的贫困农户提供无抵押无利息小额贷款，贷款者可以分期还款。为了保证贷款者的还款率，该体系构建了"共同监督"机制以确保贷款者每周分期还款。该体系的资金主要来源于捐赠。经过一个世纪的发展，根据爱尔兰一项特别法案，该贷款基金体系变成了金融中介机构，被允许对发放的贷款收取低息并被允许吸收存款。从19世纪开始，国际上出现了许多更大、更正式的储蓄信贷机构。例如，欧洲和日本等国利用邮政储蓄系统为农村地区提供小额储蓄和支付服务，德国为消除贫困人口对贷款者的依赖、提高贫困人口的福利而成立了信用合作社。

各国普惠金融反贫困实践经过了较长时间的探索，经历了小额信贷、微型金融发展、普惠金融体系构建等几个阶段。在各国反贫困实践中，一些从事小规模微型金融的金融机构逐步向正规的商业化金融机构发展，同时，一些正规的金融机构开展小额贷款或微型金融项目或成立专门的微型金融发展部门，致力于低收入群体金融产品与服务的开发和运行。主要有非政府组织模式，如孟加拉国乡村银行模式或格莱珉银行（Grameen Bank，GB）模式、玻利维亚阳光银行模式；正规金融机构模式，如印度尼西亚人民银行乡村信贷部；非政府组织与正规金融机构相结合模式，如印度的自助小组与银行联结模式；国际社区资助基金会—村庄银行（FINCA-VB）模式等（陈银娥、何雅菲，2016）。

20世纪70年代，穆罕默德·尤努斯（Muhammad Yunus）创立的孟加拉国格莱珉银行在反贫困实践中获得巨大成功，推动了全球范围内尤其是发展中国家微型金融反贫困的实践。同时，也出现了一些向贫困农户提供农业信贷的国有政策性金融机构和农民合作社。这些金融机构通过政府和资金捐助者获得低息贷款，再以补贴利率的形式贷款给贫困农民，从而帮助他们提高生产力和增加收入。但是，低利率和低还款率使这些金融机构难以维持运营，并且大多资金没有流入最需要帮助的贫困农民手中，最终导致经营失败。

孟加拉国、巴西等国家的小额信贷机构主要向以贫困妇女为主的贫困人口发放小额贷款，以支持他们经营小微企业，并实行小组贷款模式，要求小组成员之间负连带担保责任。此外，这些小额信贷机构不断创新经营理念，改进管理方式和信贷技术，提高信贷利率并增办存款业务，最终成功摆脱对政府和捐赠的依赖，实现了自身可持续发展，为后期的微型金融的产生和发展奠定了良好的基础。随着贫困人口、低收入人群、弱势群体及小微企业等金融服务需求的多样化，微型金融机构也需要创新金融服务，不断增加其服务内容，如储蓄、消费或紧急贷款、保险和企业教育等（陈银娥、何雅菲，2016）。

20世纪90年代国际上掀起了减贫的热潮，随着小额信贷的广泛发展，传统的小额贷款逐步发展成为向低收入群体提供全面、可持续金融服务的微型金融。这种转变意味着金融服务的广化和深化，服务业务不再仅仅局限于信贷，而是发展为包括贷款、储蓄、保险、汇兑、企业教育和培训等综合性业务的金融服务；客户范围不再仅仅局限于贫困偏远地区的农民，而是扩大到城市中的较贫困群体；金融服务提供者不再仅仅局限于非政府组织，而是扩大到私人商业银行、国有银行、保险公司、金融公司等金融机构。传统意义上的"小额信贷"逐步向为低收入群体提供更全面金融服务的"微型金融"过渡。实践证明，只有可持续的微型金融机构，才能够更好、更长久地为贫困人群服务。因此，这一阶段，微型金融发展的目的不完全是为了扶贫，为贫困人群提供更全面、更多样化的金融服务，同时也要实现微型机构自身的可持续发展（陈银娥等，2016）。

21世纪以来，微型金融服务的内涵和外延进一步扩大，越来越多的国家开始倡导金融创新，分散化的微型金融逐步向包容性的普惠金融转变，以实现金融的可持续发展。2005年，联合国提出"普惠金融"概念，意味着微型金融不再被边缘化，而是成为一个国家金融体系的一部分。微型金融向普惠金融体系的转变意味着金融服务体系的内涵和外延得到了进一步的扩大和提升，不同类型的金融机构可以通过各自的优势为低收入人群及小微企业提供服务，更多地强调金融服务的深度与广度；同时，也意味着微型金融机构与更广泛意义上的金融体系之间的界限逐步被打破。增强金融赋权，减少金融排斥，发展普惠金融，促进经济包容性增长已经成为国际共识及国际金融发展的重要内容（王兆旭，2015）。此后，经过二十国集团普惠金融专家组（FIEG）以及普惠金融联盟（AFI）、全球普惠金融合作伙伴组织（GPFI）等专门性国际组织的共同努力，普惠金融获得快速发展并逐渐融入金融主流，普惠金融反贫困的作用越来越显现，引起了社会各界及学界的高度关注和重视。同时，互联网技术的快速发展也为普惠金融的发展提供了全方位的技术支持，使传统的微型金融从线下发展到了线上，进一步推动了全方位、有效的普惠金融体系的完善。

二、国际普惠金融精准扶贫、精准脱贫的政策环境

（一）国际普惠金融精准扶贫、精准脱贫的原则

根据世界银行扶贫协商小组（CGAP）2006 年出版的《服务于所有的人——建设普惠性金融体系》针对小额信贷发展提出的基本原则，结合普惠金融的意义，本部分将国际普惠金融发展原则归纳为"公平性""多元性""综合性""政策性"和"可持续性"五点。

"公平性"要求建立一个社会所有阶层和群体（特别是贫困人口、低收入群体和小微企业）都能有效、全方位地获得金融服务的金融体系；"多元性"要求成立各种形式的普惠金融服务机构，并且各类机构和各类资本应为互补而非竞争的关系；"综合性"要求普惠金融机构要向客户提供包括储蓄、信贷、保险等多功能、多层次的金融产品和服务，并且还要注重对客户的能力培训；"政策性"要求普惠金融机构具备较完善的内部管理体制和外部监管体系，同时政府要营造良好的政策指导和支持环境；"可持续性"要求普惠金融机构能够实现财务上的自负盈亏和机构上的持续发展。

（二）国际普惠金融精准扶贫、精准脱贫的目标

根据联合国在 2005 国际小额信贷年中提出的普惠金融的内涵，国际普惠金融的目标是要构建一个健全的政策、法律和监管框架，而且每一个发展中国家都应构建一套完整的金融机构体系，并使所有阶层和群体（特别是贫困、低收入群体和小微企业）都能公平地获得适当的、低成本的金融产品和服务，以帮助他们提升自我发展的能力，最终促进实现"千年发展目标"，即到 2015 年世界极端贫困人口比例减半。根据联合国《建设普惠性金融体系》[①] 的内容，国际普惠金融发展目标具体表现为：使所有家庭和企业能以合理价格获得一系列金融服务，包括储蓄、短期和长期贷款、租赁、代理、抵押、保险、养老金、支付本地及国际汇款等；参与普惠金融的机构要有健全的内部管理体系、行业业绩标准、市场监管机制，并接受合理的审慎监管；参与普惠金融的机构要具有财务和机构的可持续发展能力，能持续提供金融产品和服务；参与普惠金融的机构要多样化，能基于成本收益原则为客户提供合理的选择方案。

---

① 也有的文献将其称为《普惠金融体系蓝皮书》。

（三）国际普惠金融精准扶贫、精准脱贫的制度安排

除了联合国和世界银行发布了关于普惠金融基本原则、发展目标等内容的相关报告之外，还有一些普惠金融方面的国际组织也制定了相关政策来积极推动普惠金融发展。最具代表性的有民间性质的普惠金融联盟（AFI）和半官方性质的全球普惠金融合作伙伴组织（GPFI）等。

普惠金融联盟（AFI）于 2009 年 9 月成立，是非商业化运作的国际协会。该联盟的主要任务和职责是督促各国明确承诺尽快发展普惠金融，完善普惠金融指标体系，并对其普惠金融发展成效进行评估，旨在推动发展中国家、新兴市场国家发展普惠金融，分享和交流经验，解决金融可获得性。2011 年普惠金融联盟"全球政策论坛"（Global Policy Forum）通过的《玛雅宣言》（Maya Declaration）是第一个普惠金融发展的全球性宣言，该宣言明确承诺要解决全球 25 亿无银行服务人口的金融服务问题。

全球普惠金融合作伙伴（GPFI）于 2010 年 9 月成立，前身是二十国集团组成的普惠金融专家组（FIEG），目前也向非二十国集团国家开放。该联盟的主要任务和目标是积极推动构建全球性普惠金融指标，着力解决中小企业融资问题，如制定中小企业融资资助框架，成立中小企业融资论坛，设立中小企业信托基金等，并已取得了一定成效。继二十国集团于 2010 年通过了《二十国集团创新性普惠金融原则》后，2016 年制定并通过的《二十国集团数字普惠金融高级原则》要求各国利用数字技术带来的挑战与机遇，制定符合各国国情的普惠金融发展计划及数字普惠金融发展框架，促进数字普惠金融的发展。

三、国际普惠金融精准扶贫、精准脱贫发展概况

（一）国际普惠金融发展情况

普惠金融对于减少贫困和实现包容性经济增长具有重要作用。目前，联合国成员国通过调查收集全球 140 多个经济体 150000 多名成年人的金融服务获取和使用数据，建立了《全球金融包容性指数》数据库[①]来考察国际普惠金融发展情况以及普惠金融发展对扶贫、脱贫等可持续发展目标的完成情况。

从金融产品和服务的可得性来看，拥有账户是获得金融产品和服务的重要

---

① 参见 https：//globalfindex. worldbank. org/。

前提。根据《全球金融包容性指数》数据库的数据，随着普惠金融的发展，全球账户拥有率持续增长，2017 年全球拥有银行账户的成年人比例为 69%，比 2014 年增长了 7 个百分点，意味着能够使用金融工具的成年人增加了 5.15 亿人。但是，不同性别和不同收入群体的账户拥有率仍存在不平等，全球 72% 的男性有账户，而只有 65% 的女性有账户；家庭富裕程度在前 60% 的成年人中有 74% 的人拥有账户，而家庭富裕程度在后 40% 的成年人中只有 61% 的人拥有账户。因此，部分女性、贫困人口等仍然面临一定的金融排斥。

从金融产品和服务的使用情况来看，安全、便捷地使用账户才有利于有效发挥金融产品和服务的便民作用。根据《全球金融包容性指数》数据库的数据，数字支付的使用率逐年增长。2017 年，全球有 52% 的成年人（或 76% 的账户拥有者）在过去一年中至少使用账户进行过一次数字支付。高收入经济体中有 51% 的成年人（55% 的账户持有者）在过去一年中用手机或者互联网进行过至少一次金融交易，而发展中经济体中只有 19% 的成年人（30% 的账户持有者）在过去一年中用手机或者互联网进行过至少一次金融交易。中国和肯尼亚分别代表了全球两种不同的手机支付模式。其中，以中国为代表的手机支付模式是通过第三方支付服务提供商（如支付宝、微信等）向银行等金融机构账户提供移动金融服务；以肯尼亚为代表的手机支付模式是通过移动网络运营商提供移动金融服务，移动货币账户无须与银行等金融机构账户挂钩。此外，储蓄和信贷是账户拥有者进行的主要金融活动。全球大约有一半的成年人在过去一年中进行过储蓄，并且高收入经济体中的大多数成年人采用正规储蓄方式，而发展中国家中的大多数成年人通过储蓄俱乐部或者采用其他非正规储蓄方式储蓄。全球大约有一半的成年人在过去一年中进行过借款，并且高收入经济体中的成年人借款比例更高，主要依赖正式信贷，由金融机构或信用卡支付，而发展中经济体的成年人借款比例相对较低，主要依赖非正式信贷，向家人或者朋友筹借。

从金融产品与服务的质量来看，消费者金融素养和能力对于金融消费者正确认知和选择金融产品和服务具有重要意义，消费者保护对于增强消费者对金融体系的信心以及促进金融包容性发展至关重要。根据世界银行全球消费者保护和金融素养调查，全球有 51.5% 的成年人知道通货膨胀，有 42.3% 的成年人知道单利率，有 35% 的成年人知道复利率，有 50.5% 的成年人能用实际货币价值（货币幻觉）来思考，有 88.2% 的成年人能够计算简单的除法，有 70.1% 的成年人具备基本算术技能；全球仅有 8.4% 的成年人在过去 5 年内对金融产品不满意，仅有 4.8% 的成年人因不满意而停止使用金融产品；全球有 17.9% 的成年人高度信赖银行，有 13.1% 的成年人高度信赖保险公司。

（二）国际反贫困状况

世界银行旨在以可持续的方式消除极端贫困和促进共享繁荣。自 1944 年以来，世界银行通过传统贷款、无息信贷和赠款等方式，为全球 189 个国家逾 1.2 万个发展项目提供了 459 亿美元的资金支持以及技术援助与咨询服务。具体包括，国际复兴开发银行向中等收入国家政府和信誉良好的低收入国家政府提供贷款，国际开发协会提供无息或低利率贷款及赠款，国际金融公司调动私营部门投资、提供咨询服务，多边投资担保机构提供政治风险保险等。通过这些发展项目，极大地促进了全球特别是贫困地区的可持续发展，有效地实现了精准扶贫、精准脱贫的目标。例如，在世界银行和全球环境基金的支持下，中国贫困农村地区可持续发展项目在河南省、陕西省和重庆市得以实施。这些地区通过社区主导型发展和社区发展基金，向农民互助合作社提供拨款，为建设道路、饮用水等农村基础设施和公共服务提供投资，以此促进农村居民就业、增加收入；农村基础设施的改善也使农村社区应对气候变化的能力大大提升，受益人口逾 95 万人。

根据世界银行数据库[①]的数据可知，从收入水平看，2015 年全球按每天 1.90 美元衡量（2011PPP）的贫困人口比例为 9.9%，这一比例较 2005 年普惠金融首次提出时下降了 10.8 个百分点，表明全球极端贫困人口数量显著下降；但是，在撒哈拉以南非洲地区，极端贫困人口数量持续上升，预测至 2030 年将有近 90% 的极端贫困人口生活在该地区。从健康水平看，2015 年全球营养不良发生率为 10.6%，这一比例较 2005 年下降了 3.9 个百分点，表明全球人口的健康状况逐渐改善。从教育水平看，2015 年全球高等院校入学率为 36.675%，这一比例较 2005 年上升了约 12.41 个百分点，表明全球人口的受教育水平明显提高。从就业水平看，2015 年全球总失业率为 5.221%，较 2005 年下降了约 0.4 个百分点，表明全球就业人口逐渐增加。

---

① 参见 https://data.worldbank.org.cn/。

（三）国际普惠金融精准扶贫、精准脱贫的路径演化

国内外对于贫困内涵的认识经历了从"绝对收入贫困"到"相对收入贫困"，到"能力贫困"，再到"权利贫困"的深化过程，贫困的内涵和外延不断延伸，从货币贫困逐步扩展到非货币贫困，关于贫困发生本质根源的认识也逐步深化（杜志雄等，2010）。1899 年，英国经济学家本杰明·西鲍姆·朗特里[①]对英国约克郡的贫困问题进行了一次大型调查研究，首次为个体家庭建立了一个贫困标准，将总收入水平不足以获得维持身体正常功能所必需的食品、住房等视为初级贫困。这一贫困标准在 20 世纪 70 年代之前被广泛应用，由于它是以家庭收入或支出来衡量贫困的，又与最低生活需要相联系，因此也通常被称为"绝对收入贫困"。但是，不同地域、不同人群的最低生活需要各不相同，使得这一绝对收入贫困标准难以确定，如果使用平均水平，又会忽视个体差异。在此基础上，英国社会学家彼特·汤森（Peter Townsend）提出了"相对贫困"（Townsend，1979），认为人们的需求，即使是对食物的需求，也取决于他们所生活的社会和他们所属的社会，由于不同社会的需求不同，使得人们的需求也不同，从而区别了绝对贫困与相对贫困，将缺乏享有常规社会生活水平和参与正常社会生活的权利视为贫困，并且贫困标准因社会阶层、社会习惯、社会生活水平以及社会资源的分配等因素而不同。此后，阿马蒂亚·森（Amartya Sen）提出了"能力贫困"的概念，认为贫困不仅是收入水平的低下，更是人的基本可行能力被剥夺，主要表现为饥饿、严重营养不良、过早死亡、患慢性流行病等，从而将致贫原因从经济领域扩展到政治、法律、文化等领域，要求让人们享有更大的行动自由以消除贫困（阿马蒂亚·森，2002）。到了 20 世纪 80 年代，经济学家们将脆弱性、无话语权、社会排斥等引入对贫困的分析中，提出了"权利贫困"的概念，即缺乏社会基本权利、被排斥于主流经济、政治、文化活动之外（世界银行，2001）。

贫困与反贫困或者扶贫是相互影响的统一体，因而扶贫的路径演化要以贫困概念的演化为参考。瑞典经济学家缪尔达尔（Gunnar Myrdal）基于政策或

[①]　本杰明·西鲍姆·朗特里（Benjamin Seebohm Rowntree，1871—1954），英国著名的慈善家、社会活动家和改革家，英国自由党和劳动党的支持者，一直致力于自由主义改革，早期著作有 1901 年出版的《贫困：来自城镇生活的研究》（*Poverty：a Study of Town Life*）。该书对贫困问题进行了专门研究，明确给出了贫困的定义。

政治角度分析世界贫困问题时提出了反贫困（anti-poverty）概念，认为不发达国家需要彻底改革，发达国家应该对不发达国家实行援助（冈纳·缪尔达尔，1991）。也就是说，反贫困既是一个理论问题，同时也是一种政策实践，既强调反贫困的过程及其手段，也注重反贫困项目或政策的落实及其实效，因而反贫困概念具有丰富的内涵。一般来说，反贫困作为一种社会政策，应实现以下目标，即应保障贫困人口的基本生活并使之制度化；同时，从制度上确保收入分配公平，缩小贫富收入差距，促进社会和谐、稳定发展；应减少社会排斥或社会歧视，确保贫困人口、低收入群体公平地以低成本享受金融服务，同时获得就业、医疗、教育等应享有的权利，提高其生存与发展能力（陈银娥等，2016）。

与贫困、反贫困认识过程相对应，扶贫、脱贫的政策路径也经历了从"涓滴增长"，即通过市场机制的边际效应将经济增长所产生的利益分配到社会各个阶层以逐步消除绝对收入贫困，到通过扩展就业机会和发挥劳动能力以缓解相对收入贫困的"广泛基础的增长"，再到通过扩展经济机会以改善能力贫困的"益贫式增长"，最后到通过推动经济增长和社会增长同步以改善权利贫困的"包容性增长"（普惠金融）（李萍、于显吉，2011）。

此外，扶贫、脱贫的具体措施也从片面追求经济增长和资源消耗的"粗放扶贫"发展到追求可持续发展和协调发展的"精准扶贫"，把扶贫、脱贫方式从面面俱到改善至对症下药，并逐渐找准扶贫攻坚的战略方法。习近平主席在总结中国数十年的扶贫工作经验和教训之后，根据当前中国不同贫困区域环境和不同贫困农户状况，对比粗放扶贫的概念，提出了"精准扶贫、精准脱贫"的减贫战略措施并进行了阐释，使精准扶贫、精准脱贫不仅成为一种扶贫政策或战略，而且是包括理论、战略、政策、机制和行为的完整理论体系，从而使扶贫理论在新时代获得创新发展。

第二节　国际普惠金融精准扶贫、精准脱贫的案例比较

本节通过对不同类型国家普惠金融反贫困典型案例的分类及比较分析，归纳总结出可供中国普惠金融精准扶贫、精准脱贫借鉴的经验。

一、国际普惠金融精准扶贫、精准脱贫典型实践案例

本部分从发达国家、新兴经济体和发展中国家中选取一些有代表性的普惠金融发展反贫困的典型案例进行重点研究，总结归纳不同类别的成功经验、特点和可适性，以期为中国普惠金融精准扶贫、精准脱贫提供经验借鉴。

（一）发达国家普惠金融精准扶贫、精准脱贫的典型实践案例

发达国家的普惠金融发展状况较好，主要取决于其发达的金融市场、完善的金融系统和制度体系。结合各国农村金融和普惠金融发展情况，本部分选取美国、英国、德国、法国和日本的普惠金融反贫困的典型实践案例进行分析。

1. 美国合作农业信贷系统和《社区再投资法》（CRA）

美国美联储的重要职责之一是帮助金融消费者尤其是低收入群体获得必要的金融服务。为了使金融消费者公平获得信贷并能平等融资，美联储制定了相关法律，主要包括《平等信贷机会法》《住房抵押贷款披露法》《社区再投资法》等。

美国合作农业信贷系统是美国农村金融的骨干力量（应寅峰、赵岩青，2006），是由政府倡导、组织的农场主合作金融体系。该系统的主要任务和职责是对农牧民发放贷款，为农业服务的金融机构提供资金，以解决农业融资不足尤其是低收入农民融资困难的问题。其组成机构有：办理长期贷款的联邦土地银行和联邦土地银行协会，办理中短期贷款的联邦中间信贷银行和生产信贷协会，为各种农村合作社提供资金的合作社银行，以及作为监督机构的联邦农业信贷管理局。在发展过程中，该系统的信贷逐渐扩大到包括纳税、保险、不动产规划及相关农业企业贷款等在内的乡村、家庭、有关的经济服务活动。

美国的《社区再投资法》（CRA）是一项综合性的法律，于1977年通过，用于鼓励金融机构以安全与稳健的方式满足其所在社区特别是中低收入社区及居民的信贷需求，帮助弱势群体有效获得融资服务，并禁止由于地理因素等带来的歧视行为。CRA不仅有效地阻止了信贷歧视，而且还要求银行以安全和健康的方式主动评估和满足社区服务需求，为其他国家和地区的金融包容提供了立法参照。

2. 英国政府和金融机构的一系列创新性计划

英国政府成立专门机构，并与金融服务业一道采取了多种措施，专门解决

低收入群体及经济困难群体的金融排斥问题（王志军，2007）。主要措施有：一是政府成立了专门机构，如成立金融包容工作小组来检测其在处理金融排斥政策上的进步；同时，为了处理低收入群体及经济困难群体货币咨询、基本金融服务等方面存在的金融排斥问题，英国财政部投资 1.2 亿欧元成立了"金融包容基金"，其中，专门设立了 3600 万欧元的"成长基金"和"儿童信贷基金"，分别支持信用合作社和社区发展金融机构，同时为儿童发展储蓄并确保不同背景的儿童都有一定的资产，防止金融排斥的代际传播；成立"社会基金"为弱势群体（特别是失业者和受救济的人）提供无息贷款和补贴，还款直接从福利中扣除（王修华、周翼璇，2013）。二是政府为增加金融供给，支持信用社和社区发展金融机构的发展；推动银行与邮局合作，向所有人提供"基本银行账户"以解决金融排斥问题。三是鼓励其他非营利性组织的发展以减少金融排斥，如建筑协会和房东合作推出"储蓄和贷款"计划、地方当局和房屋协会合作推出"涵盖租金的保险"计划等，进行金融创新以减少金融排斥。

3. 法国国家控制型"4 + 1"农业金融机构体系

法国是欧洲农业最发达的国家，政府高度重视农业的发展，采取了大量农业补贴政策。为了解决农业生产融资问题，法国特别重视构建完善的农业金融机构体系。法国农业金融机构主要由四大国有商业银行（国家控股的法国农业信贷银行、互助信贷联合银行、大众银行、法国土地信贷银行）和一家保险机构（法国的农业保险）组成，其中，法国农业信贷银行是其核心，主要职能是为农民提供全面的金融服务，减缓金融排斥。

4. 德国的合作银行

德国最早开办合作银行。作为世界合作金融的发源地，德国合作金融体制经过长期发展和完善，已经成为欧洲及世界各国发展合作金融的典范（项俊波，2010）。德国合作银行的创始人雷发巽[①]创办了世界上最早的真正意义上

---

① 雷发巽（Friedrch Raiffeisen，1818—1888），19 世纪德国的金融家。在担任德国威雅布许市市长期间，面对农业歉收、工业革命冲击下农民收入下降，同时官商勾结的局面，受英国空想社会主义者罗伯特·欧文（Robert Owen，1771—1858）合作制思想的影响，基于平等互利的原则，于 1849 年创立了"佛拉梅斯佛尔德清寒农人救助社"，联合社员对抗商人的高利贷盘剥，为农民提供肥料。后经过探索，于 1854 年成立了称为"赫德斯多夫储蓄金库协会"（Heddesorf Credit Union）的信用合作社，专门为农民提供信贷。该协会是世界上第一个真正意义上的农村信用合作社。

的农民信用合作社，因而德国农村信用合作社又被称为雷发巽银行。该银行以互助为原则创办农信社，兼具信用与储蓄的功能，旨在解决大多数农民用于购买种子、肥料、农具以及改良技术和工具的资金需求。此后，以服务农民和中小企业为主要宗旨，德国中央合作银行体系逐步发展，并以此为主体，和地方合作银行、区域合作银行、信用合作社一起组成日臻完善的全能型的合作银行体系。

5. 日本"2＋1"合作依托型农业金融机构体系

日本实行"2＋1"合作依托型农业金融机构体系，主要由合作金融、农业政策金融和农业保险机构组成（应寅峰、赵岩青，2006）。其中，合作金融是指农业协同联合会，采用独立于商业银行的方式，以农协会员为对象，按照会员相互扶助原则，吸收会员存款，并为会员贷发用于农业生产的资金；农业政策金融是指农林渔业金融公库，这是日本唯一一家专门为农林渔业提供贷款的农业政策性金融机构；农业保险机构是日本政府为保障农业再生产，以立法形式强制实施的，采取政策性和商业性相结合的运行模式。

（二）新兴经济体国家普惠金融精准扶贫、精准脱贫的典型实践案例

尽管大多数新兴经济体普惠金融发展状况弱于发达国家，但也结合本国国情为推动普惠金融发展做出了很多努力。本部分主要选择韩国、巴西、墨西哥、印度尼西亚、印度的普惠金融反贫困的典型实践案例进行分析。

1. 韩国的农协银行

韩国的农协银行是韩国最大的农业金融组织，是农业政策性金融机构，主要贷款给农民用于提高农业生产水平和改善家庭生活（应寅峰、赵岩青，2006）。农协银行为调配和提供农业开发所需资金，开设了中央银行类似的银行业务、信托业务、保险业务、国际金融以及以农民组合成员为对象的相互金融业务，为经营小规模农业生产的农民提供信用保证业务等，有力地支援了农业生产发展和促进农民生活水平提高。

2. 巴西的代理银行业务

巴西非常注重通过金融创新推动普惠金融发展，最典型的案例就是推广代理银行业务模式，以最小成本让大范围人群享受到金融服务，极大地提升了巴西的普惠金融发展水平。代理银行业务模式借鉴"服务外包"的做法，银行机构将金融服务外包给零售商店、汽车经销商、彩票销售点、药店、邮局等非银行机构，将其发展成为代理机构，在这些实体商店为贫困人口、低收入群体等提供低成本的金融服务，从而拓宽了金融服务范围，降低了金融服务成本，提高了贫困人口、低收入群体金融服务的可得性（焦瑾璞、王爱俭，2015），促进了普惠金融的发展。巴西代理银行模式比较成功的范例是巴西联邦储蓄银行。巴西联邦储蓄银行将彩票销售网点作为其代理商，为贫困人口、低收入人群提供低成本的便利的金融服务，因其设备先进、账户审批手续简便、成本低而受到青睐并得以快速发展。

3. 墨西哥的康帕图银行

墨西哥发展普惠金融最典型的例子是成立最大的微型金融银行——康帕图银行，也称为"让我们分享银行"（焦瑾璞、王爱俭，2015）。该银行主要是为个人特别是妇女提供小额无担保贷款，采取贷款小组风险共担的激励机制和整贷零还的还款方式经营运作，从传统的乡村扶贫项目发展成为独立的非政府组织性质的小额信贷公司，再转型成为受管制的金融机构，将上市作为筹措资金的最重要途径，实行贷款利率市场化，最终达到供需平衡并实现可持续发展。

4. 印度尼西亚人民银行

印度尼西亚人民银行是世界上为农村地区提供金融服务的最大的国有商业银行，是将银行的商业利益与政府的扶贫目标有机结合的成功典范（陈银娥等，2016）。但它不是一个社会服务机构，不能为客户提供培训或指导，而是旨在赚取利润，将小额信贷视为良好的业务，实行商业化的贷款利率，只向经济条件较好的贫困和非贫困家庭服务（Morduch，1999）。人民银行乡村信贷部在财政上实行独立核算，通过建立分支机构网络（平均每个网点有五名员工）实现成本削减，各村工作网点经理拥有贷款的高度自主权，可以自主决定贷款规模、贷款期限及抵押情况，自主实施贷款的发放和回收等，贷款期限和还款周期较灵活，可以根据还款情况适当增加贷款规模。

5. 印度自助小组银行联结模式

印度采取了多项措施消除贫困，如自助小组银行联动计划、银行和小额信贷机构合作模式、工业信贷投资银行（ICICI）模式、MF-NBFC 模式、银行——邮局模式、总理人民财富计划（PMJDY）等。其中，最典型的是自助小组银行联动模式，它是世界上最大的银行联结项目，被政策制定者视为减贫与促进发展的灵丹妙药，成立自助小组已成为动员妇女的最受欢迎的方式（Kapoor，2014）。自助小组银行模式借鉴孟加拉国乡村银行模式，根据一定条件组成自助小组，自助小组成员定期储蓄，实行内部贷款，由农业和农村发展银行发展和培育自助小组，并向成熟的自助小组提供无抵押贷款等微型金融服务，以促进农民自我就业，帮助贫困家庭开展生产活动，改善生活条件（陈银娥等，2016）。

（三）发展中国家普惠金融精准扶贫、精准脱贫的典型实践案例

尽管发展中国家的普惠金融发展程度不高，但是它们却根据国情通过增加贫困人口账户、提高贫困妇女金融服务权益和发展移动货币账户技术等方式，有力推动了普惠金融的发展，进而促进了贫困减缓。本部分主要选取孟加拉国、马来西亚、玻利维亚、肯尼亚、国际社区资助基金会等典型实践案例进行分析。

1. 孟加拉国的格莱珉银行

关于小额信贷模式的最著名案例就是诺贝尔奖得主穆罕默德·尤努斯创建的格莱珉银行。该银行是全球最早从事小额信贷业务的正规金融机构之一，也是延续时间最长、社会影响最大、反贫困实践最为成功的小额信贷机构，启发了全球许多其他小额信贷机构建立，在全球范围内被复制。它以扶贫为宗旨，专门面向贫困家庭（尤其是贫困家庭中的妇女）提供小额短期信用贷款，是真正的"穷人的银行"。其传统的贷款模式为实行小组联保贷款机制，采用连带责任和强制性存款担保的形式发放贷款，根据市场化定价原则确定贷款利率，采取"整借零还"、按周还贷的还款方式，以客户需求为导向设计产品等（陈银娥等，2016）。目前，格莱珉银行也在传统模式基础上不断创新，采用更加灵活多样的贷款额度、期限结构和还款机制。格莱珉银行模式也因其有效兼顾扶贫效果和机构可持续发展而成为国际上公认的、最好的普惠金融扶贫模式之一。

2. 马来西亚信托基金计划（AIM）

马来西亚信托基金计划（Amanah Iktiar Malaysia，AIM）是马来西亚最大的微型金融计划，是在格莱珉银行模型的基础上进行适当修改后用于消除马来西亚农村贫困的计划（Nawai and Bashir，2006）。该计划面向贫困家庭提供慈善贷款，为农业、渔业和贸易等活动提供资金，最终使贫困群体摆脱贫困。这是政府对消除马来西亚贫困家庭贫困问题的项目的补充。AIM 的运营成本由其借款人、州政府、联邦政府、银行和金融机构以及私营部门的行政费用来承担，政府支持是保证此计划成功的重要原因。

3. 玻利维亚阳光银行

玻利维亚的微型金融较为发达，1992 年成立的阳光银行是由非政府组织的小额信贷项目成功转制为专门从事小额信贷业务的商业银行的典范，主要为小微企业及小企业主的融资需求提供贷款，同时为低收入群体提供高质量的、全面的金融服务，以改善低收入者的生活质量（陈银娥等，2016）。与格莱珉银行相比，阳光银行的重点是提供银行服务，而不是社会服务；它也实行小组联保贷款机制，但既可以向小组贷款，也可以向小组成员提供贷款，"团体小组"由 3~7 名成员组成；其典型客户是"最富有的穷人"，贷款利率相对较高，使得阳光银行有丰厚的投资回报而不依赖于补贴；还款时间和贷款期限更加灵活（Morduch，1999）。阳光银行满足了客户的贷款需求，在经营上取得了巨大成功，成为玻利维亚最大的微型金融机构。

4. 肯尼亚 M-pesa 手机银行

肯尼亚以非传统方式获得金融服务的能力居世界先进水平，通过手机银行提供金融服务创新了普惠金融模式，扩大了金融覆盖范围。为了促进手机银行开发及其业务创新，肯尼亚金融监管部门授权国内最大的通信运营商 Safaricom 进行技术开发，于 2007 年推出了手机银行系统 M-pesa。M-pesa 的运营商 Safaricom 拥有强大的销售渠道和网络，其代理商达到 25000 多个，而肯尼亚银行系统只有面向高端客户的 1000 个网点。而且，运营商 Safaricom 充分运用手机短信功能并加以拓展，使 M-pesa 转账、支付和兑现都十分方便，只需用手机短信操作即可。M-pesa 的出现弥补了肯尼亚金融市场的不完善，使偏远地区、贫困地区、低收入群体等都能通过手机短信完成转账、支付、兑换等银行业务，扩大了金融服务范围，使一些无法享受银行服务的贫困人口也可以方便地获得金融服务，从而促进了移动金融支付体系的快速发展。目前，M-pesa 现已成为肯尼亚最大的手机转账和支付平台（焦瑾璞、王爱俭，2015），而且风靡非洲。

5. 国际社区资助基金会（FINCA）的村庄银行（VB）

国际社区资助基金会—村庄银行模式于 1985 年源自拉丁美洲，由非政府组织与地方团体合作协助设立村级金融机构，专门帮助贫困人口特别是贫困妇女自主经营以消除贫困。村庄银行的运行模式是，将 20～50 名妇女划分为一个贷款小组，赞助机构向村庄银行提供初始贷款，并保存在"外部账户"中，利息收入用于支付费用；然后，村镇银行贷款给小组成员，小组成员必须将贷款金额的 20% 作为村庄银行的基本金，储蓄在"内部账户"中（Morduch，1999），并根据上一轮强制存款的规模决定下一轮的贷款规模。同时，该模式在实践中还不断进行信贷技术创新，并为防止女性因病致贫开展艾滋病预防教育（陈银娥等，2016）。

二、国际普惠金融精准扶贫、精准脱贫典型案例分类

本部分按照扶贫对象、组织机构和扶贫方式的不同，对国际普惠金融精准扶贫、精准脱贫的典型案例进行分类。

（一）根据扶贫对象分类

普惠金融旨在使社会所有阶层和群体平等享受金融服务，特别是为传统金融机构服务不到的贫困人口、低收入群体和小微企业提供金融服务，因此，按照不同的扶贫对象，将国际普惠金融发展案例分为服务贫困、低收入人口和服务小微企业两类。

1. 服务贫困、低收入人口

贫困、低收入人口包括贫困、低收入的社区及居民；信用合作社的贫困、低收入成员；社会上的弱势群体；贫困农户；贫困妇女等。上述各国典型的普惠金融机构根据服务对象的不同，可以做如下归类：美国的《社区再投资法》、英国的"成长基金"等以贫困、低收入的社区及居民为主要服务对象；德国的合作银行、日本的合作金融、印度的自助小组银行联结模式等以信用合作社的贫困、低收入成员为主要服务对象；英国的"社会基金"等以社会上的弱势群体为主要服务对象；美国的合作农业信贷系统、法国农业金融机构体系、韩国的农协银行、印度尼西亚人民银行、马来西亚信托基金计划等以贫困农户为主要服务对象；墨西哥的康帕图银行、孟加拉国的格莱珉银行、国际社区资助基金会的村庄银行等以贫困妇女为主要服务对象。

2. 服务小微企业

以小微企业为主要服务对象最典型案例是德国的合作银行和玻利维亚阳光

银行。德国的合作银行以自助、自我管理、自我负责为原则，主要为农民、城市居民、个体私营企业、合作社企业和其他中小企业等社员提供以存贷款业务为主的融资服务，社员既是客户也是股东，社员共同投票管理银行运营（张希，2018）。玻利维亚阳光银行专门为小微企业及小企业主提供小额贷款，以小组联保为机制，根据贷款人的现金流量进行授信，贷款金额小、利率高、期限短，还款方式灵活。

（二）根据组织机构分类

根据普惠金融组织机构的性质不同，可分为政府组织模式、非政府组织模式、正规金融机构模式、非政府组织与正规金融机构相结合模式等类型。

1. 政府组织模式

政府组织模式一般是由政府或有关部门倡导、组织，或由政府颁布法律强制实施，其资金来源于政府出资，具有政策性。此类案例主要有美国的合作农业信贷系统和《社区再投资法》、英国的"金融包容基金"等。

2. 非政府组织模式

非政府组织模式一般是由非政府组织或个人发起，其资金来源主要是国际组织的捐赠和组织成员的自筹资金，有相对独立的内部体系和组织机构，但又属于非政府组织，区别于正规金融机构（陈银娥等，2016），如孟加拉国的格莱珉银行、玻利维亚阳光银行和国际社区资助基金会的村庄银行等。

3. 正规金融机构模式

正规金融机构模式一般是国有商业银行、政策性银行、股份制商业银行等正式金融中介机构和金融市场提供的金融包容服务，如法国涉农的四大国有商业银行、韩国的农协银行、巴西的代理银行、墨西哥的康帕图银行、印度尼西亚人民银行等。

4. 非政府组织与正规金融机构相结合模式

印度的自助小组银行联结模式是典型的非政府组织与正规金融机构相结合模式。其在实践中形成了"银行—自助小组—成员"模式、"银行—促推机构（非政府组织或政府机构）—成员"模式、"银行—非政府组织—小额信贷机构—自助小组—成员"模式等几种代表性的模式（陈银娥等，2016）。

（三）根据扶贫方式分类

根据扶贫方式的不同，国际普惠金融主要可以分为小额信贷业务、保险业务、代理银行业务、移动银行业务和教育培训等。

1. 小额信贷业务

小额信贷业务主要是实行小组联保贷款机制，向小组成员发放小额信用贷款，如孟加拉国的格莱珉银行是专向贫困家庭提供小额短期信用贷款的非政府组织的典范；玻利维亚的阳光银行是专门从事小额信贷业务的商业银行的典范；印度尼西亚人民银行将小额信贷视为良好的业务，将银行的商业利益与政府的扶贫目标有机结合。

2. 保险业务

从各国微型保险的实践来看，并没有固定模式，主要根据风险事件发生概率及其成本，按一定比例收取保费，为中低收入群体提供多样化的保险产品。其主要特点是产品组合灵活、收取的保费比较低，其目的是帮助中低收入群体提高规避防范风险的能力，减缓贫困（陈银娥等，2016）。例如，法国和日本的农业保险机构都是为保障农业再生产的顺利进行而由政策强制实施的；此外还有斯里兰卡的 Yasiru 互助基金和孟加拉国的农村妇女健康保险等。

3. 代理银行业务

代理银行业务是将非银行机构发展成银行的代理机构，以最小成本令大范围人群享受到金融服务。巴西的代理银行业务模式最为典型。此外，印度放宽开设银行分支机构和设置 ATM 的权限规范，并允许银行交易通过当地名为"商业通讯员"（BCs）的代理机构进行，商业通讯员是来自社会民间组织（CSOs）、微型金融机构，或是银行/政府退休雇员、退伍军人、零售业主，甚至经营自助团体的授权人员等不同背景的个人或企业（Kapoor，2004）。

4. 移动银行业务

移动银行业务是基于移动互联网和移动金融支付体系的发展而出现的创新型普惠金融业务，极大地便利了客户的储蓄和转账，主要是手机银行业务。手机银行业务能够大大弥补金融基础设施的不足，在非洲国家发展较为迅速，如肯尼亚的 M-pesa 手机银行、乌干达的 MTN 移动金融（Mitchell，2011）、埃及的 E-masary（Mohamad，2011）等。此外，中国互联网金融的迅猛发展也为普惠金融体系的构建提供了新的思路。

5. 教育培训

微型金融机构提供的教育培训有助于贫困人口、低收入人群和中小企业拓宽经营思路、更新经营理念，降低违约发生率，更有效地使用资金，从而能增加生产经营收益，提高小额贷款的还贷率。据统计，基本培训能够使贫困人口的资产增加 18%，专门的商业培训能够使贫困人口的资产增加 23%（Swain and Varghese，2010）。许多微型金融机构在向贫困人口、低收入群体、小微企业提供贷款的同时，还提供相关技术培训、举办金融知识讲座，培训师资等。例如，印度的 BASIX 公司提供的农业和商业发展技术支持，花旗集团"全球金融教育项目"开展的全球范围内的师资培训，以及其他一些发展中国家各类小额信贷公司为其客户提供的金融教育（孙同全、潘忠，2014）等都对贫困人口、低收入群体及小微企业的资产管理、生产经营等产生了积极的影响，在各国反贫困实践中发挥了重要作用。

三、国际普惠金融精准扶贫、精准脱贫案例的比较分析

由于各国经济和金融发展水平不同，普惠金融发展与精准扶贫、精准脱贫的实践方式也存在显著差异。本部分对国际普惠金融与中国普惠金融精准扶贫、精准脱贫进行比较分析，并对其进行总结。

（一）国际普惠金融精准扶贫、精准脱贫的差异

综观各国普惠金融发展及其反贫困实践，一个共同的特点是各国首先主要通过发展小额信贷，进而发展微型金融来建立普惠金融体系。

与国际案例类似，目前中国受到金融排斥的群体也主要是农户、低薪工人（特别是农民工）、中小微企业（特别是民营企业）、失业人员等（江春、赵秋蓉，2015）。目前，我国已初步形成了由正规金融机构和非正规金融机构共同组成的多层次、广覆盖的农村普惠金融体系，既包括中国农业发展银行、中国农业银行、农村信用合作社、中国邮政储蓄银行和部分地方性商业银行、农业保险公司等传统的商业银行组织，也包括村镇银行、小额贷款公司、农村资金互助合作社等新型农村金融机构（谭文培，2013），其中具有代表性的案例有河北易县扶贫经济合作社、吉林梨树县闫家村百信农村资金互助社、江西婺源农村信用社小额农贷、浙江长兴联合村镇银行、贫困村村级发展互助资金等。

国内外普惠金融精准扶贫、精准脱贫的案例非常丰富，它们在组织形式、组织机构、服务对象、资金来源、运行机制和管理机制等方面均有不同特点。本书选取其中比较具有代表性的案例进行对比分析，具体内容如表 7-1 所示。

表7—1　国际普惠金融精准扶贫、精准脱贫的典型案例对比

案例	组织形式	组织机构	服务对象	资金来源	运行机制	管理机制
美国的《社区再投资法》(CRA)	法律制度	政府组织	地方社区（特别是中低收入社区及居民）	—	—	监管机构对各地区金融机构就投资、消费以及社区金融服务情况进行考核
英国金融包容基金	政策性	政府组织	社会弱势群体	政府设立	提供无息贷款和补贴，还款直接从福利中扣除	政府管理
中国的贫困村村级发展互助资金	政策性	政府组织和非政府组织	贫困村	政府设立专项资金、村内农户自有资金、社会捐赠款	向本村辖区内的农民提供小额贷款	社区自我组织、自我决策、自我管理
马来西亚信托基金计划	政策性	非政府组织	农村贫困家庭	借款人、州政府、联邦政府、银行和金融机构以及私营部门的行政费用	无息贷款；每周还款；全部还清后，一次可以提供更大额度的贷款	政府支持
韩国的农协银行	商业性	正规金融机构	农民	财政补贴，商业运营	综合性金融服务	农协民主自治
孟加拉国的格莱珉银行	商业性	非政府组织转为正规金融机构	贫困家庭（尤其是贫困妇女）	政府出资、捐赠资金、商业化运营	小组联保信用贷款制、强制性存款担保、市场利率、整借零还、按周还贷	小组内部监督机制，执行每周小组会议和中心会议制度

续表

案例	组织形式	组织机构	服务对象	资金来源	运行机制	管理机制
玻利维亚阳光银行	商业性	非政府组织转为正规金融机构	低收入群体、小微企业及小企业主	政府出资、捐赠资金、商业化运营	实行小组联保贷款机制，贷款利率相对较高，还款时间和贷款期限较为灵活	商业化运营
巴西联邦储蓄银行		正规金融机构	边远、贫困地区居民	商业运营	提供存款、取款、电子资金转账、信息传输等金融服务	经中央银行授权，通过分解功能，将非银行机构发展成银行的代理机构
墨西哥的康帕图银行		非政府组织转为正规金融机构	贫困人口、妇女	储蓄业务、上市	贷款小组、风险共担、整贷零还、利率市场化	追求利润最大化，商业化运营
印度尼西亚人民银行		正规金融机构	经济条件较好的贫困和非贫困家庭	商业运营、政府提供贴息贷款	不实行小组贷款机制，需要抵押品，强调自愿储蓄、灵活的还款期限	人民银行乡村信贷部在财政上实行独立核算，各村工作网点经理拥有贷款的高度自主权
中国的农村信用社		正规金融机构	有抵押、有担保的农户以及小微企业	社员入股和社员存款	社员内部小额贷款	社员自主管理

续表

案例	组织形式	组织机构	服务对象	资金来源	运行机制	管理机制
中国的小额贷款公司	商业性	正规金融机构	服务"三农",只能在县域内经营	股东缴纳的资本金、捐赠资金以及来自不超过两个银行业金融机构的融入资金	只贷不存	银保监会政策管理
中国的村镇银行		正规金融机构	农村地区	注册资本金、同业融资和吸收的存款	可存可贷,存款利率按照基准利率执行,贷款利率不超过基准贷款利率的4倍	银保监会监管
国际社区资助基金会的村庄银行		非政府组织	贫困人口(特别是贫困妇女)	捐赠资金	组成贷款小组,开设"内部账户"和"外部账户"	地方自治的贷款扶贫和管理
法国农业信贷银行	合作性	正规金融机构	农民	财政补贴、商业运营	全面的金融服务	国家整股、商业化运营
日本农业协同组合会		非政府组织	农民	自负盈亏	向会员和会员团体发放农贷款	自主管理
德国中央合作银行体系		正规金融机构	农民和中小企业	商业运营	全面的金融服务	商业化运营
印度的自助小组银行联结模式		非政府组织与正规金融机构相结合	贫困人口(特别是贫困妇女)	农业和农村发展银行提供无抵押贷款	组员定期储蓄,实行内部贷款	银行培育和发展自助小组

续表

案例	组织形式	组织机构	服务对象	资金来源	运行机制	管理机制
中国的农村资金互助社	合作性	正规金融机构	农民和农村小企业	注册资本和社员存款	社员入股成立，为社员提供存贷款和结算等业务	银保监会监管
肯尼亚 M‑pesa 手机银行	移动性（商业性）	非正规金融机构	边远贫穷地区	商业运营	通过手机银行系统进行存取贷款和转账汇款	商业化运营
中国互联网金融		正规金融机构、非正规金融机构	所有地区	商业运营	网络支付、网络融资、网络理财和移动金融	商业化运营

（二）国际普惠金融精准扶贫、精准脱贫的典型案例总结

本部分通过国际普惠金融精准扶贫、精准脱贫的典型案例的对比分析，探寻国内外普惠金融扶贫、脱贫模式的差异，从而为下文完善中国普惠金融体系提供基础。

从表 7-1 来看，第一，各国都基本上形成了包括微观、中观和宏观三个层面的普惠金融体系框架。

第二，各种普惠金融扶贫、脱贫模式可以按组织形式分为政策金融、商业金融、合作金融和移动金融等四种类型，组织机构主要有政府组织、非政府组织、正规金融机构、非正规金融机构等类型，运行机制基本上都是在参照格莱珉小额信贷模式的基础上进行复制、修改。具体来说，政策性的普惠金融机构或项目主要由政府出资设立并管理，向贫困农户或农民提供无息贷款，以英国的金融包容基金、中国的贫困村村级发展互助资金、马来西亚的信托基金计划、韩国的农协银行等为代表。商业性的普惠金融机构或项目主要由非政府组织设立，资金来源于政府、社会捐助、社员入股等多种形式，采用商业化的运营模式，服务对象更加广泛、管理方式更加多样，以孟加拉国的格莱珉银行、玻利维亚的阳光银行、墨西哥的康帕图银行、印度尼西亚人民银行和中国的小额贷款公司等为代表。合作性的普惠金融机构或项目有非政府组织、正规金融机构等多方参与，主要采用小组贷款的机制向成员或社员提供服务，自治性更强，以国际社区资助基金会的村庄银行、中国的农村资金互助社等为代表。

这些典型案例从整体上反映出各国普惠金融发展状况和普惠金融机构运营模式，但还无法反映每个国家针对该国不同贫困区域环境和贫困农户状况有差别的"精准扶贫、精准脱贫"情况，因此各国在扶贫、脱贫目标的"精准度"上还有待提高。另外，中国的小额贷款公司是针对我国国情在推广普惠型金融上的一个创新，这种模式在其他国家并不多见。

第三节　国际普惠金融精准扶贫、精准脱贫典型模式

本节主要对世界各主要国家和地区普惠金融发展促进精准扶贫、精准脱贫的成功经验进行总结，揭示普惠金融精准扶贫、精准脱贫的机制及客观规律。

一、国际普惠金融精准扶贫、精准脱贫模式综述

在国际范围内，目前并没有将各种典型案例归纳为典型模式的统一标准。从现有文献来看，一些学者直接以每个国家的典型案例作为一种模式，如孟加拉国乡村银行模式（白澄宇，2014）、巴西代理银行模式（焦瑾璞、王爱俭，2015）、法国国家控制型"4 + 1"金融支农模式和德国全能型金融支农模式（黄颂文，2014）等；有的学者以组织机构的性质为标准进行划分，主要有非政府组织模式、正规金融机构模式、非政府组织与正规金融机构相结合模式、国际社区资助基金会—村庄银行模式（陈银娥等，2016）等，或是商业金融组织、公有制金融组织、合作金融组织（孟飞，2011）等；有的学者以实施区域为标准，将普惠金融精准扶贫划分为美洲模式（大金融模式）、欧洲模式（国有主导模式）、东亚模式（合作金融模式）、南亚模式（领头银行模式）（沈荣勤，2014）等。

综合上文分析的各国普惠金融扶贫、脱贫的典型实践案例和现有文献提到的各类模式，无论是非政府组织实施的孟加拉国的格莱珉银行（乡村银行）、玻利维亚阳光银行等案例，还是正规金融机构实施的印度尼西亚人民银行等案例，抑或是不同国家实施的商业银行或政策性银行或合作金融案例，从金融服务的可得性和使用性上看，它们都是通过建立分支机构、设立代理银行或开通移动银行来扩大金融服务覆盖面，使贫困边远地区的农户和居民能够享受到金融服务；从金融服务的产品上看，它们普遍推广的都是小额信贷业务，一方面通过信贷配给使贫困群体和小微企业实现经济独立，另一方面通过贷款收入维持机构的可持续发展。因此，本部分按照普惠金融指标体系包括的金融产品和服务可获得性、金融产品和服务使用情况以及金融产品和服务质量等多方面内容，将普惠金融扶贫、脱贫的典型模式分为小额信贷模式、代理银行模式和移动金融模式等类型，并从其实施条件、效果及存在的问题等几个方面进行分析。

二、小额信贷模式

（一）小额信贷模式的实施条件

正规金融机构对大量贫困人口的金融排斥容易造成信贷分配的不平等。小

额信贷能够满足贫困、低收入人口的小额融资需求，并能够有效降低金融风险，成为一种既能缓解贫困又能维持机构可持续发展的有力手段，在政府或非政府组织机构的支持下，在第三世界国家率先得到发展（李明贤、叶慧敏，2012）。小额信贷的操作模式主要是依托政府或非政府组织的补贴资助资金，向贫困、低收入人口和小微企业提供小额度、生产经营性质的短期流动贷款，并通过小组联保、强制储蓄（入股）、分期还款、连续贷款承诺和动态激励机制等制度创新管理信贷风险，成功地将资金渗透到需要帮助的贫困群体。

具体来说，在资金来源上，几乎所有的小额信贷机构在成立初期都主要是靠政府出资、捐助机构捐赠或者注册资金和组员（社员）的储蓄资金，在后期都主要是通过转制为商业银行进行市场化运作获得资金。例如，小额信贷的典型模式格莱珉银行在成立之初主要依赖于政府的低息贷款和捐赠机构的捐赠，在中期主要依靠政府和银行发行的债权，在后期主要通过开发和销售储蓄产品获得资金（黄颂文，2014）。

在运行机制上，基于农村的熟人社会背景，由于贫困人口的经济条件较差，没有可以抵押的物品，也没有愿意为他们提供担保的人，所以他们一般采用小组联保机制获得贷款，即由若干具有相同经济条件和社会背景的家庭或个人根据自愿原则组成贷款小组，并以此为基础组成一个具有贷款审批权的信贷中心，如果小组内有人欠贷不还，则全组成员要共同承担连带责任（陈银娥等，2016）。

在贷款内容上，由于小额信贷是通过向贫困人口提供生产性资金，使他们能够参加劳动、增加收入，且基于农业生产活动季节性强、所需额度较小等因素，所以小额信贷的期限较短、额度较小，一般为三个月到一年，且资金仅限用于生产经营性活动。只有当贷款者具有了基本生活保障和还款能力后，他们才能获得其他用途的小额贷款。

（二）小额信贷模式的实施效果

孟加拉国的格莱珉银行是国际上公认的、最成功的小额信贷的典范，扶贫的覆盖面广，扶贫效果显著，且能按市场化可持续发展，显示出极强的生命力。在实践中，格莱珉银行的创始人尤努斯教授通过从自己的口袋里拿钱借给贫困人口来开展实验研究项目。他发现，这些贫困人口获得这种小额贷款从事生产经营活动，从而获得了很大的收益，而且在没有贷款抵押的情况下也能按期还清借款。这一实验结果增强了他开办银行的信心和决心。于是，在孟加拉国政府和捐助者的支持下，尤努斯将其实验研究项目发展成为格莱珉银行，并广泛传播创办"穷人银行"的理念，使得格莱珉银行模式不断在全球 59 个国家被复制。尤努斯从自己口袋里拿钱放款时，不过微不足道的 27 美元，但经过 30 多年的发展，格莱珉银行已经发展成为拥有近 3000 家分支机构、总资产超过 15 亿美元的金融集团，已帮助超过 400 万人成功脱离贫困线，其中有96% 的客户是女性。

然而，也不是每一个小额信贷模式都有这么好的实施效果。例如，由国际食物政策研究所（IFPRI）进行的一项以马拉维农村金融公司为重点的研究提出了"非常规"的结果（Diagne，2000）。该结果与关于连带责任的非正式优势以及它有助于激励组员选择、组员互相监督和组员还款压力的传统观点和假设相反，即调查结果并不支持连带责任能导致小组贷款计划的高还款率。特别是，该研究发现，由于存在相关的社会成本，信贷小组没有进行有效的相互监督。同一研究的另一个重要发现是，组员之间（信誉受损的）压力发生的频率低于连带责任所承担的压力，而在大多数情况下，害怕信誉受损的压力并不能诱使欠贷者偿还贷款。由于其他人的违约，连带责任借款可能导致多米诺骨牌效应，即本来必须还款的借款人会选择违约，因为其他人的违约将导致他们再无法使用未来的贷款（Schreiner，2003）。实际上，连带责任可能不会降低贷款成本，而是将其从贷款人转移到借款人。如今肯尼亚的连带责任借贷并不一定意味着无抵押贷款，因为组员不再同意基于社会关系和信任来担保，而是要求采用有偿担保贷款。耻辱、荣誉和声誉是小组中贫穷客户贷款偿还的重要动力，而这些在肯尼亚不是很重要，客户有可能获得贷款后就搬到另一个村庄或城市，而不太在意自己的社会形象，这与亚洲的情况不同（Mburu and Kiiru，2007）。

（三）小额信贷模式存在的问题

小额信贷虽然能够有效减缓贫困，但是由于小额信贷融资成本较高、还款风险极大、其减贫目标和机构财务可持续发展目标之间仍然存在冲突，因而在实践中暴露出诸多问题，主要有以下几个方面。

第一，其财务可持续受到挑战。据报道，2001 年末，格莱珉银行 1/5 的贷款被拖欠，平均拖欠时间为一年以上："如果遵循那些通过低息贷款和私人投资来帮助微型贷款者的机构所推荐的会计方式的话,格莱珉将遭受巨大的损失"(Bond,2006)。2010 年之后,格莱珉银行因涉嫌财务不实、收取高额贷款利率等丑闻,尤努斯被迫辞职,也充分暴露出这种模式的问题(李勇坚、王弢,2016)。

第二,减贫目标出现背离。小额信贷因其较高的贷款成本也可能会增加贫困者的负债,背离减贫目标。例如,有学者结合经济学、心理学和社会学的理论和实证贡献,并结合小额信贷的具体结果进行研究后发现,贷款人驱使小额信贷客户过度负债,借款人也容易不由自主地承担起过度负债(Schicks,2010);同时,小额信贷加深了对妇女的剥削,因为该银行收取的利息在考虑通胀因素后相当高,其结果是,小额信贷加重了妇女的债务负担,相对增加了其丈夫在家庭中的绝对权威地位和优势(Bond,2006)。

第三,小额信贷模式在中国的适用性受到影响。有研究认为孟加拉国乡村银行模式在中国水土不服,主要是因为中国不像孟加拉国全民信仰伊斯兰教、中国农村信用体系残缺、土地所有制对土地流转的限制与银行信贷制度之间存在矛盾、传统小农经营无法提供高额的市场回报等(白澄宇,2014)。

三、代理银行模式

(一) 代理银行模式的实施条件

大多数发展中国家的贫困人口、低收入群体主要生活在偏远的农村地区、交通不便的山区等,基础设施相对不完善,金融网点偏少,金融覆盖率低,贫困人口、低收入群体大多被排斥在正规金融体系之外。开办银行分支机构能在一定程度上解决这些问题,但是扩展全国分支机构网络的成本和费用太高,一般商业银行无力承担。而各类零售商业网点遍布全国各地,具有庞大的销售渠道和网络,金融机构如果能与之合作,将银行的一些基础性金融服务(如支付、兑换、转账等业务)授权给零售商业网点,使其成为金融机构的代理银行,则可以拓展金融机构的服务范围,使偏远农村地区、交通不便的山区的贫困人口、低收入群体能有效获得金融服务,增强其自我生存与发展的能力,有助于减缓贫困。同时,由于遍布全国的众多的零售商业网点分散了集中于银行柜台的金融服务,大大降低了金融服务的成本。因此,代理银行作为弥补偏远农村地区金融供给不足缺陷的一种普惠金融发展方式,在一些发展中国家得到发展。

当然，开办代理银行需要一定的条件，具体包括：一是银行与代理机构双方达成合作协议，并安装相关的技术设施；二是政府政策支持及法律保障；三是完善的监管措施（焦瑾璞、王爱俭，2015）。具有庞大销售渠道和网络的各类机构（如零售商业网点、汽车经销商、彩票经销中心等）代理银行业务必须获得授权，因而需要与金融机构就代理的金融服务项目、范围、相关技术设备等达成合作协议。这需要有政府政策的支持及法律保障，以确保金融机构与代理商之间的协议能有效实施；同时，也需要有完善的监管措施，对代理不同银行业务的不同机构进行差别化监管，推动代理银行模式在宽松的监管环境下健康有序地发展。

（二）代理银行模式的实施效果

代理银行模式在巴西首创，自 1999 年实施以来取得了显著成效，主要是拓宽了金融服务范围，降低了金融服务成本，提高了贫困人口、低收入群体金融服务的可得性和使用性，因此代理银行模式在巴西获得快速发展。例如，巴西全国 26 个州和 1 个联邦区共 5562 个城市，2002 年每个城市至少设立了一个金融服务网点；截至 2010 年，巴西共有约 15 万家代理银行机构，占该国全部金融机构网点的 62%[①]。拉丁美洲其他国家（如墨西哥、秘鲁、哥伦比亚等）也开始借鉴巴西的经验，建设代理银行，提高了金融包容性。

代理银行在各国的实践表明，在缺乏银行分支机构的偏远农村地区、交通不便的山区等能弥补这些地区贫困人口、低收入群体金融服务不足的缺陷，提高其金融服务的可得性，效果比较显著。但是，在金融机构网点相对较少、经济比较发达的城市地区，代理机构代办的金融业务有限，成效相对较小。

（三）代理银行模式存在的问题

代理银行模式通过金融机构与拥有庞大销售网络的代理商合作，拓宽了金融机构网络范围，但是也存在操作风险和网点管理等问题。

第一，从操作风险来看，主要问题存在的问题是：农村各类代理机构数量多、来源复杂，技术设备水平及基础设施水平差异较大且相对落后；安全设备

---

① 资料来源：中国驻巴西大使馆经济商务参赞处网站。参见胡国文、帅旭：《巴西的代理银行制度》，载于《中国金融》2012 年第 5 期。

维护及更换成本高，网络安全存在隐患；农村代理机构员工为非银行工作人员，且学历水平普遍较低，金融专业素质不高，风险意识相对淡薄，操作风险较难防范。

第二，从网点管理来看，存在的问题主要是：金融机构与代理商之间管理边界模糊，既不利于规避和防范风险，也降低了管理效率。例如，授权银行只负责银行业务的准入和退出以及业务人员的培训和业务监管，其他具体银行业务及网络安全等由代理机构负责。授权银行控制权弱化，不利于金融机构对代理商金融业务进行合规管理和稽核审查，有可能产生道德风险。

四、移动金融模式

（一）移动金融模式的实施条件

随着大数据、网络技术、移动货币和移动技术平台的发展及其在金融支付领域的应用，手机银行等创新银行解决方案扩大了金融服务范围，改变了传统金融交易方式。移动金融通过移动货币促进金融包容性，在撒哈拉以南非洲地区兴起并不断发展，形成了一场移动革命。

移动金融模式的实施需要一定的条件。

第一，要有成熟的移动技术和庞大的移动用户群。例如，2013 年，全球手机金融平均人口覆盖率仅为 2%，非洲为 6%，但早在 2011 年，肯尼亚 15 岁以上人口中就有 66.7% 通过手机收款，有 60.5% 通过手机转账。截至 2013 年底，肯尼亚手机银行共有用户 3120 万人，全年通过手机支付的总金额达到 106 亿美元。肯尼亚自 2009 年实施经济振兴计划以来，经济获得了一定的发展，但基础设施建设依然比较落后。从金融发展情况来看，金融基础设施建设发展缓慢，各地区尤其是偏远农村地区金融机构网点不足，贫困人口和低收入人群金融服务可得性比较差，而移动金融支付体系的发展和完善在很大程度上弥补了其传统金融体系的不足（焦瑾璞、王爱俭，2015）。又如，2011 年埃及 8400 万人中只有 10% 的人有银行账户，但移动网络用户达到 7400 万人，到 2013 年几乎每个人都可以使用移动电话；移动技术通过将银行和移动用户联系起来，改变了埃及人的货币交易方式（Mohamad，2011）。

第二，需要金融监管部门实施有效监管。由于移动金融是高风险的金融创新模式，需要监管部门有效监管并要求银行业、通信业、电子支付系统等不同行业和部门共同合作。如肯尼亚政府注重普惠金融顶层设计和法律制度建设，金融监管部门授权国内最大的通信运营商统一开发手机银行系统，才促使肯尼亚移动金融支付体系迅速发展，该国以非传统方式获得金融服务的能力位于世界先进水平。

（二）移动金融模式的实施效果

手机银行业务 M-pesa 是肯尼亚高度成功的移动金融模式，为其带来了许多积极影响。一是 M-pesa 支付方式简单、便利，通过手机短信即可完成，无须现金支付，避免了现金携带及支付的麻烦，提高了金融支付效率；二是 M-pesa 账户具有储蓄功能，客户无须去银行网点即可进行储蓄，可以为无银行服务的贫困人口和低收入群体提供较安全的资金储蓄业务，提高了贫困人口和低收入人群金融服务的可得性；三是 M-pesa 汇款方式简单便捷，远程转账价格便宜；四是 M-pesa 手机银行在发展中国家的成功经验也为各国移动金融服务普惠金融提供了可行的方案。

移动金融模式的广泛发展提高了金融服务的使用性和可得性。但是，由于信用合作社和非政府组织是肯尼亚发放小额信贷的主体，商业银行等正规金融机构没有参与或者参与不足，因此，移动金融模式对该国小额信贷领域的贡献不足。此外，与代理银行类似，移动金融模式主要在那些缺少信息传播基础设施的边远农村地区广泛发展，对于那些银行分支机构发达的城市地区，这种模式的效果相对有限。

（三）存在的问题

移动金融作为金融创新领域正不断快速发展，但仍存在着政策风险、监管风险、技术风险等诸多风险。

第一，从政策风险来看，由于移动金融业务涉及移动通信服务及银行服务两个领域，其业务的交叉需要制定不同的政策和制度规范来区分对待；同时，移动金融业务涉及移动运营商、金融机构及第三方机构等多个机构和行业，业务链在多个部门和领域的延伸会受到不同行业的政策和制度规范的约束，因而需要不同行业统筹协调以无区别对待。可见，移动金融业务的产生和发展对政府政策的制定及管理提出了挑战，其业务在移动和银行领域的交叉需要实行差别化政策，而其业务链在多个部门的延伸则需要避免交叉重复管理而实行统一的政策。

第二，从监管风险来看，移动金融作为金融领域的一种新兴事物或者说金融创新，新兴的业务形态和不断推出的金融产品给监管工作带来了挑战。如金融法规及相关制度未能根据现实的变化及需要及时更新，在移动金融发展方面可能存在功能缺失，导致一些移动金融业务存在制度监控空白或灰色区域，从而产生监管缺失和监管风险。

第三，从技术风险来看，用户的信息安全对移动金融的发展至关重要，而移动金融的发展主要取决于互联网技术及信息技术，网络信息技术开发及其管理会直接影响移动金融的发展。此外，互联网技术的使用可能会由于移动支付使用者使用不当、通信网络传输及服务器故障等多方面原因产生技术风险，还有可能因黑客攻击、系统维护不当等产生信息泄露、交易与服务风险等。

第四节　国际普惠金融精准扶贫、精准脱贫的经验及对中国的启示

本节通过对国际普惠金融发展促进精准扶贫、精准脱贫的共性规律与个性差异化经验的总结，获得对中国发展普惠金融促进精准扶贫、精准脱贫的启发与借鉴。

一、国际普惠金融精准扶贫、精准脱贫的经验总结

美国、英国、法国等发达国家，韩国、巴西、墨西哥、印度尼西亚等新兴经济体以及孟加拉国、玻利维亚、肯尼亚等发展中国家都结合自身实际情况选择了促进普惠金融发展反贫困的政策和途径，构建了提高金融产品和服务可获得性、金融产品和服务使用性以及金融产品和服务质量等多方面内容的普惠金融体系，形成了小额信贷、代理银行和移动金融等典型模式，对于缓解贫困具有积极作用。总体来说，国际范围内普惠金融精准扶贫、精准脱贫的经验主要包括：重视政府支持引导，健全金融监管方式；完善互助合作机制，鼓励金融产品和服务创新；引入市场经济机制，加强对贫困弱势群体的保护与扶持。

（一）重视政府支持引导，健全金融监管方式

纵观各国普惠金融发展的情况，各国政府都十分重视支持、引导并规范普惠金融的发展，采取适当政策缓解被正规金融机构排斥在外的边远地区贫困弱势群体的市场失灵状况。具体措施主要有以下几个方面。

1. 有效的法律制度引导

美国政府从贫困弱势群体金融服务需求出发，用政策引导金融组织支持社区和农业等的发展，如颁布《社区再投资法》（CRA），对银行施加肯定和持续的义务，禁止它们歧视低收入和中等收入的社区，要求它们满足所在社区内的信贷和银行服务的需求；美国《社区再投资法》也为其他国家和地区提供了立法参照。瑞典 1987 年的《银行业务法》第 2 节规定银行不能拒绝为客户开立储蓄存款账户。法国 1984 年的《银行业法》第 58 条承认了银行账户的权利原则等。

2. 政府政策支持

英国政府不仅出资组建金融包容基金解决金融排斥问题，而且还推动银行与信用社、邮局等非银行金融机构建立伙伴关系，拓宽金融服务通道。墨西哥政府将普惠金融纳入政府和中央银行的职能范围，为普惠金融发展提供了全面的政策扶持，并允许普惠金融机构以商业化形式运作。印度法律规定，农村金融机构必须以满足农村贫困人口、低收入群体、弱势群体的金融需求为其经营目标，必须不断进行金融产品和业务创新，提高其金融服务可得性；同时，实行贴息政策大力支持农村金融机构在农村开展金融服务，对农村与城市产业部门实施差别利率，以促进农业产业的发展。

3. 有力的金融监管

各国政府一方面积极引导普惠金融的发展，同时又对其进行监管。既包括政府有关部门对金融机构运行的监管，也包括银行对小额贷款公司、代理银行等非金融机构经营业务的监管，还包括小额信贷模式中小组内部成员之间防范风险的相互监督。例如，法国的国家控制型农业金融机构体系是在政府主导下建立并运行的，受到政府严格管理和控制；肯尼亚实施《银行业监管准则》，鼓励银行之间展开良性竞争，推动了信用信息共享，使没有抵押物的贷款人也能获得银行金融服务，而肯尼亚的手机银行平台建立和业务种类也要经过金融监管部门批准并授权；巴西开办代理银行为规避金融风险，要求金融机构在选择代理商并与之合作时必须对代理银行的服务种类、收费标准、安全设备技术、客户信息保密、交易记录保存标准和现金持有限额等方面进行明确的、严格的规定，以确保代理机构提供规范的金融服务；孟加拉国的无抵押小额信贷模式采用小组联保贷款机制，使贷款人在熟人环境中相互制约和监督，并通过鼓励储蓄、动态激励和定期还款机制督促贷款人按时还款。

（二）完善互助合作机制，鼓励金融产品和服务创新

1. 完善互助合作机制

在互助合作方面，主要包括国家之间、地区之间、机构之间、业务之间以及借款人之间多方面的相互合作关系。例如，作为二十国集团成员的巴西一直注重与国际普惠金融组织（如金融包容联盟、世界扶贫协商小组等）之间的联系与合作，发起并参与了由二十国集团成员国专家组成的普惠金融专家小组，就各国普惠金融指标体系的构建及其发展模式等进行讨论，实现信息及相关资源的互通、共享。移动金融模式和代理银行模式可以在不同地区之间进行转账、汇款、支付结算等业务。移动金融模式利用银行与通信运营商之间的相互合作，通过虚拟账户和移动货币提供金融服务。代理银行模式利用银行与代理机构之间在金融领域的相互合作，通过广泛布局的代理机构网点，扩大金融服务范围和渠道。法国和日本除了有完善的农业金融机构体系提供金融服务外，还配套建立了系统、高效的农业保险体系，以应对农业生产经营风险，保障农业生产的顺利进行。孟加拉国、印度及拉丁美洲国家都通过建立适合群众组织的信贷互助小组和中心，由借款成员通过"自愿联合、依约还款、风险共担"的原则组成联保小组，开展微型金融服务。

2. 创新金融服务

金融服务的创新主要包括金融产品种类的不断丰富和金融扶贫方式的不断创新。国际各金融机构总结出衡量普惠金融发展水平的四个重要核心指标，具体包括金融服务的渗透性、可获得性、使用性和服务质量。根据这些核心指标的要求，普惠金融机构所提供的金融产品将不再局限于存取款和支付结算等业务，而是扩大到储蓄、保险、信贷、信托等差别化的金融服务。例如，英国通过金融包容基金解决低收入或经济困难群体的金融排斥问题；韩国的农协银行以农村低收入群体、小微农民企业、农民组合成员等为其服务对象，开办了储蓄、信贷、信托、保险、国际支付等相关业务，促进农村经济的发展；马来西

亚通过信托基金向贫困家庭提供慈善贷款；巴西联邦储蓄银行创设了简化的货币账户；肯尼亚的手机银行创设了虚拟的储蓄账户等；孟加拉国的格莱珉银行以需求为导向设计信贷产品，不仅提供基础贷款，还提供住房贷款、教育贷款等，以满足不同偏好的农户需求。金融扶贫方式不仅包括小额信贷、保险业务、代理银行业务、移动银行业务，还包括提供技术支持和教育培训，如孟加拉国、印度等为其客户和非客户提供金融教育培训，以提高贫困群体的金融知识和业务能力。此外，提供金融服务的机构除了银行等金融机构外，还包括代理银行网点、手机银行服务平台、非政府组织和非营利性组织等非金融机构。如巴西联邦储蓄银行通过彩票销售网点提供金融服务，肯尼亚等通过手机银行转账汇款，孟加拉国的格莱珉银行和玻利维亚阳光银行等都是由非政府组织小额信贷业务。

（三）引入市场经济机制，加强对贫困弱势群体的保护与扶持

1. 引入市场机制

主要是实行市场化利率和市场化融资方式。如格莱珉银行实行市场化利率机制，使贷款利率稳定在高于银行同期利率且低于高利贷利率的水平上，根据贷款者资金用途和自身资信情况上下浮动，既保障了盈利能够覆盖运营成本和呆账损失，又能让贫困群体可以承担、避免与非贫困群体竞争，以达到消除贫困的目的。印度尼西亚人民银行也是通过商业银行的运作规则和运作模式，将利率波动区间维持在 20% ~ 40%，成功地将银行的商业利益与政府的扶贫目标有机结合。墨西哥的康帕图银行是第一家上市的微型金融机构，它将上市作为筹措资金的最重要途径，有助于其自身可持续目标的实现和银行资本的积累，成功实现了扶贫的社会目标和可持续发展的商业目标。玻利维亚阳光银行也是由非政府组织的小额信贷项目成功转制为专门从事小额信贷业务的商业银行，使其经营规模不断扩大，资金来源更加充足，更好地满足了广大贫困客户的贷款需求。

2. 加强对贫困弱势群体的保护与扶持

一方面重视保护贫困妇女，另一方面注重保护金融消费者权益。如格莱珉银行和国际社区资助基金会的村庄银行的大部分客户都是女性，通过女性金融赋权能够有效提高女性的社会参与能力，扩宽参与途径，提高控制生产性资产的能力，增强政治法律意识，扩大社会资本，使女性有能力、有信心依靠自己的力量摆脱贫困陷阱（陈银娥等，2016）。秘鲁特别重视普及金融知识和平等保护金融消费者的权益，专门设立了银行保险和养老金监管局、国家保护竞争与知识产权机构、全国储贷信用社联合会等多个机构，进行金融知识的宣传，并开办普及金融知识讲座进行金融知识教育和培训，公开金融信息，增加金融需求者尤其是较少使用传统金融服务的偏远农村地区贫困人口、低收入人群对金融机构的信任，提高贫困人口及低收入群体公平获得金融产品和服务的机会及其使用金融服务的能力（焦瑾璞、王爱俭，2015）。其他国家（如美国、英国、日本、韩国、澳大利亚、新加坡、俄罗斯等）的金融机构设有各类金融知识培训及教育项目，如专门针对儿童和青少年、老年人、农村贫困人口及低收入群体、弱势群体等的金融教育项目等，不定期开展金融知识普及活动，提高其使用金融产品和服务的效率（孙同全、潘忠，2014），通过培养国民的金融能力，能够提高他们的金融意识和改善消费者的金融行为。

二、对中国的启示

国际普惠金融精准扶贫、精准脱贫的典型模式和实践经验对我国促进普惠金融发展以实现精准扶贫、精准脱贫的政策措施具有重要启示，即既要建立健全普惠金融发展体系的实施机制，又要营造精准扶贫、精准脱贫的制度环境，更要将普惠金融发展与精准扶贫、精准脱贫高度融合。

（一）建立健全普惠金融发展体系的实施机制

世界银行提出的包容性金融体系框架要求通过政府、金融机构和客户等的共同参与，为社会所有阶层尤其是被传统或正规金融体系排斥的低收入者、中小微企业等弱势群体，提供便利且低成本的金融产品与服务。因此，我国普惠金融的发展需要建立健全普惠金融发展的客户体系、机构体系、支撑体系和制度体系，其中制度体系又包括法律体系和监管体系。

1. 建立健全普惠金融发展客户体系

客户体系是普惠金融体系的核心。因此，建立健全普惠金融发展体系，首先必须明确普惠金融的服务对象。各国普惠金融实践表明，金融服务对象按性质可分为贫困、低收入人口和小微企业两类，其中特别重视女性贫困人口。这些服务对象普遍具有社会地位低、经济水平低、信用水平低和地理位置偏远等特点。截至 2018 年，中国农村贫困人口达 1660 万人，贫困发生率为 1.7%，目前仍有1000多万农村贫困人口需要脱贫[①]。这些贫困人口毫无疑问应该成为普惠金融发展客户体系的主要来源。

其次，要根据这些客户的经济能力和金融需求来设计普惠金融产品。一是可以借鉴孟加拉国的格莱珉银行的经验，发展福利性的小额贷款机构，以贫困妇女为主要客户，不以能否提供抵押物为贷款发放的标准，而是通过建立小组联保机制提供信用贷款。二是借鉴日本和法国农业保险的经验，发展微型保险，以帮助贫困群体规避农业生产和疾病伤残等风险。三是利用互联网技术完善移动金融服务，并在农村普及手机银行服务，将电商、电子支付与产业发展更好地结合起来。四是借鉴印度、孟加拉国等国家小额信贷机构提供金融教育的经验，向农民普及和推广金融常识和信贷知识，加强信用教育和职业技能培训。

2. 完善普惠金融发展机构体系

目前，我国农村普惠金融机构体系既包括中国农业银行、中国邮政储蓄银行、农村信用合作社等传统服务农村经济的商业银行组织，也包括中国农业发展银行等政策性银行组织，同时还包括小额贷款公司、村镇银行、农村资金互助合作社等新型农村金融机构（谭文培，2013）。

借鉴国际普惠金融发展的成功经验，结合中国国情，完善我国普惠金融发展机构体系需要增加农村金融机构的数量，同时必须对我国农村金融体系进行改革，主要是区分政策性金融与商业性金融的业务领域与边界。一是根据市场化原则改革农业银行，使之成为服务"三农"的国家控股商业银行；二是改革政策性银行，扩大其服务"三农"的业务范围和服务领域；三是对农村信用合作社进行深化改革，使之成为服务"三农"的主力军、特色化经营的社区型现代农村金融机构；四是根据现代企业制度组建邮政储蓄银行，充分发挥其网点多、覆盖面广、客户数量多的优势，使之成为服务"三农"的重要力量；五是发展多种类型的农业保险及农产品期货市场，建立农产品价格发现机制，转移和分散风险；六是建立健全金融监管体制，鼓励和引导社会资本进入农村金融领域，增强农村金融服务的多样性；七是充分发挥公共财政支持"三

---

① 参见《中华人民共和国2018年国民经济和社会发展统计公报》，http：//cul. chinanews. com/gn/2019/02-28/8768139. shtml。

农"和农村贫困人口补助、救助等保障作用。总之,通过对农村金融机构的深化改革,充分发挥各类金融机构服务"三农"的作用,形成合力及竞争互补态势(杜晓山,2007)。此外,还要充分发挥正规金融机构与非正规金融机构的相互合作作用,放宽农村金融机构的准入政策,规范发展多种形式的新型农村金融机构。

3. 建立健全普惠金融发展支撑体系

普惠金融发展离不开技术支撑。建立健全普惠金融发展支撑体系,需要加快金融基础设施建设,完善支付体系、健全法律法规及金融监管体制、优化信用环境、公开金融信息并提高其透明度、构建金融完全网络等,同时促进互联网技术的更新,降低金融服务成本,提高金融服务的便捷度等(焦瑾璞、王爱俭,2015)。

第一,应完善农村地区前端金融基础设施的建设(张勇菊等,2013),实现农民融资渠道的多样化,如完善移动网络设备,向农民普及手机银行业务,通过银行代理商和移动网络运营商提供无网点银行业务。

第二,加强后端金融基础设施的建设(张勇菊等,2013)。如完善支付和清算系统,保障资金能在金融机构中自由流动,实现安全交易;完善征信管理系统,提高普惠金融数据收集水平,使管理者提高经营决策能力,保障投资者做出科学投资决策,降低金融风险,营造良好的信用环境;完善互联网技术及信息通信技术支持,降低金融服务的交易成本,提高金融服务的覆盖面;建立共享信息交流平台以减少金融信息不对称,为金融服务和金融交易活动的进行提供更便捷的信息化渠道(杜兴洋等,2018);完善基于政府背景的担保支持,建立政府引导的政策性担保体系,缓解小微企业融资难、融资贵等问题。

4. 建立健全普惠金融发展制度体系

普惠金融发展制度体系主要包括相关金融法律法规、机构合法性政策、财政政策、利率政策、批发融资政策、担保政策和监管政策等诸多方面(杜晓山,2015)。具体来说,应从以下几个方面健全和完善我国普惠金融制度体系。

第一,以法律法规的形式,引导银行业金融机构服务农民和小微企业。如规定商业银行将吸收存款的一定比例用于支持微型金融发展,借鉴《社区再投资法》的经验,鼓励商业银行向农村贫困地区及偏远山区提供金融服务。

第二,适当放宽新型农村金融机构的准入政策,规范发展多种形式的新型农村金融机构。如通过财税优惠政策鼓励和引导农村商业银行、邮储银行、新型农村金融机构和小额贷款公司为农村贫困人口、低收入群体、中小微企业等提供信贷服务，提高农村金融服务的供给。

第三，完善融资担保体系，规范担保机构的发展。政府应主导并支持融资担保机构的发展，提高其服务"三农"的能力，如根据农村地区低收入人群、小微企业的特点，有针对性地开展融资担保业务，解决金融机构信贷的后顾之忧；同时，创新农村金融担保抵押机制，发展政府、银行、担保公司多方参与相互合作的可持续商业模式，促进资金融通，有效缓解小微企业融资难困境。

第四，进一步完善金融监管体系。明确国家监管部门与地方政府之间的职责，实行分工合作。如"一行三会"负责对国有控股、全国性股份制商业银行等大型金融机构的监督，地方政府负责对小微金融机构和新型农村金融机构等进行监督，开展农村金融消费者权益保护工作；同时，政府和农村金融机构负责为农村贫困人口、低收入群体、小微企业等提供金融教育培训和诚信意识教育。

（二）营造精准扶贫、精准脱贫的制度环境

精准扶贫、精准脱贫要求"六个精准"，即扶贫对象要精准、项目安排要精准、资金使用要精准、措施到位要精准、因村派人要精准、脱贫成效要精准。精准扶贫是真正扶贫，从源头上彻底消除贫困根源，因而需要帮助贫困人口改变观念，首先要从思想上脱贫，同时提升自我脱贫、自我发展的能力。因此，需要营造精准扶贫、精准脱贫的制度环境。

1. 构建精准扶贫、精准脱贫政策体系

《中国精准扶贫发展报告（2016）》指出，中共中央围绕"确保到2020年农村贫困人口实现脱贫"的战略目标，已构建了比较完善的精准扶贫战略和政策体系，确定将精准扶贫、精准脱贫作为我国脱贫攻坚基本方略。同时，各级政府高度重视，出台了一系列精准扶贫政策文件。该体系主要是包含产业扶贫、转移就业扶贫、易地扶贫搬迁、教育扶贫、救济式扶贫、生态扶贫和资产收益扶贫的精准政策措施，还应加强金融扶贫的精准政策措施。

同时，国际上普遍制定了有关金融包容的国家发展战略和目标，如印度储备银行于2008年采取了一系列措施以实现金融包容的国家发展目标，并将目标量化；墨西哥政府制定并积极实施2020年实现全面金融包容计划。虽然我国在提高金融覆盖面方面取得了较好的效果,也确定了到 2020 年实现农村贫困人口脱贫的战略目标,但是为了更有效地推动金融包容性发展,也应借鉴国际经验,构建中国金融包容的发展战略和目标。

2. 创新精准扶贫、精准脱贫管理体系

精准扶贫、精准脱贫的如期实现离不开管理体系的创新,具体包括以下两个方面:

第一,在行政体制上实行分级管理。由于我国贫困人口多且致贫原因复杂,贫困县分布广泛,需要"因地制宜、突出重点、分类指导"①,因人、因地的不同而分类施策、分类帮扶。也就是说,从宏观层面来看,政府应做好扶贫攻坚的顶层设计,确定精准扶贫、精准脱贫的基本思路和原则,同时制定相关政策和措施,重点解决制约脱贫攻坚工作的重大基础设施短缺问题;从中观层面来看,各级地方政府应因地制宜、实行分类指导,制定脱贫攻坚的区域发展规划,协调各地区扶贫工作;从微观层面来看,不同地区的贫困县应根据当地的自然资源条件,分类施策,实行差异化的扶贫策略;同时应针对不同类型的贫困人口实行精准识别、分类帮扶。

第二,在管理方式上形成合力。由于精准扶贫、精准脱贫涉及各级政府、部门、机构及各利益主体的协调配合,因而精准扶贫、精准脱贫需要凝聚力量,形成共识,发挥中国"大国优势"和社会主义制度优势,多方参与、各方联动。具体来说,需要政府主导,落实责任;加强对贫困人口的精准识别和动态管理,防止虚假脱贫和返贫;健全和完善相关制度,加强包括就业、教育、医疗、文化、住房在内的农村公共服务体系建设,保障贫困群体的基本生活等。总之,我国精准扶贫、精准脱贫目标的实现需要多管齐下,协同推进,综合管理。

3. 健全精准扶贫、精准脱贫制度体系

脱贫攻坚工作需要建立健全制度体系。第一,建立政府各部门间相互联动的协作机制,共同为贫困户、贫困人口提供全方位的脱贫保障服务;加强政府部门与银行、保险等金融机构的沟通合作,争取为精准扶贫创造有利的财税政策、担保政策、金融政策和充足的补助资金。

---

① 参见《关于创新机制扎实推进农村扶贫开发工作的意见》,http://www.moe.gov.cn/。

第二，建立支持"大众创业、万众创新"的融合机制，以创新创业助推精准扶贫。鼓励金融支持农村青年、妇女等有创业能力的贫困群体自主创业、发展生产，支持农村小微企业做大做强，通过创业带动就业，从而实现脱贫致富的目标。

第三，建立预防风险的防控机制。如设立小额信贷风险补偿金，严格执行信贷管理规章制度和操作流程；同时创新农村金融担保抵押机制，扩大担保范围，发展政府、银行、担保公司多方参与相互合作的可持续商业模式，促进资金融通。

（三）将普惠金融发展与精准扶贫、精准脱贫高度融合

国际普惠金融反贫困实践虽然取得了一定成效，但不能简单将其移植到我国普惠金融精准扶贫的实践当中。根据我国普惠金融发展现状及存在的问题，可以借鉴格莱珉银行的农村扶贫政策，借鉴印度尼西亚人民银行模式的政府在农村信贷活动中的主导作用，借鉴国际社区资助基金会的村庄银行的合作模式等，建立适合我国经济发展和脱贫攻坚实际需求的可持续发展的完整农村金融体系（杜晓山，2006）。

第一，充分发挥政府的主导作用。政府是农村普惠金融体系构建的主要推动力，农村金融机构的发展需要政府的资金扶持和财政支持。为确保农村金融机构的可持续发展，政府可以给予一定比例的财政补助，并从农村金融机构的税收中提取一定比例建立风险补偿基金，并为农村金融机构获取运作资金提供担保。同时，为扶持农村小额信贷等机构的发展，政府可以对它们实施税收减免的优惠政策，使它们可以利用这部分资金顺利地开展业务，促进农民增收。

第二，鼓励非政府组织发展小额信贷业务。非政府组织是开展小额信贷业务的先驱，其不断拓展与创新有利于促进小额信贷业务的发展，也可推动金融机构之间相互竞争、优势互补，共同实现反贫困的目标。为实现可持续发展，非政府组织应不断进行业务和组织创新，化解身份和资金来源困境，更好地为发展小额信贷业务服务。

第三，引导正规农村金融机构提供微型金融业务。正规农村金融机构具有发展微型金融业务的网点优势、资金优势、信息优势和业务优势，应充分按照市场化的经营方式，扩大业务覆盖面和业务范围，注重产品和服务的创新，并加强与非正规农村金融机构的合作，发挥普惠金融主力军的示范作用。商业银行应建立为小微企业和贫困群体提供金融服务的专营机构，逐步提高小额信贷的规模和比重；农村信用合作社要加强同业合作，加快业务拓展，提升服务品质，深化改革创新。

第四，积极培育多种形式的新型农村金融机构和小额信贷公司。政府应加大对村镇银行、农村资金互助社、农村民间金融组织等新型农村金融机构的政策扶持力度，适度放宽设立条件，扩宽资金来源渠道；引导它们进行产品创新和多方合作，提高市场竞争力；新型农村金融机构还要加强自身经营管理水平，积极防范经营风险。尽快明确小额信贷公司为非公众性金融机构的身份，并出台扶持政策，为其发展提供良好的外部环境；小额信贷公司也要利用资本市场扩宽融资渠道，改善信贷技术，创新贷款产品，不断提高信贷供给能力和可持续发展能力。

第五，大力发展互联网金融。政府应优化互联网金融发展的环境，改善相关配套服务体系，鼓励各类金融机构加强互联网金融应用与创新；同时加大政策支持力度，大力发展互联网金融机构，鼓励传统金融机构转型发展；此外，还应搭建互联网综合服务平台，建立金融机构、互联网金融企业、第三方支付机构等合作对接机制和信息交换机制，不断加强金融机构的金融风险防范能力，加大对互联网金融消费者的保护力度。

第六，探索土地抵押贷款等创新模式（韩俊，2009）。土地是农民最大的资产，中国农村的贫困问题、融资难问题以及土地所有制对土地流转的限制与银行信贷制度之间的矛盾也有一定的联系。目前，我国多地都在试点农村土地经营权抵押贷款模式，虽然仍存在很多风险和问题，但是也能在一定程度上让流转的土地和生产设施从"固定资产"变成"流动资产"，让农户的融资难和融资贵等问题得以缓解。因此，这种创新模式也值得我们进一步探索与借鉴。

第八章　中国普惠金融精准扶贫、精准脱贫的政策建议

精准扶贫、精准脱贫作为扶贫工作的基本理念，贯穿于扶贫工作的全过程，因而精准扶贫、精准脱贫不仅是扶贫工作的具体工作方式，更是一种扶贫体制机制和政策体系。本章基于普惠金融发展视角，在前文分析的基础上，全面而系统地构建多元化、广覆盖、包容发展和可持续的普惠金融精准扶贫、精准脱贫政策体系，探析配套的普惠金融精准扶贫、精准脱贫的运行机制，创新普惠金融精准扶贫、精准脱贫战略模式，确定普惠金融精准扶贫、精准脱贫的实现路径，实现普惠金融发展与精准扶贫、精准脱贫的有效对接。

第一节　加快构建中国特色普惠金融体系

普惠金融强调金融赋权，即要求所有人，尤其是处于正规金融体系之外的农户、小微企业、贫困人群和残疾人、城镇低收入人群和老年人等特殊人群，都能"共享"金融资源，公平有效地获得价格合理、便捷安全的金融服务，因而发展普惠金融是全面建成小康社会的必然要求，更是实现精准脱贫的重要手段。尤其是，在当前我国经济发展处于新常态的大背景下，构建一个全面、动态、适应性强、可持续的中国特色普惠金融体系，实现金融服务覆盖率、可得性及满意度全方位提升的总体目标，增强各类人群对金融服务的获得感，具有十分重要的战略意义。

一、构建中国特色普惠金融体系的基本原则

根据《推进普惠金融发展规划（2016—2020 年）》，普惠金融发展的基本原则是：健全机制、持续发展，机会平等、惠及民生，市场主导、政府引导，

防范风险、推进创新，统筹规划、因地制宜。因此，构建中国特色普惠金融体系，应立足于当前我国国情，坚持普惠性、适应性、可控性、创新性、可持续性等基本原则。

（一）普惠性原则

从普惠金融发展情况来看，普惠金融特别强调金融服务的公平性、便利性以及各类金融机构参与的广泛性。目前我国普惠金融服务深度、广度仍需拓展，如贫困群体、小微企业等贷款难问题仍然凸显，因此普惠金融的发展应坚持普惠性原则，顺应市场化发展，结合商业化手段，运用更有效的金融方式，以适宜的时间和地点、合理的价格和产品、便捷的方式和途径，为社会更多的弱势群体提供全方位的金融服务。基于普惠性原则，普惠金融的服务对象应包括农村阶层、城市阶层、特殊团体、特殊地区等，主要是农民、农村贫困人口和老年人；城市低收入人群、失业人员、大中专学生、退伍军人、残疾人和老年人；中小企业、小微企业、初创企业、公益团体；集中连片特困地区、少数民族地区、老少边穷地区、小微企业聚集地区、粮食主产区、中西部地区以及有金融服务诉求的对象等。同时，还需要各类金融机构和非政府组织都能加入并提供普惠金融服务。

（二）创新性原则

普惠金融强调金融产品和金融服务的全面性，注重金融服务创新及金融服务的可得性。目前，我国普惠金融产品也面临着需求和供给的矛盾，各层级、各领域普惠金融需求不断增加，而供给不足的问题仍然存在，普惠金融产品的开发者对于产品属性、产品质量、产品运营、支持团队、开发模式、产品定价、产品维护等方面仍需进一步确立和完善。面对传统的金融服务，如何运用技术创新来提升当前普惠金融服务质量，开发创新型的金融产品，实现普惠金融商业可持续性仍是政府及决策者需要解决的难题。因此，发展普惠金融应坚持创新性原则，时刻关注全球金融领域的特点和焦点，顺应新兴技术的发展、商业模式的转变、服务方式的革新等客观要求，在全球金融发展浪潮的每一个节点都能发挥其自身的优势。同时，借助现代科技社会带来的契机，加强科技引领，加大科技创新力度，通过技术和手段创新丰富普惠金融产品和服务内涵，进一步扩大普惠金融的覆盖面，特别是数字金融、绿色金融、互联网金融、大数据服务、人工智能化及物联网服务等创新方式的落实、推广、实践。

（三）可持续性原则

普惠金融的普惠性使其需要承担一定的社会服务功能，如向极端贫困者提供基本的生存需求、向贫困家庭提供基础教育和企业经营方面的培训等，可持续性问题是普惠金融发展的根本。而目前我国普惠金融发展过程中，金融服务的成本和收益问题仍是主要矛盾。一些贫困地区因生态环境恶劣、基础设施建设落后、农户居住分散等方面的原因导致农村信用社服务网点较稀少、金融产品和服务单一、贷款手续繁杂，使得农户获得金融服务和小额贷款的成本较高，再加上机构管理体制不健全、信贷资金不足、盈利水平低下，使其发展普惠金融可持续性受到挑战。因此，发展普惠金融应遵循金融活动发展的客观逻辑、规律，加大对薄弱环节金融服务的政策支持力度，探索具有健康、多赢、可持续性的商业模式，以实现服务需求、商业盈利的全面可持续性发展。

（四）风险防控原则

随着普惠金融的快速发展，政府先后出台了一系列发展普惠金融的优惠政策，普惠金融的门槛不断降低，金融方式不断创新并得到普及和推广，普惠金融服务实体经济、促进贫困减缓的作用不断加强。但由于普惠金融主要针对贫困人口等特殊群体，尤其是为了促进普惠金融的快速发展，相关优惠政策、较低的进入门槛等使普惠金融发展面临诸多问题与风险，如金融机构资质不明确，运营不规范，监管不到位，信息不健全，信息披露的真实性、可信度、规范性和完整性等仍存在一些问题，以及普惠金融环境的道德防范、征信体系、信息共享等机制仍不健全等。这些问题都使普惠金融的发展面临巨大风险。因此，普惠金融发展过程中应坚持风险可控性原则，在提升其服务效率的同时，加强风险防控，有效防控风险。针对当前普惠金融中存在的技术风险、业务风险、信用风险等问题，着力加强知识储备、风险识别、风险控制等方面的监管，建立健全普惠金融发展风险防控机制。

二、建立多层次的中国特色普惠金融体系

根据《推进普惠金融发展规划（2016—2020 年）》的基本要求，应从政府、金融机构、金融服务等多个层面建立多维度的中国特色普惠金融体系。

（一）政府做好顶层设计，完善普惠金融扶贫政策

主要是明确中国特色普惠金融体系建立的总体目标及实现路径，构建适宜

的法规和政策框架，创新普惠金融发展模式；同时，探析配套的普惠金融运行机制，提高金融资源配置效率，重点满足农村、城市、特殊团体、特殊地区等的各类金融需求，建立综合政策保障体系，整合资源，借助社会合力"握拳出击"；围绕普惠金融产品供给、服务体系、风险防控等难点和热点，从宏观、中观、微观不同层面，着眼于贫困和低收入群体，加大金融支持国家创新驱动发展战略的力度，实现国家金融治理体系和治理能力现代化的稳步推进，实现共享发展，着力增进人民福祉。

具体来说，第一，综合运用财政政策与货币政策，引导金融资源向农村地区倾斜，同时不断拓宽金融机构的资金来源。例如，利用多种货币政策工具，实行定向降准政策、量化投资政策，优化信贷结构，鼓励并引导新型农村金融机构加大服务"三农"和小微企业的力度；同时，创新财政支农及农业补贴方式，引导社会资本、金融资本参与农业综合开发，重点支持新型农业经营主体和特色扶贫产业的发展，促进农村产业转型升级，增加就业，减缓贫困。

第二，完善信用管理服务，防控金融风险。主要是构建和谐稳定的普惠金融生态环境，提高全社会信用意识。具体来说，应建立联保制度、预警机制、监督机制，设立信用担保机构、担保基金；建立全面、动态的个人和企业信用信息数据库；强化信用风险评估与管理，探索适合我国量化风险评估体系和业务运营模式，提高和改进监管能力。同时，对农村金融信贷投放实行差异化监管，加强风险防控，提高普惠金融服务质量。

第三，进一步完善我国普惠金融指标体系。可以参考借鉴世界银行、国际货币基金组织、《G20普惠金融指标体系》，重点针对指标增减、数据完整性、可获得性、可持续性、数据来源渠道及数据质量等问题，从金融服务提供、覆盖、渠道、使用及其质量等多个维度构建一个适当的、动态的中国特色普惠金融评估指标体系。

（二）引导社会资本参与农村金融，构建多元化金融机构体系

针对当前我国普惠金融供给不足的问题，应降低农村金融准入门槛，积极引导社会资本和金融参与农村普惠金融发展，将普惠金融服务机构主体从单一的小额信贷机构拓展至传统金融机构与新型业态主体多元共赢的局面。

第一，支持传统正规金融机构着力发展农村普惠金融。这就要求相关金融服务机构明确定位，各司其职，以各种形式广泛参与普惠金融服务活动，包括银监局、银行业协会、邮政储蓄银行、小额信贷公司、政策性银行、商业银行、新型金融机构、中介机构等。银监局、银行业协会、普惠金融行业协会应围绕推动中国普惠金融快速发展的总体目标，做好顶层设计，为政府决策提供思路及建议；制定普惠金融行业规范，构建普惠金融信息平台，为相关企业提供培训服务。政策性银行、商业银行、信用社、邮政储蓄银行应进一步创新金融服务及产品，广泛铺设普惠金融专营机构；深化与"互联网＋"融合内涵，进一步提高农村贫困人口及低收入群体的金融服务获得性及使用性。

第二，加快制定相关金融法律法规，发展新型农村普惠金融机构。具体来说，小额信贷公司、新型金融机构、中介机构应紧跟技术变革浪潮，把握创新创业时代机遇，拓展金融服务的边界，积极探索适合我国国情的各类金融工具和技术，提升自身创新能力和竞争力；加强与政府部门的沟通合作，共同优化普惠金融发展环境。鼓励非政府组织继续创新和拓展，引导社会资本以参股或控股方式进入新型农村金融机构；同时，把控市场准入关口，加强审核管理，防控风险，构建小型金融机构与大中小型金融机构并存的普惠金融机构体系，促进市场竞争，增加金融供给。

第三，进一步完善农村普惠金融市场体系，规范管理。建立多层次、广覆盖、可持续的、高实效的资本股权融资市场，鼓励和引导私募市场、创业投资基金等向农村阶层、城市阶层、特殊团体、特殊地区投放金融服务，使金融服务的提供者从非政府组织、国有银行、股份制银行、村镇银行、农信社等扩展到小额贷款公司、信托公司、典当行、融资性担保公司等。同时，各金融机构应根据自身特点进行市场细分和产品细分，明确各自的分工和定位，各司其职，相互协作，充分发挥各类金融机构的协同作用。

第二节　努力提高普惠金融精准扶贫的精准度

普惠金融发展与精准扶贫、精准脱贫基本方略的实施效果相协调，不仅涉及资金来源问题，还涉及精准地摸清扶持对象及其金融需求，要求扶贫政策的制定必须具有针对性和可行性。因此，贫困瞄准策略变化、精准识别扶贫对象等问题是精准扶贫、精准脱贫的关键，关系到全面建成小康社会宏伟目标的实现。在扶贫攻坚的最关键时期，必须找准普惠金融精准扶贫的发力点和突破口，着眼于弱势群体、弱势产业、"三农"、小微企业、集中连片特困地区等五个关键领域精准发力。

一、增强弱势贫困群体金融帮扶服务实效力

弱势贫困群体尤其是农村弱势贫困群体最基本的特征是经济贫穷及承受风险和危机的脆弱性，因而，促进弱势群体精准脱贫需要多管齐下，共同发力，如提高其人力资本、建立多层次社会保障体系、优化公共政策和社会支持系统等。这些措施均离不开金融支持，因此应保证弱势贫困群体平等享受现代金融服务的权利，增强金融帮扶服务实效力。

（一）加强普惠金融扶贫精准识别

普惠金融扶贫对象的精准识别需要依靠一定的技术手段，采取多种手段。一是依靠科技金融创新发展成果，依法采集和建立针对农民、城镇低收入人群、贫困人群以及妇女、儿童、老年人、残疾人等弱势群体的政务信息与金融信息数据，坚持因人因地、因贫困原因和贫困类型进行分类施策，对贫困群体进行精准识别。二是农村普惠金融机构应按照国家扶贫指标体系，充分利用贫困村、贫困户建档立卡和农村信用体系的建设成果，不断完善贫困户建档立卡信息，建立村级金融服务体系全面采集标识全村贫困户基本情况、信用评级、受扶持情况等具体信息，制定动态监测识别机制，明确金融扶贫对象，扫清金融扶贫的盲点地区和盲点人口，争取让贫困人口都能享受到普惠金融的实惠。三是农村普惠金融机构要联合当地政府部门建立多维贫困识别体系，对贫困人口的贫困程度、致贫原因等贫困信息调查统计清楚，改革以往单纯以农户年人均收入识别贫困户的方法，考察贫困人口的发展能力和发展意愿，针对不同的致贫原因提供不同种类、不同额度、不同还款方式的金融产品，普及农业保险和农民人身财产保险等，做到因户施策、因人施策，不断开发完善个性化、差异化的精准扶贫金融产品和服务。

（二）多方联动形成社会合力精准帮扶

精准扶贫、精准脱贫是一个系统工程，需要多方联动，形成社会合力。一是加大普惠金融宣传力度，联合村级金融服务人员深入了解贫困户的贫困状况和生活生产需求，宣传普惠金融知识，解除部分贫困人口的"自我金融排

斥"，增强他们享受普惠金融的意识，提供有针对性的特惠金融服务。二是构建金融支持弱势贫困群体基本生活保障、医疗保障、教育保障、权益保护和福利保障体系的公共政策长效机制，提高弱势贫困群体家庭及其个人的福利水平。三是加强农村地区金融基础设施建设，推动光纤入户工程进一步向农村地区延伸，逐步扩大移动支付范围，为弱势贫困群体提供生产生活必需的金融服务。四是加强弱势贫困群体金融理财知识教育，帮助其树立和培养正确的金融风险意识，提高防范和抵御金融风险的能力；同时建立弱势贫困群体信用体系以及扶贫贷款风险补偿机制。五是维护弱势贫困群体就业与社会保障权利，着力改善对贫困人群以及妇女、残疾劳动者等初始创业者的金融支持，提高弱势贫困群体在家庭和社会中的地位和生存质量。六是创新发展社会扶贫参与机制，实现政府扶贫与社会扶贫的有效衔接，形成社会合力实现精准脱贫。

二、激发竞争弱势产业金融扶贫效能原动力

近几年来，国家产业扶贫政策的实施使贫困落后地区的产业发展迅速，但与发达地区相比仍处于竞争弱势，尤其在整合区域资源优势并将其转化为产业优势和经济优势、促进贫困人口收入水平提升等方面仍存在较大的扩展空间。一方面，"融资难""融资贵"的问题仍没有得到有效解决；另一方面，弱势产业受获得贷款的条件及复杂手续等的约束，贷款愿望不强烈。因此，实施弱势产业精准扶贫，激发竞争弱势产业金融扶贫效能原动力已成为实现贫困落后地区内生发展机制与区域协调发展的最佳战略选择。

（一）合理发展扶贫产业项目，培育"造血"功能，提高内生动力

产业扶贫不仅有助于贫困人口实现收入可持续增长，而且能够引导贫困人口勤劳脱贫，兼顾生产效率和社会公平，减少扶贫中常见的"养懒汉"问题，因而是防止返贫、实现脱贫后生计可持续的治本之策。一是增加对农村贫困地区基础设施的投入，引入社会资本，改善农业生产生活条件；二是因地制宜进行产业选择，从贫困地区资源优势、区位特点及产业基础出发，以市场为导向，构建结构合理、科技含量高、附加值高、具有区域特色的产业体系和科学合理的产业结构，推动贫困地区经济的跨越式可持续发展，为提高贫困人口自我发展能力奠定基础；三是健全产业扶贫利益联结机制，综合考量产权归属、收益分享和发展村级集体经济、贫困农户四者之间的利益关系，强化企业联农

带农机制，让农民分享更多农业产业化经营成果；四是培育专业职业农民和农村致富带头人，形成示范，带动贫困户增收，同时综合运用鼓励贫困户参与创业增收、实施财政资金形成固定资产量化入股分红增收、流转土地增收、废弃资源综合利用改善贫困户生活条件、农产品深加工增加附加值、绩效奖励提升种植采摘积极性、融资贷款联保合作等资产收益扶贫模式，充分调动贫困农户增产增收的积极性；五是加强贫困地区生态环境保护，实现扶贫开发与新型城镇化、生态文明建设协同推进，提升扶贫开发整体效益。

（二）营造良好的农村市场经济环境，实现产业发展与精准脱贫的良性互动

应重点发展第一产业，以此推动农村普惠金融的发展，进而助推精准扶贫。具体来说，一是应进一步完善农业产业结构。以专业市场为主导，贯彻"一乡一品、一村一特"理念，围绕"产业强龙头，龙头建基地，基地带农民"发展思路，充分发挥合作组织、龙头企业等市场主体作用，建立优势特色产业生产基地，以村为单位从事专业化农业生产，进而扭转当前失衡的产业资本布局；以循环发展为导向，采用农牧结合、农林结合等方式优化农业养殖种植结构。二是打开农村农产品供销渠道。促进农村电商发展，推动商贸、供销、邮政、电商互联互通，加强从村到乡镇物流基础体系建设等，以确保农村农产品供销渠道。三是合理规避农业产业风险。针对农业等天然弱质性产业，由商业银行、保险公司为代表的正规金融机构实现的金融有效供给往往具有高风险、低收益、长期性的特点，难以满足需求，政府应以财税补贴、设计针对性金融产品等方式尽量规避农业产业的风险性；设立资金项目管理机制，优化财政涉农资金供给机制，统筹整合使用财政涉农资金，进一步保障资金在第一产业中的合理运作。

三、促进"三农"金融扶贫创新推动力

"三农"问题依然是我国扶贫工作的焦点，农村地区贫困人口脱贫对于精准脱贫意义重大。由于目前中国农村地区金融服务体系缺失、金融供给不足，因而需要创新普惠金融扶贫方式，促进"三农"金融扶贫创新推动力。

（一）拓宽农村融资渠道，完善农村服务体系

完善农村金融服务体系，一是充分发挥政府、金融机构和企业等的合力，拓宽农村金融资金供给渠道，完善农村融资体制机制。如创新利用财政政策和

货币政策工具手段，引导各类金融资源流向农村地区，增加农村金融供给，降低融资成本，提高金融服务效率，使农村普惠金融真正"惠及"农村贫困地区，起到精准扶贫、精准脱贫的作用。二是创新各类金融机构的扶贫服务，特别是在贫困地区加设金融服务网点和自助机具，充分发挥农村信用社发放无抵押小额贷款的支农作用，强化村镇银行和农村商业银行服务农村金融的作用，鼓励民间资本发起成立民营银行支持"三农"发展，规范发展农村小额贷款公司和农村民间金融组织，促进农村金融市场竞争，增加农村金融产品和服务的供给渠道。三是合理利用农村"熟人社会"地缘、血缘与业缘关系的特殊性，充分挖掘农村民间融资"第二银行"优势，引入社会资本建立村民资金互助协会等，解决贫困群体贷款难及资金流转问题，实现农村金融可持续发展。

（二）培育差异化、多领域的涉农金融产品

培育差异化多领域的涉农金融产品，一是合理引导农业贷款信托计划，发展多层次资本市场，如开展土地承包经营权和宅基地使用权抵押贷款、预期收益权质押贷款等业务，多领域开发涉农金融产品。二是创新金融产品和服务的供给方式，引入数字金融、科技金融、股权投资、融资租赁等新兴金融业态，便利农村金融支付方式，加快在农村地区普及电话银行、网上银行、手机银行等新型金融服务方式，加快推进互联网金融发展，提高农村金融服务覆盖面和渗透率，有效解决农村贫困人群贷款难、融资贵的难题。

（三）建立健全农村普惠金融风险防控体系，探索可持续的金融精准扶贫机制

建立农村普惠金融风险防控体系，一是应根据不同贫困地区致贫原因的差异建立健全农村金融发展的信用评价体系，如建立农业经营主体、小微企业、贫困农户信用信息基础数据库，应用大数据技术评估信用及经营风险，加强风险防控。二是构建政府财政、政策性银行、担保公司多方共担风险的运营体系，共筑金融支农发展平台，健全涉农金融风险分担与补偿机制，完善融资担保和风险防范机制，为金融扶贫"三农"创造良好的环境与空间。三是大力发展农产品期货市场，利用期货进行套期保值，规避农产品价格波动风险。四是拓展储蓄转化投资机制，建立农村资金反哺回流机制，实行金融支持模式与财政支持相互配合机制，激发少数民族农户脱贫的内生动力，实现脱贫后生计的可持续。五是加强农村普惠金融知识教育与培训，提高贫困人口、低收入群体及家庭金融素养，防止返贫及贫困的代际传递，构建普惠金融精准扶贫、精准脱贫的长效机制。

四、强化小微企业融资服务发展驱动力

在大众创业、万众创新的浪潮下，小微企业在支持实体经济发展中起到了不可替代的促进作用，逐渐发展成为金融市场中兼具创新精神与活力的主要参与者，成为我国经济发展中不可或缺的新兴力量，尤其在增加贫困人口就业、改善收入状况等方面起着十分重要的作用，而目前小微企业融资难的问题仍然存在，因而要特别强化小微企业融资服务发展驱动力。

（一）降低融资成本，为小微企业发展提供助力

一是发展"互联网金融"，利用金融科技对商业银行各项业务的开展进行有效成本控制，提高小微企业信用保险和贷款保证保险覆盖率及申贷获得率、贷款满意度，有效缓解小微企业融资渠道较为单一、融资成本较高的发展制约问题。二是推进差异化小微企业金融产品研发和服务方式，如引入天使投资、风险投资、私募股权融资等多元融资途径，为企业量身定制知识产权质押、应收账款质押等抵质押贷款业务。三是强化中小科技创业企业经营治理能力，激活企业内生发展动力，培育科技创新企业集群；建立企业在产学研合作中的利益补偿机制，营造全社会积极参与实施创新驱动发展战略的良好氛围。四是建立健全小微企业严格的信用评估和项目资质考察机制，但在贷款定价时可以适当放宽执行优惠利率，利率的浮动空间介于普通贷款利率与民间借贷利率之间，以此保障商业银行在普惠金融业务上的盈利性，促进普惠金融业务的可持续。

（二）以多样化模式提高金融服务普惠性

一是以社区居民和当地小微企业为目标客户建立社区银行，通过扩展普惠金融服务吸引潜在的客户群体，银行网点的设置要深入客户群，以地域优势挖掘客户信息评价客户资质以预防信贷风险、根据真实需求推广特色普惠金融产品，在行业竞争中做到"人无我有，人有我优"，提高银行的盈利能力。二是大力推广无网点银行业务，向无物理网点覆盖的老少边穷地区普及金融服务。这一举措不仅实现了客户群体上的拓展，将以往无法随时办理金融业务的农村

居民纳入目标客户群，而且节省了网点建设的成本，以线上的远程服务代替面对面服务，极大地提高了工作效率。三是通过投资村镇银行入股的形式缩减开展普惠金融业务的成本，提升绩效水平。村镇银行作为专门面向农民、农业、农村经济发展提供支撑而建立的小规模且机动灵活的金融机构，在洞察地区经济发展与实际金融需求方面有着得天独厚的优势，借助村镇银行入股发展普惠金融，更可能在成本最小的前提下实现普惠金融业务的利润最大化。

五、提升集中连片特困地区金融扶贫政策导向力

集中连片特困地区是我国扶贫攻坚的主战场。由于我国集中连片特殊困难地区多集中在高寒山区、荒漠化区、石漠化地区、石山区以及革命老区、民族地区和边境地区等区域，其贫困发生率高于全国平均水平。这些地区已经解决温饱的农村家庭因灾、因病致贫返贫问题还较为突出。因此，迫切需要提升集中连片特困地区金融扶贫政策导向力。

（一）进一步完善片区金融精准扶贫政策保障体系

一是通过完善法律环境和政策保障体系，构建多层次的政府类投融资主体，制定区域经济发展和社会进步的长期规划，促进片区内各地基础设施、基础产业、支柱产业和特色产业等方面建设的可持续发展，助推片区金融精准扶贫和经济发展，推动片区扶贫攻坚规划落实。二是建立完善的风险管理体系，完善农业保险制度建设，增强片区贫困群体抗风险能力；同时鼓励开展其他形式的风险转移措施，解决企业因突发事件对资金的紧急需求问题；探索风险证券化等。三是加强片区内各行政单位之间、片区金融组织与东部发达地区金融组织之间的合作，协调好区域竞争与合作的关系，实现资金跨区域流动。四是根据不同地区的自然禀赋、产业基础等的差异实施差别化的产业扶持政策，使产业扶贫取得实效。

（二）完善片区金融服务体系

一是要在片区内建立健全多元化的金融服务体系。一方面，鼓励正规金融机构参与农村普惠金融；另一方面，以各市县政府为融资主体，鼓励社会各界力量积极参与，汇集各方资金和资源，完善扶贫贷款政策及发展机制，如有针对性地采取"基础设施投资＋产业投资＋软实力提升"的项目投资模式、"政府＋正规金融机构＋非正规金融机构＋非营利性组织"的资金合作支持模式、

"政府＋市场＋社会＋弱势贫困群体"的参与主体协同反贫困模式等。二是加强农村信用体系建设，加大金融扶贫对实体经济的支持，促进片区内优势产业、特色产业及现代农业发展。三是因地制宜开发适合各地的服务模式，培育和壮大以政府为融资主体的集资平台，促进"家庭农场＋农民合作社"等农业发展的现代化模式的推广。

（三）探索片区内可持续的金融扶贫机制

集中连片特困地区可持续金融扶贫机制的构建，一是应充分发挥片区各市县政府的引导作用，推动资本市场的结构优化与改革，拓展储蓄转化投资机制，建立金融支持模式与财政支持相互配合的机制。二是构建适合片区扶贫开发的可持续的普惠金融产业精准扶贫的动态机制。具体包括建立健全普惠金融协同推进产业精准扶贫的多元协调长效工作机制；建立健全普惠金融协同推进产业精准扶贫的利益联结机制，支持贫困户参与产业化全过程，强化企业联农带农激励机制；建立健全贫困户基础信息和产业精准扶贫开发项目库信息共享机制，推广本土化特色产业链金融模式；完善普惠金融协同推进产业精准扶贫的市场机制，包括价格机制、供求机制、收益分配机制、金融消费者权益保护机制；建立健全普惠金融协同推进产业精准扶贫的动力机制和激励机制，推动农村普惠金融技术创新，完善融资担保和风险防范，拓展扶贫贴息的广度和深度等。三是建立与发展正规金融与非正规金融的联结机制，积极引入社会资本、信托基金、股权投资、生产资本和专项资金参与扶贫工作，支持民营经济发展，促进片区经济平稳健康发展。

（四）建立健全片区产业精准扶贫政策效果评估与优化制度

集中连片特困地区应根据产业精准扶贫的特点，建立政策效果评估与优化制度。一是建立普惠金融协同推进产业精准扶贫的大数据中心，构建多元化扶贫金融供给模式，创新金融服务方式；二是加强顶层设计，健全法律法规和政策支持体系，探索健全科学依法民主决策机制；三是科学解释普惠金融协同推进产业精准扶贫的典型经验，获取普惠金融实现产业精准扶贫的共性规律与差异化经验；四是完善普惠金融基础设施建设，加快认证体系建设和信用体系建设，促进普惠金融体系的智慧智能化发展。

第三节　促进县域经济发展，提升农村金融扶贫效率

县域金融的发展不仅能直接缓解贫困，还可以通过经济增长与收入分配间接影响贫困。贫困县要脱贫摘帽，必须与县域经济发展相结合。目前，我国各地区农村金融扶贫效率整体水平不高，且各地区之间存在较大差异，因此在精准扶贫、精准脱贫过程中，发展县域金融，促进县域经济发展，提升农村金融扶贫效率显得十分重要。

一、促进县域经济发展，减缓县域多维贫困[①]

贫困的多维性意味着县域金融减缓多维贫困必须综合考虑县域经济发展的各个方面，实现多政策组合。

（一）提高贫困县域社会保障水平，重视贫困人口可行能力

破解多维贫困难题，关键在于提升贫困群体的可行能力。而可行能力不仅表现为个人或家庭所掌握的内在资源禀赋，还包括医疗、卫生、道路、通信等基本公共服务以及能够获得政策待遇、社会权利、发展机会等权利。因此，为减缓县域多维贫困，县级政府应从多方面、多角度，采取综合性手段，提升贫困群体可行能力。

具体包括以下几个方面：一是贫困县域各级政府应加强农村地区教育基础设施建设，开辟多渠道教育途径，既要重视贫困人口的素质教育，也要加强技能培训。此外，落实对贫困家庭的教育补贴，杜绝"因贫辍学"现象的发生。二是提升贫困县域医疗保障和健康水平，加快贫困县县级公立医院、乡镇级卫生院以及村级卫生室建设，提升贫困地区医疗卫生服务能力，对农村贫困人口的重大疾病进行分类救治，进一步减轻农村贫困人口的医疗负担。同时，在农村地区开展卫生运动，加强健康教育，提高农村居民健康知识与技能，引导其形成健康的生活方式，从源头上保障贫困人口的健康。三是提升贫困县域基础设施水平，合理统筹城镇与农村地区基础设施建设，有序推进农村贫困地区

[①]　参见陈银娥、张德伟（2018）；张德伟（2018）。

水、电、路、气、网络到村到户,改善贫困地区"硬件"水平,为有效脱贫营造良好环境。四是采取可行、有效的措施保障贫困群体公平享有政策待遇与社会权利,为贫困人口创造就业与发展机会,提高其自我发展能力。

(二) 加快县域金融体制改革步伐,为贫困县域营造良好的金融生态环境

良好的金融生态环境是金融发挥减贫效应的基础。贫困县由于经济较为落后,金融体制不完善,金融体系发展不健全、金融服务功能部分缺失,导致金融存在的不稳定甚至混乱等现象,阻碍了贫困地区脱贫的步伐。因此,政府应当加快贫困县域金融体制改革步伐,为经济发展营造良好的金融生态环境。一是健全县域金融体系,完善县域金融服务功能。在充分发挥现有政策性金融机构、商业银行、合作社以及其他金融机构对"三农"与中小企业的服务功能的基础上,规范与引导村镇银行、农村资金互助社、小额贷款公司等新型农村金融组织发展,培育适度竞争的农村金融市场。此外,最大限度发挥现有金融网点的功能,提高金融服务水平与效率,增强金融的社会责任意识。二是加强对贫困县域金融的监管,维护区域金融稳定。各级金融机构重视信息沟通与反馈,落实金融风险报告制度,密切关注民间金融活动,完善金融风险应急预案机制,有效防范、化解各类金融风险。三是重视贫困县域金融部门的人才培养。加强对现有金融从业人员的素质教育与职业培训并积极引进外来高素质金融人才,提高金融从业人员整体素质,保障金融业健康发展。

(三) 创新县域金融服务产品与模式,提高金融扶贫效率与可持续性

金融扶贫的成功有赖于金融运行的效率与其减贫的可持续性,多样化的金融服务产品和有利于贫困人口的金融服务模式能为金融的运行和减贫效应提供持续的动力。因此,政府应通过创新县域金融服务产品与模式,提高金融扶贫效率与可持续性。一是积极创新农村金融产品与服务方式,借助现代科技社会带来的契机,积极利用手机银行、互联网金融、价值链金融等新型金融工具,探索适合农村、农民以及中小企业需求的高效、便捷的金融产品;二是结合贫困人口的贫困状况与特点,有针对性地推出适合贫困户的个性化金融服务产品,精准解决贫困户脱贫的资金需求;三是探索建立"金融 + 企业 + 合作社 + 贫困人口"的开发式金融扶贫模式,借助金融的中介作用,激发企业、能人对贫困人口的带动作用,提高贫困人口在扶贫项目中的参与度,落实"造血式"扶贫。

（四）加速推进贫困地区县域经济增长方式的转变，实现金融包容性增长

实践表明，县域金融发展减缓多维贫困的间接作用机制还有待提高，金融发展所带来的增长效应并没有真正惠及贫困群体，过大的收入分配差距影响着金融减贫间接作用效果的产生。因此，政府应采取有利于创造包容性机会的经济增长方式，让贫困人口共享经济增长成果，实现金融包容性增长。一是大力发展具有县域特色的支柱产业，坚持产业发展与生态保护、区域经济增长与脱贫攻坚的原则，培育规模化、标准化的龙头企业，推行全链条的产业发展方式，同时强化品牌意识，打响具有县域特色的品牌战略。二是加大对中小企业的扶持力度，建立中小企业技术服务体系与融资平台，加强贫困群体的就业创业培训，鼓励农村劳动力转移就业，构建创新创业新格局。

二、优化金融资源配置，提升农村金融扶贫效率[①]

当前，农村金融扶贫存在较大供给缺口，难以满足农村金融需求，因而需要优化农村金融资源配置，提升农村金融扶贫效率。

（一）因地制宜，优化农村金融资源配置

对于农村金融扶贫效率低的地区，首要任务是优化农村金融资源配置，实现供需有效对接，保证金融资源充分利用。具体做法包括：一是增加农村普惠金融供给，提高金融服务渗透率及使用性。为此，需要完善农村金融基础设施建设，加大农村金融服务网点下沉力度，实施"金融服务进村入户"工程；同时适当降低农村金融服务准入门槛，鼓励民间资本进入农村金融市场，加大涉农资金供给。二是加强农村金融知识普及宣传，实施"金惠工程"，保护贫困地区金融消费者权益；加快建设农村信贷、保险及贷款抵押、融资租赁等农村金融市场，促进农村金融各主体间供需平衡。三是通过加快农村金融法律法规立法进度，搭建中小企业和农户的信用信息收集平台，统筹出台金融扶贫优惠政策等措施，优化农村金融生态环境。

对于效率较高的地区，要建立地区农村金融扶贫长效机制，同时积极探索该区域农村金融机构与其他效率较低地区金融机构的合作方式，使其在保持自身金融扶贫高效率的同时，发挥辐射带动作用。具体做法包括：实施农村金融

---

① 参见陈银娥、金润楚（2018）；金润楚（2018）。

扶贫激励政策，对涉农金融机构实行税收优惠和奖励措施；建立贷款增信支撑体系，在推进村民互保、联保、第三方担保等方式的基础上，激活农村担保资源；完善金融扶贫风险防范和补偿机制，金融机构自身要严格遵循审慎经营原则，建立风险关联共同体，增加风险防控保障；设立风险补偿基金，增加政策性农业保险。同时，实行金融扶贫东西协作、南北协作，建立对口互助机制；加强各地区金融扶贫经验交流，使全国开发性金融扶贫经验交流常态化。

因地制宜，根据不同地区的具体情况，有针对性地采取相关措施。对于经济产出效益较高地区出现的金融扶贫低效率，如北京和天津，应重点优化其内部金融产业结构，加强资金管理，减少冗余资金，提高资金使用效率。而对金融业不发达，但农村金融扶贫效率较高的地区，如海南和西藏，则应逐步增加金融资金投入，实现金融服务多元化。

（二）把握农村金融扶贫效率区域差异特点，提高金融扶贫精准度

一是建立区域农村金融扶贫协调发展机制，防止区域差异继续扩大。具体做法包括：突破现有行政划区约束，以整体片区为单位进行资金投入、开发管理、绩效评估，通过共同投资、联合开发、股份运作等方式，建立区域金融扶贫利益共享机制；推进区域信贷市场信用体系建设，建立跨区域贫困数据共享机制，使各地区金融部门的扶贫信贷形成合理分工、优势互补的合作竞争格局；在确立区域整体金融扶贫战略规划的同时，扶贫开发政策应根据不同地区贫困状况有所侧重；完善财政扶贫资金转移支付增长机制，重点增加对农村金融发展薄弱地区的支持，探索建立区域间横向转移支付制度。

二是围绕各地区重点产业发展，加强金融支持力度，提高金融扶贫精准度。具体做法包括：结合各地区资源禀赋，培育发展有特色、可持续的扶贫支撑产业，提高金融扶贫资金回报率；推广"政府＋银行＋企业＋贫困户"合作扶贫模式；拓宽金融支持产业发展渠道，适当加大农村非金融企业直接融资占比；推动农业规模化、集约化经营，提高农业产业获利能力，吸引金融资金增加投入；打造社会资本融资平台，根据扶贫项目类别不同，采取 PPP 等模式引进社会资本。

（三）加强区域金融合作交流，促进区域间金融资源合理流动

一是引导资金由高高聚集区（HH）向低低聚集区（LL）合理流动。具体做法包括：组建由区域金融机构、扶贫部门、企业组织代表共同参与的区域金融扶贫协调委员会，成立联合扶贫开发投资公司；建立区域农村金融大市场，清除市场壁垒，推进资本要素跨区域流动；建立区域融资平台，引导和协调区域间货币信贷政策；支持地区金融机构开展银团贷款和联合授信，扩大地区贷款服务网络；建立区域经济金融监测体系，建立经济调查监测分析协作和金融统计数据资料共享机制；以区域金融联席会、金融研讨会为基础，强化地区金融合作，并建立金融建立区域金融协作机制，消除行政区划对金融合作的阻碍。

二是从低低聚集区内部寻找突破口，优化区域农村金融布局。具体做法包括：利用北京、天津两个金融资源富集地区的区位优势，发挥其金融集聚和辐射带动功能，以点连线，以线带面，推动整个北方低低聚集区的扶贫开发；以京津冀协同发展战略为依托，联动地区扶贫开发资金投入；将新兴互联网金融技术和农村金融扶贫相结合，促进城市富余资金流向农村。

第四节　筑牢堤坝　确保"脱贫不返贫"

2020 年分批实现所有贫困人口脱贫、贫困县全部摘帽、解决区域性整体贫困是全面建成小康社会的底线任务。目前脱贫攻坚取得明显成效，但难点是如何避免脱贫后的返贫，即贫困农户脱贫摘帽后如何实现生计可持续及代际生计可持续，这是使贫困人口永久性脱贫、防止返贫的关键。

一、找准致贫原因是防止返贫的突破口

当前，我国贫困产生的原因很多，既有客观原因，也有主观因素。从客观条件来看，大多数贫困地区自然生态环境恶劣、环境承载能力不足、人口居住分散、地域封闭，导致社会资本严重不足；社会经济发展历史起点低、劳动力市场参与率低、劳务输出少，同时教育滞后、对子女教育不重视甚至忽略，导致人力资本缺失、贫困代际传递严重；受传统观念影响不愿迁移；制度机制不完善等。受上述客观条件的影响，大多数贫困地区产业发展滞后、结构单一，城市规模小，经济体量过低，在较大程度上制约了城镇产业发展对农村脱贫的效应；此外，基础设施薄弱、公共服务体系落后、可持续发展基础差，在一定

程度上拖累了区域经济发展的速度和发展质量。

从主观因素来看，贫困农户脱贫内生动力不足，"等、靠、要"思想依然存在。一些贫困人口因文化程度偏低、思想观念落后、发展意识不够，或者因就业技能缺乏，对国家的扶贫政策（如领取低保等）存在一定的依赖，不愿意脱贫。一些地区的贫困村、贫困户在享受国家扶贫政策优惠后收入上升、家庭福利增加，与没有享受国家扶贫政策优惠的非贫困村、贫困户之间的差距加大，容易引发后者的心理失衡，导致后者增加收入、继续改善生存状况的内生动力不足。

贫困是一个综合征，我国大多数贫困地区返贫的原因主要在于贫困的脆弱性，因灾、因学、因病致贫返贫的现象时有发生。尤其是，部分地区存在一些落后的社会风气，如婚丧嫁娶大操大办、高额婚礼金、借债为亲人办丧事、黄赌毒等，导致因婚致贫、因丧致贫、因赌因毒致贫等。从根本上说，贫困的深层次原因是能力贫困。因此，必须激发贫困农户脱贫的内生动力，才能保证脱贫后生计的可持续性。

二、增强贫困人口内生动力是实现生计可持续的关键

可持续生计是指通过自由选择的生产性就业和工作获得可靠和稳定的生计，包括个人、家庭和社区为改善长远的生活状况所拥有和获得谋生的能力、资产和收入的活动以及子女的生计可持续。其途径有贫困脆弱性原因、生计资本（人力资本、自然资本、社会资本、物质资本、金融资本）、政策（政府和非政府组织等指定的政策及各种机构、团体、企业等采取的措施）、生计策略（收入、消费、投资、迁移、人口繁衍等活动）、生计输出（生活水平提高、脆弱性降低、食物安全、资源利用优化）等五部分组成。可见，贫困人口有无改善自身生计系统的内生动力是反贫困成果能否可持续，即实现脱贫后生计可持续的关键。为此，需要从以下几个方面激发贫困农户改善自身生计系统的内生动力。

（一）不断优化生计策略和生计资本结构

贫困人口自身生计的持续改善需要彻底消除"等、靠、要"思想，不断优化生计策略和生计资本结构，进一步提升贫困人口自我发展能力。一是对贫困人口致贫原因进行深入分析，分类管理，精准发力，激发其发展动机，增强

其脱贫的内在原动力，即愿意脱贫；二是增加对农村教育的投入，以就业为导向，夯实教育脱贫根基，提升贫困农户的综合素质，增强贫困地区造血功能及贫困人口的就业能力，即有基本的能力脱贫；三是创新技能培训方法，加强贫困人口脱贫能力的培养，使其能从事技术含量和工资水平高的工作，改善生计策略；四是发展普惠金融，使贫困人口能够平等享受现代金融服务，提升金融扶贫的精准度和福利效应，同时引入社会资本，增加提升贫困农户生计资本水平的外部支持。

（二）建立健全脆弱性风险防控机制

一是构建政府顶层设计与基层操作相协调的多元化的贫困农户管理机制，加强对贫困农户的动态管理，这需要改善国家扶贫信息系统的管理方式，延长其放开时间或充分授权给基层部门管理；二是建立贫困农户的合理进入和退出机制，对贫困农户实行精准识别，同时采取多种措施消除贫困农户对国家扶贫政策依赖及不愿意脱贫现象；三是改善农村医疗卫生环境，健全农村社会保障体系，降低因灾、因病、因学致贫返贫的风险；四是加强宣传教育和农村精神文明建设，消除落后、愚昧思想的不良影响，彻底根除黄赌毒，杜绝因婚丧致贫现象。

（三）发展乡村特色扶贫产业，增强内生动力

产业扶贫是脱贫攻坚的重要保障，也是其他扶贫措施取得实效的重要基础。贫困地区特色产业和优势产业发展是持续推进农业及其关联产业发展的有效途径，是巩固脱贫攻坚成果、实现脱贫后生计可持续的治本之策。一是根据不同贫困地区资源禀赋差异及生产要素禀赋，有针对性地发展竞争性强的特色优势产业，包括开发特色优势资源、培育特色优势产业龙头企业、创建特色农产品优势区，打造特色农业产业集群等，构建多主体激励相容的利益分配机制。二是进一步推进农村产业融合。重点是促进农业与工业、服务业融合发展，如农产品精深加工、农业观光旅游、农机作业服务等新业态和农商产业联盟、农业产业化联合体、田园综合体等新模式；同时鼓励技术和商业模式创新，包括提升农业科技创新水平、打造农业科技创新平台基地、加快农业科技成果转化应用、提高农业装备和信息化水平、促进农村创新创业，等等。三是发展普惠金融，创新金融服务及金融产品，为农村特色产业发展提供多种金融产品，促进区域经济发展；同时加大农村人力资本投入，提高脱贫农户和低收入农户的农业专业知识和技能，培育新型农民。四是深化农村土地制度改革，充分利用闲置土地资源，发展新产业、新业态，保障富民特色乡村产业的用地需求；同时培养家庭农场、农业合作社等新型经营主体，发展壮大集体经济，带动普通农户发展，提升扶贫开发整体效益。

（四）制定科学的长期考核标准，避免脱贫后返贫

一是建立跟踪、评估及反馈机制及精准脱贫工作考核的综合性标准，避免"数字脱贫"而忽视返贫；二是对所有贫困户建档立卡后加强收益分享监测和跟踪服务，使扶贫产业发展的红利能够长期惠及贫困人群，使脱贫人口的收入真正稳定在一定水平上，有效防止返贫，并在精准脱贫后逐步达到小康水平或致富；三是完善第三方评估机制，细化评估内容，建立更加高速便捷的问题处理机制，如在现场评估过程中适当引入帮扶干部或村干部，加快评估现场问题的处理效率。

总之，贫困农户脱贫后实现生计的可持续，需要脱贫农户与政府、社会力量等多方形成合力，脱贫农户自身通过职业技能培训、子女教育等实现生计策略转变和优化，提高其改善生计系统的内生动力；国家政策与社会力量帮扶有机结合，培育"造血"功能，这样才能断穷根、开富源，实现脱贫的稳定性和持久性。

参 考 文 献

［1］阿马蒂亚·森. 以自由看待发展［M］. 任赜，于真，译. 北京：中国人民大学出版社，2002：47 - 71，86 - 89.

［2］埃斯平 - 安德森. 福利资本主义的三个世界［M］. 苗正民，滕玉英，译. 北京：商务印书馆，2010.

［3］安敏，何伟军，袁亮，张兆方. 中国地区工业及城镇水污染处理效率研究［J］. 统计与决策，2019（7）：133 - 136.

［4］敖荣军，梅琳，梁鸽，李家成. 湖北省县域人口迁入与工业集聚的空间关联性研究［J］. 长江流域资源与环境，2018（3）：514 - 522.

［5］巴红静. 中国农村金融发展研究［M］. 大连：东北财经大学出版社，2013.

［6］白澄宇. 普惠金融体系：银行的新模式"触角"［J］. 现代商业银行，2010（8）：74 - 76.

［7］白澄宇. 金融扶贫问题［J］. 贵州社会科学，2014（10）：6 - 8.

［8］白永亮，杨扬. 长江经济带城市制造业集聚的空间外部性：识别与应用［J］. 重庆大学学报（社会科学版），2019（3）：14 - 28.

［9］蔡军. 金融精准扶贫存在哪些问题［J］. 人民论坛，2019（18）：96 - 97.

［10］蔡玲如，王红卫，曾伟. 基于系统动力学的环境污染演化博弈问题研究［J］. 计算机科学，2009（8）：234 - 238.

［11］蔡跃洲，张钧南. 信息通信技术对中国经济增长的替代效应与渗透效应［J］. 经济研究，2015（12）：100 - 114.

［12］曹凤岐. 建立多层次农村普惠金融体系［J］. 农村金融研究，2010（10）：64 - 67.

［13］曹妍雪，马蓝．基于三阶段 DEA 的我国民族地区旅游扶贫效率评价［J］．华东经济管理，2017（9）：91－97.

［14］茶洪旺，陈静，倪秀碧．中国区域信息化发展水平及其收敛性分析［J］．区域经济评论，2014（4）：91－97.

［15］陈建伟，陈银娥．普惠金融助推精准脱贫的理论与政策思考［J］．当代经济研究，2017（5）：85－90.

［16］陈立中．转型时期我国多维度贫困测算及其分解［J］．经济评论，2008（5）：5－10.

［17］陈萍．景区带动型乡村旅游精准扶贫：内涵、机制与实现路径［J］．生态经济，2019（6）：120－124.

［18］陈三毛，钱晓萍．中国各省金融包容性指数及其测算［J］．金融论坛，2014（9）：3－8.

［19］陈银娥，师文明．中国农村金融发展与贫困减少的经验研究［J］．中国地质大学学报（社会科学版），2010（6）：100－105.

［20］陈银娥，师文明．微型金融对贫困减少的影响研究述评［J］．经济学动态，2011（4）：130－135.

［21］陈银娥，苏志庆，何雅菲．微型金融对女性减贫的影响：基于金融赋权视角的分析［J］．福建论坛（人文社会科学版），2015（3）：30－38.

［22］陈银娥，孙琼，徐文赟．中国普惠金融发展的分布动态与空间趋同研究［J］．金融经济学研究，2015（6）：72－81.

［23］陈银娥，王丹，曾小龙．女性贫困问题研究热点透视——基于 SSCI 数据库女性研究权威文献的统计分析［J］．经济学动态，2015（6）：111－124.

［24］陈银娥，何雅菲．中国微型金融发展与反贫困问题研究［M］．北京：中国人民大学出版社，2016：53－54，72，125，127－136，142－143，153.

［25］陈银娥．贫困人口脱贫后如何实现生计的可持续？［J］．成果要报（国家社科规划办），2017（17）：1－6.

［26］陈银娥，张德伟．县域金融发展与多维贫困减缓——基于湖南省 51 个贫困县的实证研究［J］．财经理论与实践，2018（2）：109－114.

［27］陈银娥，金润楚．我国农村金融扶贫效率的区域差异及空间分布［J］．福建论坛（人文社会科学版），2018（4）：28 – 38.

［28］陈银娥，尹湘．普惠金融发展助推精准脱贫效率研究——基于中国贫困地区精准脱贫的实证分析［J］．福建论坛，2019（10）：190 – 200.

［29］陈银娥，尹湘，金润楚．中国农村普惠金融发展的影响因素及其时空异质性［J］．数量经济技术经济研究，2020（5）：44 – 59.

［30］褚保金，张龙耀，郝彬．农村信用社扶贫小额贷款的实证分析——以江苏省为例［J］．中国农村经济，2008（5）：11 – 21.

［31］崔艳娟，孙刚．金融发展是贫困减缓的原因吗？——来自中国的证据［J］．金融研究，2012（11）：116 – 127.

［32］邓小海，曾亮，罗明义．精准扶贫背景下旅游扶贫精准识别研究［J］．生态经济，2015（4）：94 – 98.

［33］丁志国，徐德财，赵晶．农村金融有效促进了我国农村经济发展吗？［J］．农业经济问题，2012（9）：50 – 57.

［34］董微微．完善精准帮扶机制　打赢脱贫攻坚战［J］．求知，2018（6）：21 – 22.

［35］邓小平．邓小平文选（第三卷）［M］．北京：人民出版社，1993.

［36］杜晓山．小额信贷的发展与普惠性金融体系框架［J］．中国农村经济，2006（8）：70 – 73.

［37］杜晓山．普惠性金融体系理念与农村金融改革［J］．中国农村金融，2006（10）：23 – 24.

［38］杜晓山．以普惠金融体系理念　促进农村金融改革发展——对中西部农村地区金融改革的思考［J］．农业发展与金融，2007（1）：45 – 47.

［39］杜晓山．发展农村普惠金融的思路和对策［J］．金融教学与研究，2015（3）：3 – 12.

［40］杜兴洋，杨起城，易敏．信息通信技术对普惠金融发展的影响——基于2007—2016年省级面板数据的实证分析［J］．江汉论坛，2018（12）：38 – 47.

［41］杜志雄，肖卫东，詹琳．包容性增长理论的脉络、要义与政策内涵［J］．中国农村经济，2010（11）：4 – 14.

[42] 付李涛. 大别山连片特困区"金融扶贫"模式探析——以河南省信阳市为例 [J]. 时代金融, 2014 (21)：213 - 214.

[43] 傅鹏, 张鹏. 农村金融发展减贫的门槛效应与区域差异——来自中国的经验数据 [J]. 当代财经, 2016 (6)：55 - 64.

[44] 冈纳·缪尔达尔. 世界贫困的挑战——世界反贫困大纲 [M]. 顾朝阳, 张海红, 高晓宇, 叶立新, 等, 译. 北京：经济学院出版社, 1991.

[45] 高帅, 毕洁颖. 农村人口动态多维贫困：状态持续与转变 [J]. 中国人口·资源与环境, 2016 (2)：76 - 83.

[46] 高艳云, 马瑜. 多维框架下中国家庭贫困的动态识别 [J]. 统计研究, 2013 (12)：89 - 94.

[47] 苟颖萍, 白冰. 习近平精准扶贫思想浅析 [J]. 西南交通大学学报 (社会科学版), 2017 (3)：122 - 128.

[48] 苟颖萍, 张娟. 习近平扶贫思想的内容维度与价值意蕴 [J]. 安庆师范大学学报 (社会科学版), 2019 (3)：1 - 5.

[49] 郭建宇, 吴国宝. 基于不同指标及权重选择的多维贫困测量——以山西省贫困县为例 [J]. 中国农村经济, 2012 (2)：12 - 20.

[50] 郭熙保, 周强. 长期多维贫困, 不平等与致贫因素 [J]. 经济研究, 2016 (6)：143 - 156.

[51] 何德旭, 苗文龙. 金融排斥, 金融包容与中国普惠金融制度的构建 [J]. 财贸经济, 2015 (3)：5 - 16.

[52] 何雅菲. 金融赋权视角下女性反贫困问题研究 [D]. 武汉：中南财经政法大学：2014.

[53] 何雄浪, 杨盈盈. 金融发展与贫困减缓的非线性关系研究——基于省级面板数据的门限回归分析 [J]. 西南民族大学学报 (人文社科版), 2017 (4)：127 - 133.

[54] 洪名勇. 开发扶贫瞄准机制的调整与完善 [J]. 农业经济问题, 2009 (5)：68 - 71.

[55] 洪晓成. 普惠金融理论与我国农村金融扶贫问题调适 [J]. 山东社会科学, 2016 (12)：83 - 87.

[56] 胡娟. 推动"互联网 + 精准扶贫" [N]. 光明日报, 2015 - 12 - 21.

［57］胡文涛．普惠金融发展研究：以金融消费者保护为视角［J］．经济社会体制比较，2015（1）：91－101．

［58］黄承伟，周晶．共赢—协同发展理念下的民营企业参与贫困治理研究［J］．内蒙古社会科学（汉文版），2015（2）：144－149．

［59］黄凯南．演化博弈与演化经济学［J］．经济研究，2009（8）：132－145．

［60］黄快生．社会治理视角下农村精准扶贫路径开拓与机制创新研究［J］．长春大学学报，2019（7）：88－93．

［61］黄琦，陶建平．扶贫效率、形态分布与精准优化：秦巴山片区例证［J］．改革，2016（5）：76－88．

［62］黄颂文．普惠金融与贫困减缓［M］．北京：中国经济出版社，2014．

［63］黄英君．金融深化、扶贫效应与农村合作金融发展［J］．华南农业大学学报（社会科学版），2017（6）：32－41．

［64］季素娇．习近平精准扶贫思想逻辑体系论略［J］．山东社会科学，2017（10）：127－131．

［65］贾军，邢乐成．信息通信技术与中小企业融资约束——基于金融制度边界的分析框架［J］．中国经济问题，2016（3）：123－135．

［66］江春，赵秋蓉．关于构建我国普惠金融体系的理论思考——国外金融发展如何更好地减缓贫困理论的启示［J］．福建论坛（人文社会科学版），2015（3）：24－29．

［67］焦瑾璞．建设中国普惠金融体系［M］．北京：中国金融出版社，2009．

［68］焦瑾璞．构建普惠金融体系的重要性［J］．中国金融，2010（10）：12－13．

［69］焦瑾璞，王爱俭．普惠金融：基本原理与中国实践［M］．北京：中国金融出版社，2015．

［70］焦瑾璞，黄亭亭，汪天都，等．中国普惠金融发展进程及实证研究［J］．上海金融，2015（4）：12－22．

［71］焦瑾璞．"普"与"惠"：新时期下的普惠金融发展思路［J］．金融

市场研究，2016（6）：42 - 49.

[72] 金发奇，陈中青. 基于演化博弈视角下的农户信贷融资分析 [J].农业经济与管理，2014（4）：42 - 47.

[73] 金润楚. 我国农村金融扶贫效率及其区域差异研究 [D]. 长沙：长沙理工大学，2018.

[74] 克里斯·安德森. 长尾理论 [M]. 乔江涛，译. 北京：中信出版社，2006.

[75] 黎翠梅，曹建珍. 中国农村金融效率区域差异的动态分析与综合评价 [J]. 农业技术经济，2012（3）：4 - 12.

[76] 李楠，伍世安. 网络产业中互联互通策略的演化博弈分析——以电信业为例 [J]. 经济经纬，2013（6）：77 - 82.

[77] 李辉山，曹富雄. 习近平扶贫开发战略思想的多维透视——马克思主义发展的当代中国形态研究 [J]. 生产力研究，2017（2）：112 - 116.

[78] 李佳路. 农户多维度贫困测量——以 S 省 30 个国家扶贫开发工作重点县为例 [J]. 财贸经济，2010（10）：63 - 68.

[79] 李丽. 贫困地区金融扶贫的现状、问题及建议——以甘肃省为例 [J]. 金融经济，2019（12）：183 - 184.

[80] 李明贤，叶慧敏. 普惠金融与小额信贷的比较研究 [J]. 农业经济问题，2012（9）：44 - 49.

[81] 李萍，于显吉. 包容性增长与农村微型金融体系的构建：一个战略框架 [J]. 兰州学刊，2011（10）：16 - 21.

[82] 李善民. 普惠制金融视角下金融扶贫模式构建——一个理论分析框架 [J]. 改革与战略，2014（11）：35 - 38.

[83] 李向阳. 信息通信技术、金融发展与农村经济增长——基于县域面板数据的经验证据 [J]. 社会科学家，2015（6）：68 - 72.

[84] 李勇坚，王弢. 中国"三农"互联网金融发展报告（2016）[M].北京：社会科学文献出版社，2016.

[85] 联合国开发计划署. 2003 年人类发展报告：千年发展目标：消除人类贫困的全球公约 [M]. 2003 年人类发展报告翻译组，译. 北京：中国财政经济出版社，2003.

［86］刘迟生，邓小丽．四川省凉山州扶贫目标瞄准问题研究［J］．四川省社会主义学院学报，2012（2）：41-44.

［87］刘合光．精准扶贫与扶志、扶智的关联［J］．改革，2017（12）：36-38.

［88］刘华军，何礼伟．中国省际经济增长的空间关联网络结构——基于非线性 Granger 因果检验方法的再考察［J］．财经研究，2016（2）：97-107.

［89］刘解龙．经济新常态中的精准扶贫理论与机制创新［J］．湖南社会科学，2015（4）：156-159.

［90］刘磊，王作功．基于因子分析的普惠金融发展评价研究——以贵州省为例［J］．当代金融研究，2019（6）：99-110.

［91］刘生福，韩雍．金融支持贫困地区产业扶贫的制约与对策——基于对六盘山集中连片特困地区国定贫困县的调研［J］．西部金融，2018（1）：45-49.

［92］刘源．精准扶贫视野下的国际非政府组织与中国减贫：以乐施会为例［J］．中国农业大学学报（社会科学版），2016（5）：99-108.

［93］卢盼盼，张长全．中国普惠金融的减贫效应［J］．宏观经济研究，2017（8）：33-43.

［94］鹿心社．精准扶贫是全面建成小康社会的重要抓手［J］．老区建设，2016（1）：8-11.

［95］罗斯丹，陈晓，姚悦欣．我国普惠金融发展的减贫效应研究［J］．当代经济研究，2016（12）：84-93.

［96］马健．产业融合理论研究评述［J］．经济学动态，2002（5）：78-81.

［97］马克思．1844 年经济学哲学手稿［M］．中共中央马克思恩格斯列宁斯大林著作编译局，译．北京：人民出版社，2000：52.

［98］马克思，恩格斯．马克思恩格斯全集（第一卷）［M］．中共中央马克思恩格斯列宁斯大林著作编译局，译．北京：人民出版社，1995：153.

［99］马双，赵朋飞．金融知识、家庭创业与信贷约束［J］．投资研究，2015（1）：25-38.

［100］孟飞．金融排斥及其治理路径［J］．上海经济研究，2011（6）：80-89.

[101] 莫小峰. 完善精准识别工作机制　推进精准扶贫 [J]. 广西经济, 2015 (2): 22.

[102] 庞金波, 刘鑫颖, 李炎. 黑龙江省农村金融扶贫水平分析及对策建议 [J]. 农业现代化研究, 2018, 39 (1): 87-95.

[103] 蒲丽娟. 农村反贫困战略下我国农村普惠金融体系构建研究 [J]. 改革与战略, 2018 (2): 109-111.

[104] 钱震宁. 商业银行与担保公司业务合作的成效、问题及思考——基于对合肥农村城市商业银行的调研 [J]. 华东经济管理, 2009 (10): 155-157.

[105] 让·德雷兹, 阿马蒂亚·森. 饥饿与公共行为 [M]. 苏雷, 译. 北京: 社会科学文献出版社, 2006.

[106] 单德朋, 王英. 金融可得性、经济机会与贫困减缓——基于四川集中连片特困地区扶贫统计监测县级门限面板模型的实证分析 [J]. 财贸研究, 2017 (4): 50-60.

[107] 单林波, 罗璇, 张竞媛. 秦巴山集中连片特困地区金融扶贫现状与思考——以陕西省安康市为例 [J]. 农村金融研究, 2018 (12): 60-63.

[108] 沈丽, 张好圆, 李文君. 中国普惠金融的区域差异及分布动态演进 [J]. 数量经济技术经济研究, 2019 (7): 62-80.

[109] 沈茂英. 川滇连片特困藏区农村扶贫可利用生态资源研究 [J]. 四川林勘设计, 2015 (4): 1-7.

[110] 沈荣勤. 普惠金融与金融服务均衡化——以浙江与江苏两省为例 [J]. 金融论坛, 2014 (9): 16-25.

[111] 师荣蓉, 徐璋勇, 赵彦嘉. 金融减贫的门槛效应及其实证检验——基于中国西部省际面板数据的研究 [J]. 中国软科学, 2013 (3): 32-41.

[112] 世界银行. 2000/2001 年世界发展报告——与贫困作斗争 [M]. 《2000/2001 年世界发展报告——与贫困作斗争》翻译组, 译. 北京: 中国财政经济出版社, 2001.

[113] 宋晓玲. 数字普惠金融缩小城乡收入差距的实证检验 [J]. 财经科学, 2017 (6): 14-25.

[114] 宋一鑫, 张晓川. 渝东南地区农民持续增收问题的对策研究 [J].

决策与信息（中旬刊），2013（4）：14－15.

[115] 宋周莺，刘卫东．中国信息化发展进程及其时空格局分析 [J]．地理科学，2013（3）：257－265.

[116] 苏维词．滇桂黔石漠化集中连片特困区开发式扶贫的模式与长效机制 [J]．贵州科学，2012（4）：1－5.

[117] 粟勤，肖晶．金融包容视角下中国家庭金融服务分布的不平等性及中小金融机构作用 [J]．金融经济学研究，2015（6）：113－128.

[118] 粟勤，孟娜娜．县域普惠金融发展的实际操作：由豫省兰考生发 [J]．改革，2018（1）：149－159.

[119] 孙同全，潘忠．普惠金融建设中的金融教育 [J]．中国金融，2014（10）：62－63.

[120] 檀学文，李静．习近平精准扶贫思想的实践深化研究 [J]．中国农村经济，2017（9）：2－16.

[121] 谭文培．基于“三位一体”视角的农村普惠金融体系构建 [J]．湖南科技大学学报（社会科学版），2013（6）：85－88.

[122] 唐丽霞，罗江月，李小云．精准扶贫机制实施的政策和实践困境 [J]．贵州社会科学，2015（5）：151－156.

[123] 田霖．我国农村金融包容的区域差异与影响要素解析 [J]．金融理论与实践，2012（11）：39－48.

[124] 田霖．互联网金融视角下的金融素养研究 [J]．金融理论与实践，2014（12）：12－15.

[125] 童毛弟，童业冬．低碳模式下金融机构与中小微企业利益演化研究 [J]．产业经济研究，2014（5）：104－110.

[126] 汪三贵，Albert Park，Shubham Chaudhuri，Gaurav Datt. 中国新时期农村扶贫与村级贫困瞄准 [J]．管理世界，2007（1）：56－64.

[127] 汪三贵，曾小溪．从区域扶贫开发到精准扶贫——改革开放40年中国扶贫政策的演进及脱贫攻坚的难点和对策 [J]．农业经济问题，2018（8）：40－50.

[128] 汪晓文，叶楠，李紫薇．普惠金融的政策导向与引领——以税收为例 [J]．宏观经济研究，2018（2）：21－29.

[129] 王春超，叶琴. 中国农民工多维贫困的演进——基于收入与教育维度的考察 [J]. 经济研究，2014 (12)：159 – 174.

[130] 王春蕊，姜又鸣，姜伟. GB 模式小额信贷参与农村扶贫贡献率的实证研究——以河北省幸福工程项目为例 [J]. 河北师范大学学报（哲学社会科学版），2010 (2)：34 – 40.

[131] 王定祥，琚丽娟，李伶俐. 我国金融支农效率的测度与改进策略 [J]. 当代经济研究，2013 (11)：62 – 69.

[132] 王刚贞. 农村资金互助社绩效评价研究——基于安徽太湖的案例 [J]. 财贸经济，2012 (12)：51 – 59.

[133] 王刚贞，王雪友，武舜臣. 农村资金互助困境的现代观点——基于两地区体系构建的差异化因素分析 [J]. 东北农业大学学报（社会科学版），2016 (1)：38 – 43.

[134] 王刚贞，郑伟国. 我国普惠金融发展的区域差异及影响因素 [J]. 金陵科技学院学报（社会科学版），2019 (1)：14 – 18.

[135] 王国勇，邢溦. 我国精准扶贫工作机制问题探析 [J]. 农村经济，2015 (9)：46 – 50.

[136] 王怀勇，邓若翰. 精准扶贫长效机制的法治路径研究 [J]. 重庆大学学报（社会科学版），2019 (3)：134 – 146.

[137] 王婧，胡国晖. 中国普惠金融的发展评价及影响因素分析 [J]. 金融论坛，2013 (6)：31 – 36.

[138] 王军，吴海燕. "互联网 +" 背景下精准扶贫新方式研究 [J]. 改革与战略，2016 (12)：111 – 114.

[139] 王宁，王丽娜，赵建玲. 普惠金融发展与贫困减缓的内在逻辑 [J]. 河北大学学报（哲学社会科学版），2014 (2)：127 – 131.

[140] 王素霞，王小林. 中国多维贫困测量 [J]. 中国农业大学学报（社会科学版），2013 (2)：129 – 136.

[141] 王文彬，张军. "互联网 +" 助力农村精准扶贫的机遇与路径 [J]. 北方经济，2016 (12)：60 – 62.

[142] 王小林，Sabina Alkire. 中国多维贫困测量：估计和政策含义 [J]. 中国农村经济，2009 (12)：4 – 10.

［143］王馨. 互联网金融助解"长尾"小微企业融资难问题研究［J］. 金融研究, 2015（9）: 128 - 139.

［144］王修华, 周翼璇. 破解金融排斥: 英国的经验及借鉴作用［J］. 理论探索, 2013（6）: 80 - 83.

［145］王修华, 关键. 中国农村金融包容水平测度与收入分配效应［J］. 中国软科学, 2014（8）: 150 - 161.

［146］王瑶佩, 郭峰. 区域数字金融发展与农户数字金融参与: 渠道机制与异质性［J］. 金融经济学研究, 2019（2）: 84 - 95.

［147］王兆旭. 金融排斥到普惠金融: 基于特定对象的路径设计［J］. 金融理论与实践, 2015（1）: 72 - 76.

［148］王志军. 金融排斥: 英国的经验［J］. 世界经济研究, 2007（2）: 64 - 68.

［149］吴敏. 基于金融素养的中国家庭资产配置研究［D］. 南京: 东南大学, 2015.

［150］吴琼. 扶贫资金的新探索——安徽太湖县村民生产发展互助资金试点工作调查［J］. 今日中国论坛, 2008（Z1）: 92 - 95.

［151］吴义能, 叶永刚, 吴凤. 我国金融扶贫的困境与对策［J］. 统计与决策, 2016（5）: 176 - 178.

［152］吴雨, 彭嫦燕, 尹志超. 金融知识、财富积累和家庭资产结构［J］. 当代经济科学, 2016（4）: 19 - 29.

［153］伍旭川, 肖翔. 基于全球视角的普惠金融指数研究［J］. 南方金融, 2014（6）: 15 - 20.

［154］习近平. 摆脱贫困［M］. 福州: 福建人民出版社, 2014.

［155］习近平. 携手消除贫困 促进共同发展——在 2015 减贫与发展高层论坛的主旨演讲［N］. 人民网, 2015 - 10 - 17.

［156］习近平在重庆调研时强调确保如期实现全面建成小康社会目标［N/OL］. 新华网, 2016 - 01 - 06. http://www.xinhuanet.com/politics/2016 - 01/06/c_1117691671.htm.

［157］习近平. 以新的发展理念引领发展, 夺取全面建成小康社会决胜阶段的伟大胜利［M］//中共中央文献研究室. 十八大以来重要文献选编. 北

京：中央文献出版社，2016：832.

　　［158］习近平．在中央扶贫开发工作会议上的讲话［M］//中共中央文献研究室．习近平总书记重要讲话文章选编．北京：中央文献出版社，2016.

　　［159］习近平．坚持精准扶贫、精准脱贫，坚决打赢脱贫攻坚战［M］//习近平．习近平谈治国理政（第二卷）．北京：外文出版社，2017：84.

　　［160］习近平．加大力度推进深度贫困地区脱贫攻坚［M］//习近平．习近平谈治国理政（第二卷）．北京：外文出版社，2017：87 - 88.

　　［161］习近平．决胜全面建成小康社会　夺取新时代中国特色社会主义伟大胜利——在中国共产党第十九次全国代表大会上的报告［R/OL］. http：//cpc. people. com. cn/19th/n1/2017/1027/c414395 - 29613458. html.

　　［162］项俊波．国外大型涉农金融机构成功之路［M］．北京：中国金融出版社，2010.

　　［163］谢丽云，蔡报银，黄训春．完善扶贫济困机制　探索精准扶贫方式［J］．老区建设，2014（19）：45 - 47.

　　［164］谢平，李敏，曹铁军，余坤莲．欠发达地区居民金融素养、金融福祉与普惠金融发展关系研究：以贵港为例［J］．区域金融研究，2018（9）：55 - 60.

　　［165］谢宇，胡婧炜，张春泥．中国家庭追踪调查：理念与实践［J］．社会，2014，34（2）：1 - 32.

　　［166］星焱．普惠金融：一个基本理论框架［J］．国际金融研究，2016（9）：21 - 37.

　　［167］邢乐成．中国普惠金融：概念界定与路径选择［J］．山东社会科学，2018（12）：47 - 53.

　　［168］徐国均，栾峰，陶森林，王玉，周庆干，董少峰．聚焦精准扶贫创新帮扶机制［J］．江苏农村经济，2014（12）：40 - 42.

　　［169］徐荟竹，车士义，罗惟丹，杜海均．公共财政、农村金融改革和可持续金融扶贫研究——基于连片特困区375个贫困县的调研分析［J］．金融发展评论，2012（1）：114 - 139.

　　［170］徐少军，金雪军．农户金融排除的影响因素分析——以浙江省为例［J］．中国农村经济，2009（6）：62 - 72.

［171］徐晓东．互联网＋时代金融精准扶贫实践［J］．中国金融，2019
（8）：97.

［172］徐孝勇，曾恒源．大数据驱动下精准扶贫运行机制创新研究［J］．
湖北经济学院学报（人文社会科学版），2019（1）：12－15.

［173］许英杰，石颖．中国普惠金融实践发展、现状及方向［J］．西南金
融，2014（6）：28－30.

［174］鄢红兵．创新"金融＋"实施精准扶贫——当前我国金融扶贫的
难点及对策［J］．武汉金融，2015（9）：56－59.

［175］颜安．旅游精准扶贫的运行机制［J］．人民论坛，2019（9）：62－63.

［176］杨帆．金融素养测度研究［M］．昆明：云南财经大学出版社，
2015.

［177］杨伟坤，赵惠娟，刘彬，王立杰．国内外农村普惠金融体系发展
实践及启示——基于河北省易县扶贫社小额信贷扶贫创新案例分析［J］．世界
农业，2013（1）：112－115.

［178］杨艳琳，付晨玉．中国农村普惠金融发展对农村劳动年龄人口多
维贫困的改善效应分析［J］．中国农村经济，2019（3）：19－35.

［179］叶初升，李慧．以发展看经济增长质量：概念、测度方法与实证
分析——一种发展经济学的微观视角［J］．经济理论与经济管理，2014（12）：
17－34.

［180］尹志超，宋全云，吴雨．金融知识、投资经验与家庭资产选择
［J］．经济研究，2014（4）：62－75.

［181］尹志超，宋全云，吴雨，等．金融知识、创业决策和创业动机
［J］．管理世界，2015（1）：87－98.

［182］应寅峰，赵岩青．国外的农村金融［M］．北京：中国社会出版社，
2006.

［183］袁程炜．产业扶贫要"授人以渔"才能拔穷根［N］．光明日报，
2015－12－16.

［184］袁媛，王仰麟，马晶，魏海，彭建．河北省县域贫困度多维评估
［J］．地理科学进展，2014（1）：124－133.

［185］约翰·梅纳德·史密斯．演化与博弈论［M］．潘春阳，译．上海：

复旦大学出版社，2008.

[186] 曾志耕，何青，吴雨，尹志超. 金融知识与家庭投资组合多样性 [J]. 经济学家，2015 (6)：86 – 94.

[187] 张德伟. 县域金融发展与多维贫困减缓研究 [D]. 长沙：长沙理工大学，2018.

[188] 张蓓. 以扶志、扶智推进精准扶贫的内生动力与实践路径 [J]. 改革，2017 (12)：41 – 44.

[189] 张春敏. 产业扶贫中政府角色的政治经济学分析 [J]. 云南社会科学，2017 (6)：39 – 44.

[190] 张贵友，夏倩，邹振宇. 特色产业扶贫模式与优化对策——基于安徽金寨、砀山、霍邱、太湖和岳西五县的调查 [J]. 农民科技培训，2018 (6)：9 – 11.

[191] 张立伟，王政武. 以人民为中心的中国精准扶贫机制构建逻辑与路径再造 [J]. 社会科学家，2019 (3)：44 – 51.

[192] 张琦，冯丹萌. 我国减贫实践探索及其理论创新：1978—2016 年 [J]. 改革，2016 (4)：27 – 42.

[193] 张全红，周强. 中国贫困测度的多维方法和实证应用 [J]. 中国软科学，2015 (7)：29 – 41.

[194] 张瑞敏. 习近平精准扶贫思想探析 [J]. 中南民族大学学报（人文社会科学版），2017 (4)：14 – 17.

[195] 张赛群. 习近平精准扶贫思想探析 [J]. 马克思主义研究，2017 (8)：33 – 40.

[196] 张希. 德国银行体系助力小微企业融资对我国的启示 [J]. 农村金融研究，2018 (9)：48 – 51.

[197] 张永刚，张茜. 基于 DEA 方法的农村金融效率研究 [J]. 经济问题，2015 (1)：60 – 63.

[198] 张勇菊，李成友，宋学明. 国际金融包容的促进政策实践进展研究 [J]. 当代经济科学，2013 (6)：52 – 61.

[199] 张郁. 结构视角下中国农村普惠金融发展的现实困境与制度选择 [J]. 南方金融，2015 (9)：91 – 95.

[200] 张玉强，李祥．我国集中连片特困地区精准扶贫模式的比较研究——基于大别山区、武陵山区、秦巴山区的实践 [J]．湖北社会科学，2017（2）：46–56．

[201] 张月飞，张伦．县域金融支农效率的实证研究———基于浙江省部分县域 2005—2009 年数据 [J]．浙江金融，2011（11）：53–56．

[202] 张振海，茹少峰．陕西省金融支农效率评价及影响因素分析 [J]．农业技术经济，2011（7）：82–89．

[203] 赵丙奇，杨丽娜．村镇银行绩效评价研究——以浙江省长兴联合村镇银行为例 [J]．农业经济问题，2013（8）：56–61．

[204] 赵晓芳．非政府组织的界定及其参与扶贫的战略分析 [J]．兰州学刊，2010（4）：77–80．

[205] 赵玉，刘娟．参与式扶贫中政府与农户合作的障碍与对策 [J]．河北学刊，2013（4）：135–139．

[206] 郑品芳，刘长庚．贫困户精准识别困境及识别机制构建 [J]．经济地理，2018（4）：176–182．

[207] 郑瑞强，曹国庆．基于大数据思维的精准扶贫机制研究 [J]．贵州社会科学，2015（8）：163–168．

[208] 钟昌彪．金融产业扶贫模式及问题分析——以武陵山片区石门县为例 [J]．金融经济，2016（8）：173–174．

[209] 中国人民银行．中国金融年鉴（2016）[M]．北京：中国金融年鉴杂志社有限公司，2016．

[210] 周孟亮，李俊．"适应性"农村金融改革与民间资本突围 [J]．郑州大学学报（哲学社会科学版），2014（1）：87–92．

[211] 周孟亮，李明贤．普惠金融与"中国梦"：思想联结与发展框架 [J]．财经科学，2015（6）：11–20．

[212] 周孟亮．包容性增长、贫困与金融减贫模式创新 [J]．社会科学，2018（4）：55–64．

[213] 周勤，张红历，王成璋．我国省域信息技术发展与经济增长关系的空间异质性研究 [J]．2012（11）：105–109．

[214] 周小川．践行党的群众路线，推进包容性金融发展 [J]．中国金

融，2013（18）：9 - 12.

[215] 周一鹿，冉光和，钱太一. 经济转型期农村金融资源开发对农民收入影响效应研究 [J]. 农业技术经济，2010（10）：33 - 39.

[216] 周兆涵. 我国农村金融机构小额信贷供给绩效分析——基于普惠金融视角 [J]. 金融发展研究，2010（12）：81 - 84.

[217] 邹薇，方迎风. 关于中国贫困的动态多维度研究 [J]. 中国人口科学，2011（6）：49 - 59.

[218] 朱乾宇，董学军. 少数民族贫困地区农户小额信贷扶贫绩效的实证研究——以湖北省恩施土家族苗族自治州为例 [J]. 中南民族大学学报（人文社会科学版），2007（1）：56 - 60.

[219] 朱涛，钱锐，李苏南. 金融素养与教育水平对家庭金融行为影响的实证研究 [J]. 金融纵横，2015（5）：85 - 93.

[220] 朱万春. 可持续发展背景下基于生态足迹法的旅游扶贫与精准识别研究 [J]. 生态经济，2018（7）：104 - 109.

[221] 朱一鸣，王伟. 普惠金融如何实现精准扶贫？ [J]. 财经研究，2017（10）：43 - 54.

[222] 左停，唐丽霞，李小云. 我国农村政策在贫困村的实施情况调查 [J]. 调研世界，2009（2）：27 - 30.

[223] Abosedra S, Shahbaz M, Nawaz K. Modeling Causality Between Financial Deepening and Poverty Reduction in Egypt [J]. Social Indicators Research, 2016, 126（3）：1 - 15.

[224] Ajide F M. Financial Inclusion and Rural Poverty Reduction: Evidence from Nigeria [J/OL]. Social Science Electronic Publishing, 2015（11）：1 - 18. https://www. researchgate. net/publication/304624192.

[225] Aker J C, Mbiti I M. Mobile Phones and Economic Development in Africa [J]. Journal of Economic Perspectives, 2010, 24（3）：207 - 32.

[226] Alkire S, Foster J. Counting and Multidimensional Poverty Measurement [J]. Journal of Public Economics, 2011, 95（7）：476 - 487.

[227] Alkire, S, Foster J. Understandings and Misunderstandings of Multi dimensional Poverty Measurement [J]. The Journal of Economic Inequality, 2011,

9 (2): 289 - 314.

[228] Alkire S, Santos M E. Measuring Acute Poverty in the Developing World: Robustness and Scope of the Multidimensional Poverty Index [J]. World Development, 2014 (59): 251 - 274.

[229] Alkire S, Seth S. Multidimensional Poverty Reduction in India Between 1999 and 2006: Where and How? [J]. World Development, 2015 (72): 93 - 108.

[230] Allen, F, Demirguc-Kunt, A, Klapper, L, Peria, M S M. The Foundations of Financial Inclusion: Understanding Ownership and Use of Formal Accounts [J]. Journal of Financial Intermediation, 2016 (27): 1 - 30.

[231] Ambarkhane D, Shekhar Singh A, Venkataramani B. Measuring Financial Inclusion of Indian States [J]. International Journal of Rural Management, 2016, 12 (1): 72 - 100.

[232] Amidžić G, Massara A, André Mialou. Assessing Countries' Financial Inclusion Standing-A New Composite Index [R]. IMF Working Paper No. WP/14/36, 2014.

[233] Andrianaivo M, Kpodar K. ICT, Financial Inclusion, and Growth: Evidence from African Countries [R/OL]. African Economic Conference, 2010. https://www.afdb.org/en/documents/document/aec - 2010 - ict - financial - inclusion - and - growth - evidence - from - african - countries - 21771.

[234] Andrianaivo M, Kpodar K. Mobile Phones, Financial Inclusion, and Growth [J]. Review of Economics and Institutions, 2012, 3 (2): 1 - 30.

[235] Arora R U. Measuring Financial Acces [J]. Finance and Economics, 2010 (7): 1 - 21.

[236] Arora R U. Access to Finance: an Empirical Analysis [J]. The European Journal of Development Research, 2014, 26 (5): 798 - 814.

[237] Babajide A A, Adegboye F B, Omankhanlen A E. Financial Inclusion and Economic Growth in Nigeria [J]. International Journal of Economics and Financial Issues, 2015, 5 (3): 629 - 637.

[238] Bacarreza G J C, Rioja F K. Financial Development and the Distribution

of Income in Latin America and the Caribbean [J]. Well-Being and Social Policy, 2009 (5): 1 - 18.

［239］Bakhtiari S. Microfinance and Poverty Reduction: Some International Evidence [J]. International Business & Economics Research Journal, 2006, 5 (12): 65 - 70.

［240］Banerjee A, Karlan D, Zinman J. Six Randomized Evaluations of Microcredit: Introduction and Further Steps [J]. American Economic Journal Applied Economics, 2015, 7 (1): 1 - 21.

［241］Barr M S. An Inclusive, Progressive National Savings and Financial Services Policy [J]. Harvad Law & Policy Review, 2007, 1 (1): 161 - 184.

［242］Bauchet J, Dalal A, Mayasudhakar P, Morduch J, Radermacher R. Can Insurers Improve Healthcare Quality? Evidence from a Community Microinsurance Scheme in India [J/OL]. The Financial Access Initiative, Microinsurance Network, 2010. https: //microinsurancenetwork. org/ groups/ can - insurers - improve - healthcare - quality - evidence - community - microinsurance - scheme - india.

［243］Bazzi S, Sumarto S, Suryahadi A. It's all in the Timing: Cash Transfers and Consumption Smoothing in a Developing Country [J]. Journal of Economic Behavior & Organization, 2015 (119): 267 - 288.

［244］Beck T, Demirgüç-Kunt A, Levine R. Finance, Inequality and the Poor [J]. Journal of Economic Growth, 2007, 12 (1): 27 - 49.

［245］Beck T, Demirguc-Kunt A, Peria M S M. Reaching out: Access to and Use of Banking Services Across Countries [J]. Journal of Financial Economics, 2007, 85 (1): 234 - 266.

［246］Bemheim B D, Garrett D M. The Determinants and Consequences of Financial Education in the Workplace: Evidence from a Survey of Households [R]. Stanford University, Department of Economics. NBER Working Papers 5667. National Bureau of Economic Research, Inc. , 1996.

［247］Bencivenga V R, Smith B D. Financial Intermediation and Endogenous Growth [J]. The Review of Economic Studies, 1991, 58 (2): 195 - 209.

［248］Benjanmin D J, Brown S A, Shapiro J M. Who is 'Behavioral'

Cognitive Ability and Anomalous Preferences [J]. Journal of the European Economic Association, 2013, 11 (6): 1231 – 1255.

[249] Bert D'Espallier, Isabelle Guérin, Roy Mersland. Women and Repayment in Microfinance: A Global Analysis [J]. World Development, 2011, 39 (5): 758 – 772.

[250] Bird K. Practical: Measures to Enable The Economic Empowerment of Chronically Poor Women [R]. Overseas Development Institute. Shaping Policy for Development, Working Paper No. 529, 2018.

[251] Bittencourt M. Financial Development and Economic Growth in Latin America: Is Schumpeter Right? [J]. Journal of Policy Modeling, 2012, 34 (3): 341 – 355.

[252] Boyd J H, Levine R, Smith B D. The Impact of Inflation on Financial Sector Performance [J]. Journal of Monetary Economics, 2001, 47 (2): 221 – 248.

[253] Brau J C, Woller G M. Microfinance: A Comprehensive Review of the Existing Literature [J]. Journal of Entrepreneurial Finance, 2004, 9 (1): 1 – 28.

[254] Braunstein Sandra F, Carolyn Welch. Financial Literacy: An Overview of Practice, Research, and Policy [J]. Federal Reserve Bulletin. Board of Governors of the Federal Reserve System (U. S.), 2002 (11): 445 – 457.

[255] Brehanu A, Fufa B. Repayment Rate of Loans from Semi-formal Financial Institutions Among Small-scale Farmers in Ethiopia: Two-limit Tobit Analysis [J]. Journal of Socio-Economics, 2008, 37 (6): 2221 – 2230.

[256] Brown M, Guin B, Kirschenmann K. Microfinance Banks and Financial Inclusion [J]. Review of Finance, 2015, 26 (3): 1 – 40.

[257] Buss T F. Microenterprise in International Perspective: An Overview of the Issues [J]. International Journal of Economic Development, 1999, 1 (1): 1 – 29.

[258] Caprio G. Policy Uncertainty, Information Asymmetries, and Financial Intermediation [R]. Policy Research Working Paper, No. 2, 1992.

[259] Claessens S, Feijen E, Laeven L. Political Connections and Preferential

Access to Finance: The Role of Campaign Contributions [J]. Journal of Financial Economics, 2008, 88 (3): 554 – 580.

[260] Chakravarty S R, Pal R. Financial Inclusion in India: An Axiomatic Approach [J]. Journal of Policy Modeling, 2013, 35 (5): 813 – 837.

[261] Chattopadhyay S K. Financial Inclusion in India: A Case-study of West Bengal [J]. Mpra Paper, 2011 (8): 1 – 27.

[262] Chang J. The Macro Behind Microfinance: Cambodia's Financial Inclusion Success Story [J/OL]. Social Space, 2017. https: //ink. library. smu. edu. sg/lien_research/160/.

[263] Chopra S, Sherry A M. Enhancing Branchless Banking Technology Solutions for Improving Consumer Adoption [J]. Science Journal of business Management, 2014, 8 (4): 1 – 15.

[264] Chowdhury A M R, Mahmood M, Abed F H. Credit for the Rural Poor – The Case of BRAC in Bangladesh [J]. Small Enterprise Development, 1991, 2 (3): 4 – 13 (10).

[265] Claessens S. Access to Financial Services: A Review of the Issues and Public Policy Objectives [J]. World Bank Research Observer, 2006 (2): 207 – 240.

[266] Cole S, Paulson A L, Shastry G K, et al. Smart Money? The Effect of Education on Financial Outcomes [J]. Review of Financial Studies, 2014, 27 (7): 2022 – 2051.

[267] Corrado G, Corrado L. Inclusive Finance for Inclusive Growth and Development [J]. Current Opinion in Environmental Sustainability, 2017 (24): 19 – 23.

[268] De Koker L. Money Laundering Control and Suppression of Financing of Terrorism: Some Thoughts on the Impact of Customer Due Diligence Measures on Financial Exclusion [J]. Journal of Financial Crime, 2006, 13 (1): 26 – 50.

[269] DeLoach S B, Lamanna, E. Measuring the Impact of Microfinance on Child Health Outcomes in Indonesia [J]. World Development, 2011, 39 (10): 1808 – 1819.

[270] Demirgüç-Kunt A, Klapper L F. Measuring Financial Inclusion: The Global Findex Database [R]. World Bank Policy Research Working Paper, No. 6025, 2016.

[271] Devlin J F. A Detailed Study of Financial Exclusion in the UK [J]. Journal of Consumer Policy, 2005, 28 (1): 75 – 108.

[272] Diagne A. Design and Sustainability Issues of Rural Credit and Savings Programs: Findings From Malawi [J]. International Food Policy Research Institute. MP05 Briefs, 2000 (1): 12.

[273] Diniz E, Birochi R, Pozzebon M. Triggers And Barriers to Financial Inclusion: The Use of ICT-based Branchless Banking in an Amazon County [J]. Electronic Commerce Research & Applications, 2012 (5): 484 – 494.

[274] Dunn E. It Pays To Know the Customer: Addressing the Information Needs of Client-centered MFIs [J]. Journal of International Development, 2002 (14): 325 – 334.

[275] Dymski G A, Li W. The Macrostructure of Financial Exclusion: Mainstream, Ethnic, and Fringe Banks in Money Space [J]. Espace Population Sociétés, 2003 (21): 183 – 201.

[276] El-Zoghbi M, Tarazi, M. Trends in Sharia-Compliant Financial Inclusion [M/OL]. 2013. http://documents. worldbank. org/.

[277] El-Zoghbi M. The Role of Financial Services in Humanitarian Crises [M/OL]. 2017. https://www. cgap. org/research/publication/role – financial – services – humanitarian – crises.

[278] Ferreira F H G, Leite P G, Ravallion M. Poverty Reduction Without Economic Growth? Explaining Brazil's Poverty Dynamics, 1985 – 2004 [R]. The World Bank. Policy Research Working Paper Series 4431, 2007.

[279] Fisman R, Love I. Trade Credit, Financial Intermediary Development, and Industry Growth [J]. The Journal of Finance, 2003, 58 (1): 353 – 374.

[280] Fungáčová Z, Weill L. Understanding Financial Inclusion in China [J]. China Economic Review, 2015, 7 (34): 196 – 206.

[281] Galor O, Zeira J. Income Distribution and Macroeconomics [J]. The

Review of Economic Studies, 1993, 60 (1): 35 – 52.

[282] García M J R, José M. Can Financial Inclusion and Financial Stability go Hand in Hand? [J]. Economic Issues, 2016, 21 (2): 81 – 103.

[283] Gertler P, Levine D I, Moretti E. Do Microfinance Programs Help Families Insure Consumption Against Illness? [J]. Health Economics, 2009, 18 (3): 257 – 273.

[284] Ghura D, Kpodar K R, Singh R J. Financial Deepening in the CFA Franc Zone: The Role of Institutions [R]//International Monetary Fund. Working Paper, 2009, 9/113, 3 (1): 1 – 17.

[285] Gilder G. Metcalfe's Law and Legacy [J]. Forbes ASAP, 1993, 152 (6): 158 – 159.

[286] Goel S, Sharma R. Developing a Financial Inclusion Index for India [J]. Procedia Computer Science, 2017 (122): 949 – 956.

[287] Grasmuck S, Espinal R. Market Success or Female Autonomy? Income, Ideology, and Empowerment Among Micro-entrepreneurs in the Dominican Republic [J]. Gender and Society, 2000, 14 (2): 231 – 255.

[288] Greenwood J, Jovanovic B. Financial Development, Growth, and the Distribution of Income [J]. Journal of Political Economy, 1990, 98 (5, Part 1): 1076 – 1107.

[289] Guerin I. Understanding the Diversity and Complexity of Demand for Microfinance Services: Lessons from Informal Finance [M]//Beatriz Armendáriz, Marc Labie. The Handbook of Microfinance. Singapore City: World Scientific Publishing Co. Pte Ltd, 2011.

[290] Gulli H. Microfinance and Poverty: Questioning the Conventional Wisdom [M]. Washington, DC: Inter-American Development Bank, 1998.

[291] Gupte R, Venkataramani B, Gupta D. Computation of Financial Inclusion Index for India [J]. Procedia-Social and Behavioral Sciences, 2012 (1): 133 – 149.

[292] Hannig A, JansenS. Financial Inclusion and Financial Stability: Current Policy Issues [R]. ADBI Working Paper, 259, 2010.

［293］ Helmsp B. Access for all: Building Inclusive Financial Systems, Consultative Group to Assist the Poor ［M］. Washington, DC: The World Bank, 2006.

［294］ Hicks J R. A Theory of Economic History ［M］. The University Press, 1969.

［295］ Hogarth J M, O'Donnell K H. If You Build it, will They Come? A Simulation of Financial Product Holdings Among Low-to-Moderate Income Households ［J］. Journal of Consumer Policy, 2000, 23 (4): 409 – 444.

［296］ Honohan P. Cross-country Variation in Household Access to Financial Services ［J］. Journal of Banking & Finance, 2008, 32 (11): 2493 – 2500.

［297］ Huston S J. Measuring Financial Literacy ［J］. Journal of Consumer Affairs, 2010, 44 (2): 96 – 316.

［298］ Inoue T, Hamori S. Financial Permeation as a Role of Microfinance: Has Microfinance Actually been Helpful to the Poor? ［R］. IDE Discussion Papers 299, Institute of Developing Economies, Japan External Trade Organization (JETRO), 2011.

［299］ Inoue T, Hamori S. How has Financial Deepening Affected Poverty Reduction in India? ［M］//India Economy: Empirical Analysis on Monetary and Financial Issues in India, 2013: 101 – 126.

［300］ Jalilian H, Kirkpatrick C. Financial Development and poverty reduction in Developing Countries ［J］. International Journal of Finance & Economics, 2002, 7 (2): 97 – 108.

［301］ Joassart-Marcelli P, Stephens P. Immigrant Banking and Financial Exclusion in Greater Boston ［J］. Journal of Economic Geography, 2010, 10 (6): 883 – 912.

［302］ Johnson E, Sherraden M S. From Financial Literacy to Financial Capability Among Youth ［J］. Journal of Sociology and Social Welfare, 2007, 34 (3): 119 – 145.

［303］ Jukan M K, Babajic A, Softic A. Measuring Financial Inclusion in Western Balkan Countries-A Comparative Survey ［C/OL］. International Conference on

Economic and Social Studies, 2017. https：//www. researchgate. net/publication/316797575.

[304] JumpStart. National Standards in K − 12 Personal Finance Education [M/OL]. Washington DC：JumpStart Coalition for Personal Financial Literacy, 2007. http：//www. jumpstart. org/.

[305] Kapoor A. Financial Inclusion and the Future of the Indian Economy [J]. Futures, 2014 (56)：35 − 42.

[306] Karuppannan R, Prabhakara R R. Impact of Microfinance-An Empirical Study on the Attitude of SHG Leaders in Vellore District：Tamil Nadu, India [J]. Global Journal of Finance and Management, 2010, 2 (1)：59 − 68.

[307] Karuppannan R, Prabhakara R R. Micro Finance：Achievements, Challenges and Future in India. (An Empirical Study in Vellore District, Tamil Nadu) [J]. SSRN Electronic Journal, 2014, 10 (23)：1 − 16. https：//ssrn. com/abstract = 2513717.

[308] Kato M P, Kratzer J. Empowering Women through Microfinance：Evidence from Tanzania [J]. ACRN Journal of Entrepreneurship Perspectives, 2013, 2 (1)：31 − 59.

[309] Katz M L, Shapiro C. Network Externalities, Competition and Compatibility [J]. American Economic Review, 1985, 75 (3)：424 − 440.

[310] Kefel G. The Case For Financial Literacy in Developing Countries：Promoting Access to Finance by Empowering Consumers [J]. Educational Research and Reviews, 2010, 5 (5)：205 − 212.

[311] Kempson E, Whyley C. Kept Out or Opted Out? Understanding and Combating Financial Exclusion [M]. Bristol, UK：Policy Press, 1999.

[312] Khan S H R. Financial Inclusion and Financial Stability：Are They Two Sides of the Same Coin? [J/OL]. Chennai：Indian Bankers Association and Indian Overseas Bank, 2011, 11 (4). https：//www. bis. org/review/r111229f. pdf.

[313] Kim J. Financial Knowledge and Subjective and Objective Financial Well-being [J]. Consumer Interests Annual, 2001 (47)：1 − 3.

[314] King R G, Levine R. Finance and Growth：Schumpeter Might be Right

[J]. The Quarterly Journal of Economics, 1993, 108 (3): 717 – 737.

[315] Finke M S, Huston S J. Financial Literacy and Education [M]//Baker H K, Ricciardi V. Investor Behavior: The Psychology of Financial Planning and Investing. Hoboken, NJ: John Wiley & Sons, Inc. , 2014: 65 – 82.

[316] Honohan P. Financial Development, Growth and Poverty: How Close are the Links? [M]//Goodhart C A E. Financial Development and Economic Growth. New York: Palgrave Macmillan, 2004: 1 – 37.

[317] Keeton W R. Equilibrium Credit Rationing [M]. New York and London: Garland Publishing Inc. , 1979.

[318] Klein M U, Mayer C. Mobile Banking and Financial Inclusion: The Regulatory Lessons [R]. World Bank Policy Research Working Paper Series, 5, 2011.

[319] Kumar B, Mohanty B. Financial Inclusion and Inclusive Development in SAARC Countries with Special Reference to India [J]. The Ximb Journal of Management, 2011: 13 – 22.

[320] Kundu A. An Evaluation of Financial Inclusion through Mahatma Gandhi National Rural Employment Guarantee Programme [J]. Mpra Paper, 2014, 42 (4): 319.

[321] Lapukeni A F. Financial Inclusion and the Impact of ICT: An Overview [J]. American Journal of Economics, 2015, 5 (5): 495 – 500.

[322] Law S H, Tan H B, Azman-Saini W N. W. Financial Development and Income Inequality at Different Levels of Institutional Quality, Emerging Markets Finance and Trade [J]. Taylor & Francis Journals, 2014, 50 (1S): 21 – 33.

[323] Leland H, Pyle D. Information Asymmetries, Financial Structure, and Financial Intermediation [J]. The Journal of Finance, 1977, 32 (2): 371 – 387.

[324] Lenoir R. Les Exclus: Un Francis Sur Dix [M]. Pairs: Seuil, 1974.

[325] Lensink R, Pham T T T. The Impact of Microcredit on Self-employment Profits in Vietnam [J]. Economics of Transition, 2012, 20 (1): 73 – 111.

[326] Levi-D'Ancona E. Financial Literacy and Financial Inclusion of Women in Rural Rajasthan: A Case Study of the Indian School of Microfinance for Women's

Financial Education Project［M］//Independent Study Project（ISP）Collection，2014.

［327］Levin，R. Loayza N.，Beck T.. Financial Intermediation and Growth：Causality and Causes［J］. Journal of Monetary Economics，2000，46（1）：31－77.

［328］Leyshon A，Thrift N. The Restructuring of the U. K. Financial Services Industry in the 1990s：A Reversal of Fortune?［J］. Journal of Rural Studies，1993，9（3）：223－241.

［329］Leyshon A，Thrift N. Access to Financial Services and Financial Infrastructure Withdrawal：Problems and Policies［J］. Area，1994，26（3）：268－275.

［330］Leyshon A，Thrift N. Geographies of Financial Exclusion：Financial Abandonment in Britain and the United States［J］. Transactions of the Institute of British Geographers，1995（3）：312－341.

［331］Lis S F D，Llanes M C，López-Moctezuma C，Rojas J C，Tuesta D.. Financial Inclusion and the Role of Mobile Banking in Colombia：Developments and Potential［R］. Working Papers，No. 14/4，2014.

［332］Lloyd-Ellis H，Bernhardt D. Enterprise，Inequality and Economic Development［J］. Review of Economic Studies，2000，67（1）：147－168.

［333］Matsui N，Tsuboi H. Microcredit，Inclusive Finance and Solidarity［M］//Matsui N，Ikemoto Y. Solidarity Economy and Social Business. Springer Briefs in Economics. Tokyo：Springer，2015：13－25.

［334］Matsuyama K. Financial Market Globalization and Endogenous Inequality of Nations［J］. Discussion Papers，2001，72（3）：53－884.

［335］Mburu J，Kiiru J. User Costs of Joint Liability Borrowing and their Effects on Livelihood Assets for Rural Poor Households［J］. International Journal of Women，Social Justice and Human Rights，2007.

［336］Mersland R，Strom R O. Performance and Governance in Microfinance Institutions［J］. Journal of Banking and Finance，2009，33（4）：662－669.

［337］Miled K B H，Rejeb Jalel-Eddine B. Can Microfinance Help to Reduce Poverty? A Review of Evidence for Developing Countries［J］. Journal of the

Knowledge Economy, 2018, 9 (2): 613 – 635.

[338] Mohamad M. Mobile Microfinance and Empowerment: The Case of e-Masary for Financial Inclusion in Egypt [J]. Strategic Foresight Group, 2011, 11 (2): 1 – 5.

[339] Mohan R. Economic Growth, Financial Deepening and Financial Inclusion [J]. BIS Review, 2006 (3): 1305 – 1320.

[340] Moore D. Survey of Financial Literacy in Washington State: Knowledge, Behavior, Attitudes, and Experiences [R]. Social and Economic Sciences Research Center, Washington State University. Technical Report, 2003: 3 – 39.

[341] Morduch J. The Microfinance Promise [J]. Journal of Economic Literature, 1999, 37 (4): 1569 – 1614.

[342] Munyegera G K, Matsumoto T. ICT for Financial Inclusion: Mobile Money and the Financial Behavior of Rural Households in Uganda [J]. Grips Discussion Papers, 2015, 15 (20): 1 – 39.

[343] Nasreddine K, Mensi S. Financial Development and Income Inequality: The Linear versus the Nonlinear Hypothesis [J]. Economics Bulletin, AccessEcon, 2016, 36 (2): 609 – 626.

[344] Nawai N B, Bashir M S. Evaluation of Micro Credit Program for Poverty Alleviation: A case of Amanah Ikhtiar Malaysia (AIM) [C]//National Seminar in Islamic Banking and Finance (iBAF 2006), Kolej Universiti Islam Malaysia. 2006.

[345] Niehans J. Financial Innovation, Multinational Banking and Monetary Policy [J]. Journal of Banking and Finance, 1983, 7 (4): 537 – 551.

[346] Noctor M, Stoney S, Stradling R. Financial Literacy: A Discussion of Concepts and Competences of Financial Literacy and Opportunities for its Introduction into Young People's Learning [R]. The National Westminster Bank, National Foundation for Education Research, London, 1992.

[347] Obisesan A A, Akinlade R J. Credit Constraints and Poverty Among Nigerian Farming Households [J]. Agricultural Journal, 2013, 8 (2): 94 – 100.

[348] Odeniran S O, Udeaja E A. Financial Sector Development and Economic Growth: Empirical Evidence from Nigeria [J]. Economic and Financial

Review, 2010, 48 (3): 91 – 124.

[349] Odhiambo N M. Is Financial Development a Spur to Poverty Reduction? Kenya's Experience [J]. Journal of Economic Studies, 2010, 37 (9): 343 – 353.

[350] Osili U O, Paulson A L. What can we Learn about Financial Access from U. S. Immigrants? The Role of Country of Origin Institutions and Immigrant Beliefs [J]. The World Bank Economic Review, 2008 (22): 431 – 455.

[351] Page K M, Nowak M A. Unifying Evolutionary Dynamics [J]. Journal of Theoretical Biology, 2002, 219 (1): 93 – 98.

[352] Panigyrakis G G, Theodoridis P K, Veloutsou C A. All Customers are not Treated Equally: Financial Exclusion in Isolated Greek Islands [J]. Journal of Financial Services Marketing, 2002, 7 (1): 54 – 66.

[353] Park C Y, Mercado R Jr. Financial Inclusion, Poverty, and Income Inequality in Developing Asia [J]. SSRN Electronic Journal, 2015.

[354] Phillips C, Bhatia-Panthaki S. Enterprise Development in Zambia: Reflections on the Missing Middle [J]. Journal of International Development, 2007, 19 (6): 793 – 802.

[355] Rabiul Karim K M, Law C K. Gender Ideology, Micro-credit Participation and Women's Status in Rural Bangladesh [J]. International Journal of Sociology and Social Policy, 2013, 33 (1/2): 45 – 62.

[356] Ramanaiah M V, Mangala C G. A Review of Ethiopian Institutions and Their Role in Poverty Reduction: A Case Study of Amhara Credit and Saving Institution [J]. African Journal of Business Management, 2011, 5 (20): 8117 – 8124.

[357] Refera M K, Dhaliwal N K, Kaur J. Financial Literacy for Developing Countries in Africa: A Review of Concept, Significance and Research Opportunities [J]. Journal of African Studies and Development, 2016, 8 (1): 1 – 12.

[358] Ravallion M, Datt G. Why has Economic Growth been more Pro-poor in some States of India than Others? [J]. Journal of Development Economics, 2002, 68 (2): 381 – 400.

[359] Ravallion M, Chen S, Sangraula P. New Evidence on the Urbanization

of Global Poverty [R]. The World Bank, Policy Research Working Paper Series No. 4199, 2007.

[360] Rehman H U R, Khan S, Ahmed I. Income Distribution, Growth and Financial Development: A Cross-countries Analysis [J]. Pakistan Economic and Social Review, 2008, 46 (1): 1 – 16.

[361] Rohlfs J. A Theory of Interdependent Demand for a Communications Service [J]. Bell Journal of Economics, 1974, 5 (1): 16 – 37.

[362] Rogaly B. Poverty, Social Exclusion and Microfinance in Britain [M]//Fisher T, Mayo E. Poverty, Social Exclusion and Microfinance in Britain. Oxfam, 1999: 7 – 184.

[363] Rojas-Suarez L, Amado M A. Understanding Latin America's Financial Inclusion Gap [R]. Center for Global Development Working Paper No. 367, 2014.

[364] Roubini N, Sala-I-Martin X. Financial Repression and Economic Growth [J]. Journal of Development Economics, 1991, 39 (1): 5 – 30.

[365] Rousseau P L, Wachtel P. Equity Markets and Growth: Cross-country Evidence on Timing and Outcomes, 1980 – 1995 [J]. Journal of Banking & Finance, 2000, 24 (12): 1933 – 1957.

[366] Santos M E. Measuring Multidimensional Poverty in Latin America: Previous Experience and the Way Forward [R]. OPHI Working Paper No. 66, 2014.

[367] Sarker S, Ghosh S K, Palit M. Role of Banking-Sector to Inclusive Growth Through Inclusive Finance in Bangladesh [J]. Studies in Business & Economics, 2015, 10 (2): 145 – 159.

[368] Sarma M. Index of Financial Inclusion [R]. Indian Council for Research on International Economic Relations New Delhi Working Papers, 2008.

[369] Sarma M. Measuring Financial Inclusion [J]. Economics Bulletin, 2015, 35 (1): 604 – 611.

[370] Sarma M, Pais J. Financial Inclusion and Development: A Cross-country Analysis [J]. Indian Council for Research on International Economic Relations, 2008: 1 – 28.

[371] Sarma M, Pais J. Financial Inclusion and Development [J]. Journal of International Development, 2011, 23 (5): 613 - 628.

[372] Sarma M. Index of Financial Inclusion-A measure of Financial Sector Inclusiveness [J]. Competence Centre on Money, Trade, Finance and Development, 2012, 71 (71): 36 - 39.

[373] Schicks J. Microfinance Over-Indebtedness: Understanding its Drivers and Challenging the Common Myths [R]. Bruxelles: Centre Emilee Bergheim, Solvay School of Business, CEB Working Paper, 2010 (10): 48.

[374] Schreiner M. A Cost-Effectiveness Analysis of the Grameen Bank of Bangladesh [J]. Development Policy Review, 2003, 21 (3): 357 - 382.

[375] Schumpeter J A. The Theory of Economic Development [C]//Backhaus J, Joseph Alois Schumpeter. The European Heritage in Economics and the Social Sciences. 2003 (1): 61 - 116.

[376] Scott L, Smith W. Financial Inclusion and Chronic Poverty: Access to Savings and Insurance Services in Tanzania [R]//ODI Report-Financial Inclusion and Chronic Poverty. 2014 (12): 1 - 20. http://www. chronicpovertynetwork. org/ s/TzFiInclusionPBFinal. pdf.

[377] Sehrawat M, Giri A K. Financial Development, Poverty and Rural-Urban Income Inequality: Evidence from South Asian Countries [J]. Quality & Quantity, 2016, 50 (2): 577 - 590.

[378] Sehrawat M, Giri A K. Financial Development and Poverty Reduction in India: An Empirical Investigation [J]. International Journal of Social Economics, 2016, 43 (2): 106 - 122.

[379] Shahbaz M, Islam F. Financial Development and Income Inequality in Pakistan: An Application of ARDL Approach [J]. Social Indicators Research, 2011, 124 (2): 1 - 26.

[380] Silber W L. The Process of Financial Innovation [J]. American Economic Review, 1983, 73 (2): 89 - 95.

[381] Simanowitz A, Walter A. Ensuring Impact: Reaching the Poorest while Building Financially Self-sufficient Institutions, and Showing Improvement in the

Lives of the Poorest Women and their Families [M]//Daley-Harris. Pathways Out of Poverty. Connecticut, USA: Kumarian Press, 2002: 10 – 13.

[382] Singh C, Kumar R. Financial Literacy Among Women-Indian Scenario [J]. Universal Journal of Accounting and Finance, 2017, 5 (2): 46 – 53.

[383] Souris M, Bichaud L. Statistical Methods for Bivariate Spatial Analysis in Marked Points [J]. Examples in Spatial Epidemiology, Spatial and Spatio-Temporal Epidemiology, 2011, 2 (4): 227 – 234.

[384] Swain R B, Floro M. Effect of Microfinance on Vulnerability, Poverty and Risk in Low Income Households [R]. American University Department of Economics Working Paper, No. 2, 2007.

[385] Swain R B, Floro M S. Reducing Vulnerability Through Microfinance: Assessing the Impact of Self-help Groups in India [R]. American University, Department of Economics, Working Papers, No. 19, 2010.

[386] Swain R B, Varghese A. Being Patient with Microfinance: The Impact of Training on Indian Self-help Groups [R]. Working Paper Series 2010: 22.

[387] Swain R B, Wallentin F Y. The Impact of Microfinance on Factors Empowering Women: Differences in Regional and Delivery Mechanisms in India's SHG programme [J]. Journal of Development Studies, 2017, 53 (5): 684 – 699.

[388] Swamy V. Financial Development and Inclusive Growth: Impact of Government Intervention in Prioritised Credit [J]. Zagreb International Review of Economics and Business, 2010, 13 (2): 5 – 72.

[389] Townsend P. Poverty in the United Kingdom: A Survey of Household Resources and Standards of Living [M]. Berkeley: University of California Press, 1979.

[390] Uddin G S, Shahbaz M, Arouri M, Teulon F. Financial Development and Poverty Reduction Nexus: A Cointegration and Causality Analysis in Bangladesh [J]. Economic Modelling, 2014, 36 (1): 405 – 412.

[391] UNDP. The Rise of the South: Human Progress in a Diverse World [M/OL]. Human Development Report, 2013: 1 – 12. http://www.undp.org/content/dam/undp/library/corporate/HDR/2013GlobalHDR/English.

［392］ Van Rooij M, Lusardi A, Alessie R. Financial Literacy and Stock Market Participation ［J］. Journal of Financial Economics, 2011, 101 （2）: 449 – 472.

［393］ Wachira M I, Kihiu E N. Impact of Financial Literacy on Access to Financial Services in Kenya ［J］. International Journal of Business and Social Science, 2012, 3 （19）: 42 – 50.

［394］ Weber O, Ahmad A. Empowerment Through Microfinance: The Relation Between Loan Cycle and Level of Empowerment ［J］. World Development, 2014, 62 （10）: 75 – 87.

［395］ Wright G A N. Microfinance Systems: Designing Quality Financial Services for the Poor ［M］. London: Zed Books Ltd. & New York: The University Press Limited, Dhaka, 2000.

后　记

在 2020 年决胜全面建成小康社会、实现脱贫攻坚战略目标的关键时期，一场初突如其来的新冠肺炎疫情不仅严重影响了人们的正常生活，而且对国民经济造成了不同程度的直接损失，如就业减少、失业增加、中小微企业生存困难等。尤其是在一些农村贫困地区，农民工返乡后因疫情无法正常返工就业，工资性收入明显下降；许多地区的乡村旅游、农家乐几乎停滞，相关从业者收入来源受阻……决胜脱贫攻坚工作面临严峻挑战。面对百年未有之大变局，如何结合"创新、协调、绿色、开放、共享"五大发展理念，积极探索实现"精准扶贫、精准脱贫"的新路径，确保决胜脱贫攻坚任务的如期完成，是当前经济发展的重要任务。在这一特殊时期，我承担的国家社科基金重大项目"普惠金融发展视角下精准扶贫、精准脱贫的理论与政策研究"结项了，最终研究成果《普惠金融发展视角下精准扶贫、精准脱贫的理论与政策研究》也定稿付梓。

近些年来，我主要围绕"金融发展与反贫困问题"为主题开展研究，先后主持并完成了教育部人文社科基金规划项目"微型金融对贫困减少的影响：理论、实证与中国的选择"（2009 年）、国家社科基金后期资助项目"中国微型金融发展与反贫困问题研究"（2012 年）、湖南省社科基金重点项目"大湘西武陵山片区扶贫开发的金融支持模式及对策研究"（2013 年）等多个项目的研究，完成了相关系列成果。2016 年主持申请的国家社科基金重大项目"普惠金融发展视角下精准扶贫、精准脱贫的理论与政策研究"（项目批准号：15ZDC027）获批立项后，我与团队成员围绕"普惠金融发展与精准扶贫、精准脱贫"进行理论研究与实地调研，完成了一系列相关研究成果，在国内外重要期刊上发表了 20 多篇相关系列学术论文，相关观点先后被省扶贫办、小额信贷公司、贫困乡镇、上市公司等采纳，得到同行及相关实际工作部门的高度关注，产生了一定的社会影响和社会效益，相关成果先后获得多项奖励并被采纳或多次引用。以此为基础，完成了项目最终研究成果《普惠金融发展视角下精准扶贫、精准脱贫的理论与政策研究》一书的写作。

本书以这些前期研究成果为基础，以问题为导向，基于普惠金融发展视角，全面系统地研究中国精准扶贫、精准脱贫"是什么、为什么、如何做"，以及金融服务"为什么要协调""协调什么""影响效果""怎样协调"等理论问题；同时，采用数理分析方法对中国普惠金融发展与精准扶贫、精准脱贫的关系及作用机理进行理论分析，测度普惠金融精准扶贫、精准脱贫的效率；总结普惠金融发展与精准扶贫、精准脱贫的国际经验，揭示普惠金融促进精准扶贫、精准脱贫的基本要求和客观条件；创新性提出普惠金融发展视角下中国精准扶贫、精准脱贫的运行机制、创新模式及实现路径，促进金融机构积极参与精准扶贫、精准脱贫攻坚计划。在研究工作中，我们力求在研究视角、研究框架等方面体现新意和特色，但受知识水平、知识结构及所掌握数据和资料的限制，本书一定会有许多不足之处，恳请相关专家和读者提出宝贵意见。

本书是集体劳动的结晶。陈银娥负责全书的总体框架及写作提纲的设计与确定、对书稿文字上和内容上的统一与修订等。全书的撰稿分工如下：陈银娥（第一章、第二章、第三章第一节和第三节、第四章第三节、第五章、第六章、第七章、第八章），杨艳琳（第三章第二节、第四章第一节和第二节及第三节、第七章），付晨玉（第三章第二节、第四章第一节和第二节及第三节、第七章），杜兴洋（第五章第二节），尹湘（第二章第三节、第五章第三节、第六章第三节），金润楚（第六章第一节、第五章第三节、第八章第三节），张德伟（第六章第二节、第八章第三节），孙琼（第四章第三节），陈安玲（第三章第一节），李鑫（第三章第三节），毛婷（第五章第一节），易敏和杨起城（第五章第二节）。另外，课题组子项目负责人王耀中教授、杨艳琳教授、刘祚祥教授及课题组部分成员参与了项目开题及实地调研，对写作提纲的完善提出了诸多建设性的意见和建议；博士生雷建忠查阅了许多资料并提供了第二章第三节部分内容的初稿及资料，博士生马晓锐更新了第四章第三节的数据，在此一并致谢。我的大部分研究生参与了项目申报、开题及结项过程中诸多琐碎的工作，特别感谢钟学思博士、江媛博士、叶爱华博士、钟学进博士、曾小龙博士、李鑫博士生、李春燕博士生以及硕士研究生唐益、邵鸿璐、林诗乐等。

　　最后，特别感谢经济科学出版社的同志为本书的出版所付出的辛勤劳动！

陈银娥

2020 年 7 月 20 日